حوار

الإسلام والغرب

حوار الإسلام والغرب / الإسلام / الثقافة الجماهيرية / الوعظ والإرشاد

عبد الله أبو عزة / مؤلف من الأردن

الطبعة الأولى

١٤٢٧ هـ / ٢٠٠٦ م.

رقم الإجازة المتسلسل لدى دائرة المطبوعات والنشر : ٢٠٠٦/٢/٢٣٣

رقم الإيداع لدى دائرة المكتبة الوطنية : ٢٠٠٦/٢/٢٩٥

دار المأمون للنشر والتوزيع

العبدلي - عمارة جوهرة القدس

تلفاكس : ٤٦٤٥٧٥٧ - ٦ -٠٠٩٦٢

ص.ب ٩٢٧٨٠٢ عمان ١١١٩٠ الأردن

E-mail : daralmamoun@maktoob.com

تطلب جميع منشوراتنا في :

جمهورية مصر العربية : من دار المأمون - القاهرة (جوال) : ٠١٠٨٤٩٨٠٨٧ -٠١٠٣٧٨٨١٥٧

الولايات المتحدة الأمريكية : عبر الهاتف ٠٠١٧١٤٣٠٥٩٩٩٩

التنفيذ الطباعي : مطبعة أروى - عمّان - الأردن.

ردمك : ISBN ٩٩٥٧ - ٤٦٢ - ٠٩ - ١

حوار الإسلام والغرب

تأليف

الدكتور عبد الـلـه أبو عـزة

دار المأمون للنشر والتوزيع

بسم اللـه الرحمن الرحيم

الإهـداء

إلى أولادي

سمية، أسمـاء، خولة

محمد، وعمر

المحتوى

مقدمة

يتناول هذا الكتاب موضوعا مهما، بل إنه يبدو لي في غاية الأهمية بالنسبة للعالم أجمع، وهو موضوع "حوارالإسلام والغرب". وقد تبدو هذه المقولة مشحونة بشئ من المبالغة، بيد أن نظرة في سجل التطورات والأحداث العالمية منذ بداية العقد الأخير من القرن العشرين إلى الآن٢٠٠٥ تبين صدق هذه العبارة .

ولتحديد دلالات الألفاظ دفعا لأي غموض نقول : إن ما نعنيه بكلمة "الإسلام" في العنوان هو "العالم الإسلامي بثقافته وشعوبه وأرضه"؛ أما ما نعنيه بكلمة "الغرب" فهو العالم الغربي بمفهومه الحضاري لا الجغرافي، وهو يشمل أوروبا والولايات المتحدة وكندا، كما يشمل دولا تقع جغرافيا في أقصى الشرق لكنها جزء من الحضارة الغربية. وهذه الدول هي أستراليا ونيوزيلندا واليابان، بالرغم من أن الشعب الياباني لم يفقد كل خصائصه ومميزاته الأصلية. ومن الواضح، ومما لا يحتاج إلى تأكيد، أننا لا نعني "العالم المسيحي"، وأن الصفة المسيحية لا تدخل ضمن الصفات التي تحدد مدلول "الغرب اليوم" في هذا الكتاب. ومع ذلك فإننا سنتعرض للثقافة الغربية في جوانبها المسيحية، باعتبار أن الدين كان المكون الرئيسي في ثقافة عالم الغرب والمحدد لهويته، والمؤثر والدافع الرئيسي في تحركه في فترات طويلة من الزمن، تزيد في مجموعها على ألف عام، ولا يمكن اهمالها أو تجنب ذكرها بأي حال، لأن مثل هذا الإهمال - إن حدث - سيشكل خللا في المنهج البحثي.

وفكرة "الحوار بين الإسلام والغرب"، أو حوار الحضارات تناولها كثيرون من قبل، وما زالت الدعوة إليها تتجدد، واللقاءات تعقد بين الحين والاخر. لكن ذلك لم يقلل من أهمية الموضوع إذ أن أحداث السنة الأولى من الألفية الثالثة، وما تلا تلك الأحداث، بينت للكثيرين أن نمط العلاقات بين عالم الإسلام وعالم الغرب أخذ منحى جديدا؛ فالموقف بين الجانبين تجاوز حالة التوتر ودخل مرحلة الحرب الفعلية الشاملة؛ وهي حرب إعلامية ونفسية وسياسية وقتالية، قام ويقوم بها جانب واحد، بينما غرق الطرف الآخر في ردود الفعل الناتجة عنها. ومع تطور المعركة واختلاط دخانها بدخان الإعلام صار التحرك كله يجري في ساحة معتمة تسللت وتتسلل إليها قوى جديدة متغايرة الأهداف متعارضتها، مما يزيد المسرح حلكة وظلاما. والأيام والسنوات القادمة تبدو حبلى بمزيد من الأخطار التي لا يعلم مداها ومدى خطورة ما تحمله إلا الله. ولذا فإن الحوار صار أكثر ضرورة، وما زال في درجة من الأهمية كبيرة؛ وأن أهميته تستلزم محاولات أخرى دائبة، لتناوله بأساليب جديدة، ومن خلال رؤى متعددة ومتنوعة.

وما يحاوله هذا المؤلف ليس أكثر من جهد متواضع للمساهمة في إطفاء الحرائق التي بدأت تندلع بمقادير صغيرة نسبيا، إلا أن ما يحيط بها من أجواء ينذر بشر مستطير. وفي إطار هذا الفهم ينطلق المؤلف من خلال رؤية محورية فحواها أن بين الإسلام والغرب كثيرا من المبادئ والعناصر الثقافية المتماثلة المشتركة، وهي عناصر رئيسية عند الجانبين، مع أقدار من الاختلاف حول بعض الأمور المهمة وأمور أخرى أقل أهمية. فإذا انضافت إلى ذلك المصالح المشتركة التي يفرضها الوجود المشترك - وهو وجود لا خيار فيه حيث يعيش الجميع فيما سمي "بالقرية العالمية الصغيرة"، أو في "بيت زجاجي" لا يحتمل العبث - يغدو مشروع الحوار، أو مشاريع الحوار، قمينة بالاهتمام الجدي من جانب كل الأطراف التي تعيش في هذا البيت الزجاجي - أفرادا وجماعات - لمصلحة جميع سكان القرية ولضمان الحد الأدنى من أمنهم وسلامتهم.

ومنهجية المؤلف في هذا المشروع البحثي ترمي إلى رصد هذه العناصر الثقافية المشتركة، ثم تجليتها وإبرازها وتأكيد أصالتها عند الجانبين على أساس أن ذلك سيكون قاعدة يمكن الانطلاق منها لتحديد أسباب العداوات، توطئة لإزالة الجفاء تدريجيا، ولإغراء مجتمع القرية الصغيرة بالاعتراف بوحدته الإنسانية ولتحفيزه لتأكيد هذه الوحدة، والدفاع عنها في واقع الحياة العملية على الصعيدين الدولي والثنائي، وبالحوار الإيجابي المثمر البناء.

وينطلق المؤلف في غدوات وروحات وجولات سريعة تلامس مسارات التاريخ وتبرز هذه العناصر المشتركة في واقع حياة الجانبين وضمن السياق التاريخي الذي ولدت وتطورت ونمت فيه، لكي تظهر في المشاهد العامة وهي حية، وجزءا مهما من الحراك العام للمجتمعات التي ظهرت فيها. وفي هذا الإطار جرى الالتفات إلى الخلفية التي سبقت علاقة الجانبين، وتشكل فيها كثير من العناصر المشتركة، ثم تلا ذلك تلمس هذه العناصر في سياق الحياة الدينية والثقافية الاجتماعية في الحقب التاريخية المتتالية. وهكذا يبدأ البحث من الغزو والتوسع المقدوني في عالمنا الشرقي، وانتشار الثقافة الهلينية، وقيام دولتي السلوقيين والبطالمة، وانتقال التركة للرومان في بداية عصر الإمبراطورية، ثم ظهور الديانة المسيحية تحمل في إهابها كثيرا من هذه العناصر المتماثلة والمشتركة التي نجدها عند الجانب الإسلامي منذ ظهور الإسلام في القرن السابع الميلادي، وهي عناصر أكثرها مقرب لا مباعد. وحيث أن الإسلام قد ظهر سنة ٦١٠م فقد جاء ظهوره – بالنسبة لعالم الغرب – في منتصف الحقبة المسيحية التقليدية الممتدة من سنة ٣٢٥ م (وهي سنة تأسيسية لانعقاد مجلس نيقية الكنسي فيها)، وسنة ١٥١٧م، وهي السنة التي حدث فيها الانفجار الإصلاحي في عالم الغرب، ذلك الانفجار الذي مزق وحدته، وأطلق التيارات والقوى التي أخرجت قسما كبيرا من الناس من خيمة

الكنيسة الكاثوليكية الواحدة الجامعة، وفتح الباب للحروب الدينية وما صاحبها من الاضطهاد الديني؛ كما ساعد على إطلاق قوى قومية، وقوى علمانية، وقوى أخرى معادية للدين، أخرجت معظم عالم الغرب من مسيحيته. ولذا فإن بحثنا هذا سيبدأ بهذه الحقبة من أولها، باعتبار السنة الأولى (٣٢٥م) منها، والسنوات التي تلتها، كانت سنوات تأسيسية ليس في الناحية العقيدية وحدها، بل وفي مختلف جوانب الفكر والسلوك والأدب والنظرة العامة للحياة وللعالم والكون.

ثم ينتقل البحث إلى الحقبة الثانية التي بدأت بالإصلاح الديني والإصلاح المضاد، وما شابها من صراعات وما لحقها من تطورات، وما ظهر فيها من مسارات فكرية متعددة، تمحورت حول كل منها حركة، تفاوت حجمها وكتلة المنتمين لها بين واحدة وأخرى، واختلفت اجتهاداتها، الأمر الذي يدعو إلى البحث عن عناصر التشابه والاختلاف بينها وبين مجتمعات عالم الإسلام في كل حالة. وبعد ذلك يتناول المؤلف الحقبة الثالثة التي تتزامن تاريخيا مع الحقبة الثانية، لكنها تنفصل وتتميز عنها بأنها انبثقت من منطلقات ورؤى فكرية وفلسفية غير دينية وغير مسيحية، وإن حرصت - أحيانا - على الاحتفاظ ببعض الزينة الخارجية والزخرف المقطوع الجذور، والذي يشبه الورود الصناعية. ولم تلبث التطورات الفكرية في الحقبة الثالثة طويلا حتى امتدت إلى "عصر العقل"، وما سمي "بالديانية الطبيعية Deism " وواصلت مسيرتها إلى القرن العشرين الميلادي عبر الثورة العلمية والصناعية، وما تلاها من ثورة المعلومات. أما المسار الرابع فقد اشتقه علماء البحث التاريخي وجمهور من اللاهوتيين أثناء سعيهم لمعرفة الحقيقة، فخرجوا برؤية جديدة؛ ولذا فإن جولة بحثنا في الفصل الرابع ستدور في إطار هذه الرؤية التي توصلوا إليها. وأخيرا نصل إلى الفصل الختامي لنحاول أن نفتح فيه كوة تطل على المستقبل.

وفي كل هذه الحقب الأربع، ومراحلها وفتراتها الداخلية، ومساراتها المتعددة، يسلط المؤلف الضوء على العناصر المشتركة التي تكشف القرابة والوشائج القديمة العريقة، ثم يستخرجها ويجمعها تحت الضوء عند نهاية كل رحلة أو كل جولة من الجولات البحثية، سعيا وراء إزالة الجفاء، وتأصيل دوافع التعاون العام لخير البشرية جمعاء. ومن الناحية الأخرى فقد جرى استعراض التطور التاريخي في عالم الإسلام منذ ظهور الإسلام، بيد أن هذا الاستعراض اختلف عن سابقه، سواء من حيث التقسيم الزمني أو من حيث التفصيل الموضوعي، وذلك لوجود اختلافات أساسية في الأشكال وفي المدى الزمني لمراحل التطور التاريخي والحضاري عند الجانبين، وفي طبيعة المحتوى الفكري والثقافي الذي تعرض للتغيير، وللزيادة أو النقصان.

وبديهي أن تغطية حقب بهذا الاتساع الزماني والمكاني اتسمت بكثير من الاختصار، خاصة في المسائل المعروفة لعامة المثقفين، ومع ذلك فقد جرى الوقوف قليلا عند معالجة بعض الموضوعات التي تتطلب طبيعتها أن يسلط عليها، أو على بعض جوانبها مزيد من الضوء.

وقد حاول المؤلف في كل ذلك الالتزام بالموضوعية بأقصى درجة يمكن أن يحققها الإنسان، واستخدم المصادر الخاصة بكل من الجانبين، بحيث لا تمثل رؤية جانب أو موقفه إلا من المصادر والمراجع المعتمدة لديه، ومن أوثقها وأعلاها منزلة، كما استخدم مناهج البحث التاريخي والوصفي والتحليلي مع عدم التوسع في استخدام الأخير تجنبا للظهور بسمت المناظر، أو الدعائي، وتجنبا لإثارة بعض الحساسيات المعوقة. وبالنسبة لطريقة توثيق المعلومات فقد استخدمت الحاشية المثبتة في أسفل كل صفحة، مع البدء بترقيم جديد مع الانتقال لصفحة جديدة. وسيلاحظ القارئ أنني - في معظم حالات التوثيق والإسناد - لم أكتف بذكر مرجع واحد في الحاشية، بل مرجعين أو أكثر. وبعد نهاية البحث جرى تثبيت قائمة بالمصادر والمراجع، مع تعريفات قصيرة بأهمها، كلما كانت المعلومات متوافرة، وكانت التعريفات تخدم الهدف العام للبحث. وفي حالة الاقتباس من "القرآن الكريم" أو "الكتاب المقدس" فضلت أن يكون توثيق الاقتباس في المتن، تابعا له مباشرة. والخطاب في هذا البحث موجه للجانبين، "عالم الإسلام" و"عالم الغرب" معا، لا إلى جانب واحد، وموجه للمثقفين والمتعلمين بشكل خاص. والذي نأمله أن يساهم هذا العمل - ولو بنسبة قليلة - في تفكيك وتذويب العوامل الفكرية والثقافية الدافعة إلى الصراع، ليحل محلها التنافس الواعي الذي يلجم الطمع فيه والجشع؛ ويغلب الاحترام المتبادل، وإذ ذاك يمكن أن تتجه القلوب، كل القلوب، في "القرية العالمية الصغيرة" داعية الله الرحمن الرحيم، السميع العليم، أن يسود السلام القائم على العدل والاحترام المتبادل والتعاون، وتسود المحبة بين الشعوب، وبين البشر جميعا.

الثالث عشر من ذي القعدة ١٤٢٦هـ

عبد الله أبو عزة

الموافق: الخامس عشر من كانون الأول (ديسمبر) ٢٠٠٥م

تمهيد

المسلمون أمام تحدي "عالم الغرب":

تمثل الحضارة الغربية اليوم ونحن في بداية الألفية الثالثة، أعظم تحد واجهته الحضارة الإسلامية وواجهه المسلمون منذ ظهور الإسلام. وهذا التحدي متعدد الجوانب، عسكرية واقتصادية وسياسية وتقنية وثقافية، وهو يمثل معضلة لا بد من معالجتها وإزالة أخطارها لكي تسير حياة الشعوب الإسلامية والأمة الإسلامية ضمن الحد الأدنى المعقول من اليسر ، الذي يرفع المعاناة الشديدة، ويجعل في الحياة قدرا من الأمن والراحة والرخاء بدلا من كونها رحلة ضنك وشقاء.

وغني عن القول أن الحضارة الغربية متفوقة على الحضارة الإسلامية عسكريا واقتصاديا وعلميا وإعلاميا؛ وقد بدا هذا التفوق متدرجا بعد عصر الإصلاح الديني وما زال يتصاعد. وقد شجع هذا التفوق كثيرا من الدول الغربية على التعامل مع بلدان العالم الإسلامي بعدوانية شرسة تمخضت عن ظهور الاستعمار والاحتلال العسكري المباشر لمعظم الأقطار الإسلامية ، خاصة خلال القرن التاسع عشر الميلادي، وأوائل القرن العشرين. وحوالي منتصف القرن العشرين تراجع الاستعمار الاحتلالي المباشر أمام مقاومة الشعوب وتضحياتها الباهظة، وقد ساعد على ذلك ما كان موجودا من التوازن والتنافس والصراع بين القوى الدولية التي كانت تتنازع العالم حتى العقد الأخير من القرن العشرين الميلادي. وعندما خرجت الدول الإستعمارية من الأقطار التي استعمرتها حرصت على خلق نوع من العلاقة مع مستعمراتها السابقة تبقي لها قدرا مؤثرا من النفوذ، ودرجة مناسبة من الهيمنة تضمن لها أفضلية خارج قنوات التنافس القانونية المعترف بها دوليا. أي أن هدف هذه العلاقة الخاصة هو ضمان المصالح غير المشروعة للمستعمر السابق. أما المصالح المشروعة فلم تكن في خطر، لأن المستعمرات السابقة كانت في أمس الحاجة إلى علاقات سلمية عادلة متوازنة مع تلك الدول، ولم تكن لترغب، ولم تكن لتستطيع أن تهدد تلك المصالح.

خيارات صعبة:

وعندما تجدالشعوب نفسها في مأزق أمام تحد من هذا النوع، يتبين لمفكريها وعلمائها وقادتها المخلصين أن المعاناة والخسارة تقعان على النسبة الكبرى من

الشعب الضحية، تقعان على حاضره، وتقعان على مستقبله بدرجة أكبر وأعظم. وفي مثل هذه الحالات تجد الشعوب المغلوبة نفسها أمام خيارات صعبة:

١) الاستسلام لمشيئة الطغيان، والقبول بعيش المهانة، وربما صاحب ذلك الأمل بفرج يأتي من الغيب

٢) المقاومة من خلال الحوار، من أجل الوصول إلى مخرج يتجنب الدماء ويحفظ الحقوق، ويضمن العدالة، ويقنع الطامعين باستحالة وصولهم إلى بغيتهم، وبأن المقاومة ستكون شرسة وباهظة التكلفة، بحيث تذهب بأي ربح أو منفعة،

٣) المقاومة الحربية بكل أشكالها ودرجاتها.

وتختلف ردود فعل الشعوب في نوعها وسرعتها وشدتها، حسب التكوين الثقافي والفكري والتنظيمي للشعب المعني. فالشعب الذي تسود فيه فضيلة الحرية واحترام كرامة الفرد ومبدأ المساواة بين الأفراد يواجه المشكلة متحدا متعاونا تحت لواء قيادته الوطنية الشرعية. أما الشعب الذي يفتقر إلى تبني وممارسة هذه المبادئ في حياته فقد يجد نفسه منقسما ممزقا، وقد تقف فئاته مواقف متباينة، بل متعارضة. وبعيدا عن التنظير، الذي لا يتسع له المجال هنا، نسارع إلى التأكيد: إن الشعوب الإسلامية لا تستسلم للطغيان، حتى لو اضطرت إلى ذلك عند الصدمة الأولى في مواجهة قوة طاغية. وهذا الموقف الرافض للاستسلام يرتكز على أساس عقيدي واضح في نصوص القرآن الكريم، وقد صدقه تاريخ الشعوب الإسلامية في طول مسار التاريخ. فالقرآن الكريم يصف المسلمين الصالحين بأنهم إذا وقع عليهم ظلم أو بغي يقاومونه ويجاهدون في سبيل ردعه وإزالته:

(وَالَّذِينَ إِذَا أَصَابَهُمُ الْبَغْيُ هُمْ يَنْتَصِرُونَ) (الشورى/٣٩).

ويعيب القرآن على الذين يقبلون الاستضعاف استكانتهم، وينذرهم بعقوبة شديدة في اليوم الآخر

(إِنَّ الَّذِينَ تَوَفَّاهُمُ الْمَلَائِكَةُ ظَالِمِي أَنْفُسِهِمْ قَالُوا فِيمَ كُنْتُمْ قَالُوا كُنَّا مُسْتَضْعَفِينَ فِي الْأَرْضِ قَالُوا أَلَمْ تَكُنْ أَرْضُ اللَّهِ وَاسِعَةً فَتُهَاجِرُوا فِيهَا فَأُولَئِكَ مَأْوَاهُمْ جَهَنَّمُ وَسَاءَتْ مَصِيرًا) (النساء/٩٧).

حوار أم اصطدام:

لكن ذلك لا يعني المسارعة بالرد الحربي بل إن ما يأخذ الأولوية هو "الحوار"؛ وذلك منهج مبدئي في الإسلام، يتضح عمقه بعدد متتابع ومتكامل من النصوص القرآنية التي تتناول التعامل بين الأمم والشعوب، كما تتناول التعامل بين الأفراد. والحوار في هذه الحالة يمثل المرحلة الأولى من المقاومة، وأكثرها لينا، لأنه يهدف إلى سد الطريق في وجه الطغيان والعدوان دون إراقة دماء، ولكن، أيضا، دون رفع الرايات البيضاء، ودون التفريط بالحقوق، أو بالكرامة، ودون التضحية بمبادئ الحق والعدل، ولا بمستقبل الأمة وأجيالها اللاحقة. على أن من المهم أن نبين هنا أن هذه الدرجة الأولى من المقاومة لا تكون خيارا في حالة وصول خطة الأعداء إلى مرحلة الاحتلال، فمع الاحتلال ليس ثمة خيار سوى القتال الذي يشارك فيه الرجال والنساء كل بالقدر الذي يستطيعه، وليس في عقيدة المسلمين غير ذلك، وما عداه يدخل في دائرة التحريم، وتحت طائلة الإنذار بعقاب الله، كما بينته الآيتان اللتان أشرنا إليهما قبل هذه السطور: النهي عن الخضوع للبغي وعن عدم المقاومة، والنهي عن قبول الاستضعاف. تلك هي القاعدة العامة، وذلك هو الموقف الأساسي والرؤية المبدئية، أو تلك هي الإستراتيجية الثابتة، بالتعبير الشائع. ومع هذا تظل للمجتمع حرية المناورة، وحرية التوقيت، وتطوير المواجهة، أي ما يتعلق بالتكتيك.

وثمة نقطة مهمة لا يجوز لنا إغفال التنبيه إليها هنا، وهي المتعلقة بالإشارة إلى الهجرة بديلا لقبول الاستضعاف؛ لقد نزل هذا النص في أوائل الفترة المدنية، أي بعد الهجرة من مكة إلى المدينة. وفي تلك الفترة كان المجتمع الإسلامي الصغير قد ترك مكة طلبا لحرية العقيدة، وطلبا لفسحة من الحرية تتيح له أن يبني كيانا مستقلا يستطيع به مواجهة الكيان المكي القائم على الظلم والوثنية. ويبدوا أن أفرادا قلائل من المسلمين قد تخلفوا عن الهجرة إلى المدينة، فنزل القرآن ينذرهم ويبين لهم خطأ موقفهم القابل بالذل والاستضعاف. وكان عدم الهجرة يعني – من الناحية العملية - الانسلاخ عن المجتمع الإسلامي والتخلف عن الاشتراك في معركة تثبيته، وعن المشاركة في الجهد لإعلاء كلمة الله. فالدعوة إلى الهجرة هنا لم تكن تشجيعا على الفرار، بل كانت تشجيعا، وأمرا بعدم الانسلاخ عن جسم القوة المؤمنة، وعدم التخلف عن المشاركة وأداء الواجب فيما كانت مقدمة عليه. هذا توجيه، إذن، متعلق بموقف خاص يتبعه في الخصوصية؛ ولذلك قال النبي صلى الله عليه وسلم بعد فتح مكة: "لا هجرة بعد الفتح؛ ولكن جهاد ونية [1] ." ومعنى ذلك أن التوجيه بالهجرة لم يعد ساري المفعول، وقد يعبر بعض الفقهاء عن ذلك بأنه نسخ. ولعل من الأدق أنه عطل، وأن تعطيله يظل قائما إلا

---

[1] صحيح البخاري، كتاب الجهاد والسـير، باب فضل الجهاد والسير، الكتب الستة ، ص ٢٢٤.

إذا نشأت حالة مشابهة لما كان عليه الموقف في مكة في ذلك العهد الأول. ومع ذلك فإن كل موقف يقدر بقدره، وكذلك التصرف إزاءه يقدر على نفس الأساس.

هل ثمة جدوى، أو ثمة أمل ؟

في مرحلة من تفكيري التمهيدي للشروع في هذا البحث قبل ثلاثة أعوام تقريبا اعتراني كثير من الشك في جدوى الحوار، ولقد كدت أفقد الأمل، وأتخلى عن المحاولة في مرحلتها المبكرة ؛ عندما ألح منعطف حوار داخلي مع نفسي، وكأن هاجسا يخاطبني بصوت خافت في البداية، وما لبث أن ارتفع إلى مستوى الجدال الحاد، أو ما يشبه الشجار:

أي حوار هذا الذي تفكر فيه ؟ ومع من تتحاور ؟ مع أولئك السياسيين الذين يناقشون ويضعون الخطط الاستراتيجية للسيطرة على العالم، بدءا بعالم الإسلام؟ أم مع أولئك الذين يستعجلون حربا عالمية نووية، لكي يعود المسيح ويحكم البشرية ألف عام؟ أم مع أولئك المثقفين والمفكرين والأكاديميين الذين ينظرون لتقسيم العالم إلى معسكرات متصارعة، ولحتمية الحرب الشاملة بين "عالم الغرب" و "عالم الإسلام" والتي يراد لها أن تفضي - حسب تصورهم – إلى وضع الكون كله تحت سيطرة عالم الغرب, أو تحت سيطرة الجنس الأنغلو سكسوني ، أو زعيمة ذلك الجنس؟ .

أم أنك ستحاور أولئك الذين ذهب بهم الخيال والجرأة على امتهان الحق إلى حد الزعم بأن الجنس السكسوني يتكون من أحفاد القبائل الإسرائيلية القديمة التي هاجرت بعد السبي البابلي واتجهت شمالا، مارة بمنطقة القوقاز، لتصل إلى شمال ألمانيا وتستقرفيها وفي الدول الاسكندنافية والجزر البريطانية ؟ [1]

أم أنك ستحاور أولئك الوعاظ الدينيين في عالم الغرب، الذي يأتي أحدهم ليخاطب جمهوره حيث يقول للمؤمنين المنتظرين التواقين إلى حديث الهداية:

"الليلة خاطبني الله وقال لي كذا وكذا ! "

ويختم محاوري، أو هاجسي الداخلي بالقول :

"كفاك مضيعة للوقت والجهد، وفتش لك عن موضوع آخر !"

هنا وجدتني اقترب من حافة اليأس، وكدت أنحي القلم جانبا لأستسلم لهذا المحاور أو المجادل الداخلي، خاصة وأنا أسمع صيحات الحرب من حولي، ليس في داخل عقلي وضمن حواري مع نفسي- هذه المرة، بل على الأرض، عبر شاشات التلفزة وأمواج الأثير.

[1] - ويزعم صاحب هذه المقولة أن أدلة ادعائه موجودة في (البايبل)، "الكتاب المقدس".

وعند هذا المفصل جاء الهاتف القرآني قويا ليطرد كابوس اليأس، ويفسح في نفسي كوة الأمل، وقوة الإقدام:(وَلَا تَيْئَسُوا مِنْ رَوْحِ اللَّهِ إِنَّهُ لَا يَيْئَسُ مِنْ رَوْحِ اللَّهِ إِلَّا الْقَوْمُ الْكَافِرُونَ)(يوسف/٨٧)

وأخذ الحوار الداخلي في نفسي منحنى آخر:

إذا كانت هذه القوى المؤثرة سلبا موجودة في عالم الغرب، وهي موجودة بالفعل، لها أصوات هادرة، فهي ليست كل ما في عالم الغرب؛ فهناك في عالم الغرب شخصيات محترمة، من الرجال والنساء، تملك الشجاعة والمعرفة والإقدام، لكي تقف في وجه الشر، وفي وجه دعاة الطغيان والتدمير. وهكذا أمسكت بقارب الأمل، و وجدتني أثوب إلى نفسي، وأسير مع حادي الأمل.

الغرب يرفع شعار الحوار:

ومما يشجع الجانب الإسلامي اليوم على الحوار، ويشجعنا كذلك، هو ما سمعناه وقرأناه، ونسمعه ونقرأه، عن وجود تيارات وهيئات وأفراد في البلاد الغربية تعلن عن إيمانها بالحوار، وتدعو إليه، بل وتمارسه أحيانا. وإذا كانت بعض الشخصيات والهيئات تتحدث عن الحوار دعاية وخديعة، فإننا لا نشك أن هناك شخصيات وهيئات أخرى صادقة ومخلصة في دعوتها. وقد شهد النصف الثاني من القرن العشرين مشروعات عديدة للحوار؛ لكن ما كان يغلب على حوارات تلك المرحلة هو الحوار ذي الأهداف السياسية والاقتصادية التي تحمل في ثناياها مشاعر الاستعلاء والأطماع الغربية. وغني عن القول أن عالم الإسلام لم تعد تجذبه أمثال هذه التكتيكات. بيد أن هذا النوع من الحوار لا يمثل كل ما يوجد في الساحة من توجهات، كما أشرنا؛ فهناك محاولات جادة وصادقة - فيما نظن - يدفعها الإيمان بالحوار من أجل الوصول إلى وقف الأخطار التي تتهدد البشرية بسبب الأطماع والتوجهات الاستعمارية العدوانية، وما ينتج عنها من شعور بالظلم والقهر، واليأس من إمكان تحقق العدالة وتفعيل القيم الإنسانية؛ وما زالت الدعوة إلى الحوار، واللقاءات لممارسته تتجدد من حين لآخر، كما أشرنا قبل قليل. ومن أهم الأصوات التي نادت بالحوار كان صوت مجلس الفاتيكان الثاني (١٩٦٢ - ١٩٦٥)، ثم صوت قداسة البابا يوحنا الثالث والعشرين، وقداسة البابا يوحنا بولس الثاني. فقد ورد في إعلان مجلس الفاتيكان المذكور أن الكنيسة تكن احتراما كبيرا للمسلمين الذين يعبدون إلها واحدا حيا موجودا رحيما قويا، خالق السموات والأرض. ونتيجة لكونهم موحدين فإن المؤمنين بالله - بصفة خاصة -

قريبون منا[١]. وقد أضاف البابا يوحنا بولس الثاني إلى ما ورد في بيان مجلس الفاتيكان قوله: "إن النشاط الديني الحماسي لدى المسلمين يستحق الاحترام. إن من المستحيل ألا ينظر المرء بإعجاب - مثلا - إلى انتظامهم الدقيق في الصلاة؛ إن مشهد المؤمنين بالله وهم يركعون ويسجدون من غير أن يشغلهم عن ذلك ضيق الوقت أو ضيق المكان، ويستغرقون في الصلاة بكل مشاعرهم وأحاسيسهم يظل مثلا لكل أولئك الذين يلجأون إلى الله الحق، وخاصة لأولئك المسيحيين الذين هجروا كاتدرائياتهم الفخمة ولا يصلون إلا قليلا، أو لا يصلون إطلاقا [٢]". ونقرأ في قرارات مجلس الفاتيكان الثاني كذلك: "وبالرغم من أن المسيحيين والمسلمين كانت بينهم نزاعات غير قليلة عبر القرون، فإن هذا المجلس المقدس يستحث الجميع على تناسي الماضي، وعلى العمل من أجل الفهم المتبادل، والحفاظ على العدل الاجتماعي، والخلق الخير، والسلام والحرية، لفائدة الجنس البشري كله.[٣]" وبجانب الفاتيكان هناك الكثيرون من أصحاب المبادئ في الغرب، ممن يتحرون أن تكون مواقفهم متطابقة مع ما يعلنونه من قيم ومقولات، سواء من المتدينين أو العلمانيين؛ فهناك الأعداد الضخمة من الذين تظاهروا في مختلف دول أوروبا الغربية وفي الولايات المتحدة الأمريكية وبريطانيا بالذات، ضد الحرب على العراق. وهناك الكثيرون من الذين ذهبوا إلى فلسطين ليحتجوا ويقاوموا بأجسادهم تدمير منازل الفلسطينيين ، وتجريف أراضيهم الزراعية، وبساتين الزيتون في الضفة الغربية وقطاع غزة، وإقامة الجدار العازل الذي بنته إسرائيل لتبتلع به الجزء الأكبر مما تبقى من الأراضي الفلسطينية، ولتحصر السكان في عدد من السجون الكبيرة المتجاورة. وقد قتل بعض هؤلاء الشرفاء الذين جاءوا من أقاصي بلدان عالم الغرب، ومنهم الرجال والنساء من أصحاب المبادئ - شبابا صغارا - برصاص الجيش الإسرائيلي، أو عندما صدمتهم الجرافات العسكرية الإسرائيلية. كما أن هناك الكثيرين من المفكرين والأكاديميين والعلماء والأدباء، ورجال الدين المسيحيين واليهود، والصحافيين والفنانين العلمانيين، والوزراء السابقين، والسياسيين والبرلمانيين ممن عارضوا ويعارضون الظلم والعدوان والسياسات الاستعمارية التي مارستها وتمارسها بعض القوى الغربية التي عادت تحلم بأيام الاستعمار؛ وأسماؤهم معروفة لمن يتابعون الصحف، ويشاهدون الأخبار على شاشات التلفزة.

---

١ His Holiness John Paul II, *Crossing the Threshold of Hope*, ed. Vittorio Messori (New York: Alfred A. Knopf, ١٩٩٥), p. ٩١.

٢ المصدر نفسه، ص ٩٣.

٣ المصدر نفسه.

المنطلقات المبدئية للحوار:

تتحدد المنطلقات المبدئية للحوار بالنسبة للجانب الإسلامي على ضوء ما ورد في القرآن الكريم، إذ هو المصدر الأول للتشريع الإسلامي، وهو يحكم المصدر الثاني، أي السنة النبوية، ويحكم ماعدا ذلك. وفي النصوص التالية يحدد القرآن المنظور الإسلامي الذي يرى من خلاله المسلمون مكانهم بين شعوب البشرية وأجيالها المتتابعة، كما يحدد طريقة تعامل المجتمع الإسلامي والدولة الإسلامية مع الآخر، وكذلك تعامل الأفراد المسلمين بعضهم مع بعض:

فبالنسبة للعلاقة بين عقائد الشعوب وعلاقاتها في المجال العقيدي يخاطب القرآن المسلمين كما يخاطب محمدا، ويقول لهم وله:

"شرع لكم من الدين ما وصى به نوحا، والذي أوحينا إليك، وما وصينا به إبراهيم وموسى وعيسى أن أقيموا الدين ولا تتفرقوا فيه؛ كبر على المشركين ما تدعوهم إليه.

﴿اللَّهُ يَجْتَبِي إِلَيْهِ مَنْ يَشَاءُ وَيَهْدِي إِلَيْهِ مَنْ يُنِيبُ﴾(القرآن:الشورى/١٣)

﴿قُولُوا آمَنَّا بِاللَّهِ وَمَا أُنْزِلَ إِلَيْنَا وَمَا أُنْزِلَ إِلَى إِبْرَاهِيمَ وَإِسْمَاعِيلَ وَإِسْحَاقَ وَيَعْقُوبَ وَالْأَسْبَاطِ وَمَا أُوتِيَ مُوسَى وَعِيسَى وَمَا أُوتِيَ النَّبِيُّونَ مِنْ رَبِّهِمْ لَا نُفَرِّقُ بَيْنَ أَحَدٍ مِنْهُمْ وَنَحْنُ لَهُ مُسْلِمُونَ﴾ (القرآن: البقرة/١٣٦)

في هذه النصوص القرآنية تعليم للمسلمين فحواه أنهم وعقيدتهم حلقة من سلسلة متصلة من الأجيال والشعوب المتعددة ذات الأصل الواحد، وأن العقيدة الواحدة هي " إسلام النفس لله" وأنهم ينتسبون إلى جميع أولئك الأنبياء ويحبونهم ويوالونهم، بغض النظر عما طرأ على العقائد السابقة من تغيير أو "انحراف" على أيدي بعض الأفراد والجماعات من أتباع الأنبياء السابقين. والحقيقة أن الحب والولاء الذي يحمله المسلمون للأنبياء السابقين وأتباعهم لا ينحصر في أولئك الذين وردت أسماؤهم في القرآن الكريم، بل يمتد ليشمل الأنبياء الحقيقيين الذين ظهروا

في الأمم الأخرى في عصور سابقة، ولم يسمهم القرآن بل ذكرهم أجمالا: (وَإِنْ مِنْ أُمَّةٍ إِلَّا خَلَا فِيهَا نَذِيرٌ)[أي نبي رسول] (القرآن: فاطر/٢٤)

(وَلَقَدْ بَعَثْنَا فِي كُلِّ أُمَّةٍ رَسُولًا أَنِ اعْبُدُوا اللَّهَ وَاجْتَنِبُوا الطَّاغُوتَ فَمِنْهُمْ مَنْ هَدَى اللَّهُ وَمِنْهُمْ مَنْ حَقَّتْ عَلَيْهِ الضَّلَالَةُ فَسِيرُوا فِي الْأَرْضِ فَانْظُرُوا كَيْفَ كَانَ عَاقِبَةُ الْمُكَذِّبِينَ) (القرآن: النحل / ٣٦)

أما بالنسبة لآداب التعامل مع الآخر فإننا نجد في القرآن كثيرا من الموجهات التي تمثلها النصوص التالية:

(وَقُولُوا لِلنَّاسِ حُسْنًا وَأَقِيمُوا الصَّلَاةَ وَآتُوا الزَّكَاةَ) (البقرة/٨٣).

(وَقُلْ لِعِبَادِي يَقُولُوا الَّتِي هِيَ أَحْسَنُ إِنَّ الشَّيْطَانَ يَنْزَغُ بَيْنَهُمْ إِنَّ الشَّيْطَانَ كَانَ لِلْإِنْسَانِ عَدُوًّا مُبِينًا)(الإسراء/٥٣ ؛ وانظر المؤمنون/ ٩٦)

(وَلَا تَسُبُّوا الَّذِينَ يَدْعُونَ مِنْ دُونِ اللَّهِ فَيَسُبُّوا اللَّهَ عَدْوًا بِغَيْرِ عِلْمٍ) (الأنعام/١٠٨)

(وَدَّ كَثِيرٌ مِنْ أَهْلِ الْكِتَابِ لَوْ يَرُدُّونَكُمْ مِنْ بَعْدِ إِيمَانِكُمْ كُفَّارًا حَسَدًا مِنْ عِنْدِ أَنْفُسِهِمْ مِنْ بَعْدِ مَا تَبَيَّنَ لَهُمُ الْحَقُّ فَاعْفُوا وَاصْفَحُوا حَتَّى يَأْتِيَ اللَّهُ بِأَمْرِهِ إِنَّ اللَّهَ عَلَى كُلِّ شَيْءٍ قَدِيرٌ) (البقرة/١٠٩)

﴿ادْفَعْ بِالَّتِي هِيَ أَحْسَنُ فَإِذَا الَّذِي بَيْنَكَ وَبَيْنَهُ عَدَاوَةٌ كَأَنَّهُ وَلِيٌّ حَمِيمٌ﴾ (فصلت/٣٤)

﴿وَلَا تُجَادِلُوا أَهْلَ الْكِتَابِ إِلَّا بِالَّتِي هِيَ أَحْسَنُ إِلَّا الَّذِينَ ظَلَمُوا مِنْهُمْ وَقُولُوا آمَنَّا بِالَّذِي أُنْزِلَ إِلَيْنَا وَأُنْزِلَ إِلَيْكُمْ وَإِلَهُنَا وَإِلَهُكُمْ وَاحِدٌ وَنَحْنُ لَهُ مُسْلِمُونَ﴾(العنكبوت/٤٦)

﴿قُلْ مَنْ يَرْزُقُكُمْ مِنَ السَّمَاوَاتِ وَالْأَرْضِ قُلِ اللَّهُ وَإِنَّا أَوْ إِيَّاكُمْ لَعَلَى هُدًى أَوْ فِي ضَلَالٍ مُبِينٍ (٢٤) قُلْ لَا تُسْأَلُونَ عَمَّا أَجْرَمْنَا وَلَا نُسْأَلُ عَمَّا تَعْمَلُونَ (٢٥) قُلْ يَجْمَعُ بَيْنَنَا رَبُّنَا ثُمَّ يَفْتَحُ بَيْنَنَا بِالْحَقِّ وَهُوَ الْفَتَّاحُ الْعَلِيمُ﴾(سبأ/٢٤-٢٦)

﴿لَا إِكْرَاهَ فِي الدِّينِ قَدْ تَبَيَّنَ الرُّشْدُ مِنَ الْغَيِّ فَمَنْ يَكْفُرْ بِالطَّاغُوتِ وَيُؤْمِنْ بِاللَّهِ فَقَدِ اسْتَمْسَكَ بِالْعُرْوَةِ الْوُثْقَى لَا انْفِصَامَ لَهَا وَاللَّهُ سَمِيعٌ عَلِيمٌ﴾(لبقرة/٢٥٦)

﴿وَلَوْ شَاءَ رَبُّكَ لَآمَنَ مَنْ فِي الْأَرْضِ كُلُّهُمْ جَمِيعًا أَفَأَنْتَ تُكْرِهُ النَّاسَ حَتَّى يَكُونُوا مُؤْمِنِينَ﴾(يونس/٩٩)

﴿وَلَوْ شَاءَ رَبُّكَ لَجَعَلَ النَّاسَ أُمَّةً وَاحِدَةً وَلَا يَزَالُونَ مُخْتَلِفِينَ (١١٨) إِلَّا مَنْ رَحِمَ رَبُّكَ وَلِذَلِكَ خَلَقَهُمْ ﴾(هود/١١٩)

﴿لَا يَنْهَاكُمُ اللَّهُ عَنِ الَّذِينَ لَمْ يُقَاتِلُوكُمْ فِي الدِّينِ وَلَمْ يُخْرِجُوكُمْ مِنْ دِيَارِكُمْ أَنْ تَبَرُّوهُمْ وَتُقْسِطُوا إِلَيْهِمْ إِنَّ اللَّهَ يُحِبُّ الْمُقْسِطِينَ (٨) إِنَّمَا يَنْهَاكُمُ اللَّهُ عَنِ الَّذِينَ قَاتَلُوكُمْ فِي الدِّينِ وَأَخْرَجُوكُمْ مِنْ دِيَارِكُمْ وَظَاهَرُوا عَلَى إِخْرَاجِكُمْ أَنْ تَوَلَّوْهُمْ وَمَنْ يَتَوَلَّهُمْ فَأُولَئِكَ هُمُ الظَّالِمُونَ ﴾(الممتحنة/٩)

﴿وَقَاتِلُوا فِي سَبِيلِ اللَّهِ الَّذِينَ يُقَاتِلُونَكُمْ وَلَا تَعْتَدُوا إِنَّ اللَّهَ لَا يُحِبُّ الْمُعْتَدِينَ ﴾(البقرة/١٩٠)

﴿وَإِنْ جَنَحُوا لِلسَّلْمِ فَاجْنَحْ لَهَا وَتَوَكَّلْ عَلَى اللَّهِ إِنَّهُ هُوَ السَّمِيعُ الْعَلِيمُ﴾ (الأنفال/٦١)

إن هذا ليس حصرا للنصوص القرآنية التي تعنى بهذه التوجيهات بعبارات وأوامر واضحة لا غموض فيها، بل هو مجرد عرض لأمثلة يوجد غيرها في القرآن الكثير، مما يؤكد نفس الاتجاه العام. ومما ينبغي أن نلفت الأنظار إليه هنا أن فعل "قل"، وهو موجه لرسول الله، وفعل "قولوا"، وهو موجه للمؤمنين عامة، يتكرر سبع مرات في هذا العدد القليل من نصوص القرآن الكريم. ودلالة ذلك واضحة هنا، فهي تعني أن الله يأمر رسوله والمؤمنين ويعلمهم كيف يتحاورون مع غير المسلمين. وفي بقية النصوص نجد أن القرآن يستخدم فعل الأمر لتوجيه الرسول وعامة المؤمنين:

"إدفع"، بمعنى "رد"، و"لا تسبوا"، و"فاعفوا واصفحوا"، و "لا تجادلوا"، و "فاجنح لها"، و "لا تعتدوا"، وهكذا...

وبالنظر في هذه التوجيهات المقتبسة من القرآن نجد أن المسلمين مأمورون باختيار المفردات والعبارات الطيبة للحديث مع الآخر، مع غير المسلم على وجه التحديد. فإذا أساءت إلى المسلمين، أو إلى المسلم الفرد، جهة معادية فإن على الجانب المسلم أن يدفع (يرد) الإساءة بالإحسان، على أمل أن يتحول العدو إلى صديق. ويوجه القرآن المسلمين إلى العفو والصفح عمن يسئ إليهم. وعندما يدخل المسلم في حوار أو نقاش مع مسيحي أو يهودي، ويستحضر التوجيهات القرآنية في ذهنه فإنه يجد الأوامر الإلهية في القرآن تأمره بأن يستخدم عبارات وأساليب حسنة لا تسئ إلى المخاطب. وتطلب هذه الأوامر من المسلم أن يتجنب سب آلهة ومقدسات غير المسلمين. ثم يلقن القرآن المسلم كلمات وجملا يستخدمها في الحوار مع المسيحيين واليهود، ليبين لهم أن الله هو نفسه إله الأديان الثلاثة، رب العالمين، كما ينبه إلى أن الحق سيكون في موقف أحد الطرفين المتحاورين، دون تحديد أو ترجيح لأي احتمال، فكل واحد منهما إما أن يكون الحق معه، أو أن يكون في الباطل والضلال. ثم يبين لمحاوره ان المسلم مسئول عن عمله، وغير المسلم مسئول عن عمله، وأن في مقدور الله - لو أراد - أن يجعل البشر كلهم مسلمين، لكن الاختلاف من سنن الله. ومع وجود الاختلاف باعتباره أمرا طبيعيا وواقعا عمليا، فإن القرآن يرشد المسلم إلى استعمال أسلوب يصل إلى ذروة الأدب والاحترام في معاملته للآخر: فعندما يتحدث المسلم عن نفسه وعن عمله يقول: "ولا تسألون عما أجرمنا"، وعندما يتحدث عن محاوره المسيحي أو اليهودي فإنه لا يستعمل نفس الفعل: "أجرم (تم)" وإنما يستعمل فعلا ذا معنى محايد: "ولا نسأل عما تعملون!" و الله ينهى المسلمين عن التعامل السيئ مع جهة لم تسئ إليهم ولم تبادرهم بالعدوان، ولم تخرجهم من ديارهم؛ فهؤلاء الذين لم يسيئوا لا حرج في التعامل معهم بالود والاحترام والإحسان، تعاملا ينطوي على تقديم الخير لهم، مع التزام العدل والإنصاف تجاههم. وتوجه بعض هذه الآيات القرآنية إلى الامتناع والابتعاد عن أية محاولة لإكراه أحد على اعتناق الإسلام، لأنه "لا إكراه في الدين"، ولأن الله قادر - لو شاء - أن يجعل كل من في الأرض من البشر مؤمنين؛ لكنه لم يرد ذلك ولم يشأه بعيدا عن اختيارهم الحر، بل منحهم القدرة على الاختيار، وترك لهم القرار. وعلى ذلك فإنه لا يجوز للإنسان أن يلجأ إلى الإكراه في الدين. وتتعرض آيتان للحرب، وتحملان أمرا بعدم الاعتداء أو المبادأة بالقتال لمن لم يعتد على المسلمين، بل تجعل للمسلمين الحق أن يقاتلوا من يقاتلونهم، وألا يعتدوا، لأن "الله لا يحب المعتدين." وإذا اعتدى طرف آخر على المسلمين بالقتال، ولم يرتدع بالحسنى فردوا عليه بالحرب، ثم مال ذلك المعتدي إلى السلام، فإن على

المسلمين أن يقبلوا التوجه السلمي ويتجاوبوا معه ويسيروا في نفس الاتجاه - دون تفريط بالعدالة - حتى لو عرفوا أن العدو يخادعهم؛ وفي هذا رفض لفكرة الحرب الإستباقية. وهكذا نجد التوجيهات القرآنية تحمل مضامين إنسانية واضحة، جنبا إلى جنب مع مضامينها العقيدية. وهذا أمر منطقي ما دامت رسالة القرآن تهدف - من بين ما تهدف إليه - إلى أن يحيا الإنسان حياة طيبة، كما يعرفنا القرآن : " يا أيها الذين آمنوا استجيبوا لله وللرسول إذا دعاكم لما يحييكم... " والمقصود هنا ليس مجرد الحياة البيولوجية، أية حياة، وإنما يقصد به الحياة الطيبة. أما الحياة المبتعدة عن توجيهات الله فيصفها القرآن بأنها حياة قاسية تتميز بالضنك: (وَمَنْ أَعْرَضَ عَن ذِكْرِي فَإِنَّ لَهُ مَعِيشَةً ضَنكًا) (طه / ١٢٤)

والضنك لا يقتصر على المصاعب المادية في الحياة، إذ أن كثيرين من الفقراء يبدون سعداء في حياتهم، لكن الضنك هو الذي يعانيه المرفهون ماديا، المتوترون نفسيا وعصبيا، كما نرى في حياة معظم المجتمعات الغنية اليوم، حيث تعيش نسبة كبيرة على الحبوب المهدئة، وأدوية منع الكآبة antidepressant ، حتى الأطفال والمراهقون [١] .

إزالة التباس :

دأب بعض الباحثين في "عالم الغرب" على الوقوع في خطأ جسيم في فهمهم لبعض آي القرآن، خاصة فيما يتعلق بالقتال أو بالموقف من الآخر الخارجي. وهذا الخطأ ناتج عن التباس في فهم النصوص وفي مقارنتها من غير انتباه لموقعها من السياق التاريخي الذي نزلت أو أعلنت فيه؛ كما أنه ناتج عن عدم فهم طبيعة القرآن في سياق تتابع آياته تاريخيا، تتابعا مرتبطا بمراحل وجزئيات الأحداث ومتفاعلا معها. وهذا التفاعل مع الاحداث لم يكن تفاعلا عفويا تولد من مجرد اللقاء العرضي بمجرد المصادفة، بل إنه تفاعل من خلال التناول الموجه والمقصود بغرض التعامل مع كل موقف على حدة، وكل حالة على حدة. وهذا التعامل فيه توجيهات وأوامر إلى رسول الله، كما أن فيه توجيهات وأوامر للمؤمنين، وفيه اهتمام بحالتهم النفسية أفرادا أو جماعة، ومناقشة لما كان يدور بينهم من أحاديث

---

١ - وأكتفي هنا بذكر مثل واحد، وهناك الآلاف من الأمثلة لمن أراد أن يتتبع الموضوع، والمثل الذي اخترناه من جريدة واشنطن بوست، في عددها الصادر في ٨ تشرين أول (اكتوبر) ٢٠٠٥ (انترنت)

"Psychiatric Drugs' Use Drops for Children, Suicide Warnings Raise Bigger Fears on Testing Process."

ومقولات. ومن ناحية أخرى فإن هذا التعامل كان ينشعب أحيانا ليخاطب الرافضين للدين الإسلامي والمتمسكين بالوثنية وغيرها.

فبينما يعرض القرآن جوانب من مفهوم الألوهية، وصفات الله، والدعوة للإيمان به وإطاعة توجيهاته وأوامره وصولا إلى الحياة الطيبة في الدنيا والجزاء الطيب في الآخرة فإنه يتناول كذلك المواقف والتقلبات والأزمات التي يواجهها المجتمع الإسلامي الناشئ في مكة، ثم في المدينة بعد الهجرة. فقد ظل المسلمون ثلاثة عشر عاما في مكة يتعرضون للإضطهاد، واضطروا إلى الهجرة ثلاث مرات، مرتان إلى الحبشة (إثيوبيا)، والمرة الأخيرة إلى المدينة. وبعد هجرتهم الأخيرة إلى المدينة حدثت مواجهة عسكرية قرب المدينة عندما جاءت حملة من مكة لاستعراض القوة ولمهاجة المدينة؛ وفي السنة التالية جاءت قوة مكية أكبر ونشبت معركة أحد، وبعد ذلك بسنة تقريبا وقعت غزوة الأحزاب، حيث جاءت قريش بقوتها وقوات حلفائها وحاصرت المدينة. ثم بعد ذلك عقدت هدنة بين المسلمين في المدينة وقريش في مكة، ونقض حلفاء قريش الهدنة، وفتح المسلمون مكة، التي كانوا اضطروا للهجرة منها تحت وطأة الاضطهاد والتعذيب الوحشي قبل ثماني سنوات من تاريخ ذلك الفتح ؛ ثم جاءت غزوة حنين. وفي كل من هذه المواقف الجزئية كان القرآن يخاطب رسول الله، ويخاطب المؤمنين في إطار الموقف الجزئي. فعندما يقبل المسلمون على خوض معركة حربية ضد العدو المعتدي يخاطبهم القرآن حاضا إياهم على ضرب العدو بكل قوة، من مثل قوله:

﴿وَاقْتُلُوهُمْ حَيْثُ ثَقِفْتُمُوهُمْ وَأَخْرِجُوهُمْ مِنْ حَيْثُ أَخْرَجُوكُمْ وَالْفِتْنَةُ أَشَدُّ مِنَ الْقَتْلِ وَلَا تُقَاتِلُوهُمْ عِنْدَ الْمَسْجِدِ الْحَرَامِ حَتَّى يُقَاتِلُوكُمْ فِيهِ فَإِنْ قَاتَلُوكُمْ فَاقْتُلُوهُمْ كَذَلِكَ جَزَاءُ الْكَافِرِينَ (١٩١) فَإِنِ انْتَهَوْا فَإِنَّ اللَّهَ غَفُورٌ رَحِيمٌ﴾ [القرآن: سورة البقرة / ١٩٠ - ١٩٢]

ومن مثل قوله: (سَتَجِدُونَ آخَرِينَ يُرِيدُونَ أَنْ يَأْمَنُوكُمْ وَيَأْمَنُوا قَوْمَهُمْ كُلَّ مَا رُدُّوا إِلَى الْفِتْنَةِ أُرْكِسُوا فِيهَا فَإِنْ لَمْ يَعْتَزِلُوكُمْ وَيُلْقُوا إِلَيْكُمُ السَّلَمَ وَيَكُفُّوا أَيْدِيَهُمْ فَخُذُوهُمْ وَاقْتُلُوهُمْ حَيْثُ ثَقِفْتُمُوهُمْ وَأُولَئِكُمْ جَعَلْنَا لَكُمْ عَلَيْهِمْ سُلْطَانًا مُبِينًا) [القرآن: سورة النساء / ٩١].

ومن مثل قوله: (شَرَّ الدَّوَابِّ عِنْدَ اللَّهِ الَّذِينَ كَفَرُوا فَهُمْ لَا يُؤْمِنُونَ (٥٥) الَّذِينَ عَاهَدْتَ مِنْهُمْ ثُمَّ يَنْقُضُونَ عَهْدَهُمْ فِي كُلِّ مَرَّةٍ وَهُمْ لَا يَتَّقُونَ (٥٦) فَإِمَّا تَثْقَفَنَّهُمْ فِي الْحَرْبِ فَشَرِّدْ بِهِمْ مَنْ خَلْفَهُمْ لَعَلَّهُمْ يَذَّكَّرُونَ)ويستمر السياق إلى أن يقول: (وَإِنْ جَنَحُوا لِلسَّلْمِ فَاجْنَحْ لَهَا وَتَوَكَّلْ عَلَى اللَّهِ إِنَّهُ هُوَ السَّمِيعُ الْعَلِيمُ) [القرآن: سورة الأنفال / ٥٥ - ٦١]

هذه أمثلة ثلاثة أتى فيها الأمر بقتل الأعداء ليس في واحد منها مناقضة لمبدأ التمسك بالسلم والمحافظة عليه في العلاقات الدولية، أو مع الكيانات الأخرى. ففي الأمثلة الثلاثة تأتي المبادرة بالعدوان من جانب الطرف الآخر، أعداء المسلمين. وفي الأمثلة الثلاثة نقرأ الأمر الأخير يوجه المسلمين إلى قبول السلم إذا طلب ذلك الطرف المعتدي المهزوم. ولكن حين يأتي باحث من عالم الغرب ويأخذ جزءا من السياق يستطيع أن يجد أوامر بالقتل، ويستطيع أن يستخدمها لإقناع جماعته أو من يستهدفهم بالحديث، بأن المسلمين عدوانيون. وربما يفعل بعض الباحثين ذلك عن جهل، أو عن كسل وتقصير في استقصاء المعلومات والأدلة، ولكن بعضهم يلجأ إلى هذا الأسلوب عن تعمد واختيار للغش والتضليل كأداة من حربه الظالمة على المسلمين.

والأمر في غاية البساطة والوضوح عندما يتعلق الأمر بمواقف آنية في نقطة زمنية محددة محكومة بالظروف المحيطة بها، ومن غير انحراف عن المبادئ العامة المعلنة بمجانبة البدء بالحرب، والمبادرة بالعدوان. إذا اعتدى العدو، ووقعت الحرب العدوانية الظالمة فمن الطبيعي في حياة المجتمعات البشرية – من كل الأديان والأجناس والألوان - في كل القرون الماضية، وفي فترتنا الراهنة المعاصرة، في ما بعد الحداثة، من الطبيعي أن يقاتل المظلومون المدافعون عن الحق ضد الظلم بكل قواهم، وأن يتكلم قادتهم العسكريون والمدنيون والدينيون، فضلا عن الأدباء والشعراء والمثقفين حاضين على القتال والتضحية والتنكيل بالعدو بأشد عبارات التحريض. وهذا ما فعله ويفعله المسلمون وما يمارسونه اليوم وغدا وما دامت على الأرض حياة لمجتمعات بشرية، وهذا ما تفعله كل الشعوب.

أما مقولات: "من ضربك على خدك الأيمن فأدر له الأيسر" ، ومن "نزع عنك ثوبك فأترك له الرداء أيضا،" ومن سخرك ميلا فسر معه ميلين..." مثل هذه المقولات - إن صحت نسبتها إلى سيدنا عيسى عليه السلام، فهي مقولات اكثر من مثالية، إنها "فوق - مثالية". يمكن نظريا أن نسلم بأن بعض الأفراد في التاريخ قد يكونون مارسوها، لكنها لا يمكن أن تكون نسقا من سلوك المجتمعات البشرية في أي عصر من العصور، في الماضي أو الحاضر أو المستقبل. حتى سيدنا المسيح عليه السلام تحدث عن الحرب في قوله: "لا تظنوا أني جئت لألقي سلاما على الأرض، بل سيفا؛ فإنني جئت لأفرق الإنسان ضد أبيه، والإبنة ضد أمها والكنة ضد حماتها." [انجيل متى: الإصحاح العاشر / ٣٤] ونقرأ في انجيل لوقا: "جئت لألقي نارا على الأرض، فماذا لو اضطرمت.. أتظنون أنني جئت لألقي سلاما على الأرض؛ كلا أقول لكم، بل انقساما، لأنه لا يكون من الآن خمسة في بيت واحد منقسمين ثلاثة على اثنين، واثنان على ثلاثة. ينقسم الأب على الابن والابن على الأب والأم على البنت والبنت على الأم والحماة على الكنة والكنة على حماتها." [لوقا: إصحاح١٢/٤٩ -٥٣.]

أما القديس أوغسطين [of Hippo] فقد طور ما عرف بنظريته في الحرب العادلة، وظلت هذه النظرية شائعة ومؤثرة طوال القرون، وما زالت حتى الآن أداة يوظفها بعض المسيحيين. "[١]

والخلاصة أن مبادئ الإسلام الأساسية والعامة والمستمرة التي لا تتغير تؤكد أنه ضد الحرب العدوانية، ومع رد العدو بالحسنى كما بينا في غير هذا

[١] Gonzalez, *Church History, An Essential Guide*, p. ٣٦.

الموضع، ولا يدخر وسيلة لتحويل العدو إلى صديق. أما إذا وقع العدوان بالفعل، ولم يرتدع العدو عندها يصبح القتال ضرورة لبقاء مثل الحق والعدل والخير.

ضوابط الحــوار:

ومن أجل ان يكون الحوار ناجحا فإن من الضروري أن يتقيد بعدد من القيود والضوابط الصارمــة:

أولا: ألا يسمح له بأن يتحول إلى مناظرة تهدف إلى هزيمة الطرف الآخر نقاشيا والانتصار عليه،

ثانيا: أن يلتزم الطرفان بأدب الحوار من حيث احترام الطرف الآخر واحترام حقه في أن تكون له رؤيته وتفضيلاته وخياراته الخاصة.

ثالثا: القبول - نظريا على الأقل، وفي إطار مجلس الحوار وعلى مائدته - بأن الحق يمكن، احتماليـا، أن يكون مع الطرف الآخر، وأن هذه الاحتمالية تمثل مبدأ وأساسا للحوار، وأنـه لا يمكـن أن يكـون هناك حوار بغير ذلك.

رابعا: الالتزام بمبدأ التواضع، وترك التعالي في التعامل مع الطرف الآخر، واستبعاد أية محاولـة لفـرض المسلمات المسبقة لأي طرف على الآخر.

خامسا: استبعاد المنطق التبشيري الذي يرمي إلى كسب الطرف الآخـر، أو ضـمه أو إلحاقـه أو احتوائـه، دينيا أو ثقافيا أو سياسيا.

سادسا: التركيز على محاولة الوصول إلى أن يجعـل كـل طـرف نفسـه مفهومـا ورؤيتـه العامـة ومواقفـه وممارساته مفهومة للطرف الآخر.

سابعا: التركيز أيضا على محاولة اكتشاف العناصر والمبادئ المشتركة، واستهداف جعلها منطلقـا للثقـة المتبادلة، والتعاون البناء لخير البشرية.

ثامنا: أن يكون الهدف النهائي للطرفين هو الوصول إلى التعاون المشترك في إطار الأمـور المتفـق عليهـا لخير الإنسانية والعالم أجمع، في إطار"عولمة خيرة"، بعيـدة عـن "عولمـة الشركات الكـبرى" وعـن "عولمة الهيمنة" السياسية والعسكرية والاقتصادية، والثقافية.

تاسعا: أن يحذر كل طرف مما قد ينزلق إليه من افتراض أن ما يعتقده، وأن فهمـه ورؤيتـه هـما المقيـاس الآحادي الذي يقوم عليه الحوار، ويحاول إلزام الطرف الآخر بذلك.

عاشرا: أن يحذر كل طرف من الاعتقاد بأن الطرف الآخر جاء محتاجا، أو جاء ليطلب منه شهادة حسن سلوك.

وهذا الحوار الذي نمارسه الآن ، ومن خلال هذه السطور، حوار ثقافي بالدرجة الأولى، وهو حوار يجري عن بعد، وليس حوار لقاء مباشر في قاعة أو مؤتمر؛ وهو لا يرمي للحصول على ردود سريعة مباشرة، وإنما يترك مجالا

واسعا للتفكير، وتقليب الأمورعلى وجوهها المختلفة؛ ويبقى الباب بعد ذلك مفتوحا لطرائق وأساليب أخرى من الحوار، تتفق في أهدافها وإن اختلفت أطرها وأجواؤها.

هدف الحوار:

إن هذا المؤلف يود أن يبحث عن العناصر الثقافية المشتركة، وأن يبرز - من خلال نخل آثار مسيرة ومنعطفات التاريخ - أن عناصر التباعد والمغايرة لم تكن الأكثر حضورا عند الجانبين، بل إن التماثل والتشابه كان هو الأكثر. والوصول إلى هذا الهدف تكون نتيجته التأثير في المواقف الحالية للطرفين، واقتناعهما بالتخلي عن المواقف العدائية، وسلوك السبل الموضوعية للتعاون في سبيل الخير المشترك، وخير البشرية جمعاء.

المنهج :

ولعل من المفيد – عند هذه النقطة – أن يبين المؤلف الحالي طريقته أو منهجه في ممارسة الحوار الثقافي بالكتابة. لا مراء في أن الضوابط التي عددناها لتونا تدخل في صلب المنهج، وينبغي أن تكون في أساسه بالنسبة لطرفي الحوار، على أي منبر وفي أي إطار وفي أي زمن. ونظرا لأن الدين كان المكون الثقافي الرئيسي في حياة المجتمعات الغربية حتى نهاية القرن الخامس عشر الميلادي، على الأقل، وفي قطاعات معينة من المجتمع الأميركي - بشكل خاص- حتى الآن، كما أنه كان - وما زال - المكون الثقافي الرئيسي في حياة المجتمعات الإسلامية حتى الآن فإن هذا الواقع يجعلنا نسعى، من خلال متابعة سريعة لمسيرة التاريخ الغربي، ومسيرة التاريخ الإسلامي أن نرصد هذه العناصر الثقافية المشتركة والمتماثلة. لقد كانت النظرة الدينية، والدوافع الدينية، والتفسيرات الدينية هي الموجهة لحياة المجتمع في الجانبين. وهذا أول عنصر تشابه بالنسبة للمراحل المبكرة. وبما أن تاريخ المسيحية بدأ قبل ظهور الإسلام بستة قرون، وأن في الحقبة النيقية (٣٢٥ – ١٥١٧م) عناصر مشتركة ظهرت في الإسلام فيما بعد، فإننا سنراعي ذلك. وسننظر في تاريخ "عالم الغرب" أولا من خلال الحقبة النيقية منذ بدايتها بمجلس نيقية سنة ٣٢٥م وحتى نهايتها عند انفجار حركة الإصلاح الديني في "عالم الغرب." فبعد "الانفجار" لم يبق أمامنا كيان واحد نتابع تاريخه بل كيانات متعددة متباينة من حيث الحجم والامتداد المكاني والزمني؛ وهنا، وبحكم الضرورة العملية، ينشعب البحث في مسارات ثلاثة؛ أولها التحركات والحركات والتيارات ذات المرجعية الدينية والتي أعلنت التزامها بالدين المسيحي على الرغم من انشقاقها عن الكنيسة الكاثوليكية والبابوية، مثل: الحركات البرتستنتية الثلاث،

والتوحيديين، والأنابتستس (معيدو التعميد)، وغير ذلك من الحركات والأفراد، ويتواصل البحث فيها حتى القرن العشرين تقريبا؛ وسيخصص لهذا المسار الفصل الثاني. أما المسار الثاني فنتتبع خلاله التيار الذي انطلق من مرجعية مغايرة - وأحيانا معادية - للمسيحية وللدين عامة؛ وقد خصص له الفصل الثالث. أما المسار الثالث فيتابع التيار الأكاديمي الذي خصص جهوده لدراسة وتحليل وتتبع تاريخ الكتب المقدسة، وكتابات الرسل والآباء الأوائل للمسيحية. لقد وجدت نفسي مجبرا على متابعة هذا التيار لأنه لم يسر في هذا الاتجاه لمجرد معرفة ما حدث في التاريخ وتعريف الناس به، بل لأنه أراد أن يوظف النتائج التي توصل إليها عبر مسيرته ومن خلال تطور وارتقاء أدواته لإضاءة الحاضر، وليؤثر في مفاهيم الناس ويرشدهم إلى الطريق الأصوب كما رآه الأكاديميون. وقد خصص لهذا التيار الفصل الرابع.

أما بالنسبة لمسيرة التاريخ الإسلامي فتتميز بأنها لم تشهد تغيرا في أمور العقائد الأساسية ومبادئ ومنطلقات السلوك، كما حدث في الحضارة الغربية، وإن كانت قد شهدت تغيرات واسعة في الجوانب السياسية والاجتماعية والثقافية خارج نطاق الأمور الأساسية في العقائد والعبادات وموجهات السلوك الاجتماعي. ولذا فإنني سوف أراعي هذا الإختلاف عند البحث والتجول في محطات وثنايا التاريخ الإسلامي. ومهما يكن من أمر فقد مر تاريخ المسلمين في عدد من مراحل التغير يمكن أن تختزل في ثلاث:

(١) الحقبة الأولى الممتدة حتى منتصف القرن الثالث الهجري (التاسع الميلادي)

(٢) والحقبة اللاحقة التي تمتد حتى أواخر القرن التاسع عشر الميلادي،

(٣) ثم الحقبة الحالية التي تمتد من أواخر القرن التاسع عشر الميلادي حتى أوائل الألفية الثالثة.

وسنلقي معا نظرة سريعة على أهم التطورات التي ظهرت في هذه الفترات الثلاث، وبشكل مختصر. هذا مع العلم بأن هذه التطورات لم تغير شيئا من العقيدة، أو من العبادة، أو من موجهات السلوك بالنسبة لمن يعتبرون أنفسهم متدينين ممارسين. ولا مراء في أن كثيرين انحرفوا عن السلوك، وربما عن الاعتقاد المقبول دينيا، كما أهملوا العبادات؛ بيد أن هؤلاء لم يفعلوا ذلك لاعتناقهم عقائد جديدة، ولا لممارستهم عبادات أخرى. وهم - في أغلبيتهم - يعترفون أنهم مقصرون أو منحرفون، يركنون إلى غفران الله، أو إلى أنهم سيتوبون في المستقبل.

الفصل الأول

عناصر الاتفاق والاختلاف في الحقبة الأولى

(٣٢٥م - ١٥١٧م)

مقدمة:

المواجهة الأولى بين الشرق والغرب:

ربما كان زحف الاسكندر الكبير المقدوني (ت-٣٢٣ ق.م.) نحو الشرق واستيلاؤه على بلاد فارس، وبلاد الشام (السواحل الشرقية للبحر المتوسط)، وبلاد ما بين النهرين، ومصر، ربما كان هذا الزحف يمثل أول صدام رئيسي بين الشرق والغرب، أو بين سكان ما يعرف الآن بالعالم الإسلامي وأوروبا. وبعد موت الاسكندر سنة ٣٢٣ق.م. قسمت إمبراطوريته فقامت في كل قسم دولة، أو إمبراطورية جديدة، يهمنا منها دولة السلوقيين، التي جعلت من أنطاكية عاصمة لها، ودولة البطالمة، التي جعلت من الإسكندرية عاصمة لها. وقد استمرت هاتان الإمبراطوريتان إلى ستينات القرن الأول قبل الميلاد؛ حيث تمكنت روما الصاعدة من إزالتهما، وفرضت هيمنتها على حوض البحر المتوسط. واستمر حكم الرومان إلى العقد الرابع من القرن السابع الميلادي.

وبعد عقود من بداية الحكم الروماني ظهر عيسى عليه السلام، وبدأ العصر المسيحي الذي احتسبت بدايته منذ سنة ولادة المسيح. وقد تعرضت الديانة المسيحية لاضطهاد شديد على أيدي السلطات الرومانية، والجمهور الروماني على السواء في معظم فترات القرون الثلاثة الأولى من تاريخها، وفي موجات متكررة. ثم اعترفت الإمبراطورية الرومانية بالمسيحية، وتبع ذلك تبنيها لها بعد سنوات قليلة. وما أن حصلت الديانة الجديدة على هذا الاعتراف حتى ظهرت في داخلها الخلافات المتعلقة بالعقيدة وتطورت إلى أزمة استدعت تدخل الدولة، فدعا الإمبراطور قسطنطين الأول إلى انعقاد مؤتمر كنسي سنة ٣٢٥م لحل الخلافات، وتمت فيه صياغة "العقيدة النيقية" وسط خلافات صاخبة. وقد ظلت الأزمة تتجدد من حين لآخر في الفترة التالية، الأمر الذي سنتعرض له خلال هذا الفصل الأول من دراستنا.

ومما لا جدال فيه أن الوجود الإغريقي ثم الوجود الروماني في شرق وجنوب البحر المتوسط كان استعمارا صاحبه قدر من الاستيطان. وقد استمر الاستعمار الإغريقي مدة تزيد على ثلاثة قرون، كما استمر الحكم الروماني بشقيه مدة تزيد على ستة قرون، مما يجعل الفترة الكلية لهذه السيطرة الغربية تصل إلى ألف سنة تقريبا. وكان الاستعمار الروماني عدوانيا شرسا يتذرع بكافة الذرائع الواهية والمختلقة لتبرير عدوانه وهيمنته. وتلك كانت عقيدته السياسية والعسكرية، منذ أيام روما القديمة، كما يحدثنا جوزف أ. شومبيتر؛ فقد كانت روما الجمهورية والإمبراطورية في سعي دائم لبسط نفوذها وهيمنتها على العالم

المعروف في عصرها. وكان هذا السعي الدائم يظل مصحوبا بادعاءات متتابعة بأن مصالح روما - التي لا تخلو منها منطقة في العالم - مهددة بالخطر، أو تتعرض للهجوم والعدوان، حسب الادعاءات الإمبراطورية. وإن لم تكن المصالح المهددة رومانية فإنها تصبح مصالح لحلفاء روما، الحقيقيين أو المزعومين. وإن لم يكن لروما حلفاء في المنطقة المعنية فقد كانت روما تخترعهم للتو، في اللحظة المناسبة، لمساندة ادعاءاتها ومشروعاتها العدوانية. وكانت روما تحرص دائما على تغليف وتزيين اندفاعها للحرب بهالة مزورة من القانون، ثم تضيف إلى ذلك: الادعاء الأخلاقي حيث تزعم أنها ومصالحها كانت ضحية، تعرضت للهجوم من قبل جيران أشرار، ذوي عقول وتوجهات شريرة[١].

ولكن لماذا نذهب بعيدا عن عصر روما الجمهورية والإمبراطورية، ونستدعي مؤرخا وشاهدا من القرن العشرين الميلادي؟ لنستمع لشهادة روماني مشهور، بل من أشهر الشخصيات الرومانية على الإطلاق ممن عاشوا في أواخر عصر الجمهورية وهو السياسي والمحامي والخطيب ماركوس تليوس ششرون (١٠٦ق.م. - ٤٣ ق.م.):

"إن الكلمات لا تستطيع أن تعبر، أيها السادة، عن مدى كره الأمم الأجنبية لنا، ذلك الكره الممزوج بالمرارة، وذلك بسبب السلوك المشين، والمثير للسخط، الذي يمارسه الرجال الذين أرسلناهم منذ أمد قريب ليحكموهم. هل احترم هؤلاء الرجال قداسة أي معبد؟ هل هناك دولة آمنة من أن تتعرض للهجوم؟ هل الأبواب الموصدة تكفي لحماية بيت من خطر رجال من أمثال هؤلاء؟ لماذا لا يفتأون يبحثون عن مدينة غنية ومزدهرة لكي يجدوا عذرا لمهاجمتها وإشباع شهوتهم للسلب والنهب؟[٢] "

ومن المدهش أن قراءتنا لهذه العبارات، عن سلوك الجمهورية والإمبراطورية الرومانية القديمة تستدعي إلى ذاكرتنا وخيالنا - على الفور - مشاهد تكتيكات وتحركات الإمبراطوريات الغربية الحديثة.

---

١ As quoted by Gore Vidal, *Dreaming War* (New York: Thunders Mouth Press/National Books, ٢٠٠٢), pp. ٤٤-٥.

٢ G.I.F. Tingay and J. Badcock, *These Were the Romans* (Chester Springs, Pennsylvania: Dufour Editions., ١٩٨٦), p. ٦٨.

ظهور الإسلام وتطور "عالم الإسلام":

لقد ظهر الإسلام على مسرح الأحداث في الربع الأول من القرن السابع الميلادي، وأخذ يتعامل مع أتباع الديانتين المسيحية واليهودية، ثم مع الإمبراطورية الرومانية. وتعامل الإسلام مع الإمبراطورية ليس من صلب موضوعنا، لكننا سنحتاج إلى أن نشير إليه من حين لآخر في سياق بحثنا عن العناصر المشتركة، وعن البيئة والأجواء التي ظهرت فيها هذه العناصر المشتركة، وعن مسار تطورها.

فعندما ولد الإسلام في مكة سنة ٦١٠م تقريبا كانت المسيحية حاضرة، وشهدت هذه الولادة بشكل مباشر، ممثلة في ذلك الشيخ المسيحي الضرير، الذي بلغ من العمر عتيا، ورقة بن نوفل. فقد اعتاد محمد - قبل بلوغه الأربعين بسنوات قليلة - أن يخرج للإعتكاف والتأمل والتعبد في غار حراء، وهو كهف عند قمة أحد الجبال المطلة على مكة، فيمضي فيه شهرا. وفي سن الأربعين خرج للإعتكاف كعادته فشهد تجربة الوحي الأولى وعاد بعدها إلى زوجته فزعا، يرتجف ويقول: زملوني.. زملوني. فزملته ودفأته وهدأت من روعه، ثم استفسرته فقص عليها خبر الحدث الذي أفزعه، قال: إن ملكا جاءه وهو نائم بغار حراء فقال : "اقرأ، قال: ما أنا بقارئ [يعني أنه لا يعرف القراءة]: قال: فأخذني فغطني حتى بلغ مني الجهد، ثم أرسلني، فقال: اقرأ، فقلت: "ما أنا بقارئ." وتكرر ذلك للمرة الثالثة، ثم قال له الملك: " اقرأ باسم ربك الذي خلق. خلق الإنسان من علق. اقرأ وربك الأكرم، الذي علم بالقلم، علم الإنسان ما لم يعلم. " قال: فقرأته[١]. قال: ثم انتهى ثم انصرف عني وهببت من نومي وكأنما كتب في قلبي كتابا." وظن محمد بعقله الظنون، وفكر في التخلص من حياته حتى لا يقال: إنه مجنون، ومشى إلى مكان في الجبل ليلقي منه بنفسه. وبعد أن عاد الرسول إلى زوجته خديجة وقص عليها ما حدث أخذته إلى ابن عمها، ذلك الشيخ الضرير ورقة بن نوفل، فقص عليه محمد قصته. وكان ورقة مسيحيا، كما ذكرنا، وقد أبدى تعاطفا مع رسول الله، وأظهر تأييده له وطمأنه، كما تحدثنا كتب السيرة، سيرة محمد رسول الله [٢]. ويبدو أن ورقة كان واحدا من أولئك المسيحيين الموحدين الذين آمنوا بالله الواحد، وبعيسى إنسانا وبشرا رسولا ومعلما صاحب رسالة؛ ولعله كان نسطوريا. وسنستعرض عقيدة النساطرة بإيجاز في الفصول التالية.

لقد كان ذلك اللقاء المبكر بين المسيحية والإسلام لقاء حميما؛ وظلت مشاعر الود ملموسة في مواقف المسلمين من المسيحية والمسيحيين مفعمة بعاطفة

---

١ صحيح البخاري، كتاب بدء الوحي، رقم ٣، ص ١، حديث رقم ١ .

٢ محمد بن جرير الطبري، تاريخ الرسل والملوك، القاهرة: دار المعارف، مجلد ٢، ص ٣٠١.

الود والاحترام، وورد في القرآن أن المسحيين هم الأقرب مودة للذين آمنوا، أي المسلمين، لأن منهم قسسين ورهبانا، وأنهم لا يستكبرون. (سورة: المائدة ٨٢). وعندما نشبت الحرب بين الدولة الرومانية والدولة الساسانية وتواصلت بين سنتي ٦١١ - ٦٢٦م، حيث حلت الهزائم المتلاحقة بالرومان ، خاصة سنة ٦١٣م عندما استولى الفرس على بلاد الشام ومصر، وهددوا عاصمة الإمبراطورية نفسها [١].

في هذه الظروف الصعبة أبدى المسلمون تعاطفا مع الرومان ضد الساسانيين؛ وقد تأصل هذا التعاطف بنزول الوحي القرآني كما تلاه محمد رسول الله مطمئنا المسلمين ومؤكدا لهم أن هذه الهزائم التي حلت بالمسيحيين ليست نهائية، بل ستستمر سنوات قليلة فقط، ثم يكون النصر للمسيحيين، حيث يفرح المؤمنون بنصر الله:

﴿الم (١) غُلِبَتِ الرُّومُ (٢) فِي أَدْنَى الْأَرْضِ وَهُمْ مِنْ بَعْدِ غَلَبِهِمْ سَيَغْلِبُونَ (٣) فِي بِضْعِ سِنِينَ لِلَّهِ الْأَمْرُ مِنْ قَبْلُ وَمِنْ بَعْدُ وَيَوْمَئِذٍ يَفْرَحُ الْمُؤْمِنُونَ (٤) بِنَصْرِ اللَّهِ يَنْصُرُ مَنْ يَشَاءُ وَهُوَ الْعَزِيزُ الرَّحِيمُ﴾(الروم: ١- ٥).

إذن بدأ اللقاء وديا حميما من جانب الإسلام، واستمر كذلك بضع سنوات، ثم رأت الإمبراطورية في الكيان الإسلامي النامي خطرا على وجودها في المنطقة كلها، فبدأت تناوئه عن طريق حلفائها من زعماء القبائل العربية؛ وما لبث الأمر أن تطور إلى صدام عسكري جزئي مع تلك القبائل التي تلقت مساندة من القوات الإمبراطورية.

لقد ساءت العلاقة بين الإسلام والدولة الرومانية ومن أيدها، وكانت الدولة شخصية سياسية لا شخصية دينية؛ أي أن الصدام الحربي لم ينطلق من منظور ديني، وإنما من منظور سياسي.

وبعد وفاة رسول الله تفجرت المواجهة من جديد، وفقدت الإمبراطورية الأراضي التي كانت تستعمرها في شرق البحر المتوسط وجنوبه، أي الشام ومصر وشمال إفريقية، وبذلك انتقلت الأماكن المقدسة المسيحية من سيطرة الرومان لتصبح ضمن الدولة الإسلامية. وكان المفترض أن علاقة الإمبراطورية بمناطق جنوب

---

[١] George Ostrogorsky, *History of the Byzantine State* (Oxford: *Basil Blackwell*, ١٩٦٨), *pp.* ٩٤-١٠٣.

وشرق البحر المتوسط في منظورها الاستعماري وواقعها العملي قد انتهت، بيد أن العامل الديني أدخل توجها مغايرا. ذلك أنه عندما بدأ الوجود الإستعماري الإغريقي لمنطقتنا كان عالم الغرب وثنيا، واستمر ذلك الواقع بعد حلول الرومان محل السلوقيين والبطالمة. لكن تحول الإمبراطورية الرومانية إلى تبني الديانة المسيحية كما أشرنا قبل قليل أنشأ دافعا جديدا هو الدافع الديني الذي حل محل الدافع الاستعماري السابق. ونتيجة لهذا التطور الداخلي الذي كان قد شهده "عالم الغرب" صارت الإمبراطورية والكنيسة معا تعتقدان أن وقوع الأماكن المقدسة المسيحية تحت سيطرة الدولة الإسلامية مثل كارثة لا بد من محو آثارها، وذلك باستعادة تلك المقدسات إلى السيطرة المسيحية. وهكذا مثل موقف الإمبراطورية والكنيسة المشترك وأتباعهما أحد أهم أسباب استمرار الحرب والصراع بين الجانبين، بفعل دخول العامل الديني في حسابات الإمبراطورية.

ولعل مما زاد هذه المشاعر حدة أن اضطراب الأوضاع في مملكة القوط الغربيين الأيبيرية ما لبث أن جذب القوة الإسلامية المرابطة في شمال إفريقية إلى عبور مضيق جبل طارق وفتح شبه الجزيرة الأيبيرية، بقرار من القيادة المحلية في شمال أفريقية، لا بقرار من عاصمة الأمويين في دمشق. ولا مراء في أن هذا التطور قد زاد من مخاوف الغرب وحنقه، وزاد من حدة العداء، وأشعل العواطف الدينية. ولعل الحروب التي دارت بين الفرنجة الكاثوليك والقوط الغربيين الآريوسيين وأدت إلى دفع القوط جنوبا إلى ما خلف جبال البرانس وطردهم من فرنسا، أوجدت عداوة عميقة بين الجانبين، الفرنسي- والقوطي. وربما كانت جماعة من القوط قد اكتشفوا أن عقيدتهم في الله وفي عيسى المسيح تشابهت - إلى حد كبير - مع عقيدة المسلمين الأمر الذي شجع عناصر منهم على طلب النجدة من المسلمين في شمال أفريقيا لتسوية صراعات داخلية، وسهل على المسلمين تثبيت وجودهم في أيبيريا؛ وهذا الافتراض احتمالي لا نملك أدلة مؤكدة عليه.

وفي أواخر القرن الحادي عشر الميلادي افتتح عالم الغرب فصلا جديدا في صراعه مع عالم الإسلام تمثل في مشروع استعادة السيطرة على الساحل الشرقي والجنوبي للبحر المتوسط فيما عرف في التاريخ الأوروبي باسم "الحروب الصليبية". وهذه التسمية، وهذا المصطلح: "الصليبية" و "الصليبيون" تسمية غربية محضة، إذ أن المسلمين كانوا يسمون الحملات والقوات التي غزت بلادهم باسم "الفرنجة". ولم يغير المسلمون هذه التسمية إلا في العصر الحديث بعد أن صار مؤرخوهم يستخدمون المراجع التاريخية الغربية.

لقد شغلت الحروب الصليبية الفترة ما بين أواخر القرن الحادي عشر الميلادي (الخامس الهجري)، وأواخر القرن الثالث عشر الميلادي (السابع الهجري)، حيث دفع الغرب بسبع حملات صليبية كانت بينها فواصل زمنية. وقد قاوم عالم الإسلام هذا المشروع مقاومة متقطعة ومتفاوتة القوة حتى تمكن من تحطيمه وتصفيته تماما بعد ما يقرب من مئتي سنة. وكان من أبشع وأشد صفحات هذه المرحلة من الصراع دموية المذبحة التي جرت في المسجد الأقصى، حيث ذبح الصليبيون سبعين ألفا من المسلمين، وبعث أحد فرسانهم برسالة إلى والدته يخبرها أن حصانه خاض في دماء المسلمين في ساحة المسجد حتى ركبتيه.

وعلى الرغم من فشل مشروع الحروب "الصليبية" فإن عالم الغرب لم ييأس من تحقيق أهدافه، بيد أنه تخلى عن مشروع الهجوم المباشر، وتحول إلى مشروع أوسع استهدف تطويق عالم الإسلام ثم الضغط عليه وخنقه. وهكذا بدأ حركة الكشوف الجغرافية. وبعد أن نجح في فتح المحيطات وأتم فردنند ماجلان وربابنته من بعده رحلة الدوران حول العالم سنة ١٥٢٢م بدأ الغرب عملية الضغط، وأخذ يقضم قطعة قطعة من أراضي عالم الإسلام في آسيا وشمال إفريقيا. وقد وصلت هذه العملية إلى نهايتها بسقوط الدولة العثمانية، واستيلاء دول الغرب على معظم ما تبقى من أقاليم عالم الإسلام حوالي نهاية العقد الثاني من القرن العشرين[١]. وعاش عالم الإسلام بضعة عقود تحت السيطرة المباشرة، يحاول المقاومة، ويقاوم. ووجد المستعمرون أن استمرار الاحتلال على ذلك النحو، مع استمرار المقاومة ينطوي على سلبيات يصعب تحمل نتائجها، ولذا رأت استبدال السيطرة الاحتلالية المباشرة بأسلوب السيطرة عن بعد. وهكذا ظهرت إلى الوجود عدة دول إسلامية مستقلة شكليا ورسميا، وأخذت تعمل على استكمال استقلالها بالتدريج. وفي بعض الحالات تم الاستقلال من خلال ثورات مسلحة وصراع مرير وضحايا تعد بالملايين، مثل حالة الجزائر. ثم جاء سقوط الاتحاد السوفياتي لينهي وجود التوازن الدولي. وهكذا حل نظام القطب الواحد مكان الأقطاب المتعددة.

---

١ Arnold Toynbee, *Civilization on Trial and the World and the West* (New York: The World Publishing Co.), p. ٢٤٨.

التطورات الداخلية في عالم الغرب

صياغة العقيدة الدينية:

يوم بدأت المسيحية تنتشر في المشرق كانت كأي وافد جديد غير معروف، لا تثير اهتماما ولا حساسية؛ ولكن سرعان ما أخذ أثرها يظهر ويفجر حراكا فكريا واجتماعيا، ويغرق المؤمنين بها في بحر من الاضطهاد. ذلك أن المسيحية لم تكن وحدها في الساحة، فقد كانت هناك الثقافات الشرقية القديمة، كما كان هناك التيار الثقافي الهلنستي المصبوغ بالصبغة الإغريقية الرومانية. أي أن ثلاثة تيارات ثقافية شغلت الساحة وأخذت تتزاحم وتتحاور وتتصادم. وفي هذا الزحام والعراك الثقافي والعقائدي انتشرت المسيحية على نطاق واسع في الأقاليم الشرقية من الإمبراطورية البيزنطية على الرغم مما تعرضت له من اضطهاد، كما أنها وصلت بعض المناطق والمراكز الأوروبية، بما في ذلك روما، العاصمة القديمة للإمبراطورية، وصار لها وجود في شمال أفريقيا. ولما كانت الأقاليم الشرقية من الإمبراطورية هي الأهم، من النواحي الاقتصادية والعسكرية والبشرية فقد رأى الإمبراطور قنسطنطين الأول (ت ٣٣٧م) أن يكسب ود هذا القطاع الواسع من السكان ليحمي الإمبراطورية من التفكك، وليحولهم إلى قوة تدعم تماسك الإمبراطورية وتقوي بنيانها. ومن هنا جاء قراره بالاعتراف بالديانة المسيحية لتمارس نشاطها دون اضطهاد ودون مضايقات من الدولة، وذلك سنة ٣١٣م. وتتحدث المصادر عن أن القرار صدر بصيغة مرسوم، عرف في التاريخ باسم "مرسوم ميلان" [١]، بينما تنزع مصادر أخرى عنه صفة المرسوم الإمبراطوري وتصفه بأنه قرار فقط؛ وهذه نقطة خلاف شكلية. لقد رأى الإمبراطور أن قوة انتشار الديانة المسيحية في القرون الثلاثة الأولى يمكن أن تكون الإسمنت الذي يقوي بناء الإمبراطورية ويحفظ تماسكها؛ وذلك كان أهم أهدافه السياسية في تلك المرحلة. وهكذا لم يلبث إلا قليلا حتى أظهر تبني الديانة الجديدة ورعايتها، وأصبح حاميها ورئيسها الأعلى، مع احتفاظه أيضا بلقب الكاهن الأعلى للديانة الوثنية القديمة, وعلى نفس القاعدة أضاف رمزا مسيحيا (الصليب) ثبته على أحد وجهي العملة الرسمية، بينما احتفظ بصورة الرمز الوثني على الوجه الآخر للعملة نفسها. وقد دلت هذه الرموز والمظاهر على أن خطوة الاعتراف بالمسيحية تمت بدوافع سياسية.

وفي المرحلة السابقة عى صدورقرار أو مرسوم ميلان عاش المسيحيون في ظل الاضطهاد، فكان ذلك عامل توحيد لهم. ولكن، عندما زال هذه العامل

---

١ Cliford R. Backman, *The Worlds of Medieval Europe* (New York: Oxford University Press, ٢٠٠٣), pp. ٣٦-٣٧.

التوحيدي بدأت الخلافات الفكرية والعقائدية تطل برأسها في الساحة؛ وقد كان ذلك طبيعيا في ظل التيارات الثقافية الرئيسة التي أشرنا إليها قبل قليل. وفي هذا السياق ظهرت أزمة بدت صغيرة، لكنها سرعان ما تفاعلت وتضخمت لدرجة أثارت قلق الإمبراطور.

الأزمة الآريوسية ومجلس نيقية:

وتنسب هذه الأزمة إلى آريوس القسيس الذي كان راع لكنيسة بوكالس في مدينة الإسكندرية؛ وقد عرف بأنه كان واعظا ناجحا وخطيبا مفوها له شعبية كبيرة. وقد أطلقت تسمية الآريوسية على منتسبي تيار عقائدي مسيحي اشتهر في تلك الفترة، واستمر بشكل أو آخر حتى القرن السابع الميلادي. وقد أطلق بعض مؤرخي اللاهوت على منتسبي هذا التيار لقب: "الموحدين المتطرفين Extreme Monophysites". والواقع أن آريوس لم يكن مؤسس مدرسة، أو تيار فكري؛ فهذه المدرسة وهذا التيار كان امتدادا لواقع قديم له رموز في تاريخ الفكر المسيحي المبكر. لكن آريوس أصبح - بمحض الصدفة - رأس الحربة في المواجهة التي دارت في العقدين الثاني والثالث من القرن الرابع الميلادي، ومن هنا استخدم اسمه لاشتقاق تسمية للحركة والتيار كله.

لقد اصطدم تصور آريوس للألوهية بتصور رئيسه الأسقف الاسكندر (الكسندر)، أسقف الإسكندرية؛ فبينما كان القس آريوس يؤمن بوحدانية الله، وبأن عيسى عليه السلام كان إنسانا، ولم يكن إلها، وكان يدرس ذلك في كنيسة بوكالس، فقد كان رئيسه الأسقف ألكساندر "يؤمن بأن عيسى- مولود لله، وأنه إله ومساو لله الأب". ولم يكن آريوس يكتفي بتدريس العقيدة التي آمن بها داخل كنيسته فحسب، بل كان يطرحها في الاجتماعات والمؤتمرات، وكان ينتقل من بيت إلى بيت ليقنع بها الناس. واستخدم الأسقف الكساندر سلطته وعزل آريوس من وظيفته، واستبعده من مرتبة المشايخ الوعاظ.[١] وقد ثبت آريوس على موقفه رغم الإجراءات التأديبية القمعية التي اتخذت ضده، ولقي تعاطفا ومساندة من رجال دين كبار كانوا يحملون نفس الفكر الذي حمله، ومنهم يوسيبيوس Eusebius، أسقف نيكوميديا، العاصمة السياسية للإمبراطورية[٢]. وقد استقبل يوسيبيوس آريوس ووفر له الحماية في كنفه، على الرغم من احتجاجات أسقف الاسكندرية. وهكذا تحول الخلاف من محليته وحجمه الصغير إلى خلاف عام في دائرة أوسع، ورأى فيه الإمبراطور خطرا يمكن أن يؤدي إلى الانقسام في بنية المسيحية، ويهدد بالتالي وحدة الإمبراطورية، الأمر الذي دفعه لعقد مجلس نيقية.

---

١ Theodoret of Cyrrhus, "The Rise of Arianism," text selected from Theodoret's *Ecclesiastical History* by Edward Peters (*ed.*), *Heresy and Authority in Medieval Europe: Documents In Translation* (Philadelphia: University of Pennsylvania Press ١٩٨٠), pp. ٣٨ - ٤١.

٢ أنظر رسالة آريوس إلى يوسيبيوس كما نقلها ثيودورت : المصدر نفسه، ص ٤١ .

مجلس نيقيــة:

يعتبرمجلس نيقية (حزيران ٣٢٥م) مفصلا مهما في تاريخ "عالم الغرب" وفي تاريخ الديانة المسيحية ونقطة تحول كبيرة كانت لها توابعها وانعكاساتها. فعندما وصلت أنباء النزاع بين آريوس ورئيسه إلى الإمبراطور قسطنطين بذل محاولة أولية لم تكن مجدية ولم تنجح في رأب الصدع؛ فأمر حينئذ بانعقاد مجلس كنسي عام شارك فيه ثلاثمائة وثمانية عشر ـ أسقفا تم استدعاؤهم من مختلف أقاليم الإمبراطورية. وكان هذا المجلس أول محاولة جرت لجمع كل الأساقفة، من مختلف أرجاء الإمبراطورية في مؤتمر شامل واحد.

ومنذئذ صارت المجالس العامة هي التي تحدد "العقيدة الصحيحة.[١] " وقد انعقد المجلس في نيقية Nicea (الآن في تركيا) وترأس الإمبراطور جلسته الأولى. ولم يكن آريوس عضوا في المؤتمر، وذلك لتدني مرتبته في السلك الكنسي، لكنه حضره بحكم علاقته الرئيسية بالموضوع. وقد دافع عن عقيدته بشجاعة ووضوح.

ومن غير الضروري أن ندخل في استعراض للروايات عن الأجواء التي سادت المؤتمر، أو عن الأكثرية والأقلية، لأن ذلك تفصيل لا يتسع له المقام، فضلا عن عدم وجود ضرورة لذلك، لأن من يريد الاطلاع على معلومات أوسع يمكن أن يجدها في آلاف الكتب، بمعظم اللغات الغربية، أو في بعض المراجع الغربية المتضمنة في قائمة المصادر والمراجع الملحقة بهذا الكتاب. لكن نقطة جوهرية تبدو مهمة هنا، ولا يصح لنا أن نتجاهلها، وهي أن أساقفة كثيرين ربما كانوا وقعوا في حرج - على ما يبدو- من الظهور وكأنهم ، وهم القادة الكبار، منقادون لقسيس صغير. ومن ناحية أخرى فإن الإمبراطور نفسه لم يكن يفهم شيئا من المناقشات اللاهوتية أو الكرستولوجية (نسبة إلى المسيح) التي دارت في جلسات المؤتمر. ولذلك فقد كلف مستشاره للشئون الدينية الأسقف هوسيوس Hosius بإدارة الجلسات. وكان هوسيوس أسقفا لقرطبة في إسبانيا، ثم أصبح مستشارا للإمبراطور من سنة ٣١٢ إلى سنة ٣٢٦م؛ وكان شديد العداء لآريوس وأفكاره، بعيدا عن التيارات الفكرية في الشرق المسيحي، وهكذا تمت إدانة آريوس وأفكاره.

لم تكن إدانة آريوس نهاية المطاف في أعمال مجلس (مؤتمر) نيقية سنة ٣٢٥م؛ فقد انتهز أعداء الآريوسية فرصة انتصارهم الأولي وتمكنوا من إقناع المؤتمر بتبني صياغة عقائدية قوية استهدفت - على ما يبدو - إغلاق الباب تماما

---

١ James Westfall Thompson & Edgar Nathaniel Johnson, *An introduction to Medieval Europe* ٣٠٠-١٥٠٠ (New York: W.W. Norton & Company Inc., ١٩٣٧), p. ٤٨, see also pages ٤٧-٥٣.

في وجه أنصار الآريوسية "الموحدين المتطرفين." وقد وصفت الصيغة الجديدة عيسى المسيح بأنه "إله حق من إله حق، مولود غير مصنوع، وهو مع الله من مادة واحدة." وبعد أيام من المناقشات غير الحاسمة نفد صبر قسطنطين فتدخل مطالبا بتبني البيان كما توصلوا إليه؛ وهكذا ظهرت عقيدة نيقية التي ظلت "حتى عصر الإصلاح الديني" النموذج والمقياس "الرسمي" للمتمسكين بالعقيدة المسيحية، مع ما أدخل على تلك الصيغة من تعديلات فيما بعد، خاصة ما تم في مجلس خلقدونية سنة ٤٥١م.

وهذا هو نص العقيدة :

"إننا نؤمن بإله واحد، الأب القوي، خالق السموات والأرض، وجميع الأشياء المنظورة وغير المنظورة، إننا نؤمن برب واحد عيسى المسيح، إبن الله الوحيد، المولود من الأب خالدا؛ إله من إله، نور من نور، إله حق من إله حق، مولود غير مصنوع، واحد بكونه مع الأب، ومن خلاله صنعت كل الأشياء؛ ومن أجلنا ومن أجل خلاصنا نزل من السماء. بقوة الروح القدس ولد من مريم العذراء، ومن أجلنا صلب ومات ودفن؛ وفي اليوم الثالث قام ثانية تصديقا للكتب المقدسة؛ وصعد إلى السماء، وهو يجلس على يمين الأب. وهو سيعود ثانية مكللا بالمجد ليحكم على الأحياء والأموات؛ وستكون مملكته بلا نهاية. نحن نؤمن بالروح المقدس، الرب، مانح الحياة الذي ينبثق من الأب والإبن، والذي يعبد ويمجد مع الأب والإبن، والذي تكلم عن طريق الأنبياء ..."

إننا نؤمن بكنيسة مقدسة كاثوليكية رسولية واحدة.
إننا نعترف بتعميد واحد من أجل غفران الذنوب؛
إننا نتطلع إلى البعث من الموت، وإلى الحياة القادمة في الآخرة[١].

كان الهم الأول للإمبراطور أن تنتهي الخلافات وتعود الوحدة إلى الكنيسة؛ ولم يكن يرى أهمية للمجادلات اللاهوتية التي احتدمت حول ما إذا كان المسيح من نفس المادة مع الله، أم كان من مادة مشابهة أو مغايرة. وقد ثقل عليه أن يجد بعض المشاركين يتجاهل رغبته في الإسراع بحسم الموقف، وبدلا من ذلك أخذ كل

١ "The Creed of Nicaea (٣٢٥) and Constantinople (٣٨١)," selected from Theodoret's *Ecclesiastical History*, edited by Edward Peters, *Heresy and Authority in Medieval Europe: Documents in Translation* (Philadelphia: University of Pennsylvania Press, ١٩٨٠), pp. ٤١ - ٤٢; see also: "The Nicene Creed as approved by the Nicene Council (٣٢٥) and the Nicene Creed as approved by the Coucil of Constantinople (AD ٣٨١), on the Internet. www.creeds.net

منهم يطيل الدفاع والجدال عن وجهة نظره. وهنا يجب ان لا ننسى أن الإمبراطور في الدولة الرومانية كانت تقدم له القرابين، وكان الوثنيون يعبدونه؛ بل إن الإمبراطور قسطنطين نفسه سمح للوثنيين بالاستمرار في عبادته حتى بعد أن اعتنق المسيحية[١]. وفي الدولتين البطلمية والسلوقية أخذ ملوكهما صفة الألوهية. وفي عهد الإمبراطور الروماني ديوكليتيان (٢٨٥ - ٣٠٥م) كان يفرض على الذين يدخلون على حضرة الإمبراطور أن يسجدوا له كما يسجدون للآلهة [٢].

أما بالنسبة للإمبراطور قسطنطين الأول – بعد اعترافه بالمسيحية ورعايته لها - فإنه لم يعد القائد الأعلى للقوات العسكرية فقط، والقاضي والمشرع الأعلى فحسب، بل أصبح أيضا حامي الكنيسة والعقيدة "الصحيحة". " لقد اختاره الله لهذه المهمة؛ ولذا فإنه ليس فقط صاحب السيادة والحاكم، بل إنه الرمز الحي للإمبراطورية المسيحية التي عهد الله بها إليه. وحيث أنه كان أعلى من النطاق الأرضي والإنساني بمدى بعيد فقد استند مركزه إلى علاقة مباشرة مع الله، وأصبح شبه معبود من الناحيتين السياسية والدينية." ويوما بعد يوم جرى تفعيل هذه الاعتقادات والمفاهيم في الإجراءات الإحتفالية المثيرة في البلاط الإمبراطوري التي كانت الكنيسة والبلاط الإمبراطوري بكليته يشاركون فيها؛ وقد انعكست في صور الإمبراطور المحب للمسيح، وفي الهيبة المحيطة بشخصه المقدس، وفي الكلمات التي تخرج من فيه، أو تلك التي كانت توجه إليه في المواقف العامة [٣].

وفي ظل هذه الأجواء يمكننا أن نتصور أن الإمبراطور كان قد اعترته الدهشة – وهو يستمع إلى المناقشات الحادة، والجدل الصاخب في مجلس نيقية - مما اعتبره تصلبا مسرفا لا يليق أن يحدث بحضوره. ولذا فقد تدخل بقوة, وأمر بتبني الصيغة المطروحة عند النقطة التي نفد فيها صبره. أما الذين رفضوا الصيغة وامتنعوا عن التوقيع على القرار فقد أمر الإمبراطور بنفيهم؛ وهكذا أدين آريوس وأحرقت كتبه وتم نفيه. وبعد بضعة أشهر تم نفي يوسيبيوس، أسقف نيقوميديا الذي كان يحظى بمكانة كبيرة، وكان يعتبر رأس التيار التوحيدي الذي أطلق عليه اسم "الآريوسي". وبالتخلص ممن اعتبرهم متطرفين أمل قسطنطين أن يقوي السلام الذي حققه مجلس نيقية بنية الإمبراطورية [٤].

---

٢ Cliford R. Backman, *The Worlds of Medieval Europe* (New York: Oxford University Press, ٢٠٠٣), p. ٣٧.

٢ Hooper, *Roman Realities*, pp. ٤٩١- ٤٩٢.

٣ Ostrogorsky, *History of the Byzantine State*, p. ٣١.

٤ Gonzalez, I, p. ٢٧٠.

من نيقية إلى تتويج شارلمان (٣٢٥ - ٨٠٠م):

لم تكن قرارات مؤتمر نيقية حلا للأزمة اللاهوتية، بل ولا حلا مؤقتا، إذ لم يكد الأساقفة واللاهوتيون الذين شاركوا في المجلس يعودون إلى أوطانهم وكنائسهم حتى عادت الخلافات تطل من جديد. وعلى الرغم من تدخل قسطنطين في مداولات وقرارات مؤتمر نيقية، ذلك التدخل الضجر، الذي تبعه انتصار أعداء الآريوسية إلا أن الإمبراطور نفسه كان ميالا إلى الآريوسية. ويذكر المؤرخون أنه ظل حتى وفاته محاطا بعدد من رجال الدين الآريوسيين؛ وعندما حضرته الوفاة جرى تعميده على يد كاهن آريوسي، ولم يكن ذلك الكاهن إلا يوسيبيوس، أسقف نقوميديا وزعيم التيار الآريوسي الذي سبق أن غضب عليه ونفاه. لقد شعرت الإسكندرية وحلفاؤها، عند انتهاء مجلس نيقية، أنهم حققوا نصرا ساحقا، ولا بد أنهم رجعوا إلى بلدانهم مزهوين بنصرهم. ولخمس سنوات تالية ظلت لهم اليد العليا في شئون الكنيسة، وبقي الموالون لنيقية يسيطرون على أهم الأسقفيات: الإسكندرية وروما وأنطاكيا.

غير أن عددا كبيرا من الأساقفة الذين أيدوا قرارات نيقية راجعوا أنفسهم بعد عودتهم إلى أوطانهم وكنائسهم؛ فقد تنبهوا إلى أنهم تأثروا بالتهويل من خطر الآريوسية بينما غفلوا عن خطر آخر كان في نظرهم أكبر، وهو ما كان يعرف بالعقيدة السابليانية Sabellianism ، نسبة إلى سابليوس، أبرز معلمي هذه الجماعة، والذي عاش في أوائل القرن الثالث الميلادي. والفكرة الأساسية عند هذه الطائفة تتلخص في عدم التمييز بين الشخصيات المكونة للثالوث الإلهي، على اعتبار أن "عيسى-" و"الروح القدس" ليسا سوى طريقة يظهر الله بها نفسه من حين لآخر[١].

هذا بينما كانت الأقلية التي جاءت من الإسكندرية - ألكساندر وأتباعه - مصممة على تحقيق هدف إدانة الآريوسية؛ وكانت راغبة أيضا في تأكيد البقاء الأبدي eternity والألوهية لـ "الإبن". أما أكثرية الأساقفة المشاركين في نيقية فقد كانوا يخافون السابليانية أ كثر من الآريوسية؛ لكنهم وافقوا على قرارات نيقية لعدة أسباب كان أهمها أن عرض الأسقف يوسيبيوس، أسقف نيقوميديا، لموقف الآريوسيين العقائدي كان "عرضا مسرفا في التشدد"، وربما كان فيه شيء من التعالي أيضا؛ كما أن رهبة حضور الإمبراطور كان لها أثر كبير في موقفهم. أما الجانب الآريوسي فقد كان موقفه غير متجانس، حتى قبل بدء مجلس نيقية؛ ومع

---

١ المصدر نفسه، ص ١٤٥.

ظهور تهديدات الإمبراطور بنفي المتشددين فقد وقعت أغلبية منهم على القرارات دون اقتناع كاف على ما يبدو؛ وقد حاولوا أن يجدوا تفسيرا للوثيقة يسمح لهم بالخضوع لرغبة الإمبراطور دون ان يخالفوا ضمائرهم؛ هذا بينما عرض يوسيبيوس وآريوس موقفهما العقائدي بقوة، كما أشرنا. أما بعد انفضاض المجلس فقد انقسم الآريوسيون فئتين:

الفئة الأولى راجعت نفسها وأعادت تقييم أدائها أثناء مجلس نيقية واقتنعت أنها ارتكبت خطأ كبيرا باختيارها إظهار التمسك المتصلب بالدفاع عن عقيدتها، وعدم إظهار أية مرونة، ولذا فقد عولت على اتباع أسلوب جديد؛ أما الثانية فقد راجعت نفسها وقررت مجاراة الظروف الجديدة، وأعلنت بعض التعديلات في مفهومها العقائدي، لا نرى مبررا لمتابعتها. وهؤلاء عرفوا باسم "أشباه الآريوسيين Semi-Arians"، ويبدو أنهم ذابوا، واختفى ذكرهم من صفحات التاريخ.

إذن، الذين ظلوا أريوسيين _ أو هكذا ظنوا _ قرروا اللجوء إلى اللين والمناورة؛ وكانت اولى بوادر نجاح خطتهم الجديدة أن يوسيبيوس حصل على رضا الإمبراطور وعفوه؛ بل إن آريوس نفسه كتب إلى الإمبراطور مبينا استعداده لقبول حل وسط. وفي مسعاهم الجديد تجنب الآريوسيون مهاجمة قرارات نيقية لأن الإمبراطور اعتبرها إنجازا كبيرا من إنجازاته. وبدلا من ذلك فقد نجحوا في خلخلة مواقف بعض الأساقفة الذين أيدوا قرارات نيقية، ثم عملوا على إقناع الإمبراطور بأن خصومهم هم الذين تبنوا مواقف متشددة. أما المرحلة التالية فقد ركزوا فيها على تحطيم أولئك القادة الذين حاربوهم وأوقعوا بهم الهزيمة، خاصة أساقفة الإسكندرية، وأنطاكيا، وأنقرة. وكان ألكساندر (أسقف الإسكندرية) قد توفي سنة ٣٢٨م وحل في منصبه مساعده أثناسيوس؛ وكان يوستاسيوس على رأس كنيسة أنطاكيا، بينما كان مارسيليوس على رأس كنيسة أنقرة. وقد تمكن الآريوسيون من تحديد ثلاث تهم لإدانة أسقف أنطاكيا: الطغيان، والعهر، والانحراف العقيدي. والظاهر أن شهوة الانتقام أغرت المتصارعين بالتغاضي عن الجانب الأخلاقي في تصرفاتهم، حسب ما تشير الروايات التاريخية؛ فالآريوسيين أعدوا لعقد مجلس محلي في أنطاكيا لمحاكمة يوستاسيوس أسقف أنطاكيا سنة ٣٣٠م، واستقدموا للمجلس امرأة تحمل طفلا شهدت أنه ابنه، هذا بالإضافة إلى ما اتهموه به من الطغيان والانحراف العقيدي؛ وقد تمت إدانته والتنكيل به. أما أثناسيوس فقد تعرض للعزل والنفي والتنكيل؛ وتكرر نفيه خمس مرات؛ وبين كل عملية نفي وتاليتها كان يعود إلى منصبه ومكانته؛ وكانت هذه التحولات تتم حسب تغير الظروف في القصر- الإمبراطوري، سواء بتغير الإمبراطور نفسه، أو بتغير مجموعة رجال الدين ذات الحظوة في القصر، والقريبة

من أذن الإمبراطور. ويقال إن الأسقف أثناسيوس قابل الإمبراطور قسطنطين بعد صدور أول قرار ضده، وقد تمكن من إقناعه بسلامة موقفه؛ بيد أن قسطنطين لم يشأ أن يبش في وجه رجل اعتبره متصلبا ومتعصبا لرأيه. أما مارسيلوس، أسقف أنقرة فلم يجد الآريوسيون صعوبة في إزاحته.

وبعد موت قسطنطين تولى حكم القسم الشرقي من الإمبراطورية إبنه قسطنطيوس الثاني، الذي كان آريوسيا متحمسا. وقد اتبع سياسة مكشوفة في اضطهاده لأعداء الآريوسية ومحاباته لقادتها وأنصارها[١]. ولم تنحصر خلافات الزعماء الدينيين في هذا الإطار الصغير، بل إنها تشعبت في دائرة واسعة واستلزمت انعقاد عدد من المجالس العامة، على مستوى الإمبراطورية، مضافا إليها عدد آخر من المجالس المحلية، أو المصغرة. وقد استمرت هذه الخصومات أكثر من مائة سنة، في رأي بعض مؤرخي اللاهوت، ومع ذلك فإننا نجد فصولها تمتد إلى القرن السابع الميلادي، وتجبر من بقي من زعماء التيار الآريوسي على الهجرة إلى ما وراء حدود الإمبراطورية. وقد انعقد "المجلس العام" الثاني (بعد نيقية) سنة ٣٨١م لمعالجة مشكلة هرطقة أبوليناريوس وحسمها بحزم. أما الهرطقة الثانية فقد نسبت إلى نسطوريوس، بطريرك القسطنطينية نفسه. وكان نسطوريوس واعظا مشهورا في أنطاكيا، وكان أسقفا لها قبل أن يستدعى لترقيته وتوليته بطريركية العاصمة الإمبراطورية سنة ٤٢٨م؛ كما أنه كان محسوبا على المدرسة الأنطاكية، الآريوسية. وقد انطلقت الاتهامات ضده عندما اعترض على تسمية انتشرت في مصر تدعو السيدة مريم العذراء باسم Theotokos ، وتعني: "أم الله" [٢]. وكان موقف نسطوريوس موافقا في ذلك أستاذه أسقف المصيصة Mopsuestia. وقد ثار ضده سيرل Cyril أسقف الإسكندرية، وبدأ بمهاجمته أواخر سنة ٤٢٨م؛ ووقفت روما بجانب الإسكندرية، فدعا الإمبراطور ثيودوسيوس الثاني لعقد مؤتمر إفسوس سنة ٤٣١م. وقد تأخر الوفد الأنطاكي عن الوصول مدة أربعة أيام بعد الموعد، مما أتاح الفرصة لبطريرك الإسكندرية أن يفتتح المجلس قبل وصولهم، واستصدار قرار بعزل نسطوريوس. وعندما وصل وفد أنطاكيا وعلم بما جرى عقدوا مع أنصارهم اجتماعا أعتبروا فيه أنهم هم المجلس الحقيقي، وأصدروا قرارا بإدانة سيرل وأتباعه. لكن الإمبراطور أيد قرارات

---

١ Hooper, pp.٥١٠ - ٥١٦; see also Gonzalez, I, pp. ٢٧٨ - ٢٧٩.

٢ ومن المدهش أننا نجد مارتن لوثر يستعمل هذا اللقب لمريم العذراء في الإحتجاج رقم ٧٥ من احتجاجاته التي علقها على باب الكنيسة سنة ١٥١٧؛ أنظر
Martin Luther, Selections from his Writings, ed. by John Dillenberger, (Garden City NY:Doubleday, ١٩١٦), p.٤٨٩.

أنصار بطريرك الإسكندرية[1]. أما مشكلة "الهرطقة" الثالثة فكان المتهم فيها يوتيخس Eutyches الذي كان رئيسا لأحد الأديرة قرب القسطنطينية، لإنه نادى بأن للمسيح طبيعة واحدة، وهو رأي عرف باسم المونوفزتية monophysitism، وذلك في مواجهة مقولة أن للمسيح طبيعتين. وقد أثار هذا الرأي البطريرك فلافيوس، بطريرك القسطنطينية، فدعا يوتيخس للمثول أمام مجلس محلي وطلب منه التراجع، ولما أصر على رأيه أدانه بتهمة الهرطقة. لكن يوتيخس لقي دعما من بطريرك الإسكندرية ديوسقورس، الذي طلب من الإمبراطور الدعوة إلى مجلس عام، فالتأم المجلس في إفسوس بقيادة ديوسقورس نفسه سنة ٤٤٩م. وقد وصف المؤرخون هذا المجلس وما نسب إلى بعض المشاركين فيه من أعمال، وما دار فيه، بأوصاف فظيعة لا نستحسن ذكرها.

ورغم كل هذا فإن المدرسة الأنطاكية (أو السورية، أو الآريوسية، أو "التيار التوحيدي المتطرف") لم تغب عن المسرح تماما، وإن كان تيارها الرئيسي قد حمل إسما جديدا فصار يعرف باسم النساطرة، Nestorians ، نسبة إلى نسطوريوس. وقد ظل الاضطهاد متصلا ضد النساطرة حتى اضطر قادتهم إلى الهجرة خارج أوطانهم، إلى الأراضي التابعة للإمبراطورية الفارسية، وأعلنوا انفصالهم عن المسيحية الغربية، سواء في ذلك كنيسة روما والإسكندرية، وكذلك كنيسة القسطنطينية وأتباعها والذين خضعوا لها واستمروا على ولائهم لها[2]. وإذا كان الآريوسيون الأوائل قد تأثرت مواقفهم تحت الضغط الشديد الذي وقع عليهم في مجلس نيقية سنة ٣٢٥م وما بعده من مجالس فقدموا عددا من التنازلات، فإن تنازلاتهم لم تكف لإيقاف العداء الشديد والملاحقة المستمرة من جانب أولئك الخصوم. أما النساطرة (الآريوسيون الأواخر) فقد عادوا يؤكدون عقيدتهم الأولى بوضوح، خاصة أؤلئك الذين هاجروا وأنشأوا كنائسهم خارج أراضي الإمبراطورية الرومانية. فهذا الأسقف نارسس Narses (ت.٥٠٧م) يؤكد إنسانية المسيح وبشريته، وأن للمسيح طبيعتين: إحداهما إنسانية، والأخرى تمثل الحكمة الإلهية التي وضعت فيه؛ ويمضي نارسس قائلا: إن الذي ولدته مريم كان عيسى الرجل الإنسان الذي تقدس - من غير شك - بفضل الحكمة الإلهية التي أعطيت له وحلت فيه، لكنه لم يتحد بهذه الحكمة لدرجة تمكننا من القول إن الحكمة/ الكلمة ولدت في مريم، او أن مريم هي " أم اللـه" Theotokos[3]. وهنا إشارة من جانب النساطرة، وعودة إلى القضية التي ضحى من أجلها البطريرك نسطوريوس حين اعترض على تسمية مريم "أم اللـه"، كما ذكرنا. وقد درج نارسس على اقتباس

---

[1] Shelley, *Church History in Plain Language*, pp. ١١١ - ١١٣.

[2] Gonzalez, II, p. ١٠١.

[3] المصدر نفسه، ص ١٠٢ .

مقتطفات من أقوال معلمي مدرسة أنطاكيا السابقين، منهم ثيودور المنسوب إلى المصيصة ونسطوريوس، وديودور. ومنذ سنة ٤٨٦ م أعلنت كنيسة نصيبين النسطورية أن مرجعيتها تعود إلى ثيودور المصيصي- Theodore of Mopsuestia واعتبرت فكره ومواقفه هاديا ومرشدا لها، وحارسا لعقيدتها. وقد أعاد البطريرك باباي Babai (٤٩٧- ٥٠٢ م) تأكيد هذا الموقف. وهناك لاهوتي نسطوري بارز آخر ذاع صيته أوائل القرن السابع الميلادي ، عرف باسم باباي الكبير Babai the Great ، وظل يسيطر على الكنيسة النسطورية حتى وفاته سنة ٦٢٨م من غير أن يتولى منصب البطريركية. وفيما ألفه من كتب نجده يحاول نقض عقيدة اليعاقبة (نسبة إلى يعقوب برادايوس المتوفى سنة ٥٧٨م) ويعارض محاولات التقريب بين النساطرة وعقيدة خلقدونية؛ وقد دافع هو الآخر بقوة عن مقولات العقيدة الأنطاكية، واقتبس مقولات المعلمين الأنطاكيين الأوائل، مثل قولهم: "إن الحكمة، الكلمة، استقرت في الرجل [أي المسيح] كما لو أنها استقرت في معبد. "[١]

التطورات السياسية وما صاحبها من انتشار الآريوسية:

وإذا كانت الآريوسية قد انهزمت في ميدان الصراع اللاهوتي، في مجلس نيقية والمجالس اللاحقة له، للأسباب التي ذكرنا، فقد كان لها شأن آخر في ميدان التبشير، وذلك في ظل أحداث سياسية وعسكرية صاخبة كانت بعيدة الأثر على مصير أقطار كثيرة. لقد نقل الإمبراطور قسطنطين الأول العاصمة من روما إلى بيزنطة التي صارت تعرف باسم القسطنطينية، نسبة إلى الإمبراطور المؤسس، سنة ٣٣٠م. وبعد موته سنة ٣٣٧م تولى الحكم ابنه قسطنطيوس الثاني؛ وما لبث الإمبراطور الجديد أن أشرك أخويه معه إلا أنهما لم يعمرا طويلا حيث قتل أحدهما ثم ثانيهما في معارك يخرج بنا الحديث لتتبعها عن موضوعنا. ثم انشغل الإمبراطور في حروب متصلة ضد المتمردين في الشرق والغرب، وضد الإمبراطورية الفارسية إلى أن مات سنة ٣٦١م، ففقدت الآريوسية بموته نصيرا قويا[٢]. لكن ألآريوسيين - وقد تجرعوا مرارة الهزائم في المواجهات اللاهوتية - وجهوا نشاطهم إلى نشر عقيدتهم والتبشير بها في مناطق كانت خارجة عن سلطة الإمبراطورية وعن سلطة الكنائس المعادية لهم، فسافر مبعوثوهم إلى مجاهل مواطن القبائل الجرمانية فيما يعرف الآن بأراضي ألمانيا والنمسا وسويسرا، وبذلك انتشرت المسيحية الآريوسية بين القبائل الجرمانية على نطاق واسع. وقد تسربت الجماعات الجرمانية إلى داخل الإمبراطورية على شكل جنود مرتزقة، أو حلفاء

---

[١] المصدر نفسه، ١٠٣.
[٢] انظر : Hooper, pp. ٥١٠ - ٥١٦.

سمح لهم بالاستقرار في بعض أقاليم الدولة للقيام بدور دفاعي عنها، بل وكانت بعض هذه الجماعات تستغل حالات الضعف والفوضى والخراب في منطقة معينة فتدخلها عنوة لتسقر فيها. وقد استخدم الأباطرة في الغرب قادة عسكريين من الجرمان بلغوا أرفع المناصب العسكرية في الجيش الإمبراطوري، وتولوا الدفاع عن حدود الإمبراطورية ضد غزوات جماعات جرمانية أخرى. وزاد نفوذ القادة الجرمان في الجيش في أواخر القرن الرابع الميلادي حتى أصبح الإمبراطور نفسه لعبة في أيديهم، فصاروا يعينون ويعزلون الأباطرة كما يحلو لهم، الأمر الذي يذكرنا بالدور المماثل الذي لعبه قادة الجند الأتراك مع الخلفاء العباسيين الضعاف في بغداد وسامراء بدءا من منتصف القرن الثالث للهجرة (التاسع للميلاد). وفي الرابع والعشرين من آب (أغسطس) سنة ٤١٠م اجتاح القوط الغربيون - وهم مسيحيون آريوسيون - العاصمة روما بقيادة ملكهم ألارك ونهبوها، لكنهم استثنوا الكنائس من النهب، وتجنبوا ذبح السكان الذين التجأوا إليها طلبا للحماية. وفي سنة ٤٥٥م قام الوندال الآريوسيون بغزو ايطاليا قادمين من شمال أفريقيا على ظهور سفن يسيرها بحارة كنعانيون (فينيقيون) من قرطاجة. وفي سنة ٤٧٦م أسقط الجرمان آخر إمبراطور روماني في القسم الغربي من الإمبراطورية، بينما عجزت الإمبراطورية في الشرق عن التدخل. كما سيطر القوط الغربيون الآريوسيون على شبه جزيرة أيبيريا ومناطق واسعة من بلاد الغال (فرنسا)، بينما سيطر الفندال - وهم آريوسيون - على مناطق من شمال أفريقيا. بيد أن هذا التوسع الجرماني الذي حمل معه آريوسيته ما لبث أن اصطدم بقوى جديدة، كما سنرى في الصفحات التالية.

انتشار المسيحية النسطورية/الآريوسية:

وعندما ظهر الإسلام وامتدت حدود الدولة الإسلامية اعترفت الخلافة الإسلامية بالمسيحيين النساطرة باعتبارهم مجتمعا مسيحيا مستقلا عن المجموعات المسيحية الأخرى، ووفرت لهم الحماية، فعاشوا حياة مزدهرة. كما أن الخلافة اختارت إحدى الشخصيات البارزة منهم وجعلته رئيسا وممثلا لكل أتباع الفئات المسيحية المختلفة، وكان يطلق عليه لقب "الجاثليق." ويبدو أنهم قاموا بنشاط كبير في سبيل نشر عقيدتهم بين المسيحيين الآخرين داخل الدولة الإسلامية، كما بشروا بها خارج نطاق دولة الخلافة؛ فعندما حل القرن العاشر الميلادي (الرابع الهجري) كانت هناك خمس عشرة منطقة (ضمن التنظيم الكنسي النسطوري) تابعة للكنيسة النسطورية في أراضي دولة الخلافة العباسية، كما كان هناك مناطق خمس أخرى خارج حدود الدولة الإسلامية، بما في ذلك أراضي الهند والصين. وقد وصل النساطرة إلى الصين وتمكنوا من نشر عقيدتهم في بعض نواحيها. وأقدم

أثر لهم في الصين هو الألواح النسطورية التي أقيمت في تشانغان (سيان) سنة ٧٨١م، وتم اكتشافها سنة ١٦٢٥. وقد انتعشت الحركة النسطورية في الصين حتى سنة ٨٤٥م، لكنها أخذت تتعرض للإضطهاد بعدئذ ولم تبق منها سوى آثار ضئيلة[١]. ومما تجدر ملاحظته أن عقيدة النساطرة انتشرت في مصر، على الرغم من أن كنيسة الإسكندرية كانت الأشد عداء للآريوسية، وهي التي قادت الحملة ضد نسطوريوس وعملت على تنظيم المجامع الكنسية وجمعت القوى ونظمت التحالفات للقضاء عليه؛ وكانت كنيسة الإسكندرية تؤمن بوحدانية طبيعة المسيح الإلهية وتعمل على نصرتها. وفي وسط آسيا تحولت كثير من القبائل التاتارية إلى المسيحية النسطورية وتوسع نطاق انتشارها إلى قرب بحيرة بيكال في سيبيريا الشرقية. ولكن عندما ظهر تيمورلنك في القرن الرابع عشر الميلادي استهدف المسيحيين في المناطق التي ضمتها دولته، وقضى عليهم، فانحصروا في العراق وإيران وتركيا. وقد حدثت انقسامات بين النساطرة، فانضم بعضهم إلى الكنائس الأخرى وتخلوا عن نسطوريتهم خلال القرن السادس عشر. ويبلغ عدد أتباع هذه الديانة في عصرنا حوالي ١٧٠٠٠٠ (مائة وسبعين ألفا) منتشرين في كثير من الأقطار، بما في ذلك الولايات المتحدة الأميركية.[٢] والذي نرجحه أن القسم الأكبر من النساطرة قد تحولوا إلى الإسلام عبر القرون .

ظهور الفرانكس (الفرنجة):

كانت الديار الألمانية منبعا لموجات بشرية استمرت تتدفق متجهة إلى حدود الإمبراطورية وازدادت وتيرتها منذ أوائل القرن الخامس الميلادي، مما ألمحنا إليه في الصفحات السابقة. وكان الفرانكس آخر غزاة بلاد الغال (فرنسا)، بيد أنهم كانوا الأكثر نجاحا، والأعمق والأبقى أثرا[٣]. ويلفت فختناو Fichtenau نظرنا إلى أن "الفرانكس" لم يكونوا أمة، حتى ولا بالمعنى القبلي الذي كان سائدا في عصرهم وبيئتهم؛ لقد كانوا مجرد جماعات من بين جماعات أخرى متفرقة. وقد ورد أول ذكر لتحركهم على مسرح الأحداث في عهد الإمبراطور الروماني يوليان (٣٦١-٣٦٣)، غير أن ظهورهم المتميز بدأ في عهد ملكهم كلوفيس الأول Clovis (٤٨١-٥١١م)، وهو أول ملك منهم ظهر في وضح التاريخ[٤]. وقد مر دور الفرانكس في مرحلتين، عرفت الأولى بممالك الميروفنجيين، بينما تألق

---

١ *Encyclopedia of Religion*, p. ١٤٥

٢ *Encyclopedia Britanica,CD edition* ٢٠٠١, art. Nestorians.

٣ Iyan Wood, The *Merovingian Kingdoms* ٤٥٠ - ٧٥١ (London: Longman, ١٩٩٤), p. ١.

٤ Heintrich Fichtenau, *The Carolingian Empire*, translated by Peter Muntz (New York, Barnes & Noble, ١٩٦٣), p. ١٠.

الكارولونجيون في المرحلة التالية والأخيرة. وكان تحرك الفرانكس في المرحلة المبكرة من تطور ممالكهم في المنطقة التي تقع فيها الحدود البلجيكية الفرنسية الحديثة حاليا. ويمكن أن يقال، دون ابتعاد عن الحقيقة، أن الفرانكس هم الذين أسسوا أنظمة وأوضاع العصور الوسطى في غرب ووسط أوروبا في الفترة من القرن الخامس إلى القرن التاسع الميلاديين. وخلال تطور الملكيات الفرانكية تطورت الملكية الفرنسية التي اتخذت من باريس مقرا لها، كما تطورت الملكيات والإمارات في المناطق الأخرى، ثم انبعثت الإمبراطورية الرومانية في الغرب بولاية شارلمان، أشهر ملوك الفرانكس الكارولونجيين. وفي إطار هذه التطورات ظهر النظام الإقطاعي، وتولى الأمراء الإقطاعيون وظائف الأساقفة مما لا نستطيع أن نتعرض له بأكثر من إشارات عابرة.

ومن غير إطالة تخرج بنا عن موضوعنا، وباختصار شديد، نقول إن أهمية دور المؤسس - كلوفيس الأول - تمثل في إنجازين كبيرين:

أولهما: أنه تمكن من إخضاع القوى الجرمانية الأخرى المنافسة لسلطته، كما أنه لم يتوان عن محاربة الشخصيات القوية والقيادية من بين أقربائه التي كان يمكن أن تنافسه، وقاومت الخضوع لسلطته؛ وبذلك وطد أسس الملكية وثبت أقدامها.

أما الإنجاز الثاني: فقد تمثل في أن كلوفيس أدرك بحسه السياسي أهمية اعتناقه للمسيحية الكاثوليكية، ورأى أنه لو اعتنق المسيحية الآريوسية - كما فعلت قبائل جرمانية أخرى مثل القوط بشقيهم، والوندال واللومبارد - فإنه وكيانه السياسي سوف يكون واحدا من بين كثيرين لا يتميز عنهم، أعني من بين القوى الجرمانية الأخرى؛ أما إذا اعتنق المسيحية الكاثوليكية فسيجد عونا من البابوية، كما سيجد عونا وتأييدا من أتباعها في بلاد الغال، خاصة بين الجماعات والشعوب التي صقلتها الحضارة الرومانية زمن الإمبراطورية القديمة، فأصبحت تلك العناصر عماد الحياة الإقتصادية والحضارية والثقافية. وبهذا اكتسب الشرعية والتعاطف والولاء. ومعنى ذلك أن اعتناق كلوفيس للكاثوليكية لم يجر عن طريق المصادفة، لمجرد زواجه بأميرة بورغندية كاثوليكية، أو لحظوظه وانتصاراته في المعارك بتأييد إلهي كما ذهب بعض المؤرخين في تفسيرهم لتلك التطورات. وهكذا صار الفرانكس حماة المسيحية، المبرئين من الهرطقة، بل واعتبروا أنفسهم أنهم شعب الله المختار، حسب ما ورد في القانون (السالياني) الذي تبناه الفرانكس أيام صعود نجمهم.

وقد اصطدم الفرنجة بالقوط الغربيين الآريوسيين الذين كانوا يسيطرون على مناطق واسعة في فرنسا، وتمكنوا من إلحاق الهزائم بهم، وما لبثوا أن دحروهم ودفعوهم إلى ما بعد جبال البرانس جنوبا في الأراضي الإسبانية، كما

اصطدموا باللومبارديين والبورغنديين وأخضعوهم لحكمهم أو سيطرتهم. وبعد موت كلوفيس سنة ٥١١م قسمت المملكة بين أولاده؛ ومع تكرار عمليات التقسيم من جيل إلى جيل، وما سببته من صراعهات داخلية منذ البداية وهنت قوة الملك شاغل العرش، وانتقلت السلطة الحقيقية إلى يد مدير القصر-الملكي. وكان أشهر مديري القصر هو شارل مارتل (المطرقة)؛ وفي عهد سيطرته جرت معركة تور/ بواتيه (أو بلاط الشهداء) في التاريخ العربي إذ تمكن من صد الاندفاعة العربية العميقة في تلك المعركة. وقد ذهب كثيرون من المؤرخين الأوروبيين إلى أن تلك المعركة وذلك النصر هو الذي حمى غرب أوروبا من الزحف الإسلامي. غير أن ذلك لم يكن صحيحا، لان تلك الحملة القادمة من الأندلس العربية الإسلامية كانت حملة محلية صغيرة، ولأن حملات أخرى تبعتها في نفس السنة، حيث استولى المسلمون الأندلسيون على مدينتي آرل وأفينون الرومانيتين القديمتين في السنة ذاتها. وكان على شارل مارتل أن يحارب في معركة أخرى تحت أسوار مدينة ناربون حتى يصبح سيد الموقف. لقد صار ساحل البحر المتوسط الفرنسي-بمراكزه الثقافية القديمة وتجارته ميدانا للمعركة بين المسيحية والإسلام، وانخفضت أهميته أكثر من أي وقت مضى[١]. وكل ما استطاعه شارل مارتل بعد جهود كبيرة، هو إقامة خط دفاعي منع المسلمين من التقدم في أراضي المملكة الميروفنجية.

وحيث غدت بلاد الغال (فرنسا) كاثوليكية فقد سعت بابوية روما إلى التحالف مع الفرانكس الكاثوليك لتحصل على دعمهم السياسي والعسكري ضد الأخطار المحيطة بها، وضد تدخلات أباطرة القسطنطينية. وهكذا قدم الفرانكس الدعم للبابوية ضد الجرمان اللومبارديين الآريوسيين الذين سيطروا على قسم كبير من الأراضي الإيطالية في الشمال والجنوب، فألحقوا الهزيمة بهم؛ كما مثلوا حليفا سياسيا قويا ضد ادعاءات أباطرة القسطنطينية بالسلطة على البابوية وعلى إيطاليا وغرب اوروبا[٢].

صعود البابوية وذبولها:

وفي الفترة الممتدة من القرن الخامس وحتى القرن السادس تطور وضع أسقفية روما بالتدريج من كونها واحدة من الأسقفيات المهمة، كأسقفيات الاسكندرية وأنطاكيا وقرطاجة، لتصبح الأسقفية الأولى والأهم نتيجة لعدد من التطورات الواسعة والبعيدة الأثر. فبعد انتصار روما وحليفتها الإسكندرية في معركة الصراع اللاهوتي التي بدأت بمجلس نيقية سنة ٣٢٥م، وما تبعه من مجالس عامة

---

١ - Heinrich Fichtenau, p. ١٣.

٢ انظر ص ٦١- ٦٣ فيما يلي.

في القسطنطينية وإفسوس وخلقدونية هدأ صخب الصراع، وانحصر في ملاحقة الجيوب الصغيرة النشطة التي بقيت من الآريوسية حتى أجبر النساطرة على الخروج من حدود الإمبراطورية البيزنطية واللجوء إلى أراضي الإمبراطورية الفارسية أواخر القرن الخامس وأوائل القرن السادس الميلادي كما مر معنا. وقد شهدت هذه الفترة تدهور وتحطم الإمبراطورية الرومانية في الغرب بفعل غزوات الجرمان والهون، فنتج عن ذلك فراغ سياسي وعسكري وإداري قامت الكنيسة فيه بدور كبير للملمة حطام الإمبراطورية، وإعادة الوحدة المفقودة في الغرب الأوروبي، وملء فراغ السلطة. إن أوروبا مدينة في ذلك للدور الذي قامت به كنيسة روما[1]. وقد ظهر في هذه الفترة عدد من كبار البابوات الذين ساهموا في إعادة بناء ما تهدم من الوحدة ، وكان (ليو الأول) هو المؤسس لكيان البابوية المستقلة الحاكمة التي جمعت السلطة الدينية والسلطة الدنيوية في شخص واحد ومؤسسة واحدة.

البابا ليو الأول الكبير Leo I (٤٤٠م - ٤٦١م) :

كان ليو أحد النبلاء من منطقة تقع إلى الشمال من روما، قبل انتخابه لشغل منصب البابوية. وكان الإمبراطور قد أرسله إلى بلاد الغال (فرنسا) محكما في أحد النزاعات المحلية. وبينما كان غائبا عن روما لأداء تلك المهمة الرسمية توفي أسقف روما، ووقع اختيار رجال الدين على المبعوث ليو ليحل محل المتوفى، وأرسلوا إليه من ينقل إليه الخبر. وفي خطابه الذي افتتح به ولايته بين ليو رؤيته لمركزه ورسالته، ولمركز كنيسة روما ودورها. وباختصار فقد أعلن أنه الرئيس الأعلى لجميع المسيحيين في العالم. لقد وضع البابا الجديد الأساس النظري لأولوية مركز كنيسة روما:

"لقد وعد المسيح أن يبني كنيسته على الصخرة بطرس، صخرة جميع العصور والأجيال؛ وإن أساقفة روما هم ورثة تلك السلطة."

والحقيقة أن هذا الأساس الذي أعلنه البابا ليو يعد قلبا للترتيب الذي وضعه الإمبراطور قسطنطين الأول رأساعلى عقب؛ فقد أراد قسطنطين أن يستخدم الكنيسة أداة لسياسته، ولذا نجده يوجه ضغطا سياسيا ودينيا شديدا على الأساقفة الذين اجتمعوا في مجلس نيقية ليحافظ على وحدة الكنيسة التي اعتبرها الإسمنت المقوي لوحدة الإمبراطورية. وبعد قرن من الزمان يأتي ليو ليرفع مركز كنيسة روما إلى المكانة الأعلى بشكل نهائي[2]. ويلاحظ الدكتور شلي - وهو كبير أساتذة اللاهوت في جامعة دنفر، أن استخدام ليو الأول لنص من الإنجيل ليثبت سمو

---

[1] Shelley, p. ١٦١.

[2] المصدر نفسه، ص ١٣٧.

مركزه لا ينسجم مع مايرشد إليه الإنجيل، وهو أن التفوق وارتفاع المكانة بين أتباع المسيح لا يشابه مثال الأمراء الذين يمارسون السيادة والسلطة في الدنيا. إن أتباع المسيح ينبغي أن يقوموا بالخدمة المتواضعة للرعية. وأخيرا فإن النظرية التي قدمها ليو تفترض أن منحة السلطة لم تكن لبطرس شخصيا ولكن لمنصبه باعتباره أسقف روما؛ غير أن ربط السلطة بهذا الشكل بمنصب محدد لا يظهر في أي جزء من النص الوارد في إنجيل متى[1]. وسيكون هذا الأساس الذي وضعه ليو الأول منطلقا لادعاءات تضع البابوية في مواجهة حادة مع الأباطرة في الغرب، وتجرهم كذلك إلى المواجهة مع بعض الملوك الأوروبيين، خاصة في فرنسا وإسبانيا وبريطانيا، كما سنرى في صفحات تالية.

وبالرغم من التنافس والشقاق الذي ظل محتدما بين رأس الكنيسة في روما ونظيره بطريرك القسطنطينية فقد استطاعت روما أن تنتزع من الأباطرة الشرقيين الضعاف الاعتراف بمكانتها من حيث استقلالها في الغرب الكاثوليكي، ومن حيث أسبقية مركزها فوق مركز منافستها الشرقية. وكان البابا ليو الأول هو أول البابوات الكبار الذين استفادوا من الظروف التي سادت الغرب الأوربي في تلك الفترة لإقامة وتثبيت دعائم سلطة البابوية. ففي الفترة المضطربة التي شهدت غزوات الجرمان والهون لإيطاليا وغرب أوروبا، وسقوط الإمبراطورية الغربية، ظهرت أسقفية روما في دور المنقذ، وقامت بجهود عظيمة لمساعدة الناس العاديين وحماية أرواحهم وممتلكاتهم والتخفيف عنهم، كما أشرنا من قبل؛ وكان من أعظم المواقف في تاريخ كنيسة روما في تلك الفترة عندما تقدم ليو الأول سنة ٤٥٢م على رأس سفارة أوفدها الإمبراطور الغربي، الضعيف العاجز، لتقابل أتيلا، الفاتح الرهيب وقائد كتائب الهون الزاحفة من وسط آسيا، لتقنعه بعدم تدمير روما وحرقها. وبعد تلك المقابلة انسحب أتيلا تاركا إيطاليا، نظرا لأن الأمراض كانت تفشت بين قواته قبل لقائه بالوفد الكنسي. وطبيعي أن ينسج الخيال الشعبي حول هذه الحادثة كثيرا من المعجزات[2]. وقد تكرر هذا المشهد في الثاني من حزيران سنة ٤٥٥م، يوم اجتياح الوندال لمدينة روما بقيادة ملكهم غيسرق؛ فقد قابل ليو الأول هذا الفاتح على بوابة المدينة ومعه جمع من القساوسة، وطلب منه الرحمة، وحثه على كبح جماح جنوده، ورجاه عدم حرق المدينة، وقدم له مبلغا من المال. وأبدى الملك الجرماني استجابته لتوسلات البابا، لكنه أخبره أن جيشه سينهب المدينة طوال أسبوعين. وقد اكتسبت الكنيسة بقيامها بهذه المهمات مكانة كبيرة،

---

١ المصدر نفسه، ص ١٣٧ - ١٣٨.

٢ Eamon Duffy [Rev.], *Saints & Sinners, A History of the Popes*, Yale University Press, ١٩٩٧, pp. ٣٣-٦.

خاصة مع ضعف الإمبراطورية وعجز الإمبراطور وجيشه عن القيام بأي جهد عسكري لمقاومة الغزاة المرعبين لحماية روما وحماية إيطاليا.

وفي إطار هذه الظروف مجتمعة جاء اعتراف الإمبراطور البيزنطي فالنتينيان الثالث بأسبقية مركز روما على جميع كنائس الغرب، وذلك ضمن نص مرسوم وجهه إلى القائد العسكري الإمبراطوري في بلاد الغال (فرنسا) يأمره بأن يرغم الأساقفة في تلك البلاد على حضور المجالس التي يدعو إليها البابا في حالة رفض أي منهم الحضور طواعية. وقد حول هذا المرسوم ادعاءات ليو الأول إلى قانون. كذلك لقيت ادعاءات البابا تأييدا في المجلس الكنسي الذي انعقد في خلقدونية في تشرين الأول (أكتوبر) ٤٥١م. بيد أن هذا المجلس نفسه، وفي جلسته المنعقدة يوم ٣٠ تشرين الأول، اعتبر أن سلطة أسقف القسطنطينية مساوية لسلطة أسقف روما. وقد احتج ممثلو البابا ليو فورا على نص المساواة، لكن المجلس لم يستجب لاحتجاجهم. وهكذا يمكن القول إن البابوية ورثت الإمبراطورية في الغرب, ووحدت أوروبا على غير الصورة التي كانت أيام الإمبراطورية الأولى[١]. وهذه الصورة تختلف قليلا عما ذهب إليه جايمس شوتول James T. Shotwell حيث ذكر بوضوح أن الإمبراطور البيزنطي أصدر مرسوما سنة ٤٤٥م يأمر فيه الكنائس الأخرى في غرب اوروبا بالاعتراف بالسلطة العليا للكرسي الرسولي في روما [٢]

إحتدام الخلاف حول "عبادة" أو "إحترام الأيقونات":

لكن هذا اللين وهذا التنازل من جانب الأباطرة الشرقيين لصالح رأس كنيسة روما لم يعد الوحدة والولاء بين الجانبين إذ كانت أسباب الخلاف عميقة، تنبعث من جذور الخلافات اللاهوتية القديمة الخامدة، كما تنبعث من طموحات البابوية التي صاغها البابا ليو الأول. وكان مما زاد التباعد بين القسطنطينية وروما، وزاد من قوة توجه البابوية نحو الانفصال، والابتعاد عن الإمبراطورية الشرقية احتدام الخلاف حول "عبادة" أو "احترام" الأيقونات. لم يكن النزاع حول عبادة أو احترام الأيقونات حدثا جديدا في عصر الأسرة البيزنطية السورية؛ لقد كان موجودا من قبل، بيد أنه كان شبه خامد. أما الخلافات التي ظهرت خلال السنوات الست بين سقوط الأسرة الهرقلية وقيام الأسرة السورية فكانت تتعلق بطبيعة المسيح (عليه السلام). فقد أحيى الإمبراطور فلبيكوس براندز

---

١ Shelley, pp. ١٣٧-٨; see also Duffy, pp. ٣٣-٣٦; James Westfall Thompson, et al., *An Introduction to Medieval Europe*, p. ٤٦ - ٤٨.

٢ James T. Shotwell, *The History of Medieval Europe*, p. ١٠٧.

Filippicus-Brandes (٧١١ -٧١٣) موضوع الخلاف القديم الذي كان قد تأجج في القرن الرابع الميلادي ثم خفت. لقد نادى بضرورة إحياء عقيدة الطبيعة الواحدة وحاول فرض هذا الاعتقاد في الإمبراطورية. وخلال المجادلات التي دارت بين اللاهوتيين والمهتمين بتلك المسألة استخدم بعضهم موضوع الأيقونات الذي لم يكن مطروحا بصورة موضوع مستقل آنذاك. بيد أن سقوط فلبيكوس وظهور الأسرة السورية (٧١٧- ٨٠٢) ما لبث أن دفع بموضوع الأيقونات بحدة إلى السطح. وقد شغل العرش خمسة من أبناء الأسرة السورية، وهم:

(١) ليو الثالث Leo III (٧١٧-٧٤١)

(٢) قسطنطين الخامس Constntine V (٧٤١-٧٧٥)

(٣) ليو الرابع Leo IV (٧٧٥-٧٨٠)

(٤) قسطنطين السادس Constantine VI (٧٨٠ -٧٩٧)

(٥) إيرين Irene (٧٩٧ - ٨٠٢)، وهي زوجة وأرملة ليو الرابع

ومؤسس الأسرة هو ليو السوري، الذي أصبح الإمبراطور ليو الثالث، وقد كان أصله من شمال سوريا؛ ومن هنا جاءت التسمية. وكان ليو عسكريا خدم أباطرة عديدين، ثم عين قائدا عسكريا Strategus في مقاطعة الأناضول Anatolekon في قلب آسيا الصغرى. وإذ مرت الأمبراطورية آنذاك بفترة اتسمت بالفوضى والضعف والصراع، فقد تطلع ليو الثالث إلى الاستئثار بالعرش ، وأخذ يعد العدة لذلك؛ وعندما واتته الفرصة وثب على الفريسة. ومنذ بداية عهده تهيأت له الظروف ليثبت جدارته بالمنصب الإمبراطوري؛ وما أن أصبح زمام السلطة في يديه حتى تصدى لأخطر مشكلتين تهددان وجود الإمبراطورية؛ ففي آب (أغسطس) ٧١٧، أي بعد خمسة أشهر من تنصيب ليو الثالث وصل مسلمة بن عبدالملك على رأس جيش إسلامي بري وبحري توقف قبالة أسوار القسطنطينية ليحاصرها برا وبحرا. ومن ناحية أخرى كان البلغار يشكلون خطرا داهما، إذ طالما حاصروا العاصمة الإمبراطورية. وقد نجح ليو في إبعاد هذين الخطرين. وبعد ذلك عمد إلى إعادة تنظيم إدارة الإمبراطورية. وإذ انتهى من كل ذلك ، أو هكذا شعر، فقد التفت إلى موضوع "الإصلاح الديني."

وقد كان الإمبراطور الجديد يمقت عبادة الأيقونات، ولذا فقد صمم على إنهائها؛ بيد أنه اختار أسلوب التروي والحذر في تحركه. وكان معظم سكان آسيا الصغرى وشرق الإمبراطورية مناوئين"لعبادة" أو "احترام" الأيقونات، بينما كان أكثر الأوروبيين الغربيين من محبذيها وأنصار "عبادتها" أو "احترامها"[١].

---

١ Ostrogorsky, pp. ١٦٢ - ١٦٤.

وكان من أهم المعارضين لسياسة الإمبراطور تجاه الأيقونات : البابوية في روما، وجرمانوس، بطريرك القسطنطينية الذي تم التخلص منه باستبداله بأحد الموالين. وقد نجح ليو في تجاوز العقبات، وأبعد أنصار الأيقونات من رجال الدين وغيرهم، وعين في المناصب الكنسية المهمة المعادون لتلك العبادة. كما كان من الممارسات التي اعتبرها الإمبراطور ليو الثالث انحرافا ينبغي تصحيحه وجود طائفة تعبد مريم وتسميها "الإلهة الأم Mother God". وكانت هذه الطائفة قد ظهرت في القرن الرابع في مصر، وعارضها بطريرك القسطنطينية نسطوريوس، وعزل ونفي بسبب موقفه، كما ذكرنا في غير هذا المكان فيما سبق. وقد أشعلت إجراءات الإمبراطور ليو نار الخلافات التي كانت خامدة، وبذلك ازداد التباعد مع روما.

وواصل قسطنطين الخامس سياسة والده المعادية للأيقونات، وبحدة أشد، وقد كتب ثلاثة عشر كتابا - أو كتيبا - لإثبات انحراف الأيقونيين عن الدين الصحيح بينما كان والده يقوم بإلقاء الخطب بنفسه لتحقيق نفس الغرض. وبعد حملة قوية من الدعاية، والإجتماعات على مستوى المناطق، والإعداد الدقيق، جمع قسطنطين الخامس مجلسا كنسيا في العاشر من شباط (فبراير) سنة ٧٥٤ في القصر الإمبراطوري على الساحل الآسيوي للبسفور وتواصلت اجتماعاته حتى الثامن من آب (أغسطس) من نفس السنة، وشارك فيه ثلاثمائة وثمانية وثلاثون أسقفا. وقد استدعيت خلال مداولات الأساقفة كثير من نصوص الإنجيل وكتابات آباء الكنيسة الأوائل، وتمت إدانة "عبادة" أو "احترام" الأيقونات، كما أدينت "عبادة مريم"؛ هذا فضلا عن تعرض الرهبان لضغط شديد لكي يتخلوا عن العزوبية ويتزوجوا، ففضل بعضهم الهجرة؛ وهكذا بلغت أزمة الأيقونات ذروتها في عهد قسطنطين الخامس.

البابوية تتطلع إلى حلفائها:

وبجانب هذه التطورات المتعلقة بمشكلة الأيقونات، التي زادت من العداء والتباعد بين البابوية وأباطرة القسطنطينية ولاهوتييها على المدى الطويل، فقد تعرضت البابوية ومعها إيطاليا حوالي منتصف القرن الثامن الميلادي لمخاطر شديدة باجتياح اللومبارديين الجرمان الآريوسيين أيضا، لمناطق واسعة من شبه الجزيرة الإيطالية، فاضطرت إلى البحث عن حلفاء يقفون إلى جانبها في ساعة العسرة، ويحمونها من تهديدات الخطر اللومباردي وضغوط القسطنطينية، وهنا لم يجدوا أمامهم سوى الفرانكس. وكان شارل مارتل - مدير القصر الملكي في مملكة الفرانكس الميروفنجيين - قد توفي سنة ٧٤١م وقسمت المملكة بين ولديه: كارلومان، وببن الثالث (القصير). وفي سنة ٧٤٧م دخل كارلومان أحد الأديرة

وتخلى عن الحكم فأعيد توحيد المملكة بزعامة أخيه بن. ويبدو أن بن رغب في أن يضع الأمور في نصابها بإنهاء حكم الأسرة الميروفنجية ليصبح هو الملك، ويتحول التاج إلى أسرته.

وهنا شعر بحاجته إلى أن تتصف خطوته تلك بالشرعية؛ ولم يكن ثمة مكان تأتي منه هذه الشرعية إلا من روما، من البابا. وقد تجاوبت روما مع هذه الرغبة، وأعلن البابا زكريا أن من الأفضل أن يكون الحكم واللقب الملكي لمن يملك السلطة الحقيقية في المملكة الميروفنجية؛ وهكذا أزيح آخر الملوك الميروفنجيين ليختفي في دير؛ وفي سنة ٧٥١م انتخب كبار رجال الدولة بن ملكا. وبتدخل البابا زكريا على النحو المشار إليه صار للبابوية فضل على الملك وعلى الأسرة الملكية الجديدة[١]. وبعد سنتين جاء التهديد اللومباردي الذي تحدثنا عنه؛ وهنا تذكر البابا ستيفن الثاني، الذي كان قد خلف البابا زكريا في منصبه، تذكر العلاقة التي نشأت مع الكارولنجيين في عهد سلفه، وعلى ذلك شد الرحال، وعبر الألب إلى باريس ليقابل الملك الفرانكي بن فنشأ عن اللقاء تحالف بين الجانبين كان له تأثير طويل المدى على مسار التاريخ. فقد أقسم الملك واعدا ستيفن بالمساعدة في إبعاد الخطر اللومباردي، كما وعد بدعم ادعاءات البابوية بملكية وسط إيطاليا. ونتيجة لذلك صار البابا يخاطب الملك بلقب Patricus Romanorum الذي كان للممثل الإمبراطور البيزنطي في رافنا، في إيطاليا. وهكذا قطع البابا العلاقات مع القسطنطينية، كما قطعها مع اللومبارد[٢].

وسارع بن بالزحف على إيطاليا حيث قام بحملتين (٧٥٤م و ٧٥٦م) وألحق الهزيمة بالملك اللومباردي آيستلف Aistulf وأجبره على الإقرار بالتبعية له، وانتزع منه الأراضي التي كانت مملوكة للإمبراطورية سابقا، ومنحها للبابا. وقد عرفت هذه المنحة في التاريخ باسم "هبة بن Pepin's Donation". وعندما تولى شارلمان الحكم سنة ٧٧٤م خلفا لوالده أكد الهبة التي كانت منحت للبابا ووسعها. وقد قيل إن هذه الهبة كانت مبررة تأسيسا على ما عرف باسم "هبة قسطنطين" التي كان يفترض أن الإمبراطور قسطنطين الأول (ت. ٣٣٧م) كان قد منحها للبابوية في القرن الرابع الميلادي. وقد ثبت فيما بعد أن منحة قسطنطين هذه لم تكن صحيحة، وأن الوثيقة التي استند إليها المدعون بحدوث المنحة كانت مزورة كما سيتبين لنا في الفصول التالية[٣].

---

[١] - Heinrich Fichtenau, *The Carolingian Empire* ..., pp. ١٦ - ١٩.

[٢] - المصدر نفسه، ص ١٨.

[٣] - *Encyclopedia Britanica*, CD ed'n, ٢٠٠١, art. Pepin, Donation of; art. Constantine, Donation of.

تتويج شارلمان إمبراطورا:

ومهما يكن من أمر فإن صحة أو عدم صحة الوثيقة لم تكن لتؤثر على مسيرة التحالف بين البابوية ومملكة الفرانكس، لأن دوافع هذا التحالف ومحفزاته كانت موجودة، ذلك أن البابوية كانت بحاجة إلى الحماية بينما كان ملوك الفرانكس بحاجة إلى الشرعية؛ وهذه الحاجة لم تنته بالنسبة للجانبين، فبالنسبة للخطر الذي كان يتهدد روما لم يكن مصدره القوى الجرمانية التي ظلت تقتحم المناطق الإيطالية من حين لآخر فحسب، بل وكان يأتي أيضا من تدخل الإمبراطور الشرقي، ومن تطلعه إلى إعادة سلطته على العاصمة القديمة، وعلى رأس كنيستها، كما كان يسيطر على بطريرك القسطنطينية. وهكذا أنشأ تتويج شارلمان في عيد رأس السنة الميلادية سنة ٨٠٠ على يد البابا ليو الثالث (٧٩٥-٨١٦)؛ أوضاعا وأطرا جديدة لعلاقات البابوية في الشرق والغرب. كما جاء التتويج لينتج - في فترة لاحقة - فكرة ومقولة تبنتها البابوية فحواها أن مقام البابا فوق مقام السلطة السياسية، وأن شرعية الأباطرة والملوك تستلزم أن يقوم البابا باعتمادها؛ بل و وصل تطور الفكرة إلى اعتبار المنصب السياسي الرفيع منحة، أو عطية من البابا. وقد قام شارلمان بحملات عسكرية كثيرة ومتكررة في أراضي القارة الأوروبية، فأخضع الجرمان وأجبرهم على اعتناق المسيحية، وجعل عقوبة الاستمرار على الوثنية، أو التظاهر باعتناق المسيحية، الموت. وقد بنى مئات الكنائس والأديرة في تلك الديار فتوسعت سلطات البابوية وامتد نفوذها إلى مناطق بعيدة. وقبل عصر شارلمان بما يقرب من مائة وخمسين عاما كانت الكنائس الأخرى المنافسة: الإسكندرية وأنطاكيا، وبعدها قرطاجة، قد أصبحت تحت حكم المسلمين، وخرجت من حلبة التنافس مع روما[١].

---

[١] Duffy, pp. ٧٥-٧; Toynbee, *A Study of History*, p. ٣٤٤.

من شارلمان إلى الإصلاح الديني: (٨١٦-١٥١٧):

كانت القوى الرئيسية التي شغلت مسرح الأحداث في الفترة التي تلت تتويج شارلمان إمبراطورا سنة ٨٠٠م وظلت تشغله حتى ما بعد سنة ١٥٠٠م تتمثل في :

أولا: المنصب البابوي وشاغلوه وما كان له من امتدادات

ثانيا: المنصب الإمبراطوري وشاغلوه وما كان له من امتدادات

ثالثا: الملكيات الناشئة في بعض الدول الأوروبية، بعد تفكك الإمبراطورية الرومانية المقدسة بعد شارلمان وخلفائه القريبين، خاصة في فرنسا وإسبانيا وبريطانيا.

وقد دخلت هذه القوى الثلاث في تعامل وتداول طغت عليه سمة الصراع بعد فترة قصيرة من وفاة الإمبراطور شارلمان سنة ٨١٦م. وخلال هذه الصراعات ظهرت التحولات الفكرية والثقافية والدينية التي تجلت ضمنها بعض عناصر الاتفاق وعناصر الاختلاف بين "عالم الإسلام" و "عالم الغرب". تلك العناصر التي نتابع رصدها في هذه الجولة السريعة. وفي هذا الإطار سوف نتعرض لسير وتطور العلاقات بين البابوية والإمبراطورية؛ كما سنتعرض للعلاقات بين البابوية والملكيات الناشئة. ومن خلال استعراضنا لعلاقات هذه القوى سنلقي الضوء على التغيرات التي أدت إلى حدوث الانفجار الكبير الذي ظهرت أول شراراته سنة ١٥١٧م بالإحتجاج الذي أعلنه مارتن لوثر.

البابوية:

سارت البابوية خلال هذه المرحلة مستندة إلى المقولات والمبادئ التي ثبتتها وحصلت على اعتراف عام بها:

١) البابا خليفة بطرس الرسول، وله زعامة جميع الكنائس والمسيحيين في العالم

٢) البابا يحكم مناطق واسعة من إيطاليا، استنادا إلى هبة بين، وهبة قسطنطين الأول من قبلها.

٣) للبابا سلطة مطلقة في أمور الدين والكنيسة

٤) البابا هو الذي يعطي الشرعية للملوك والحكام، ومناصبهم منحة منه.

وعلى هذه الأسس احتفظت البابوية بزعامتها للعالم المسيحي ستة قرون أخرى تخللتها - بالتدريج - تطورات وتقلبات كانت لها آثار حاسمة، على المدى الطويل. فالسلطة السياسية التي حصلت عليها دفعت بعض البابوات إلى طلب المزيد منها، ولم تلبث أن وضعتهم في مواجهة مع الأباطرة، حكام الأمبراطورية

الرومانية المقدسة، ثم مع الملوك الأقوياء في الدول الأوروبية الناشئة. وحيث أن تتبع كل تفاصيل ما حدث من تطورات في هذا الجانب يخرج بنا عن موضوعنا فإننا سنكتفي بإعطاء بعض الأمثلة فقط عن هذا الصراع.

البابا والإمبراطور:

في سبعينات القرن الحادي عشر الميلادي تفجر خلاف بين البابا غريغوري السابع (١٠٧٣ - ١٠٨٥) والامبراطور هنري الرابع حول سلطات كل منهما في المسائل الدينية والسياسية. لقد بدأت هذه الجولة من خلفيات مشحونة بالادعاءات المتضادة، حيث كانت البابوية ترى أن على الأمراء أن يقبلوا قدم البابا، استنادا إلى ما جاء في "هبة قسطنطين"، وأن البابوية لا تخطئ قط، وأن ممثلي البابا - حتى لو كانوا من أدنى المراتب الكنسية - ينبغي أن يكونوا مقدمين على الأساقفة، وأن البابا وحده لديه السلطة لعزل الأساقفة، والدعوة إلى "المجالس" العامة، وأن البابا يصبح قديسا بمجرد توليه المنصب البابوي. أما أكثر هذه الادعاءات إثارة فقد تمثلت في قول البابا غريغوري السابع بأن البابا يستطيع أن يعزل الإمبراطور، وأن يعفي أفراد الرعية Subjects من عهد الولاء للحكام الأشرار. وفي سنة ١٠٧٣ تفجر خلاف حول تعيين بعض المسئولين الكنسيين في ميلان، وتحول الخلاف إلى صراع عنيف بين المرشحين وأنصارهما أدى إلى إحراق الكاتدرائية. وقد لجأ كبار "آباء المدينة" إلى تقديم رجاء إلى الأمبراطور بالتدخل لوقف ذلك الصراع ، فصمم هنري الرابع على حل المشكلة نهائيا، فعزل المتنافسين المتعارضين اللذين ادعيا المنصب وعين بدلا منهما مرشحا اختاره بنفسه. وهنا اعتبر البابا أن إجراء الإمبراطور كان تجاوزا على صلاحياته، فوجه له رسالة توبيخ وتحد، مصحوبة بتهديد شفوي بالحرمان، أو الطرد من رحمة الكنيسة والعزل من المنصب الإمبراطوري. ورد هنرى الرابع في شهر كانون الثاني (يناير) سنة ١٠٧٦ بالدعوة إلى مجلس كنسي للأساقفة في فورمس Worms أدان البابا، وقرر عزله من منصب البابوية. ويبدو أن أساقفة لمبارديا كانوا ناقمين علي البابا، إذ أنهم أعلنوا تأييدهم للقرار والإجراء الذي اتخذه الإمبراطور. ولم يتأخر غريغوري في الرد ، فقد أصدر قرار حرمان بحق جميع الأساقفة الذين تعاونوا مع هنري الرابع، وأعلن عزله من منصبه لتمرده على الكنيسة, وأحل جميع المسيحيين من قسم الولاء له. ويبدو أن هنرى لم يحسن بتصرفه تقدير العواقب؛ صحيح أن والده كان قد عزل ثلاثة بابوات، لكن الزمن تغير. ومن غير إطالة في تتبع تطورات هذه المعركة فقد اضطر الإمبراطور في النهاية إلى الرضوخ المهين، فذهب إلى بلدة كانوسا الجبلية حيث كان يقيم البابا في حصن، وهناك وقف حافي القدمين، وقد اشتد البرد في شهر كانون الثاني

(يناير)١٠٧٧م يطلب الصفح والرحمة من البابا الذي استجاب لتوسلاته بعد ثلاثة أيام من الانتظار والمذلة. على أن هذا الصفح لم يكن نهاية المشكلة، فبمجرد تحرر هنرى بالصفح، استأنف صراعه مع البابا، الأمر الذي لا مجال لتتبعه في هذا المقام[١].

البابوية والملكية:

أما المثل الثاني فيأتي من صراع البابوية مع الملكيات الناشئة بعدما اعترى الضعف والتفكك بنية وسلطة الإمبراطورية: فقد بلغت البابوية أوج قوتها في عهد البابا إنوسنت الثالث Innocent III المتوفى سنة ١٢١٦م بعد أن شغل المنصب بدءا بسنة ١١٩٨م. ومنذ توليه هذا المنصب الديني الأعلى أخذ إنوسنت يعمل على إصلاح أوضاع البابوية، كما قام بنشاط واسع لإصلاح أوضاع عالم الغرب. ولم تقتصر جهوده على المؤسسات والممارسات الدينية، بل شملت كثيرا من القضايا السياسية أيضا؛ كما غطت مساحة واسعة من العالم المعروف آنذاك، من أرمينا في الشرق إلى آيسلاند في الغرب، منطلقة من خلال المنظور الذي يؤكد سمو مركز" نائب المسيح Vicar of Christ" ، أي البابا، فوق كل سلطة في "عالم الغرب". لقد نحى إنوسنت جانبا لقب "نائب بطرس" ليستبدله باللقب الجديد؛ ولقد ذهب إلى أن الأساقفة يمثلون المسيح من خلال البابا وليس بصورة مباشرة، ولذا فإن سلطة البابا لا تشمل تعيين الأساقفة فقط بل وتشمل عزلهم من مناصبهم أيضا. والتركيز هنا على تعيين الأساقفة في الدول والأماكن البعيدة عن روما، كالأساقفة في فرنسا وإنكلترا والأراضي الألمانية [٢]. والخلاف حول موضوع الأساقفة يشير ضمنا إلى أن الأشخاص الذين شغلوا هذه المناصب كانوا أكثر ميلا إلى الاهتمام بالحاجات والضرورات المحلية لمجتمعهم منهم إلى مسايرة الأهداف السياسية للبابوات ورغبتهم في توسيع دائرة سلطاتهم المطلقة، ليس في الموضوعات العقيدية والعبادية، بل وفي الفعل السياسي وفي المجالات السياسية؛ ولذا فإن البابا يؤكد هنا أنهم ينبغي أن يكونوا خاضعين لسلطته في كل الأحوال.

وقد غدت هذه العقيدة البابوية ميراثا مقدسا وظفه البابوات الأقوياء الطامحون لخدمة أهدافهم ومخططاتهم.

ففي سنة ١٢٩٦م أصدر البابا بونيفاس الثامن إعلانا يهدد بالحرمان كل حاكم مدني يجمع الضرائب من رجال الدين، كما هدد الإعلان نفسه كل واحد من رجال الدين يدفع ضريبة من غير موافقة البابا، هذا مع الأخذ بعين الاعتبار أن أعدادا كبيرة من رجال الدين والكنيسة كانت تمتلك أراض واسعة، ونسبة كبيرة من

---

١ Duffy, pp.٩٤-٧; see also *E.B.*, CD ed'n, art. Canossa.

٢ Gonzalez, II, pp. ٢٢٢ - ٢٢٣

الممتلكات في كل بلد أوروبي. وردا على ذلك أصدر الملك إدوارد في بريطانيا مرسوما يقضي بأنه: إذا رفض رجال الدين دفع الضرائب فستنزع عنهم أية حماية قانونية، وستصادر كل ممتلكاتهم. أما فيليب، ملك فرنسا, فقد منع خروج الذهب والفضة والمجوهرات من الأراضي الفرنسية، وبذلك حرم الخزينة البابوية من مصدر رئيسي للدخل مما كانت تجمعه الكنائس في فرنسا. وأمام هذه الإجراءات الحازمة اضطر البابا إلى التراجع؛ بيد أن بونيفاس أخذته الحماسة سنة الاحتفال باليوبيل[1]، فعاد لمناوأة الملك الفرنسي- مصرا على تلقينه درسا لن ينساه. لكن فليب أكد موقفه بقوله إن عيسى- [عليه الصلاة والسلام] لم يعط الكنيسة أية سلطة سياسية. وفي مسار هذه العلاقات المتوترة أصدر الملك أمرا، سنة ١٣٠١م ، بسجن أحد الأساقفة الفرنسيين بتهمة الخيانة؛ فرد البابا بأن أصدر أمرا بضرورة الإفراج عن الأسقف، متناسيا موافقته السابقة على حق الملوك في فرض الضرائب على أراضي الكنيسة ضمن ممالكهم. وتواصلت ردود الفعل المتسمة بالتحدي؛ ففي السنة التالية رد الملك الفرنسي بالدعوة إلى اجتماع وطني عام يشارك فيه ممثلو النبلاء، ورجال الدين، والطبقة البورجوازية، وحصل على دعمهم في نزاعه مع البابا. وهنا نلحظ دور العامل القومي في الصراع. وبعد عدة أشهر أصدر البابا بونيفاس إعلانا هو الأكثر تطرفا: "إنه من الضروري بشكل كامل، أن يكون كل إنسان خاضعا للبابا." ولم يكن رد الملك الفرنسي- أقل عنفا: فقد أعد العدة لعزل البابا بحجة أن انتخابه للمنصب كان غير قانوني. وكلف الملك محام من المؤيدين لخطته بالمتابعة. وقد أضاف المحامي وليام نوغاريت عدة حجج أخرى لتبرير عزل البابا، منها تهمة الهرطقة، أي الانحراف عن العقيدة، وبيع الوظائف الدينية، والانحراف الأخلاقي؛ ثم اصطحب قوة من الجند وتوجه للقبض على البابا البالغ من العمر ستة وثمانين عاما. وكان البابا يصطاف في بلدة Anagni ، مسقط رأسه، وهي مصيف جبلي خارج روما، وألقي القبض عليه، ووجه الجنود له صنوفا كثيرة من الإهانات. وعندما علم أهل البلدة، جاءوا واستنقذوه من أيدي الجنود بعدما بقي مسجونا عدة أيام. ولكن ما لحقه من أذى، وقد بلغ من العمر عتيا، أدى به إلى الموت خلال أسابيع، كما أن الحادث أصاب منصب البابوية ومكانتها في نظر عامة الناس بالمهانة والإذلال.

الأسر البابلي The Babylonian Captivity:

ولم يكتف الملك فيليب بما أوقعه بالبابوية من إذلال، بل عمل على تحويلها إلى أداة تخدم المصالح الفرنسية، وذلك عن طريق إيصال أسقف فرنسي لشغل المنصب؛ وتم له ذلك سنة ١٣٠٥م حين نجح في تدبير أمر انتخاب رئيس أساقفة (

[1] واليوبيل احتفال ديني في سنة معينة يحددها البابا؛ وتبدأ الاحتفالات قبل عيد الميلاد. وتعتبر السنة كلها سنة اليوبيل.

بوردو) ليصبح البابا كلمنت الخامس. وقد اختار البابا الجديد أن يقيم في فرنسا، وفي بلدة أفينون Avignon الواقعة على نهر الرون غير بعيدة عن الحدود مع إيطاليا، داخل الأراضي الفرنسية؛ ولم تطأ قدماه تراب روما. وبجانب ذلك فقد تفاقم الصراع على المنصب البابوي بين القوى السياسية المختلفة حتى تطور الأمر إلى موقف قام فيه ثلاث بابوات في وقت واحد، كل منهم يدعي الأحقية بالمنصب دون الآخرين؛ وتتبع هذه التفاصيل يخرج بنا عن موضوعنا. وقد امتد الأسر البابلي[١] اثنتين وسبعين سنة.

المال والترف والانحرافات الجنسية:

وبجانب الصراع حول الأسبقية وفوقية السلطة بين البابوات والأباطرة والملوك فقد كانت هناك أسباب وعوامل أخرى ساعدت على تآكل سمعة البابوية وتوسيع دائرة الكراهية لها لتشمل قسما كبيرا من رجال الدين ومن المفكرين وعامة الناس على السواء؛ فقد كانت البابوية تحتاج إلى المال لتسيير الأنشطة الدينية ومساعدة الفقراء، كما احتاجت المال لدعم الحملات الصليبية؛ وكان كل ذلك مقبولا لدى عامة المؤمنين، حكاما ومحكومين. وعندما دخلت البابوية حلبة الصراعات السياسية وقامت بتوسيع ممتلكاتها بدأت تستخدم الأموال في تكوين الجيوش لتحارب بها قوى مسيحية أخرى، فكان لذلك أثر سلبي لدى عامة الناس أصاب صورة البابوية وسمعتها بأذى كبير.

وفي عصر النهضة عاش كثير من البابوات حياة البذخ، وأنفقوا الكثير من الأموال على إنشاء المباني الفخمة من الكنائس والكاتدرائيات وغيرها، ورعوا الآداب والفنون، بجانب كثير من الفساد المالي في الإدارة. وعندما شاع عن البابوية سوء التصرف بالأموال أصبحت المعارضة والنقمة أوسع نطاقا، حيث شملت الناس والأفراد العاديين. وحيث أن البابوية كانت تملك أراض واسعة في مختلف الدول عن طريق الهبات والتبرعات، فقد صار ذهاب ريع تلك الأراضي إلى روما يمثل - في نظر الحكام والمحكومين - عبئا على اقتصاد البلد المعني، ومصدر غضب يثير الحكام. وهكذا كان هذا الجانب المالي في حياة البابوية أحد أهم الأسباب التي وسعت دائرة المعادين لها، بل لعله كان أهم الأسباب جميعا [٢].

ونظرا لدخول البابوية في دائرة الصراعات السياسية، كما ذكرنا، فقد صارت بعض الاسر السياسية الغنية والقوية تعمل للسيطرة على المنصب البابوي؛

---

[١] أطلقت تسمية "الأسر البابلي" على الفترة التي انتقل فيها مقر البابوية من روما إلى أفينون Avignon داخل الحدود الفرنسية، غير بعيد عن حدود فرنسا مع إيطاليا؛ وقد استمرت هذه الفترة اثنتين وسبعين سنة. وهذه الصيغة في التسمية تنطوي على تشبيه لوقوع البابوية تحت سيطرة الملكية الفرنسية بعملية أسر الإسرائيليين القدماء على يد نبوخذنصر ونقلهم إلى بابل حوالي منتصف القرن السادس قبل الميلاد.

[٢] Shelley, pp. ٢١٦ - ٢١٨.

ومن هذه القوى كانت العائلات السياسية والمالية في روما وغيرها من المدن والإمارات الإيطالية؛ ومن أشهرها آل ميديشي De Medici في فلورنسا؛ فقد استطاعت هذه الأسرة أن ترفع اثنين من أبنائها إلى الكرسي البابوي، فتسمى أحدهما باسم ليو العاشر، بينم تسمى ابن إخيه باسم كلمنت السابع. وكثيرا ما كان الصراع على المنصب البابوي ينتهى عبر مفاوضات وتقاسم للمنافع المنتظرة بالنسبة للذين يقبلون الخروج من المنافسة طواعية. وكانت تدخل حلبة التنافس كذك بعض الملكيات المجاورة، وقد أشرنا إلى أمثلة من سلوك ملك فرنسا قبل قليل. وكان موت، أو مرض أو ضعف شاغل المنصب البابوي يفتح باب التنافس على مصراعيه.

ومع أن كثيرا من الشخصيات التي شغلت منصب البابوية اتصفت بالاستقامة والتقوى ونكران الذات، ورصدت حياتها لخدمة المثل التي كانت تدعو الناس إليها، وأن من البابوات من اتصف بحياة الزهد والتقشف والتواضع الشديد، فقد ظهر صنف آخر من البابوات غرقوا في الفساد، كل أنواع الفساد، الأمر الذي أميل إلى عدم الخوض في تفصيله. وحتى لا تكون هذه الإشارة العامة غير موثقة فإنني أحيل القارئ للاطلاع على سير بعض البابوات الذين تلوثت سمعتهم بصنوف متعددة من الفساد؛ وهذه الأسماء ليست على سبيل الحصر بالتأكيد:

سكتوس السادس	١٤٨٤ - ١٤٧١
إنوسنت الثامن	١٤٩٢ - ١٤٨٤
ألكساندر السادس	١٥٠٣ - ١٤٩٢
كلمنت السابع	١٥٣٤ – ١٥٢٣

ويمكن قراءة سير هؤلاء البابوات في أي مرجع عن تاريخ البابوية، أو عن تاريخ الكنيسة، أو التاريخ الأوروبي في القرنين الخامس عشر والسادس عشر. [ويمكن الرجوع إلى ما دونه القس إيمون دفي Eamon Duffy في كتابه قديسون وخاطئون، الذي أصدرته جامعة يال ١٩٩٧م. وسنرى أن الانحرافات لم تتوقف رغم ما أصاب البابوية من جرائها، حتى في عصر الإصلاح الديني، وبعد انسلاخ مجتمعات بكاملها عن التبعية للبابا.

النهضة والتيار الإنساني:

كان التيار الإنساني الذي ظهر خلال عصر النهضة، يجسد واحدا من أهم مكوناتها الرئيسية، بجانب المكون الرئيسي الآخر المتمثل في تطور وازدهار الفنون. لقد شهد عصر النهضة اهتماما بالعودة إلى الأصول الإغريقية والرومانية، في حقول الأدب والفن والتعليم والتربية واللغة والفلسفة؛ وقد تبع ذلك

وواكبه تيار اتجه إلى اكتشاف الأصول في الفكر الديني أيضا. ومن طبيعة المجتمعات البشرية أن يزداد حنينها إلى الماضي عندما تجد نفسها غارقة في أوضاع سيئة، أو أقل بهاء من صورة الماضي في ذاكرتها الجماعية. ومع كل ماشهدته الحياة الغربية من تطورات سلبية سبقت عصر النهضة وعصر الإصلاح الديني، أشرنا إلى بعضها على عجل، أصبح التطلع إلى الماضي التاريخي والديني ظاهرة لا يخطئها النظر، خاصة في ميدان البحث عن الأصول الصحيحة لاستخراجها من بين أكوام المعلومات الكثيرة التي ضمت الصحيح والسقيم. ومن خلال هذا المنظور قام ديزيديريوس إرازموس، وهو أشهر رموز التيار الإنساني ، بتحقيق ونشر النص الإغريقي لكتاب "العهد الجديد" سنة ١٥١٦م. وكان من أهم ما شجعه على هذا التوجه هو الرغبة في الخروج من حالة التمزق، وفقدان الثقة في الهيكلية السائدة في الغرب، وفي مجمل الأوضاع والعلاقات الداخلية التي سادت عالم الغرب خلال القرنين الرابع عشر والخامس عشر [١]. وكان من أهم ما ميز الطبعة التي حققها ونشرها إرازموس أنه أسقط منها النص الذي ورد في " يوحنا أولا ٥:٨ First John " ضمن أعمال الرسل في الطبعة المعروفة باسم Vulgate ، وهي الترجمة التي عملها القديس جيروم. والنص الذي أسقط هو:

"There are three that bear record in Heaven, the Father, the Word and the Holy Spirit, and These three are One."

ذلك أن إرازموس لم يجد أو يكتشف هذه الزيادة في أية مخطوطة إغريقية؛ كما تبين له أيضا أنها لم تكن معروفة لأي واحد من الآباء الأوائل للكنيسة، إذ لو أن أولئك الآباء علموا بهذا النص إذن لاستخدموه - وهو نص قوي وساحق دون شك - في إجابة مفحمة للآريوسيين. ولهذا فإن إرازموس أسقط هذا النص الذي كان مستخدما في ترجمة الـ Vulgate المشار إليها. وفي تعليقه على إنجيل يوحنا أيضا لاحظ إرازموس أن لفظة God قد استخدمت في "كتاب العهد الجديد" بشكل حصري تقريبا للإشارة إلى "الأب" فقط [من بين أشخاص الثالوث الإلهي كما حددته عقيدة نيقية]. والحقيقة أن إرازموس لم يهاجم أية عقائد؛ لقد اكتفى بتبان الحقائق فقط، كما رآها. وبالرغم من ذلك، فقد وجهت إليه اعتراضات حادة في إسبانيا [٢].

---

١ Gonzalez, III, pp. ٢٣, ٧٢.

٢ .Bainton, *Hunted Heretic*, pp. ١٠ - ١١
البروفسور باينتون بدأ التدريس في جامعة يايل ذات السمعة المرموقة منذ سنة ١٩٢٠؛ وفي سنة ١٩٣٦ صار أستاذا (بروفسور) لمادة التاريخ الكنسي فيها، وله كثير من المؤلفات. ولقد قمت بمراجعة النسخ التي لدي من "الكتاب المقدس" للتحق من وجود النص الذي حذفه إرازموس فوجدت أنه قد حذف من الطبعة

لقد عبر "التيار الإنساني" عن نفسه في صور وأشكال مختلفة، وضعت تحت أسماء أخرى غير اسمه، وإن احتفظت بجوهر فكرة التغيير والعودة إلى الأصول. أما عن تسمية الحركة بهذا الإسم : "الإنسانية Humanism" فذلك لأن المفكرين والعلماء الذين برزوا ضمن ذلك التيار ركزوا اهتمامهم على العلوم الإنسانية، "Humanities" التي تمثلت في ذلك العصر بعلم النحو، والخطابة، والشعر، والتاريخ ، والإخلاق، بدلا من إعطاء الأولوية للدراسات المهتمة بالإلاهيات Theology، وبالطبيعة. وهذا لا يعني أنهم كانوا لا دينيين، بل يعني أن اهتماماتهم انطوت على مبدأ ضمني وهو إنزال (الدراسات اللاهوتية) عن عرشها ومركزها المتميز في مساقات التعليم الجامعي[1]. بيد أن الإنسانية لم تنحصر في هذا المفهوم التعليمي الأكاديمي الضيق بل تخطت ذلك إلى الاهتمام بالإنسان ومشاكله وحاجاته، وجعلته وحاضره ومستقبله محور الفكر والاهتمام، خلافا لما كان عليه الحال في الفكر الكنسي واللاهوتي التقليدي. ولا مراء في أن عودة الصلة مع الفكر الإغريقي والروماني القديم كان لها الأثر الأكبر في بعث هذا الاتجاه وتنشيطه وإثارة الاهتمام به. ومما ينبغي التذكير به هنا أن تأثير الفكر الإنساني والتوجهات الإنسانية لم يتوقف بدخول عالم الغرب في عصر الإصلاح الديني، بل إنه استمر بصورة أو أخرى، وبنسب متفاوتة بعد ذلك، وربما حمل أسماء أخرى، كما ذكرنا.

وهنا نكون رسمنا المعالم الرئيسية لتحرك "عالم الغرب" خلال الحقبة الأولى، من خلال لمحات سريعة، حتى وصل إلى عتبات عصر الإصلاح الديني في بداية الحقبة الثانية في مطلع القرن السادس عشر الميلادي.

لمحة عن التطور العقيدي والفكري في المجتمعات الإسلامية:

تختلف مسيرة الفكر العقيدي في عالم الإسلام اختلافا جذريا عن النمط والإطار الذي تطورت من خلاله العقائد في "عالم الغرب". ويعود هذا الاختلاف إلى عوامل أساسية حكمت مسيرة التفكير العقيدي في عالم الإسلام:

المعنونة *The Holy Bible, Revised Standard Version* (published by the National Coucil of Christ,USA), ١٩٧٤.

وكذلك من الطبعة المعنونة *New World Translation of the Holy Scriptures*، ١٩٨٤.

[1] Peter Burke, "Religion and Secularisation," *The New Cambridge Modern History*, vol. XIII, p. ٢٩٧.

(١) أن كتاب الإسلام المقدس (القرآن الكريم) حدد العقيدة بوضوح تام قبل وفاة نبي الإسلام، وقد نزل "بلسان عربي مبين"، أي واضح، حسب قول القرآن نفسه، وبلهجة قريش التي عاش المسلمون الأوائل بينها وكانوا جزءا أصيلا منها.

(٢) لقد أعلن كتاب الإسلام، بكلام الله سبحانه وتعالى، أن العقيدة، أي الدين قد اكتمل في حياة رسول الله أيضا، ﴿ الْيَوْمَ أَكْمَلْتُ لَكُمْ دِينَكُمْ وَأَتْمَمْتُ عَلَيْكُمْ نِعْمَتِي وَرَضِيتُ لَكُمُ الْإِسْلَامَ دِينًا ﴾ (القرآن، المائدة : ٣)

وما دام الدين اكتمل من خلال الوحي، وفي حياة الرسول، فلم يعد هناك أي نقص، ولم يعد هناك مجال للإضافة؛ خاصة وأن العقيدة كانت بسيطة، وموادها مختصرة في سبع كلمات واضحة، وهي: "الإيمان بالله، وملائكته، وكتبه، ورسله، وباليوم الآخر". أما بالنسبة للتشريع فقد جاء الإسلام بالمبادئ العامة الشاملة، ولم يأت بالتفاصيل، بل تركها لتصوغها الأجيال اللاحقة من المسلمين على ضوء احتياجاتها في إطار المبادئ العامة. أما في موضوعات العبادة التي لا تتغير ولم تتغير، فقد أورد التفاصيل. وبما أن الدين والعقيدة والقرآن من عند الله، فإن أي إنسان - فردا أو جماعة أو هيئة - لا يستطيع أن يضيف إليه أية جزئية أو أية مادة جديدة من نفس المستوى يمكن أن تنسجم مع سياقه، أو أن تكون لها سلطة أو فاعلية مثله. ومع ذلك فقد كانت بعض النصوص القرآنية تبين مبادئ عامة تسمح بالاجتهاد في إطارها لمواجهة المتغيرات في الحياة الإجتماعية والاقتصادية والسياسية، وليس في العقيدة والعبادات، ولا في المبادئ التي تحكم السلوك الاجتماعي. لكن أي اجتهاد يظل في مرتبة دون النص الأصلي، ودون المبدأ أو الإطار العام؛ إنه يظل رأيا يطبقه ويمارسه من صاغه أو ابتكره فردا أو جماعة، لكنه لا يلزم الآخرين، ولا يلزم الأجيال اللاحقة. بيد أنه يظل جزءا من التراث التاريخي والاجتهادي للفكر الإسلامي وليس جزءا من الوحي، ولا يصل إلى مرتبة وسلطة وفاعلية الوحي، ولا يزاحمه أو يطغى عليه، كما حدث في "عالم الغرب"، عندما طغت تقاليد الكنيسة وحجبت "الكتاب المقدس". وقد ظهر أثر ذلك في عصر الإصلاح الديني حين صار مطلب التغيير الرئيسي إعادة الاعتبار إلى الكتاب المقدس - من الناحية العملية - ورفع مكانته فوق سلطة البابا، وسلطة المجالس وسلطة التقاليد[١]. وربما يبدو هذا الإيضاح عسير الفهم على إخواننا المسيحيين في "عالم الغرب" لأنهم اعتادوا على قبول مقولة أن العقائد المسيحية خضعت للتعديل والتغيير منذ عهد الآباء الأوائل للكنيسة، خاصة في مجلس نيقية وما بعده من مجالس، واستمرت أعمال التطوير التي قام بها اللاهوتيون والمدرسيون (أساتذة الجامعات ومن في مستواهم) الأفراد من خلال اجتهاداتهم،

---

١ انظر ص ٧٣و ٨٦ و ١١٣-١١٤ من هذا الكتاب.

وقامت بها المجالس الكنسية، حتى بداية الألفية الثالثة. وقد اعتبروا أن هذه المقولة التي تصدق على حدوث التطور على هذا النحو في "عالم الغرب" أصبحت قاعدة عامة يقاس عليها التطور بالنسبة لجميع الأديان.

(٣) لم تنشأ في المجتمع الإسلامي كنيسة بالمعنى المؤسسي- ذات نظام ومراتب هرمية، لا على الصعيد العام والشامل مثل الكنيسة الكاثوليكة ورئاستها البابوية، ولا علي الصعيد الإقليمي أو القطري، ولا على الصعيد المحلي في المجتمعات الصغيرة. وغياب مثل هذه المؤسسة أبعد إمكانية التغيير المتأثر بمصالح القوىالاجتماعية والسياسية المختلفة، حتى لو ظهر اتجاه يرمي إلى تجاوز ما حدده وأكمله وثبته القرآن.

وهكذا ظل القرآن هو الأصل الثابت الذي يحكم كل ما عداه، بما في ذلك الحديث النبوي. ومن ناحية أخرى فإن عدم ظهور مؤسسة كنسية منع ظهور فئة تحتكر تحديد ما هو من الدين وما هو ليس منه، وتتصرف دون اعتبار لأية حدود، وتفسر- الدين وتغيره وفقا لمصالحها الخاصة أو لمصلحة حلفائها متجاهلة التعليمات والتحديدات الواضحة في القرآن. ونعيد التذكير هنا بأنه ليس في الإسلام فئة تسمى رجال الدين، أو الإكليروس؛ فكل مسلم (ومسلمة) رجل دين، يهتم بدراسته والدعوة له، ومناقشة الآخرين فيما يتعلق به. وساعد على ذلك أن القرآن جاء "بلسان عربي مبين" كما ذكرنا قبلا، يستطيع كل مسلم أن يقرأه ويتدبره ويستطيع أن ينقل فهمه إلى الآخرين؛ هذا بينما كانت الأناجيل باللغة الإغريقية في الأغلب، وأحيانا بالآرامية، على نطاق أضيق، فضلا عن أن الكنيسة لم تكن تشجع الناس على الاطلاع على الكتاب المقدس، بل اعتبرت ذلك حقا حصريا لرجال الدين وحدهم. وفي عالم الإسلام تأصلت عادة وممارسة دينية منذ بداية العصر الإسلامي وحتى اليوم، وصارت ظاهرة عامة مستمرة تمثلت في الحرص على حفظ النص القرآني كاملا عن ظهر قلب، من قبل أعداد كبيرة من الناس؛ وما زال هذا التقليد متبعا إلى الآن، حتى في البلاد الإسلامية غير العربية حيث ينافس أبناؤها في المسابقات السنوية التي تنظم في بعض البلاد العربية. وكان للحفاظ (حافظي القرآن كاملا في الذاكرة) مكانة دينية مرموقة، وكانوا يتمتعون باحترام شعبي عام. ولم يكن الحفظ لمجرد الحفظ، أو للشهرة، بل كان القرآن يقرأ في المساجد والمناسبات، وكان الناس، وما زالوا يتجمعون في المساجد والمناسبات لسماع القراءة المجودة والمرتلة بأصوات مشاهير القراء. ونتيجة ذلك أن تنتشر معرفة النص القرآني ودلالاته على أوسع نطاق بين معظم طبقات وفئات المجتمع؛ ولم يكن الأمر كذلك في الغرب بالنسبة للأناجيل والمعرفة بها.

(٤) لقد ظهر الإسلام في الجزيرة العربية حرا، حيث لم تكن هناك دولة أو إمبراطورية تتدخل في تشكيل عقائده وقواعد ممارساته كما حدث في مسيرة تطور الديانة المسيحية، حيث تدخل الأباطرة - بدءا من قسطنين الأول - لفرض إرادتهم على المجالس الكنسية، سواء بدافع تسخيرها لخدمة سياساتهم الإمبراطورية، أو بفعل توجههم الديني، أي بتأثير فئة من رجال الدين قريبة من آذانهم. ولذا فقد نشأ الإسلام وفق ما حدده القرآن الكريم، ووفق توجيهات الرسول، بعيدا عن إملاءات الأباطرة والملوك والسلاطين، وقد ظل القرآن في نص واحد، وكتاب واحد، حيث كان يسجل فور تلقي محمد للوحي، وكان لدى النبي عدد من الكتاب المعروفة أسماؤهم وسير حياتهم، مختصون بهذه المهمة، وهذا مخالف لما حدث في الغرب المسيحي، حيث كان هناك عدد كبير من الكتب، اختارت الكنيسة منها أربعة (متى، لوقا، مرقص، ويوحنا) واستبعدت الأخرى أو حرمتها، باعتبارها موضع شك، أو رفض كلي، فعرفت تلك الكتب باسم (أبوكريفا Apocrypha) .

(٥) وكما نشأ الإسلام حرا من إملاءات أية سلطة سياسية فقد نشأ أيضا حرا من تسلط وهيمنة أية ثقافة خارجية غريبة عنه، لأن مجتمع الجزيرة العربية في تلك الفترة كان مجتمعا بسيطا بدويا وشبه بدوي وشبه منعزل، أميا لا يعرف القراءة والكتابة، ولا التيارات الفكرية والفلسفية التي ظهرت في بلاد الإغريق وانتشرت في بلدان سواحل البحر المتوسط ؛ في حين أن المسيحية نشأت في ظل هيمنة الثقافة الإغريقية على بلاد شرق وجنوب البحر المتوسط. وهكذا نجا الإسلام في فترة النشأة من تأثير الثقافة الإغريقية الهلينية، وغيرها من الثقافات والفلسفات، لأنه نشأ في مجتمع بكر، كما نجا من إملاءات الأباطرة وتدخلاتهم. وإذا كان التراث الفكري لهذه التيارات الفلسفية قد وصل إلى المجتمات الإسلامية بعد قرنين من الزمان، وأثر في فكرها فقد اعتبر هذا المتسرب منها - الفلسفي خاصة - عناصر خارجية دخيلة ومنبوذة، بينما ظل الإسلام الأصيل نقيا في مصدره القرآني، وفي الحديث النبوي الصحيح.

(٦) وهكذا ظل القرآن بنصه الوحيد هو المصدر النقي تعود إليه الأجيال المتتابعة من الفقهاء كلما انتبهت إلى غرق تفكير المجتمعات الإسلامية في عصور التخلف في خضم الفكر الدخيل المتسرب من الثقافات الأخرى، الفارسية والهندية والإغريقية وغيرها، وذلك منذ ظهور الإسلام حتى العصر الحاضر.

(٧) ونحن لا نزعم أن المجتمعات الإسلامية ظلت ملتزمة بالتوجيه القرآني طوال القرون السابقة وحتى الآن، وعاشت في صورة مثالية، بالميزان القرآني. لكن ما

نريد قوله هو: أن القرآن ظل هو المرجعية العليا والنهائية التي تقاس عليها الأفكار والتوجهات، وتقاس عليها التصرفات والممارسات العملية والسلوكية. لقد ظل كل ما يخالف توجيهات النص القرآني يعتبر انحرافا وخروجا من إطار السلوك الديني المقبول. لقد حدثت انحرافات كثيرة وواسعة، لكنها انحرافات لم ترتكز إلى قواعد دينية مستحدثة ومقبولة تعطيها صفة الشرعية والسلوك والتعبير الشرعي، بل ظلت توصف بأنها انحرافات.

الخلافات الدينية الفكرية في عالم الإسلام:

هناك أربع فرق دينية رئيسية في عالم الإسلام وهي السنة، وتمثل الأغلبية الساحقة في العالم الإسلامي بمجموعه، كما تمثل الأغلبية في معظم أقطاره، ما عدا إيران والعراق واليمن وعمان. والفرقة الثانية هي الشيعة الإمامية. وكانت حركة التشيع قد انقسمت إلى شعب، أو فرق، كثيرة تعد بالمئات - حسب ما يقول النوبختي - لكنها تنحصر الآن في فرقتين وهم الأمامية (ويسمون أيضا الجعفرية والإثناعشرية)، والزيدية؛ وما عدا ذلك نتف صغيرة لا تكاد تعرف. والموطن الرئيسي للشيعة الإمامية في إيران والعراق وجنوب لبنان. وهم يمثلون أكثرية في إيران، وفي العراق قد يمثلون نصف السكان تقريبا (لا توجد إحصائيات إطلاقا، بل توجد تقديرات تلونها السياسة). أما الفرقة الرابعة فهم الأباضية، وموطنهم الرئيسي في عمان وبعض أجزاء ليبيا والجزائر. وسنلقي نظرة سريعة على الخلافات بين هذه الفرق.

الشيعة الإمامية:

نشأ مذهبهم سياسيا، وما زال في الإطار السياسي رغم ما يعطي له من وهج يشبه العقائدي أحيانا. فعندما كان محمد رسول الله حيا كان نبيا رسولا، وكان رئيس مجتمع ودولة (بين سنتي ١-١١ هجرية). وعندما انتقل إلى الرفيق الأعلى في السنة الحادية عشرة للهجرة (٦٣٢م) خلفه في وظيفة رئيس الدولة صاحبه أبو بكر الصديق (عبدالله بن أبي قحافة). وتوفي أبوبكر بعد سنتين(١٣هـ/٦٣٤م)، فتعاقب على الخلافة بعده كل من عمر بن الخطاب (١٣هـ/٦٣٤م)، وعثمان بن عفان (٢٣هـ/٦٤٤م)، ثم علي بن أبي طالب في ذي الحجة سنة ٣٥هـ (أيار ٦٥٦م)؛ واستمرت خلافة علي خمس سنوات وتوفي سنة أربعين هجرية (٦٦٠م)، وكانت وفاته اغتيالا على يد عبدالرحمن بن ملجم، أحد الذين انشقوا عن أمير المؤمنين علي لعدم رضاهم عن اتفاقية التحكيم بينه وبين معاوية بن أبي سفيان،

وعرفوا في التاريخ باسم الخوارج، أي الذين خرجوا من الولاء إلى المعارضة، أو "الثورة". وكان علي من أكبر صحابة رسول الله قدرا، ومن السابقين إلى الإسلام، ومن أبرز من خاض المعارك دفاعا عن الدين الجديد، كما كان من أكثر الصحابة علما. وبالطبع كان له كثير من المعجبين والمؤيدين. وعندما جاءت وفاته على نحو مفجع في سياق صراع بين الشرعية وخصومها ألهبت الحادثة المشاعر. ولا مراء في أن مناقب هذه الشخصية المهمة كانت سامية. وفي ظل هذه الأجواء قام نفر من مؤيدي علي يقولون: إنه كان أحق بتولي منصب الخلافة من الثلاثة الذين سبقوه (أبو بكر، وعمر، وعثمان)، ومضوا يقولون إن الخلفاء الثلاثة كانوا مغتصبين لحق علي، وأنه أفضل منهم من الناحية الدينية في ميزان الله. ولم يكتفوا بهذه "المبررات" وحدها، بل أضافوا إليها "أحاديث" منسوبة إلى رسول الله (صلى الله عليه وسلم) تفيد أنه كان قدم عليا على غيره من الصحابة في مناسبات ومواقف متعددة، وأنه أشار إلى تقدمه وارتفاع مكانته عن الآخرين. والذي نرجحه أن تطور هذه المقولات استغرق سنين طويلة. ثم جاء قتل الحسين بن علي سنة إحدى وستين هجرية (٦٨٠م) بشكل مأساوي حيث اعترضه جيش من بضعة آلاف بينما كان مسافرا في الصحراء إلى الكوفة، بعد أن رفض الاعتراف بتولي يزيد بن معاوية بن أبي سفيان لمنصب الخلافة بعد وفاة أبيه معاوية. وكان مع الحسين أسرته وستة من إخوته وخدمه وعدد قليل من أنصاره الأقربين عندما داهمهم جيش يزيد قرب كربلاء (التي يقدسها الشيعة اليوم)، وقتل معه أكثر من سبعين شخصا بعد أن حوصر ومنع ومن معه الماء، وغير ذلك من القساوات. وكان من بين القتلى ستة من إخوة الحسين، واثنان من أبنائه، واثنان من أبناء أخيه الحسن بن علي، وعدد آخر من أبناء عمومته. أي أن الحادثة كانت مذبحة حقيقية كان ضحيتها أحفاد النبي من ابنته فاطمة الزهراء، وأبناؤهم وأنصارهم. وما زال الشيعة يحيون ذكرى استشهاده في اليوم العاشر من محرم كل سنة، ويسترجعون مشاهد حصاره وقتل أخوته وأبنائه وأفراد من عائلته، وأسر بناته وإهانتهن؛ ويصاحب ذلك كثير من البكاء والنواح، وينشد لهم المنشدون. وفي مشاهد إحياء هذه المناسبة كل سنة يقوم كثيرون بضرب أنفسهم بالأيدي أوبسلاسل حديدية على صدورهم وظهورهم[١]، وقد يضربون جباههم بالسيف فيتدفق الدم ويغطي وجوههم وثيابهم. وممارسة ضرب الذات هذه لم يوردها مؤرخو القرون

[١] ومما تجدر الإشارة إليه هنا - ما دام محور بحثنا الأساسي هو العناصر المتماثلة والمشتركة - أن المجتمعات المسيحية في الشرق كانت قد شهدت ظواهر مماثلة في القرن الرابع الميلادي حيث كان أفراد وجماعات من الرهبان، ورجال الدين، ومن المدنيين، يقومون بجلد أنفسهم للتكفير عن خطاياهم ؛ وقد وصلت هذه الظاهرة إلى أوروبا في القرن الخامس الميلادي. وفي منتصف القرن الثالث عشر ظهرت جماعات إخوانية Brotherhoods من الرجال والنساء المدنيين يقومون باستعراضات يضربون فيها ذواتهم؛ وكان ظهورها في إيطاليا أولا ثم امتدت إلى ألمانيا والأراضي المنخفضة. أنظر :
E.B., CD ed'n, art. Flagellation; James Westfall Thompson, p. ٥٧.

الخمسة الأولى من التاريخ الهجري؛ وربما كانت من إنشاء العهد الصفوي في أيران.

وفي ظل هذه التطورات تبنى الشيعة الإمامية نظرية تشبه العقيدة - وإن كانت ليست من العقيدة في شئ - حيث ذهبوا إلى أن الخلافة، أو الإمامة (رئاسة الدولة الإسلامية) لا يجوز أن يتولاها إلا أبناء علي وأحفاده من بعده، وأن ذلك أمر إلهي لا رأي للمجتمع فيه، لأن منصب الخلافة أسمى وأعظم من أن يترك للشورى أو الاختيار الحر من قبل مجموع أفراد المجتمع الإسلامي. إن مثل هذه المقولة يمكن أن تعتبر "نظرية سياسية" وليس جزءا من العقيدة الدينية الإسلامية، وإن كان قادة الشيعة قد رفعوها إلى مرتبة العقيدة. فالعقيدة الدينية عند السنة والشيعة على السواء هي: (١) الإيمان بالله الواحد الأحد الذي لم يلد ولم يولد ولم يكن له كفوا أحد؛ (٢) الإيمان بأن محمدا عبدالله ورسوله (٣) الإيمان بالقرآن كتاب الله (٤) الإيمان برسل الله وكتبه وملائكته (٥) الأيمان باليوم الآخر. ولا تدخل في العقيدة مسألة رئاسة الدولة. وتأسيسا على نظريتهم السياسية فإن الشيعة الإمامية لم يعترفوا بأي من الخلفاء الآخرين، بما في ذلك الخلفاء الراشدون الثلاثة الأوائل (أبو بكر، وعمر ، وعثمان)، كما لم يعترفوا بخلفاء الأسرة الأموية التي حكمت بين سنتي (٤٠هـ - ١٣٢هـ)، ولا بخلفاء الأسرة العباسية (١٣٢هـ - ٦٥٦هـ). وقد اعتبروا أن الأئمة الحقيقيين الذين كان لهم الحق الشرعي في تولي الإمامة، أي رئاسة الدولة الإسلامية، هم أثنا عشر إماما يبدأون بعلي بن أبي طالب، ثم ابنه الحسن بن علي، ثم الحسين بن علي، ثم في سلالة الحسين وصولا إلى محمد بن الحسن العسكري المولود سنة ٢٥٥هـ/٨٦٩م، والذي كان عمره خمس سنوات عند وفاة والده [١]. ولكن لماذا توقف تتابع الأئمة بعد الأمام الثاني عشر منذ اثني عشر قرنا؟ هذا سؤال لا بد أن يمر بخاطر القارئ. يعتقد الشيعة الإمامية أن الإمام الأخير- الثاني عشر- دخل سردابا في سامراء وهو طفل، بعد وفاة والده، واختفى فيه، وغاب ولا يزال غائبا؛ أي أنه لم يمت؛ وسيعود عندما يحين الوقت ليملأ الأرض عدلا؛ وهو المهدي المنتظر، وهو القائم، وهو صاحب الزمان، وهو المنقذ والمخلص. وفكرة غيبة الإمام تكررت عشرات المرات في الفكر الشيعي ونسبت إلى عدد من أئمتهم بدءا من علي (رضي الله عنه) المتوفى سنة ٤٠هـ/٦٦٠م، حيث قالت فرقة منهم عن علي إنه "لم يقتل ولم يمت، ولا يقتل ولا يموت حتى يسوق العرب بعصاه ويملأ الأرض عدلا وقسطا كما ملئت ظلما وجورا [٢]." وقد امتدت غيبة الإمام الثاني عشر ما يقرب من ألف ومائتي سنة، ولم يؤثر هذا الامتداد الزمني في إيمان الشيعة الإمامية ولا في توقعهم وانتظارهم لعودته ،

---

١ انظر : الحسن بن موسى النوبختي ، فرق الشيعة، ص ٧٩ - ١٠٣.

٢ المصدر نفسه ، ص ٢٢.

ولا لما ستحمله هذه العودة من خير؛ وهم يرددون الدعاء من حين لآخر: "رد الله غيبته."

ومن الواضح أن هذه النظرية السياسية قد أقيمت على فكرتين غيبيتين: (١) إن الإمامة، رئاسة الدولة والمجتمع، تعتبر أمرا في غاية الأهمية، ولذا لا يجوز أن تترك للإجتهاد ورأي الناس، قلتهم أو جمهرتهم، ومن أجل ذلك جعلها الله في سلالة محمد (صلى الله عليه وسلم)، وفي سلالة علي وزوجه فاطمة بنت محمد بالذات.

(٢) إن العلم الأساسي اللازم لإرشاد الناس وإدارة الدولة والمجتمع انتقل من الله إلى رسوله محمد، ثم انتقل بالوراثة من محمد إلى علي وسلالته من أبناء فاطمة حتى الإمام الثاني عشر. وهذه النقطة الثانية تعضد النقطة الأولى وتؤكدها. وقد أنتجت هذه النظرية ثلاث نتائج عملية:

أولا: منعت ظهور أي إمام جديد يتزعم ويقود الإمامية ما دام الإمام الثاني عشر لم يمت، وما دامت عودته من غيبته أمرا مؤكدا مهما طال الزمن.

ثانيا: كما منعت ظهور قيادة مدنية يختارها الناس فتصبح لها الشرعية ويتبع الشرعية الولاء الديني والسياسي.

ثالثا: منعت التعامل مع القيادة غير الشيعية أو الاعتراف بها. وهكذا تهمشت هذه الكتلة البشرية الشيعية، وصارت علاقتها بغيرها تتسم بالسلبية والشكوك المتبادلة وعدم الثقفة.

وعقيدة انتقال العلم بالوراثة وإن كانت انحصرت - من الناحية الرسمية والشكلية - بين محمد رسول الله والإثني عشر إماما من سلالته إلا أنها تركت أثرا على مكانة المرجعيات من خارج الإطار الرسمي، حيث نمر بأمثلة كثيرة نجد فيها مرجعيات وقيادات دينية إمامية من غير أسرة الرسول ينتقل منصبها وزعامتها من الأب إلى الإبن، حتى لو كان الأبناء صغار السن وقليلي العلم والتجربة. وهذا يعني ضمنا ان عقيدة وارثة العلم امتدت - في الاعتقاد الشعبي العام - خارج دائرة الأسرة النبوية العلوية. وهذه الحقيقة تركت أثرا على مواقف الجماهير من ناحية الولاء التلقائي السريع، وإطاعة توجيهات الزعامة من غير تردد أو مناقشة أو تفكير. لعل حدة الشعور بالذات السياسية الجمعية قوت هذه التوجهات وجذرتها..

ومهما يكن من أمر فقد حملت الثورة الإسلامية الإيرانية سنة ١٩٧٩ تغيرا لافتا للنظر عندما أعلن زعيم تلك الثورة، الإمام الخميني، نظرية ولاية الفقيه في حال غياب الإمام، أي أن يتولى فقيه (أحد كبار علماء الدين) القيادة العملية.

لكن عددا غير قليل من مشايخ الشيعة الإمامية لم يقبل بهذه النظرية. وبغض النظر عن هذه المعارضة السلبية الضعيفة فقد مارس الخميني نفسه ولاية الفقيه؛ وإذا كان هذا طبيعيا بالنسبة لمن أشعل الثورة وقادها فإن الممارسة أخذت الطابع المستمر عندما غدت جزءا من نظام الجمهورية الإسلامية الإيرانية؛ فبعد وفاة الخميني صار السيد على خامنئي هو "المرشد الأعلى للثورة الإسلامية الإيرانية، " وذلك يعني أن الوظيفة صارت مؤسسية، تستمر ما استمر نظام الجمهورية الإسلامية. ومن ناحية أخرى فإننا نلاحظ من الممارسة خلال ربع القرن الماضي أن منصب مرشد الثورة هو المنصب الأعلى في الدولة، وليس منصب رئيس الجمهورية؛ فرئيس الجمهورية - من ولاية أبو الحسن بني صدر إلى نهاية الولاية الثانية لخاتمي- ليس المنصب الأول، بل ولا المنصب الثاني في الأهمية؛ وحتى وصفه بأنه يماثل منصب رئيس الوزراء فيه شئ من عدم الدقة والمبالغة؛ ذلك أن رئيس الوزراء المنتخب والمستند إلى أغلبية برلمانية - في الدول الأخرى، والديمقراطية منها خاصة - أوسع وأقوى سلطة من رئيس الجمهورية الإسلامية الإيرانية كما بدا من سير الحياة السياسية في تجربة هذه الجمهورية التي مضى عليها أكثر من ربع قرن حتى الآن. والذي يحد من سلطة "رئيس الجمهورية" هو السلطة الفوقية لمرشد الثورة ولمنصبه. والمرشد لا تتقيد ولايته بمدة محددة ولا يجري انتخابه من قبل الشعب، ويبدو أنه استمد قداسة من نيابته عن الإمام الغائب من حيث عدم القابلية للخطأ. وهنا تبدو السلطة العليا في قمتها الأعلى فردية ومطلقة، سواء بالنسبة للإمام - أحد الأئمة الإثني عشر - أو لولاية الفقيه ومرشد الثورة. وهذا النمط من السلطة يختلف عن مفهوم السنة لسقف سلطة الخليفة، كما وردت في تصريح أبي بكر الصديق حين قال: "وليت عليكم ولست بخيركم، فإن أحسنت فأعينوني، وإن أسأت فقوموني ..."، وحسب النص القرآني الذي يشير إلى إمكان الاختلاف في الرأي بين جماعة الأمة من ناحية والخليفة من ناحية: ﴿فَإِنْ تَنَازَعْتُمْ فِي شَيْءٍ فَرُدُّوهُ إِلَى اللَّهِ وَالرَّسُولِ إِنْ كُنْتُمْ تُؤْمِنُونَ بِاللَّهِ وَالْيَوْمِ الْآخِرِ﴾ (القرآن: سورة النساء: آية ٥٩.)

المرجعية:

وثمة نقطة أخرى مهمة لا يجوز إغفالها، وهي تتعلق بفكرة المرجعية. فقد تبنى الشيعة الإمامية فكرة عدم الاعتراف بشرعية الدولة الأموية ولا بشرعية الدولة العباسية، وما قام بعد هاتين الدولتين من حكومات وسلطات، باستثناء الدولة الصفوية في إيران.

وبناء على عدم الاعتراف فقد رجعوا إلى علماء الدين عندهم ليستلهموا منهم ويسترشدوا بآرائهم وتعليماتهم، ليس في المسائل الدينية فحسب، بل وفي المسائل السياسية أيضا. وهكذا صار من التقاليد المتبعة أن يكون لكل شخص شيعي إمامي مرجع، أو مرجعية، أو مجتهد، يسترشد به، بل ويسلمه الزكاة ليتصرف بها لصالح أتباع المذهب. وصارت الزكاة تشكل مصدرا ماليا يعطي قوة للمجتهد، أو المرجع، ويحفزه على زيادة نشاطه وصلاته مع المجتمع. وقد تعددت المرجعيات في أغلب الأحوال، إلا أن أحد هذه المرجعيات قد تعلو منزلته في نظر أغلبية من جمهور المؤمنين فيصبح له المركز الأول والأعلى، بحيث لا يجرؤ أحد غيره على مخالفته.

بقيت بعض نقاط تتعلق بالممارسة السلوكية الاجتماعية يتميز بهما الشيعة الإمامية عن السنة:

(١) **زواج المتعة:** وهو زواج مؤقت، فبجانب الزواج العادي المقصود به الدوام، يسمح الإمامية بأن يأخذ الرجل امرأة بعقد زواج بحيث يتمتع بها لفترة مؤقتة وفق شروط محددة، ثم يتركها بعد نهايتها.

(٢) **التقية:** وهي تعني أن من المسموح به أن يعلن الإنسان غير ما يبطن، أي أن يقول غير الحقيقة. ولا مراء في أن القرآن قد سمح بذلك في حالة الحرب، عندما يقع إنسان تحت سيطرة العدو، أو في مجال سيطرته؛ ففي مثل هذه الحالة يجوز له - إن استشعر الخطر على نفسه - أن يقول ما يدفع عنه الخطر في حدود الضرورة. غير أن الشيعة الإمامية توسعوا في التقية، على ما يبدو، حتى جعلوها أصلا من الدين، ونسبوا إلى الإمام جعفر الصادق: "التقية ديني ودين آبائي وأجدادي؛" أو شيئا قريبا من ذلك؛ غير أن السنة لا يعتقدون أن جعفر الصادق يمكن أن يكون قد تلفظ بهذا القول.

(٣) **سب الصحابة:** ومن الممارسات المعروفة عن الشيعة الإمامية أنهم يسبون بعض كبار الصحابة، وبشكل خاص أبو بكر الصديق، وعمر بن الخطاب، وعثمان بن عفان، وهم الذين تولوا الخلافة بالتتابع بعد وفاة رسول الله. وقد خفت حدة هذه الممارسة وأصبحت تتجنب في العلن، أمام السنة على الأقل، إلا أنها ما زالت موجودة، وقد سمعتها بنفسي سنة ٢٠٠٤ من خلال جهاز التلفاز. وكثيرا ما يقرن السباب بقول: "لعن الله من منع فاطمة بنت محمد ميراثها من والدها" أو ما يعني ذلك من ألفاظ. والحقيقة أننا نجد في صحيح البخاري ما يؤكد أن أبابكر، الخليفة الأول لرسول الله، منع فاطمة أن تحصل على ما كانت اعتقدت أنه ميراثها

الشرعي؛ ونقرأ في رواية البخاري "أن فاطمة عليها السلام ... أرسلت إلى بكر تسأله ميراثها من رسول الله صلى الله عليه وسلم...". فقال أبو بكر: "إن رسول الله صلى الله عليه وسلم قال: "لا نورث ، ما تركناه صدقة..." وأكد الخليفة أنه لن يغير شيئا بينه رسول الله، وأبى أن يدفع لفاطمة منها شيئا؛ "فوجدت فاطمة على أبي بكر في ذلك فهجرته فلم تكلمه حتى توفيت.[1] " والذي يفهم من هذه الرواية بوضوح: أن أبا بكر التزم بتوجيهات رسول الله، وأن هذه التوجيهات نصت على أن ما تركه النبي بعد الوفاة لا يئول إلى ورثته، فقد كان من حق "أسرة محمد" أن يأكلوا من هذا المال في حياته، فإذا توفي لم يرثوه، لأنه يصبح من المال العام. وبطبيعة الحال فإن الشيعة الإمامية لا يقبلون بهذا الرأي، ولا يقبلون هذا الحديث النبوي .

وعدا عن ذلك تبقى بعض الاختلافات الهامشية، أحدها يتعلق بالأسماء الشخصية والألقاب، وآخر يتعلق بصيغة الأذان. ففي مسألة الأسماء الشخصية يطلق كثيرون من الإمامية على أبنائهم أسماء لا يقبلها السنة، وقد يجدها بعضهم دليلا ليتهمهم بالشرك؛ من ذلك تسمية شخص باسم عبد علي، أو عبدالحسين، أو عبد الرضا، أو عبد الزهراء، أو حتى "كلب علي" [2]. وفيما يتعلق بالألقاب يستخدم الإمامية لعلمائهم ألقابا من مثل " آية الله العظمى"، أو "آية الله" وهي أسماء تعظيمية لا يقبلها أهل السنة ويعتبرونها مناقضة لأمر الله في القرآن: "ولا تزكوا أنفسكم هو أعلم بمن اتقى."

الزيدية:

ينسب الشيعة الزيدية إلى الإمام زيد بن علي بن الحسين بن علي بن أبي طالب الذي قتل سنة١٢١أو ١٢٢هجرية[3]. والخلاف بين الزيدية والسنة خلاف سياسي أو قل هو خلاف في النظرية السياسية وليس خلافا عقائديا؛ بيد أنه أضيق وأقل كثيرا من الخلاف بين الإمامية والسنة. ونقطة الخلاف هي أن الشيعة الزيدية يعتبرون عليا أفضل من أبي بكر وعمر وعثمان، لكنهم -مع ذلك- يجيزون ولاية المفضول في حال وجود الأفضل؛ أي أنهم يعتبرون أن خلافة أبي بكر وعمر وعثمان صحيحة. وهم لا يسبون الصحابة كما يفعل الشيعة الإمامية.

---

[1] صحيح البخاري، كتاب المغازي ، باب غزوة خيبر، الكتب الستة ، ٣٤٧٣.

[2] وقد كان الجنرال " كلب علي خان " صهرا لشاه إيران ، وقائدا للجيش الفارسي عندما ذهبت حملة عسكرية إيرانية إلى عمان في سنة ١٧٤٢م؛ انظر كتابي: الخليج العربي في العصر الإسلامي، دراسة تاريخية وحضارية (الكويت - دبي: مكتبة الفلاح، ٢٠٠١)، ص ٥٥٤.

[3] - أنظر نبذة مختصرة عنه في: إبن الأثير، الكامل في التاريخ، ص ٢٢٩ - ٢٣٦ .

الأباضيـــة:

أما الأباضية فكانوا من الجماعات التي خرجت من جيش أمير المؤمنين علـي بـن أبي طالـب رضي اللـه عنه احتجاجا على اتفاقية التحكيم التي أبرمها مع معاوية بن أبي سفيان سنة ٣٨هـ/٦٥٩م. ويعتبر الأباضية الأكثر اعتدالا بين تلك الجماعات التي أطلق عليها اسم "الخوارج". لكنهم كفروا عليـا، واعتبروا مخالفيهم من الســنة في درجة من الكفر غير تامة ولا كبيرة، ومع ذلك فهم يعتبرونهم من أهل القبلة (أي المسلمين)، وإن ضنوا عليهم بهذه التسمية، ولا يستحلون قتلهم أو أخذ أموالهم، باستثناء من كـانوا ضـمن عساكر السلطان، أي الفئة الحاكمة. والأباضـية يعتـبرون عبـدالرحمن بـن ملجـم (قاتـل علـي)، يعتبرونـه شهيدا، ويترحمون عليه. وثمة نقطة أخرى في الفقـه السـياسي الأبـاضي أو "النظريـة السياسـية" تتمثـل في أنهم يعتبرون أن كل مسلم بالغ صالح يتمتع بالعلم والقدرة يمكن أن يكون خليفة (رئيسا للدولـة)، بغـض النظر عن نسبه أو أرومته. ولعل فقههم بالنسبة لهذه النقطـة أفضـل مـن فقـه "أهـل السـنة" الـذين اشترطوا أن يكون المرشح لمنصب الخلافة قرشيا.

وهكذا نرى أن موضوعات الخلاف بين السنة من ناحية وفرق الزيدية والإمامية والأباضية من ناحيـة أخرى موضوعات سياسية محضة، بدأت خلافا حول اختيار الخليفة رئيس الدولة، ومـا زالـت كـذلك حتـى الآن بعد ألف وأربعمائة سنة. أما في الموضوع العقائدي فقد آمـن السـنة والزيديـة والإماميـة والأباضية بنفس العقائد ومازالوا، وآمنوا بنفس العبادات وما زالـوا، كـما آمنـوا بـنفس المبـادئ والفضـائل والقـيم في ميادين السلوك الاجتماعي. وللتذكير نعيد هنا عناصر كل من هذه الموضوعات:

في العقيدة:

١- الإيمان بالله الواحد الأحد الخالق الرحمن الرحيم الذي لم يلد ولم يولد ولم يكن له كفوا أحد.

٢- الإيمان بمحمد بن عبدالله، نبيا ورسولا أرسله اللـه إلى الناس أجمعين، وأنه إنسان مثل غيره من الناس.

٣- والإيمان برسل اللـه السابقين لمحمد، وأن محمدا جاء مصدقا لرسالاتهم ومتابعا لها.

٤- الإيمان بالقرآن الكريم، وبكتب اللـه المنزلة على رسله السابقين قبل تحريفها.

٥- الإيمان بالملائكـــة.

٦- الإيمان باليوم الآخر، يوم القيامة، حيث يبعث الناس من الموت، ويجازون على أعمالهم.

في العبادات:

٧-إعلان الإيمان بالله ورسوله وترديد الشهادتين "لا إله إلا الله محمد رسول الله"

٨- تأدية الصلاة خمس مرات في اليوم، مع عدم منع التطوع بعبادات إضافية

٩- تأدية الزكاة كل عام بمقادير محددة، مع عدم منع التطوع زيادة عن الفرض

١٠- صوم رمضان، شهرا كل سنة، مع عدم منع صيام التطوع زيادة عن الفرض

١١- الحج إلى بيت الله الحرام مرة واحدة في العمر، مع عدم منع التطوع زيادة عن الفرض.

في مبادئ السلوك:

أما فيما يتعلق بمبادئ السلوك الاجتماعي والفضائل والقيم فلا خلاف حولها، باستثناء جزئيات صغيرة،لا تؤثر على عقيدة الفرد، مع كونها أضأل من أن تخرجه من دائرة الإسلام. وهذا التوافق الكامل حيال هذه الموضوعات الثلاثة ظل مستمرا منذ ظهور الإسلام إلى الآن.

التطورات السياسية:

امتدت المرحلة الأولى من الحياة السياسية في عالم الإسلام ما يقرب من أربعين سنة، بدأت بهجرة محمد وأصحابه من مكة إلى المدينة، حيث ولدت الدولة الأولى بحجم "المدينة الدولة" أو أقل؛ بيد أنها ما لبثت أن اتسعت لتشمل شبه جزيرة العرب، ثم تمتد شرقا وغربا في آسيا وأفريقيا. وقد عرفت الثلاثون سنة الأولى بعد وفاة رسول الله باسم "العهد الراشدي." وعرف الأشخاص الذين حكموا الدولة باسم "الخلفاء الراشدين." وفي آخر هذه الفترة حدثت خلافات بشأن رئاسة الدولة؛ إذ كان الخلفاء الأربعة الأوائل يختارون على أساس المناقب والقدرات الشخصية، لا على أساس الانتماء القبلي أو الأسري، وهو أساس انبثق من مبدأ المساواة بين المسلمين بشكل عام، بحيث لا يكون هناك أي تمايز إلا بمقياس المناقب والقدرات الشخصية. لكن الأزمة التي انفجرت هيأت الفرصة لإحدى الشخصيات القوية للوصول إلى الحكم بالدهاء السياسي. وبعد أن تمكن معاوية من تثبيت نفسه عمل على نقل الحكم إلى ابنه، واضعا بذلك أساسا جديدا بجعل الحكم في أسرة واحدة، وملكية، من غير استعمال لقب ملكي. وقد امتد حكم الأسرة الأموية التي أسسها معاوية بن أبي سفيان أكثر من تسعين سنة، حيث سقطت سنة ١٣٢هـ/٧٥٠م.

وما دام الحكم من خلال أسرة حاكمة قد نجح في الإستمرار كل هذه الفترة فقد عدت تلك سابقة شجعت أسرة أخرى اعتبرت نفسها مؤهلة للقيام بدور مماثل،

مستخدمة قرابة جدها لنبي الإسلام، وهم أحفاد العباس، عم النبي. وقد نجحت هذه الأسرة في إسقاط الأسرة الأموية مستخدمة في ذلك كل ما يخطر على البال من أساليب الدعاية، ثم إنها لجأت إلى الحرب في المرحلة الأخيرة؛ وبذلك قامت الأسرة العباسية. وقد امتد حكم الأسرة العباسية - من الناحية النظرية - فترة تزيد على خمسمئة سنة؛ بيد أن فترة الحكم الحقيقية التي كان الخليفة العباسي يمارس خلالها الحكم عمليا لم تزد إلا قليلا عن مائة سنة. أما بعد ذلك فقد صارت السلطة الحقيقية في أيدي قادة الجند المرتزقة في أغلب الأحوال؛ وفي ذلك بعض الشبه بما حدث في الإمبراطورية الرومانية في القرنين الخامس والسادس الميلاديين. وكان انتهاء العهد العباسي بفعل الإجتياح المغولي القادم من الشرق، من وسط آسيا سنة ٦٥٦هـ/١٢٥٨م. ولا ينبغي أن تفوتنا الإشارة هنا إلى بعض التمزق السياسي الذي أصاب الكيان الإسلامي الواحد منذ بداية العصر العباسي؛ فقد جاء أول انشقاق عندما تمكن أحد أبناء الأسرة الأموية من الفرار فوصل إلى الأندلس (إسبانيا)، سنة ١٣٨هـ/ ٧٥٥م ونادت به الحامية هناك والمجتمع المسلم المحلي أميرا غير تابع للخلافة في العراق. ثم حدث انشقاق آخر عندما تمكن زعيم من أسرة أخرى من الوصول إلى المغرب الأقصى (مراكش – المملكة المغربية حاليا) ليقيم دولة الأدارسة سنة ١٧٢هـ/ ٧٨٨ م. لكن هذين الانشقاقين الهامشيين لم يؤثرا على قوة الدولة العباسية في عهدها الأول. وخلال القرنين الثاني عشر والثالث عشر للميلاد كان على عالم الإسلام أن يواجه الحملات الصليبية التي استطاعت أن تصل إلى القدس وتقيم بضعة ممالك صغيرة في بلاد الشام. أما الانشقاق الأكثر خطورة فقد حدث عندما تمكنت أسرة أخرى تدعي القرابة لرسول الله من الاستيلاء على السلطة في الشمال الإفريقي بعد إسقاط حكم بني الأغلب الذين كانوا ولاة للعباسيين على شمال إفريقيا، وذلك سنة ٢٩٦هـ/ ٩٠٩م، وإذ ذاك قامت الدولة الفاطمية. وبعد ما يزيد قليلا على نصف قرن نجح الفاطميون في زحفهم شرقا حيث تمكنوا من الاستيلاء على مصر سنة ٣٥٨هـ/٩٦٩م. وقد بنى القائد الفاطمي مدينة القاهرة، وسيطرت قواته على سوريا في السنة التالية، بحيث صارت تهدد بغداد، مقر الخلافة العباسية، بشكل فعلي. وقد تمكن عالم الإسلام من استيعاب الحملات الصليبية وانتهى المشروع الصليبي بالفشل، كما سقطت الدولة الفاطمية بفعل مرضها، دون أي نوع من القتال؛ وقد قامت على أثرها دولة الأيوبيين في سوريا ومصر. وقد ارتبطت قوة الدولة الأيوبية بقوة مؤسسها صلاح الدين، وسرعان ما تمزقت بعد وفاته حيث قامت على أنقاضها دولة المماليك. ولم يشكل المماليك أسرة حاكمة، لأنهم لم يكونوا أسرة، بل كانوا أشبه بالجنود المرتزقة. وينتهي وضع التشرذم هذا في النصف الأول من القرن السادس عشر الميلادي بعد قيام الدولة العثمانية وضمها لبلاد الشام ومصر والعراق والجزء الأكبر من شمال

إفريقيا. وقد ظلت الدولة العثمانية قائمة في أوضاع متقلبة حتى سقطت عند نهاية الحرب العالمية الأولى. وعلى أنقاض الدولة العثمانية قامت الدول العربية المعاصرة بعد أن خضعت للحكم الإستعماري تحت مسميات مختلفة فترة تتراوح بين ربع قرن وقرنين من الزمان، كما قامت الجمهورية التركية، وعدد من دول البلقان. أما إيران فقد نشأت فيها الدولة الصفوية أواخر القرن الخامس عشر الميلادي، ومنذئذ تطورت شخصية إيران المستقلة، مستندة إلى تراثها الديني والقومي.

إستمرارية العقيدة القرآنية:

وطوال هذه الحقبة ظلت العقيدة كما هي، دون تغيير، كما وردت في القرآن وكما حماها النص القرآني:

- الله واحد لا شريك له، وهو الأول والآخر، لم يلد ولم يولد
- محمد رسول الله إنسان علمه الله وأعطاه الحكمة وحمله رسالة
- عيسى رسول الله، إنسان علمه الله وأعطاه الحكمة وحمله رسالة، وكذلك غيره من الأنبياء السابقين
- القرآن هو السلطة والمرجعية العليا في تعريف العقيدة والعبادة ومبادئ السلوك وضوابطه
- حديث رسول الله مرجعية من الدرجة الثانية بعد القرآن ، محكوم بالقرآن وتابع له.
- الإيمان باليوم الآخر وبالحساب على ما فعل كل إنسان في حياته

أي أنها ظلت – كما كانت منذ البداية – تتلخص في سبع كلمات: "الإيمان بالله وملائكته وكتبه ورسله وباليوم الآخر."

وقد ظلت سلطة القرآن فاعلة فلم تسمح بظهور أية هيئة أو مجلس له حق تغيير العقيدة التي جاء بها القرآن منذ سنة ٦١٠ م، وأوضحها محمد رسول الله. كذلك لم يحدث أي تغيير في صورة العبادات ولا في القواعد الأساسية للسلوك والتعامل بين الناس. وهذا لا ينفي - بطبيعة الحال - حدوث انحرافات، أو تخليق أساطير أو رؤى شعبية ساذجة، أو حكايات خرافية. لكن ذلك كله ظل في حجمه الحقيقي، لم يرتفع إلى مستوى المصادر الأساسية الحاكمة التي حددها النص القرآني والحديث النبوي الصحيح. بل إن الأحاديث الملفقة، أو المزورة المختلقة التي ألفها الوضاعون ونسبوها إلى محمد رسول الله لقيت اهتماما كبيرا من العلماء فتتبعوا أكثرها، وكشفوا زيفها، وألفوا كتبا جعلوا مادتها: "الأحاديث الموضوعة"، وقد دونوا نصوص تلك الأحاديث وبينوا حيثيات الحكم عليها بالوضع

والتزييف. ومن أشهر الكتب التي جمعت الأحاديث المزيفة كتاب عبدالرحمن بن الجوزي، الذي عاش في القرن السادس الهجري، وتوفي سنة ٥٩٧ هـ وفي عصرنا - في القرن العشرين - جمع الشيخ ناصر الدين الألباني الأحاديث الموضوعة والمزورة ونشرها في عدة مجلدات تحت عنوان "سلسلة الأحاديث الموضوعة".

حصيلة البحث في الفصل الأول:

ونكرر هنا ما قلناه من قبل: إن هدفنا من هذا الاستعراض للمعالم الرئيسية في المسار التاريخي والفكري العقيدي لكل من عالم الغرب وعالم الإسلام لم يكن رواية القصة التاريخية، بل كان البحث عن العناصرالمشتركة، أو المتماثلة، بين عالم الإسلام وعالم الغرب لتجليتها وتوثيقها وتأكيدها من خلال المراجع الغربية، المسيحية والعلمانية، بجانب حرصنا على أن نجعل أنفسنا مفهومين لإخواننا الغربيين، وأن نجعل فهمنا لديننا وممارستنا له مفهومة لهم أيضا - كما نفهمه نحن ونمارسه - لا كما ترسمه الدعاية المعادية لكل لقاء إنساني خير. ولذا فإننا سنحاول الآن عرض هذه العناصر المشتركة التي كانت سائدة لدى الجانبين في هذه الحقبة الأولى التي غطيناها حتى الآن، وبعد ذلك تحديد الاختلافات في ثلاثة مجالات:

١) العقيدة

٢) العبادة

٣) ضوابط وموجهات السلوك الاجتماعي:

- **في العقائد:**

في المسيحية	**في الإسلام**
الإيمان بإله واحد... خالق السماوات والأرض وخالق جميع الأشياء المنظورة وغير المنظورة.	الإيمان بالله الواحد خالق السماوات والأرض وخالق كل شئ.
الإيمان برب واحد عيسى المسيح، الابن الوحيد المولود لله، المولود من قبل الأب قبل جميع العالمين، إله من إله، نور من نور، إله جدا من	الإيمان بأن "المسيح رسول الله والإيمان بأن محمدا رسول الله وبأن "الله إله واحد سبحانه أن يكون له ولد، له ما في السماوات وما في الأرض" وأنه "لم يلد ولم يولد ولم يكن له كفوا أحد" و"ليس كمثله شئ"

إله جدا، مولود غير مخلوق، وهو من مادة واحدة هو والأب.

الإيمان بأن "الروح المقدس إله، وأنه أحد أشخاص الثالوث الإلهـي المكون لله الواحد.

الإيمان بأن اللـه واحد في ثلاثة: الأب والإبن والروح المقدس.

تحريم الإشراك بالله بعبادة أي شيئ غيره معـه، لكن المسيحيين توجهوا بالعبادة إلى عيسى عليه السلام، بجانب عبادتهم لله، كما أن بعضهم
عبد مريم ولقبها بـ "أم اللـه".

تحريم صناعة الأوثان. لكن ظهرت صناعة التماثيل للمسيح والعذراء والقديسين وجعلت موضع احترام يقرب من العبادة، غير أن بعضهم رفضوا عبادة التماثيل وعملوا على تحطيمها.

تحريم عبادة الأوثان

الإيمان بأن الخطيئة التي وقع فيها آدم وحواء انتقلت وانتقل وزرها إلى جميع نسل آدم إلى يوم القيامة.

الإيمان بأن عيسى هو الذي يخلص بني آدم من وزر الخطيئة الأولى،

الإيمان بأن جبريل أحد ملائكة اللـه، وأنه رسول اللـه إلى الأنبياء المرسلين إلى البشـر.

الإيمان بأن اللـه واحد"أحد "لم يلد ولم يولد ولم يكن له كفوا أحد"
"ليس كمثله شئ وهو السميع العليم."

تحريم الشرك بالله بأية طريقة أو صورة "إن اللـه لا يغفر أن يشرك به ويغفر ما دون ذلك لمن يشاء."

تحريم صناعة الأوثان

تحريم عبادة الأوثان، أو أي شئ غير اللـه.

الإيمان بأن آدم وحواء وقعا في خطيئة المعصية لله، وأنهما تابا واستغفرا اللـه، وأن اللـه غفر لهما؛ وانتهت المسألة عند هذا الحد.

الإيمان بأن كل فرد من الناس يتحمل ذنب نفسه ولا يتحمل ذنبا

وأن الـلـه أنزله ليكون ضحية وفداء يخلص البشرية من وزر تلك الخطيئة.

ارتكبه غيره: "ولا تزر وازرة وزر أخرى." كما يقول القرآن. (٦:١٦٤؛ ١٧:١٥)، وأن لا أحد من نسل آدم يتحمل أي قدر من مسئولية خطيئة آدم وزوجته.

يؤمن المسيحيون أو أغلبهم بجميع الأنبياء الذين ورد ذكرهم في كتاب العهد القديم، لكنهم يؤمنون بأولوهية عيسى ابن مريم إلها ومولودا لله، منذ مجلس نيقية سنة ٣٢٥م. ولا يؤمنون بمحمد نبيا ورسولا.

يؤمن المسلمون بأنبياء الـلـه جميعا: آدم وإدريس، ونوح، وإبراهيم، وإسماعيل، ولوط ، وإسحاق، ويعقوب، ويوسف، وشعيب، وموسى، وهارون، وزكريا، ويونس، ويحيى، وهود، وصالح، ولقمان، وعيسى بجانب إيمانهم بمحمد، كما يؤمنون بأن هناك أنبياء كثيرين لم ترد أسماؤهم في القرآن الذي نص على أن ليس هناك من أمة إلا وبعث الـلـه لها نبيا رسولا.

يؤمن المسيحيون بالحياة الآخرة، ويتطلعون إلى "البعث من الموت، وإلى الحياة القادمة في الآخرة."

يؤمن المسلمون بالبعث من الموت وبأن الـلـه سيحاسب الناس جميعا ويجازيهم حسب فعلهم في الحياة الدنيا، ويغفر لمن يشاء ويعذب من يشاء.

لم يكن المسيحيون يؤمنون بأن الكتاب المقدس له السلطة الأعلى فوق كل ما عداه حتى ظهورالبرتستنتية.

يؤمن المسلمون بالقرآن الكريم باعتباره كلام الـلـه وكتابه المنزل، وأنه هو المرجعية الأعلى في أمور الدين كلها.

ونعيد هنا نص العقيدة الإسلامية في سبع كلمات: "الإيمان بالله وملائكتـه وكتبـه ورسـله وبـاليوم الآخــر."

- **في العبادات:**

يؤمن المسيحيون كما يؤمن المسلمون بأنواع من العبادات؛ وتختلف عبادات كل من الجانبين عن عبادات الآخر، وإن التقت على معنى السعي لإرضاء الله، كل بطريقته، وعلى شحذ وتقوية إيمان المؤمن، وعلى تقديم شئ من النفع والخدمة للمجتمع. ومصدر ومرجعية العبادات عند المسلمين: القرآن، وعمل محمد رسول الله وقوله. وليس هناك مصدر ثالث، ولا يجوز عمل شيئ زائد أو مخالف لما أتى من هذين المصدرين. أما في المسيحية التقليدية فقد كانت سلطة البابوية والمجالس الكنسية هي المصدر، بينما يتجاهل الكتاب المقدس، وظل ذلك قائما إلى أن نجحت حركة الإصلاح البرتستنتي. وهذه قائمة بأهم العبادات عن الفريقين:

المسيحيون	المسلمون
العشاء الرباني، Eucharist وفيه يجتمع المسيحيون ويأكلون الخبز ويحتسون الخمر، على أن يصاحب ذلك الشعور بأنهم يأكلون لحم المسيح ويشربون دمه، لأن الخبز والخمر بتحولان إلى لحمه ودمه.	الصلاة خمس مرات في اليوم: بعد الفجر، ووقت الظهر، وبين الظهر والمغرب، وبعد الغروب مباشرة، ووقت العشاء، أي بعد الغروب بحوالي ساعتين. والصلاة تشمل: نية، وتكبيرا، وقراءة قرآن، وركوعا، وسجودا، ودعاء، على نحو محدد بدقة، ولا اختلاف في أركانه.
التعميد Baptism ، والعنصر ـ الأساسي فيه الماء، حيث يغطس فيه الشخص أو يسكب عليه، ويصاحب ذلك أسئلة وأجوبة عن عقيدة الشخص المتلقي للتعميد. ويعتبر التعميد أساسيا وشرطا لكون الإنسان مسيحيا، ويجري على يد كاهن.	الاغتسال أو الاستحمام ، حيث يغتسل المسلم عند دخوله في الإسلام, لكن ذلك ليس شرطا ضروريا، إذ يمكن للفرد أن يغدو مسلما بمجرد إعلانه إيمانه به صادقا؛ كما يمارس الاستحمام فرضا للطهارة للرجل والمرأة بعد الجماع أو الاحتلام، وبعد انتهاء حيض المرأة، وبعد النفاس التالي لوضع مولودها.

الحـج وزيـارة الأمـاكن المقدسـة وأضرحـة القديسين.	الحج إلى البيت الحرام في مكة مرة واحدة في العمر للقادر مالا وصحة، وهو فرض أساسي، وما زاد عن عن ذلك فتطوع.
التصدق .	الزكاة المفروضة، والصدقات التطوعية.
الصوم	صـوم شـهر رمضـان كـل عـام ، وهـذا فـرض، وهناك صـوم تطـوعي. ويختلـف صـوم المسلمين عن صوم المسيحيين بأنه امتناع تام عن الأكل والشرب والجنس.

- **الفضائل السلوكية المشتركة:**

في الحقبة التي غطاها الفصل الأول آمن المسيحيون والمسلمون بكثير من الفضائل السلوكية والاجتماعية المشتركة، وهناك اختلافات أيضا، والمشترك هو الأكثر؛ وهو وقمين بأن يقرب بين الجانبين إلى درجة كبيرة، ويرجح على كثير من تأثير مواطن الاختلاف؛ وهذه بعض أمثلة من الفضائل المشتركة:

عند المسيحيين	**عند المسلمين**
محبة الله والعمل حسب أوامره وتوجيهاته.	محبة الله والعمل حسب أوامره وتوجيهاته.
محبة عيسى- المسيح " وتأليهه،" ومحبة الأنبياء السابقين ممن وردت أسماؤهم في كتابي العهد القديم والعهد الحديد.	محبة محمد الذي هو عبد الله ورسوله والاقتداء به ومحبة عيسى- إنسانا ورسولا لله وأخا لمحمد، ومحبة جميع أنبياء الله ورسله.
الالتزام بالصدق والأمانة والوفاء.	الالتزام بالصدق والأمانة والوفاء .

تحريم القتل والزنا والسرقة وشهادة الزور.

إكرام الوالدين واحترامهما.

تحـريم القتـل والزنـا والسرـقة وشـهادة الـزور، والنفاق والغيبة.

(وَقَضَى رَبُّكَ أَلَّا تَعْبُدُوا إِلَّا إِيَّاهُ وَبِالْوَالِدَيْنِ إِحْسَانًا إِمَّا يَبْلُغَنَّ عِنْدَكَ الْكِبَرَ أَحَدُهُمَا أَوْ كِلَاهُمَا فَلَا تَقُلْ لَهُمَا أُفٍّ وَلَا تَنْهَرْهُمَا وَقُلْ لَهُمَا قَوْلًا كَرِيمًا (٢٣) وَاخْفِضْ لَهُمَا جَنَاحَ الذُّلِّ مِنَ الرَّحْمَةِ وَقُلْ رَبِّ ارْحَمْهُمَا كَمَا رَبَّيَانِي صَغِيرًا)."(قرآن/١٧:٢٣-٢٤)

تحـريم الظلـم وكراهيتـه، "لا تظلمـوا أحـدا." "تباعدوا عني يا جميع فاعلي الظلم."

تحـريم الظلـم وكراهيتـه؛ "و اللـه لا يحـب الظالمين." "ولا تركنوا إلى الـذين ظلمـوا فتمسكم النار."

"فكـل مـا تريـدون ان يفعـل النـاس بكـم افعلـوا هكذا أنتم أيضا بهم." (متى/٧: ١٢)

"لا يـؤمن أحـدكم حتـى يحـب لأخيـه مـا يحـب لنفسه." (صحيح البخاري، الكتب الستة، ص ٣.)

إن غفـرتم للنـاس زلاتهـم يغفـر لكـم، "وإن لم تغفروا للناس زلاتهم لا يغفر لكم".

"والكاظمين الغيظ والعـافين عـن النـاس، و اللـه يحـب المحسـنين." و"فـاعفوا واصـفحوا..."

"كل مـن يرفـع نفسـه يتضـع، ومـن يضـع نفسـه يرتفع." (لوقا/١٣: ١١)

"من تواضع لله رفعه." و "لا يدخل الجنة من كان في قلبه مثقال ذرة من كبر." (محمد رسول اللـه).

النهي عن الحنث باليمين، والنهـي عـن الحلـف عامة.

النهي عـن الحنـث باليمين، والنهـي عـن الحلـف عامة إلا إذا طلب الخصم حلف اليمين.

(انتهت القوائم).

والمادة الواردة في هذه القوائم ليست حصرا للتوجهات والفضائل المشتركة؛ لقد تجنبنا محاولة الحصر، لعدم اتساع الوقت والجهد له، وعدم ضرورته، فالذي أوردناه كثير. ومن ناحية أخرى فإن النصوص والعبارات التي سقناها وردت كلها في الأناجيل (بالنسبة للجانب المسيحي)، ووردت في القرآن أو في حديث محمد رسول الله (بالنسبة للجانب الإسلامي)؛ ولم نلجأ إلى أية مصادر أقل من هذا المستوى. وقد اكتفينا بذكر المصدر بالتفصيل في بعض الحالات فقط تجنبا للإطالة، ولأن المصادر موجودة في أيدي الناس وموفورة في المكتبات، والموضوعات المعنية معروفة ومشهورة على نطاق واسع. ونعود إلى التذكير هنا بأن قراءة "الكتاب المقدس" لم تكن متاحة إلا لرجال الدين، وممنوعة بالنسبة لغيرهم؛ ولم يكن "الكتاب المقدس" هو المرجع الأعلى الملزم عند المسيحيين في الفترة التي غطيناها، بل تقدمت عليه التقاليد البابوية والكنسية، وظل الأمر كذلك حتى قيام الحركات البرتستنتية؛ حيث أعلن كل من مارتن لوثر، وأولدرش تسفنغلي، وجان كلفان أن الأولوية يجب أن تكون للكتاب المقدس وليس لقرارات البابا ولا للتقاليد الكنسية أو للمجامع [١].

ونود أن ننبه إلى أن جميع ما ورد في هذه القوائم يمثل الفترة الأولى الممتدة من بداية العصر المسيحي إلى نهاية القرن الخامس عشر الميلادي فقط؛ أما بعد ذلك فقد حدثت تغيرات وتغييرات دينية وثقافية كثيرة في عالم الغرب تغطيها الفصول التالية.

مسيحيون أقرب إلى المسلمين في الحقبة الأولى:

وفي هذه القوائم المتقابلة التي أوردناها لبيان مضامين العقائد والمبادئ الاجتماعية المشتركة والمتماثلة عند الجانبين، كنا ننظر ونتجول في نطاق العقائد والمفاهيم التي تبنتها الكنيسة الكاثوليكية التي مثلت الأغلبية بين القرنين الخامس والخامس عشر الميلاديين من ناحية، وفي نطاق العقائد والعبادات والمبادئ الاجتماعية الإسلامية – منذ القرن السابع الميلادي وحتى الآن - من ناحية أخرى. بيد أن هناك جماعات مسيحية من خارج دائرة الكاثوليكية، ومفكرين أفرادا من غير الكاثوليك كانت لهم في العقائد الأساسية اختيارات وعناصر إيمانية تتفق بشكل أكبر

---

١ George William Gilmore, *The New Schaff-Herzog Encyclopedia of Religion*, ٨٥.
وانظر أيضا ص ١١٣ - ١١٤ من هذا الكتاب.

مع ما اعتنقه المسلمون، وجاء به الإسلام، خاصة في موضوع وحدانية الله، وإنسانية المسيح وبشريته ورفض ألوهيته، حيث رأى أولئك المسيحيون أنه رسول بعثه الله هاديا ومبشرا ومعلما، وأن الله أعده لذلك بأن ملأه بالحكمة، أو أعطاه الحكمة. والحكمة التي أعطيت لعيسى- في المفهوم الإسلامي أعطيت لغيره من الأنبياء - بقدر أو آخر - كما يبين القرآن الكريم:

١) داود عليه السلام ﴿وَآتَاهُ اللَّهُ الْمُلْكَ وَالْحِكْمَةَ وَعَلَّمَهُ مِمَّا يَشَاءُ﴾ البقرة/٢٥١

٢) عيسى عليه السلام وَيُعَلِّمُهُ﴿ الْكِتَابَ وَالْحِكْمَةَ وَالتَّوْرَاةَ وَالْإِنْجِيلَ﴾ آل عمران/٤٨

٣) إبراهيم وأبناؤه الأنبياء ﴿فَضْلِهِ فَقَدْ آتَيْنَا آلَ إِبْرَاهِيمَ الْكِتَابَ وَالْحِكْمَةَ﴾ النساء/ ٥٤

٤) محمد عليه السلام ﴿ وَأَنْزَلَ اللَّهُ عَلَيْكَ الْكِتَابَ وَالْحِكْمَةَ...﴾ النساء/ ١١٣)

٥) عيسى عليه السلام ﴿ وَإِذْ عَلَّمْتُكَ الْكِتَابَ وَالْحِكْمَةَ...﴾ المائدة/١١٠

٦) محمد عليه السلام ﴿ إِلَى سَبِيلِ رَبِّكَ بِالْحِكْمَةِ...﴾ النحل/١٢٥

٧) لقمان عليه السلام ﴿وَلَقَدْ آتَيْنَا لُقْمَانَ الْحِكْمَةَ..﴾ لقمان/١٢

وثمة أمثلة أخرى من تبني مسيحيين لموقف عقيدي يتبنى المسلمون مثيلا له بدرجة أو أخرى؛ وهذه الأمثلة نجدها لدى بعض الشخصيات المسيحية المهمة والمحترمة في نظر الكنيسة الكاثوليكية أيضا، كما نجدها عند بعض الجماعات المسيحية التي وصفت بالهرطقة، وتعرضت للإضطهاد والملاحقة.

فهذا القديس أرستيدس يصف الأطفال بأنهم أبرياء من الخطيئة، كما أنه مدح اليهود لإيمانهم بوحدانية الله، ويصف الله بأنه أب لجميع البشر، وليس لعيسى وحده. وهذا الاعتقاد يناقض فكرة الخلاص، وينفي مقولة أن الخطيئة الأصلية (من آدم وحواء) انتقل وزرها وينتقل إلى جميع ولد آدم في كل العصور، ويشير إلى الإيمان بالتوحيد. وأرستيدس فيلسوف إغريقي عاش في النصف الأول من القرن الثاني للميلاد، وهو من أوائل المدافعين عن المسيحية والداعين لها، ومن الآباء الأوائل في تاريخ الكنيسة والفكر اللاهوتي[١] .

القديس توماس الأكويني St Thomas Aquinas. (ت سنة ١٢٧٤م):

وهو الذي غلبت رؤيته على الفكر المسيحي في القرون الأخيرة من العصر الوسيط، وكان أعظم لاهوتيي عصره، وكان يعرف بلقب المعلم/الأستاذ الملائكي

---

١ *Encyclopedia Britanica*, CD ed'n, art. Aristides.

Angelic Doctor . يتحدث توماس الأكويني عن الـلـه فيتناول مسـألة وجـود الـلـه بطريقـة النقـاش المنطقي الفلسفي، فيحدد المسألة التي يبحثها، ثم يحدد محاور الحديث عنها في نقـاط، ثـم يجعـل كـل محور في صيغة سؤال، مثل:

هل وجود الـلـه واضح بذاته؟ ثم يسطر اعتراضات المخالفين في قائمة ويتحدث بلسانهم في كل اعتراض، ثم ينتقل إلى تسجيل رأيه في كل نقطة، بقوله:

وأنا أجيـب بـأن : I answer that (ص ١٨ – ٢٠). ولا يتسـع لنـا المجـال هنـا لعـرض رأيـه بتفاصيل طريقته هذه، بل سنعرض العبارات الأساسية الممثلة لرؤيته واعتقاده.

"عندما يتأكد وجود الـلـه، تبقـى مسـألة كيفيـة هـذا الوجـود لنـتمكن مـن معرفـة فحـواه. " ويخلص من ذلك إلى ما يشبه قول القرآن الكريم: ﴿ لَيْسَ كَمِثْلِهِ شَيْءٌ... ﴾ (سورة الشورى: ١١) [١].

وعندما يتحدث عن وحدانية الـلـه يبدأ باقتباس نص من سفر التثنية: (الإصحاح السادس : ٤): إسمعي يا إسرائيل، الرب إلهنا رب واحد [٢]

"It is written, Hear, O Israel, the Lord our God is one (Deut. Vi. ٤).

ويمضي المعلم الملائكي فيخلص إلى القول:

الـلـه وحده، له الكمال الكلي المطلق الذي لا يحده زمـان ولا مكـان، لـيس مـن خـلال مفهـوم ومقولة "وحدة الوجود"، بل لكونه الخالق والرزاق المعين، وهو الباقي..." ويمضي المعلم الملائكي قـائلا: "إن الـلـه واحد ... حسب ما يدلنا كمال الخلق، إذ لو كان هناك أكثر من إله لتميز كل منهم عن الآخـر بـإن يكون لديه كل شئ مختلف، ولاستحال أن يكون هناك كمال في الخلق؛ وكما تدلنا وحدة الكون وترابطـه. ثم يصـل إلى القـول: وهكـذا يبـدو واضـحا أن الـلــه واحـد في أسـمى درجـات الأحديـة [٣] Hence it is manifest that God is one in the supreme degree."

وفي مطلع حديثه عن وجود الـلـه يخبرنا أكويناس أن الـلـه "هو الأول وهو الآخر"

---

١ St. Thomas Aquinas, *Basic Writings of Saint. Thomas Aquinas*, edited by Anton C. Pegis (Indianapolis: Hackett Publishing, ١٩٩٧), vol. I, pp. ١٨, ٢٥.

٢ - نفس المصدر، ص ٨٩.

٣ - نفس المصدر، ص ٩٠. وهذا يذكرنا بقول الـلـه في القرآن: "لو كان فيهما إله إلا الـلـه لفسدتا . . ." (سورة الأنبياء : ٢٢)

He is the beginning of things and their last end.

ويتحدث عن المسيح باعتباره رجلا، ويصفه بأنه طريقنا الموصل إلى الله:

Christ Who as man is our way to God. [1]

وهكذا نرى أن هناك كثيرا من نقاط التوافق والتشابه بين ما كان يعتقده القديس توماس أكويناس وما يعتقده المسلمون، خاصة فيما يتعلق بوحدانية الله، وبإنسانية عيسى المسيح عليه السلام، باعتباره يوصل البشرية إلى الله، كما هو الحال بالنسبة للرسول محمد عليه السلام، الذي يوصلنا إلى الله عن طريق ما بلغنا عن الله، وعن طريق هديه وإرشاده.

الموناركية Monarchianism

وهناك طائفة مسيحية عرفت عقيدتها باسم Monarchianism ، ومارست نشاطها خلال القرنين الثاني والثالث للميلاد؛ وقد أكدت هذه الطائفة أن "الإله الأب" هو وحده الإله affirmed the sole deity of God the Father وتبنت مقولة أن المسيح كان مجرد إنسان حملت به مريم من خلال معجزة وقد صار ابن الله عن طريق ملئه بالحكمة الإلهية بدرجة عالية وبشكل مطلق. وكان هذا الاعتقاد يدرس في روما في نهاية القرن الثاني الميلادي، على يد ثيودوتوس Theodotus . ومعنى ذلك أن عقيدة توحيد الله، وإنسانية المسيح كانت معروفة في عصر الاضطهاد، ليس في الشرق والبلاد الواقعة في شرق وجنوب البحر المتوسط فحسب، بل وفي روما عاصمة الإمبراطورية، وذلك قبل اعتراف الإمبراطورية الرومانية بالديانة المسيحية بقرن كامل، أو أكثر؛ وقبل مجلس نيقية (٣٢٥م) الذي صاغ عقيدة "الثالوث المقدس"، وقبل موجات الاضطهاد التي مارستها الكنائس المؤيدة لعقيدة التثليث.

البلاغيون Pelgians :

وفي القرن الخامس الميلادي نجد جماعة مسيحية عرفت باسم البيلاغيين Pelagians نسبة إلى معلمهم Pelagius الذي اهتم برفع المستوى الأخلاقي للإنسان فيما كان يعلمه. لقد رفض بلاغيوس مقولة أن الإنسان وقع في الخطيئة لضعف طبيعته، وأكد أن الله جعل البشر أحرارا ليختاروا بين الخير والشر، وأن

---

[1] - نفس المصدر، ص ١٨.

الخطيئة عمل إرادي يرتكبه الشخص ضد قانون اللـه. وقد رفض سلستيوس **Celestius**، وكان أحد تلامذة بلاغيوس، رفض عقيدة الكنيسة القائلة بالخطيئة الأصلية، كما رفض مقولة فرض تعميد الأطفال. بيد أن القديس أوغسطين عارض تعاليم بلاغيوس، وتمت إدانته من قبل الكنيسة، وأصدر البابا بحقه قرارا بالحرمان سنة ٤١٨م، باعتباره منحرفا [١].

جماعة التبني Adoptionism :

وقد ظهرت هذه الجماعة في إسبانيا في القرن الثامن الميلادي، وكانت تتبع تعاليم رئيس أساقفة طليطلة المدعو **Elipandus** ، كما لقيت تأييدا من فلكس **Felix** أسقف أورجل **Urgel**. وقد تناول إلباندوس طبيعة المسيح البشرية وأشار إليه بأنه "الإبن المتبنى من قبل اللـه **Adopted Son** "، وذلك في مقابل الفكرة القائلة بالطبيعته الإلهية حيث يعتبر عيسى "ابن اللـه بالطبيعة."

وقد خلص رئيس الأساقفة إلباندوس إلى أن "عيسى- هو ابن اللـه بالتبني، وليس ابن اللـه بالطبيعة." وقد دخل فلكس في مبارزة أدبية بشأن العقيدة مع اللاهوتي الإنكليزي ألكون **Alcuin**، وآخرين من اللاهوتيين الغربيين؛ كما تدخلت الدولة الكارولنجية واهتم شارلمان نفسه بهذا النزاع. وكان فلكس في منطقة الحدود بين مملكة الفرنجة الكارولنجية في الشمال والدولة الأموية في الأندلس. أما إلباندوس فقد كان في طليطلة، وكان كثرة من أتباعه من الإسبان المستعربين، فلم يعبأوا بمواقف رجال الدين المسيحيين في فرنسا وإسبانيا، ولم يخشوا الضغوط القادمة من الشمال. ولم تتحمل البابوية فكرة "البنوة بالتبني"، ولذا فقد جمع البابا ليو الثالث مجلسا كنسيا انعقد في روما سنة ٧٩٨م فتمت فيه إدانة فكرة "التبني"، كما لعن المجلس فلكس نفسه، الأمر الذي أجبره على التراجع، والتبرؤ من الفكرة وإعلان التوبة والندم تحت الضغط الشديد. غير أنه عاد لإعلان موقفه الأول، مما يدل على أن تراجعه تم بتأثير الضغوط المتوالية. ويبدو أنه استدرج أخيرا إلى المنطقة الفرنسية، ثم منع من العودة إلى أسقفيته في المناطق الإسلامية. أما إلباندوس فقد ظل مدافعا عن إيمانه بهذا المفهوم حتى وفاته، بيد أن أتباعه ذابوا واختفوا بعد أن غيبه الموت، وغيب فلكس أيضا. ولا ينبغي أن ننسى هنا أن القوط الذين حكموا إسبانيا قبل مجئ المسلمين كانوا آريوسيين يؤمنون بوحدانية اللـه وإنسانية المسيح؛ فلعل ذلك كان مما مكن لهذا الاتجاه العقيدي. غير أن تشابك الظروف السياسية والصراع الحدودي كان له تأثير على أسقف أورجل [٢].

---

١ *Encyclopedia Britanica*, ١١th edition, ١٩١١, art. Pelagianism.

٢ Gonzalez, II, pp. ١٠٩ - ١١٢; cf. *E.B.*, art. Adoptionism.

تهمة الهرطقة:

ظلت الديانة المسيحية تتعرض للاضطهاد حتى أوائل القرن الرابع الميلادي؛ وبعد أن نالت اعتراف الدولة بها بدأت الانقسامات تعصف بالمسيحيين، وأخذ الاضطهاد منحى جديدا حيث صار القائمون بالاضطهاد مسيحيين، وكذلك صار ضحايا الاضطهاد من المسيحيين الذين يختلفون مع الجهات القوية والنافذة في بعض مكونات العقيدة أو بعض تفسيراتها. فأحيانا تتدخل الحكومة الإمبراطورية لفرض المذهب الذي تبنته وتضطهد مخالفيه، وأحيانا تتدخل كنيسة إقليم معين لفرض رأيها على بعض الأساقفة والقسيسين الذين يعبرون عن أي رأي مغاير للرأي السائد، بينما دخلت الكنائس الكبرى في منافسات وصراعات تبغي كل منها من خلالها أن تفرض رؤيتها وهيمنتها على غيرها من الكنائس، وعلى عالم الغرب بأكمله. وفي كل هذه الحالات كان المخالفون يتهمون بالهرطقة heresy ، أي بالانحراف عن العقيدة الصحيحة. لقد صار كل من يختلف مع شخص أو جماعة يتهمه بالهرطقة، أي تصبح الجهتان متهمتين بالانحراف العقيدي، فإذا انتصر فريق لصقت التهمة بالفريق الآخر، المهزوم. ولم ينج من هذه التهمة حتى مارتن لوثر نفسه.

لقد شهدت القرون الأربعة الأولى ظهور ونشاط تيارين رئيسيين يتفقان في بعض العناصر العقيدية ويختلفان بالنسبة لبعضها الآخر؛ وكان هذان التياران موجودين قبل مجلس نيقية، وقبل أن تعترف الدولة بالمسيحية. ويمكن أن نطلق على هذين التيارين اسمين محايدين، غير دينيين:

أولا: التيار السوري (المنسوب إلى بلاد الشام - سوريا - قبل أن تقسم في مطلع القرن العشرين الميلادي).
ثانيا: والتيار الإغريقي، نسبة إلى الإغريق القدماء (اليونان).

ولقد تمثل التيار السوري بأشخاص بارزين، وزعماء قادوا تحركاته عبر السنين والقرون، أهمهم: لوسيان الأنطاكي، وبولص السميساطي، ويوسيبيوس النيقوميدي، وآريوس، وثيودوتس، ونسطورس؛ وقد سبق أن أشرنا إلى الآريوسية، والنسطورية، وغيرها. ورغم تفوق التيار السوري في بعض الفترات، واعتناق بعض الأباطرة لعقيدته وتأييدهم إياه، ورغم انتشار دعوته على أيدي الآريوسيين على نطاق واسع بين الجرمان في بلادهم الأصلية وفي مواطن هجرتهم في إيطاليا وفرنسا وإسبانيا وشمال إفريقيا (القوط الغربيون واللومبارديون والوندال) في فترة كانت لهم اليد العليا خلال القرنين الخامس والسادس، ثم انتشاره على نطاق واسع في الشرق على أيدي النساطرة، حتى وصل إلى شرق سيبيريا، كما أشرنا من قبل فإن الغلبة النهائية كانت للتيار الإغريقي.

أما التيار الإغريقي فقد انبثقت قوة انطلاقه من بضعة عوامل أوصلته في النهاية إلى السيطرة الشاملة على الفكر المسيحي، وعلى أدوات السلطة على الكنائس في الأقاليم المهمة من الإمبراطورية. وقد استمر ذلك حتى مطلع القرن السادس عشر الميلادي. وأهم هذه العوامل التي مكنت للتيار الإغريقي ما يلي:

١) السيطرة اللغوية، إذ أن لغة الكنيسة في الغرب الأوروبي، حتى في روما نفسها، كانت الإغريقية وليس اللاتينية. أما الجهة التي استخدمت اللاتينية فهي كنائس إفريقيا، خاصة قرطاج؛ ومنها انتقل استخدام هذه اللغة - فيما بعد- إلى روما وغيرها من كنائس الغرب الأوروبي.

٢) وحيث أن مركز الثقل الثقافي والحضاري والسياسي والعسكري كان قد انتقل - بعد عصر الإسكندر - إلى الغرب، أي إلى روما، عاصمة الجمهورية، ثم عاصمة الإمبراطورية فإن التراث السياسي والعسكري لروما أصبح عاملا مهما في التنافس والجدل من أجل إعلاء مركزها. وقد وظفت روما مقولة أن بطرس الرسول هو الذي بنى كنيسة روما من أجل إعلاء شأن هذه الكنيسة فوق غيرها من الكنائس.

٣) ثم كان انحسار السلطة الإمبراطورية، بل والوجود الإمبراطوري عن روما والغرب الأوروبي عاملا إضافيا أعطى لروما فلرصى الاستقلال من السيطرة السياسية للإمبراطورية، وفرصة البحث عن وسائل وأدوات تمكنها من إعلاء مكانتها فوق الجميع، وقد نشأ هذا التوجه بحكم الضرورات، وبحكم ظهور الفرص الظرفية المتاحة. وكنا قد أشرنا إلى جميع هذه العناصر بصورة ضمنية خلال استعراضنا السابق لتطور وتقلبات أوضاع التيارات الدينية التي نشطت على مسرح الأحداث في سياق مسيرة تاريخ منطقة حوض البحر المتوسط.

كيف أثرت هذه العوامل في المواقف والفكر المسيحي:

من المعروف أن تأثير الدولة والسلطة يتم بطرق ثلاث: بالفعل المقصود من جانب الدولة، أي بالضغط والإكراه؛ وبالإغراءات والمنافع؛ وبالميل البشري الطبيعي المتمثل في ميل الصغار والضعفاء إلى تقليد الكبار والأقوياء. وقد ظهرت أمثلة من ذلك في المجالس الكنسية الكبرى، نيقية، إفسوس، نقوميديا، وفي المجالس الأقل أهمية ؛ يضاف إلى ذلك ميل فئة من الناس إلى الصعود جاها وثروة ومنصبا عن طريق النفاق، والتقرب من أصحاب المراتب العليا، وإظهار الإخلاص والتبعية لهم.

أما تأثير السيطرة الثقافية فهو أعمق وأشمل؛ فقد كان الإغريق والرومان يؤمنون بتعدد الآلهة؛ فالإغريق كان عندهم اثنا عشر إلها، عرفوا كبيرهم باسم

زيوس Zeus ، وكان لزيوس أولاد، أشهرهم أبولو، الذي كان إلها بدوره. وكانت هيرا زوجة زيوس إلهة أيضا. وكان مقر هؤلاء الآلهة - كما اعتقد الإغريق في أساطيرهم - في جبل أولمبوس القريب من سالونيك. وقد وجدت في الآثار لوحات تظهر عليها صورة زيوس، حيث يبدو كرجل في الخمسين من عمره، ذو لحية طويلة كاملة. أما الإله أبولو بن زيوس فيبدو شابا وسيما في أواخر الثلاثينات من عمره. وفي الأدب الأسطوري الإغريقي كان الآلهة المتعددون وأولادهم وزوجاتهم يتقاتلون ويتآمر بعضهم ضد البعض الآخر، ويظهرون على الأرض في صورة بشرية. ومن المهم ملاحظة أن زيوس كان يحمل لقب الأب، بمعنى أبوة الرعاية والعناية. وقد انتقلت هذه المعتقدات عن الألوهية إلى الرومان - بعد عصر الإسكندر - كما أشرنا من قبل، لكن الآلهة أعطوا أسماء رومانية أحيانا؛ فقد كان كبير الآلهة عند الرومان يدعى جوبيتر Jupiter ، غير أن أبولو حمل نفس الإسم الذي كان له عند الإغريق. أما زوجة جوبيتر فقد عرفت عند الرومان باسم جونو Juno . وبعد قيام الدولة البطلمية في مصر حرصت على مساعدة المؤسسات الدينية الفرعونية القديمة، لكنها أبقتها تحت سيطرتها التامة ، خاصة في الجوانب الاقتصادية والسياسية. وبالإضافة إلى ذلك فقد عملت على صبغها أيضا بملامح إغريقية؛ فقد ربطوا بين آمون (كبير الآلهة الفرعونية الأسطورية) وبين زيوس (كبيرالآلهة الإغريقية الأسطورية)؛ أما الإله المصري حورس فقد جعلوه الإله الإغريقي أبوللو؛ وهكذا دواليك[١]. ونحن المسلمين نعتقد أن الإمبراطورية من ناحية، والثقافة الهلنستية من ناحية أخرى، أدخلتا في المسيحية الغربية عناصر لم تكن منها، بما في ذلك فكرة الإله الأب والإله الابن (على غرار زيوس كبيرة آلهة الإغريق، وابنه الإله أبولو)، أي أنها أخذت المسيحية من الشرق، ثم أغرقتها (أي صبغتها وطعمتها إغريقيا)، وجعلتها المقياس النموذجي لصحة العقيدة، وحاولت بعد ذلك فرضها على الجميع، بما فيهم الآريوسيون ومن وافقهم في اعتقاداتهم، كليا أو جزئيا. وبديهي أن كثيرين من إخواننا المسيحيين في عالم الغرب يرفضون هذا التحليل، ويرفضون فكرة التأثيرات الإغريقية والرومانية؛ وذلك حقهم بطبيعة الحال في أن يعلنوا رأيهم ويؤكدوه بالأساليب التي يرونها.

---

١ *E.B.*, art. Egypt, Religion.

الفصل الثاني

عالم الغرب وعصر الإصلاح الديني

مقدمة:

الهموم الفكرية والاجتماعية في عالم الغرب:

إذا كانت الحقبة الأولى تمثل العصور الوسطى الأوروبية (٥٠٠ - ١٥٠٠م تقريبا) فإنها كانت تمثل أيضا "العصر الذهبي" للديانة المسيحية ، كما طورها وعرفها عالم الغرب. ففي هذه الحقبة الأولى دارت الحياة الدينية والثقافية والعقلية - عند الأغلبية - في إطار المسيحية التي كان محورها الإيمان بالله المكون من ثلاثة أشخاص في واحد، والإيمان بالمسيح وبعقيدة التجسد، تجسد الله في عيسى، والخلاص، (خلاص عيسى للبشر)، وما ارتبط بهذا الإيمان وتعلق به من خلافات مطولة بشأن إنسانية المسيح أو ألوهيته، وبشأن الثالوث، وغير ذلك؛ وقد تحدثنا عن أهمها بإيجاز في الفصل الأول. وقد ظل هذا المحور هو المعلم الرئيسي طوال الحقبة الأولى تقريبا. ثم جاء " الانفجار الكبير" الذي بدأت به حركات الأصلاح الديني. فقد حدث الانفجار نتيجة احتقان متراكم طويل المدى، وجاء رد فعل السلطة الدينية المسيطرة، ومن انحاز إليها من طبقة الحكام ليدفع الأزمة من إطارها العقيدي والفكري إلى صدامات مسلحة وحرب ضروس استمرت أكثر من قرن، وتداخلت فيها السياسية والأفكار والمشاعر الدينية بشكل شديد التعقيد. وكان من نتيجة هذا الانفجار أن تمزقت وحدة عالم الغرب وتحولت إلى عدد من الكتل والشظايا الكبيرة والصغيرة؛ وهكذا فقد أصبح من غير الممكن متابعتها والبحث عن مضامينها من خلال مسار واحد للوصول إلى هدفنا، بل إن الأمر تطلب سلوك مسارات عدة.

وكما كانت هذه التطورات خروجا من عالم العصور الوسطى نحو العصر الحديث فقد كانت أيضا خروجا من "العصر الذهبي" للديانة المسيحية كما عرفت ومورست في عالم الغرب في الحقبة الأولى؛ ومعنى قولنا أنها خرجت من "العصر الذهبي" أن المسيحية لم تعد - بأولوهيتها الثالوثية، وكنيستها الكاثوليكية الوحيدة وبابويتها، ومخلصها - هي الإطار الوحيد للإعتقاد والفكر المعترف به، بل بدأت تصاحبها وتزاحمها محاور أخرى.

المحتجون الرواد:

كان الإنكليزي جون وكلف (١٣٣٠-١٣٨٤م) والبوهيمي جان هس (١٣٧٠-١٤١٥م) رائدين ظهرا في وقت مبكر ليبشرا بنفس الرسالة التي أعلنها إصلاحيو القرن السادس عشر بعدهم بأكثر من قرن. ففي القرن الرابع عشر

انتقد هذان الرائدان، كل بأسلوبه الخاص، "كون رجال الدين لا نفع فيهم"، كما انتقدا "الخطايا" التي ارتكبتها البابوية وما ترتب على ذلك من الانحدار الأخلاقي. وكان مصدر قلقهما ومخاوفهما مشابها لما شغل "الإنسانيين Humanists " وشغل الفكر الشعبي في القرن السادس عشر. لقد أكد هذا الرائدان المبكران، ويكلف وهس " سمو وأسبقية الكتاب المقدس" على ما قالته وتقوله البابوية، وكذلك أسبقيته على قرارات المجالس الدينية؛ وقد اعتبرا أن إقرار ذلك سوف يكون علاجا وأداة تصحيح لما شان حياة الكنيسة وسلوكها من فساد، كما رأي كلاهما في بيع صكوك الغفران عملا يجسد تردي فضيلة التقوى الحقيقية [١]. غير أن هذا التشابه بين اهتمامات ورؤية هذين الرائدين من ناحية واهتمامات ورؤية إصلاحيي القرن السادس عشر من الناحية الأخرى لم ينشأ من وجود صلة بين الفريقين؛ وإن كان قد نقل عن مارتن لوثر قوله - عندما اتهمه خصومه بالهسية، أي اتباع هس - بأنه وجد نفسه متفقا مع جان هس في بعض النقاط. وقد بذلت البابوية محاولات للقضاء على جون وكلف، وجان هس، فوجد وكلف حماية من الملك والبرلمان والزعامات الأخرى في بلاده؛ أما جان هس فقد لقي في البداية شيئا من الحماية في بلده براغ - وكان رئيسا لجامعتها - ثم خدع وخذل بعد وعد بالحماية أقنعه بالمخاطرة لمواجهة مؤتمر كنسي في مدينة كونستانس بجنوب ألمانيا، لكن الحماية لم توفر له فقبض عليه، بعد أن رفض التراجع عن آرائه ومواقفه، وحكم عليه بالموت حرقا، وأحرق بالفعل في السادس من تموز (يوليو) سنة ١٤١٥م في كونستانز. وبعد ما يقرب من قرن جاء "الانفجار الكبير" الذي أشعل شرارته الأولى مارتن لوثر سنة ١٥١٧م.

التكوين الاجتماعي والطبقات الاجتماعية:

قبيل قدوم القرن السادس عشر كانت المجتمعات الغربية تواجه مشاكل صعبة أثارت فيها قدرا كبيرا من الخوف مما يخبئه المستقبل. وقد تشكلت المجتمعات الغربية من طبقات أو طوائف، بينها فواصل كبيرة:

طائفة الأمراء والنبلاء.

طائفة أهل العلم والمفكرين.

طائفة سكان المدن.

طائفة الفلاحين الذين شكلوا الأغلبية الساحقة من السكان.

بيد أن هذه الطبقات وإن كانت متباعدة تفصل بينها مساحات واسعة، بجانب كونها تعرف هذا الواقع وتألفه، وتعرف مواقعها بالنسبة لبعضها البعض، فقد كان

---

[١] .Koenigsberger, et al, *Europe in the Sixteenth Century*, p. ١١٣.

أفرادها – على الرغم من ذلك - يشتركون في موقف واحد تجاه الحياة؛ ولم يكن ذلك الموقف ينطلق من المنظور المسيحي فحسب، بل كان موقفا غير عقلاني أيضا. لقد كانت الهوة بين الرجل الفلاح والرجل المتعلم بالنسبة لعالم الفكر أضيق بكثير مما كانت بين الفلاحين وأصحاب السلطة والثروة. لقد كان المتعلمون يشاركون "مواطنيهم" الأقل تعليما منهم، بل ويشاركون الأميين والجهلة في المسلمات المسبقة غير العقلانية، كما كانوا يشاركونهم في مواقفهم المتحيزة والميالة إلى الظلم والسلوك غير السوي. كانت هذه الطبقات جميعا تعيش بفكرها في إطار نمط من التقوى الدينية المسيحية التقليدية، وتتجاوب مع الانفعالات الدينية، وتشغل نفسها ووقتها بالسعي الحثيث للوصول إلى أجوبة لمشاكل الحياة التي طغت على القرنين الخامس عشر والسادس عشر؛ كما كانت منشغلة بدرجة مفرطة بقضايا الموت والخلاص والمستقبل[١].

ولقد عاشت أوروبا قبل القرن السادس عشر مباشرة عددا من الكوارث الساحقة التي أصابت مختلف أركان الحياة الاجتماعية. وقد تجلت هذه الكوارث في الحروب ونتائجها المدمرة، والأوبئة، خاصة ذلك الوباء الذي عرف باسم "الموت الأسود"، والذي كان يحصد نسبة عالية من السكان. وكان هذا الوباء قد داهم أوروبا أربع مرات خلال القرن الرابع عشر ثم عاد يضرب بقوة في آخر سني القرن الخامس عشر. وبين سنتي ١٤٩٩م و ١٥٠٢م افترس نسبة عالية من سكان مناطق عدة في أوروبا حتى لقد قدر أن نصف سكان أراضي الراين ومنطقة سوابيا قد لاقوا حتفهم خلال هذه الموجة الأخيرة. هذا بجانب وباء جديد لم يكن معروفا، وهو مرض السفلس الذي كان يندفع في صورة وبائية جارفة أودت بحياة أعداد كبيرة من الناس. وعانى الأوروبيون من تكرار فشل وتلف المحاصيل المنتظرة للمواسم الزراعية، وما كان يتبع ذلك من غلاء أسعار المواد الأساسية، فضلا عن فقدان الفلاحين لثمرات مجهودهم وتفاقم فقرهم. وفي سنة ١٥٠٠م كان المحصول الزراعي في غاية السوء، واتسم رد فعل الفلاحين بالعنف؛ وانتشرت حالات السلب والنهب على نطاق واسع. أما الحروب التي خاضتها الفئات المتنافسة في سويسرا سنة ١٤٩٩م فقد أفرغت قرى كاملة من سكانها، ولم تنحصر آثارها في سويسرا بل امتدت إلى سوابيا والتيرول [٢].

الصراعات السياسية والدينية:

عند بداية القرن كانت القوى الرئيسية في أوروبا تتمثل في فرنسا، وأنكلترا، وإسبانيا، والإمبراطورية الرومانية المقدسة. وكانت الأراضي الألمانية

---

٢ المصدر نفسه، ص ٨٥.

٢ المصدر نفســـه، ص ٨٦- ٨٧.

لغة هي التي تشكل قلب الإمبراطورية، بيد أن هذه الأراضي لم تكن موحدة مثل فرنسا وإنكلترا والسويد، بل كانت مقسمة إلى عدد كبير من الإمارات شبه المستقلة تعد بالمئات؛ بل وصل عددها إلى حوالي ألف وحدة في بعض الأحيان؛ كما كانت فيها المدن التجارية التي منحت امتيازات خاصة. بيد أن أكثر الإمارات كانت صغيرة، بنسب متفاوتة، حيث كان البعض منها لا يزيد عن نصف قرية صغيرة. أما الإمارات الأكثر أهمية فقد كان عددها يقرب من ثلاث مئة إمارة (دوقية)، ومن بينها الإمارات التي تمتع أمراؤها بحق الإنتخاب، أي المشاركة في التصويت لانتخاب الإمبراطور. وكانت قوة بعض الأمراء الكبار تزيد على قوة الإمبراطور نفسه داخل الإمبراطورية، سواء في بنيتها الداخلية أو في علاقاتها ومواقفها أمام القوى الأوروبية الأخرى. وكان من ضمن مكونات الإمبراطورية الأراضي التي تقوم عليها الآن دول النمسا، وتشكيا، والمجر، ومعظم الأراضي السويسرية الناطقة بالألمانية، والمقاطعات المتحدة التي تحمل الآن اسم هولندا. وكان الإمبراطور يصل إلى منصبه عن طريق الانتخاب من قبل ناخبين سبعة هم أقوى أمراء هذه الكيانات الألمانية كما أشرنا. وفي العقود الأخيرة من القرن الخامس عشر- كان المنصب الإمبراطوري قد انحصر في أسرة الهابسبورغ، بيد أن العقد الثاني من القرن السادس عشر شهد ملكا فرنسيا يدخل المنافسة للحصول على المنصب. وبعد موت الإمبراطور مكسمليان سنة ١٥١٥م آل العرش بعده إلى حفيده شارل الأول، ملك إسبانيا،وهو أيضا حفيد فردنند وأيزابلا. ومنذئذ صار شارل الأول يحمل لقب شارل الخامس بالنسبة لمنصبه الإمبراطوري؛ وبذلك جمع سلطة ملك إسبانيا وسلطة الإمبراطور. وبهذا اجتمعت قوة إسبانيا مع رصيد القوة المعنوي والمادي للإمبراطورية. وفي مقابل هذا الوضع الأوروبي الغربي كانت القوة الخارجية الأكثر أثرا في ذلك العصر (القوة العظمى) هي الدولة العثمانية التي كانت تمثل الآخر الخارجي؛ وكانت فرنسا أقوى الدول الأوروبية بعد خروجها منتصرة من حرب المائة سنة الطويلة مع إنكلترا؛ كما كانت الأكثر شراهة لقضم أجزاء من جسد الإمارات الإيطالية. وكانت إيطاليا مجزأة هي الأخرى إلى عدد من الدويلات المتفاوتة الحجم والقوة، تشكل كل منها وحدة سياسية مما يعرف في التاريخ باسم "المدينة الدولة،" وكان بعضها جمهوريات. وقد كانت الدويلات الإيطالية غنية بفضل نشاطها الاقتصادي، خاصة التجاري منه، كما كانت أكثر رقيا بحكم كونها مهد النهضة وراعيتها، قبل انتقالها إلى غيرها من مناطق غرب أوروبا، وبحكم ميراثها الغني والمتنوع من الإمبراطورية الرومانية القديمة. وبهذا الوضع: أي اجتماع الثروة والتفكك والضعف العسكري في آن واحد، غدت إيطاليا مطمعا للأقوياء من حولها.

وفي الوقت نفسه كانت البابوية قوة دينية سياسية وعسكرية أيضا ذات نفوذ أشمل وأوسع، حيث كان نفوذها يطغى على كثير من الإمارات الإيطالية ؛ أي أن البابوية لم تكن واحدة بين أنداد في إيطاليا؛ وذلك بجانب نفوذها الديني في عالم الغرب والتجليات المختلفة لذلك النفوذ، وخاصة ما سبق لها من صراع سياسي مع ملوك الدول المجاورة، وحتى مع بعض الأباطرة.

لم يكن السلام مستتبا في عالم الغرب قبل انفجار حركة الإصلاح الديني، فقد شهدت أوروبا صراعا طويلا كان دافعه الأول غير ديني- على ما يبدو من متابعة الأحداث - إذ ظهرت بذور القومية المبكرة التي جسدها الملوك الأقوياء الذين رغبوا في التخلص من تسلط البابوية الإقتصادي على موارد بلادهم، مع استخدام السلطة الدينية لتحقيق مكاسب اقتصادية وسياسية، كما رغبوا في تقوية السلطة المركزية الملكية وإخضاع أمراء الأقاليم والنواحي في بلادهم، وكذلك إخضاع كبار رجال الدين. وبجانب ذلك كان تشرذم إيطاليا - كما ذكرنا - مثيرا لأطماع جيرانها الأقوياء للسيطرة على ما يستطيعون من أراضيها. ولم تكن البابوية بعيدة عن هذا الصراع، إذ كانت قد اتخذت من هبة قسطنطين المزعومة متكأ لادعاءات بملكية إيطاليا والسيطرة على الإمارات الإيطالية؛ ولذا فقد شاركت في التحالفات السياسية المتقلبة، واستخدمت الجنود المرتزقة، واستغلت ثروتها في تمويل الحروب والمشاركة فيها. وقد عرف الصراع بشان إيطاليا لدى المؤرخين باسم "الحروب الإيطالية". وكانت إسبانيا قد أصبحت لاعبا أساسيا في الأحداث الأوربية بعد أن نجح فرديناند وإيزابلا في تصفية الوجود الإسلامي في غرناطة، وبالتالي في إسبانيا كلها سنة ١٤٩٢م، وتوحيد إسبانيا بزواجهما في فترة لاحقة. وقد آل عرش إسبانيا إلى حفيدهما شارل الأول الذي فاز بمنصب الإمبراطور الروماني المقدس سنة ١٥١٩م، وما حمله هذا المنصب من تبعية الأراضي الألمانية وبوهيميا والمجر، والأراضي المنخفضة، بالإضافة إلى إسبانيا، كل ذلك عظم دور الإمبراطور ودور إسبانيا ودور الإمبراطورية في الصراع الخاص بإيطاليا.

ففي سنة ١٤٩٥ انعقد "الحلف المقدس Holy League " الذي ضم البابا الكسندر السادس، والإمبراطور الروماني المقدس مكسمليان الأول، وفردنند الثاني (ملك أراغون - إسبانيا)، بالإضافة إلى كل من جمهورية البندقية، وميلان للتصدي لفرنسا التي غزا ملكها شارل الثامن إيطاليا في السنة السابقة. وقد شعر الملك الفرنسي بالخطر على جيشه فسارع إلى الانسحاب من إيطاليا وتخلى عن جميع المناطق التي فتحها.

وفي سنة ١٥٠٨ تشكل "حلف كامبرى League of Cambrai " فضم كلا من البابا يوليوس الثاني والإمبراطور مكسمليان الأول، وملك فرنسا لويس الثاني عشر، وفردنند الثاني ملك أراغون - إسبانيا. وكان الهدف المعلن للحلف هو مقاومة الخطر العثماني؛ أما الهدف الحقيقي - كما تبين عمليا بعد ذلك - فقد تمثل في غزو أراضي جمهورية البندقية وتقسيم ممتلكاتها بين أعضاء الحلف. وقد انتصر الجيش الفرنسي على قوات البندقية، وقسمت الأسلاب. والظاهر أن لويس الثاني عشر اعتقد بأن من حقه أخذ نصيب الأسد من الأسلاب، باعتبار فرنسا القوة الأولى في أوروبا.

بيد أن البابا ما لبث أن غير موقفه ونجح في تكوين حلف جديد ضد الخطر الفرنسي. وقد عرف هذا الحلف باسم "الحلف المقدس" أيضا، وضم كلا من الدولة البابوية، والبندقية، وإسبانيا، والإمبراطور مكسمليان، وإنكلترا، وسويسرا. ونجح الحلفاء في طرد الفرنسيين من ميلان؛ وعندما حاولوا العودة ثانية ألحق بهم السويسريون هزيمة كبيرة في معركة نوفارا Novara (٦ حزيران ١٥١٣م)، وفقدت فرنسا كل فتوحاتها في إيطاليا. ومع أن لويس الثاني عشر نجح في شق "الحلف المقدس"، بالدبلوماسية، إلا أنه توفي سنة ١٥١٥ ليخلفه ابنه فرانسس الأول. ولم يلبث الملك الفرنسي الجديد إلا قليلا حتى عبر الألب صوب إيطاليا وانقض على قوات خصومه قرب ميلان وأنزل بها هزيمة ماحقة مكنته من فرض شروطه على الحلفاء المنهزمين.

وقد شهد عام ١٥١٩م تطورا جديدا عندما فاز ملك إسبانيا شارل الأول بمنصب الإمبراطور، منتصرا على منافسه فرانسس الأول، ملك فرنسا، وبذلك تهيأت الأجواء للحرب بين الخصمين. وقد تحالفت إنكلترا مع الإمبراطور الجديد، فنشبت الحرب سنة ١٥٢٢ عندما عاد فرانسس الأول لاجتياح إيطاليا، وحاصر بافيا سنة ١٥٢٥. لكن جيشا أمبراطوريا قدم من ألمانيا ألحق الهزيمة بالملك الفرنسي فاضطر إلى الاستسلام وحمل أسيرا إلى مدريد سنة ١٥٢٦ واضطر إلى توقيع معاهدة مذلة (معاهدة مدريد) تنازل فيها عن جزء كبير من الأراضي الفرنسية لصالح إسبانيا. غير أن حلفا جديدا تكون ضد القوة الجديدة المتمثلة في شارل الخامس، الذي جمع بين يديه إمكانيات الإمبراطورية مضافة إلى إمكانيات إسبانيا والممتلكات التابعة لها.

وعودة إلى إيطاليا حيث كان الجيش الإمبراطوري الذي قدم من ألمانيا وهزم الفرنسيين، جيشا من المرتزقة، مثل غيره من جيوش أوروبا في ذلك الزمان؛ وكانت رواتب ذلك الجيش قد تأخرت لفترة طويلة فلم يتسلم الجند رواتبهم ، ولذا فقد قرر قادته اللجوء إلى نهب المدن الإيطالية الغنية. وكان هدفهم الأول مدينة

فلورنسا، لكن دفاعاتها تمكنت من صدهم، فتوجهوا نحو روما، مركز البابوية ودولتها. وقد وجدوها غنيمة سهلة فاجتاحوها سنة ١٥٢٧ وأعملوا فيها السلب والنهب والحرق والقتل واغتصاب النساء، حتى لقد اغتصبوا الراهبات، ولم تسلم من أيديهم كنيسة ولا كاتدرائية. وقد أذلوا الكرادلة، ووقع البابا كلمنت السابع في أيديهم فأخذوه أسيرا؛ وقد ظل سجينا لدى الإمبراطور ستة أشهر، وخلال فترة سجنه كان البابا يفاوض الإمبراطور للوصول إلى صلح يحقق مصالح الطرفين، إن لم يكن كلها فبعضها. وقد انتهت المفاوضات بصفقة دفع فيها الإمبراطور للبابا مبلغا من المال - قيل إنه ٦٠٠دوكات - على أن يقوم الأخير بتتويج الإمبراطور الذي كان حريصا على إضفاء مزيد من الشرعية، يعزز بها شرعية منصبه المستمدة من الناخبين السبعة.

هكذا كانت أحوال عالم الغرب في العقود الثلاثة الأولى من القرن السادس عشر، قبل وبعد انطلاقة حركة الإصلاح الديني.

الإصلاح الديني وانبعاث الفكر التوحيدي :

أولاً : الحركات المعنية بالإصلاح :

وقد تشعب الانطلاق الذي تبع الانفجار الإصلاحي في مسارات عدة يمكن أن نجملها على النحو التالي:

١- المسار اللوثري، بزعامة مارتن لوثر Martin Luther في ألمانيا
٢- المسار الثوري، وانبعاث الفكر التوحيدي
٣- مسار زيورخ، بقيادة ألدريش تسفنغلي Uldrich zwingli
٥- المسار الكلفاني (جان كلفان Jan Calvin) في جنيف .
٦- الإصلاح البابوي.

مارتن لوثر يحرك المياه الراكدة:

كان مارتن لوثر (١٤٨٣ - ١٥٤٦م) مؤسس حركة الإصلاح البروتستنتي في القرن السادس عشر قد رسم راهبا في أحد الأديرة في إرفورت Erfurt في دوقية (إمارة) سكسونيا شمال ألمانيا سنة ١٥٠٧م بعد أن رفض الانصياع لرغبة والده الذي كان يحضه على دراسة القانون. وبجانب ذلك فقد انضم إلى منظمة الأوغستينيين، نسبة إلى القديس أوغستين أوف هيبو، المتوفى سنة ٤٣٠م. وفي الفترة المبكرة من حياة الرهبنة ركز لوثر جهده في الدراسات الأكاديمية، وما لبث أن غدا أستاذا لدراسات الكتاب المقدس سنة ١٥١٢م، في جامعة فتنبيرغ، حديثة التأسيس آنذاك. وكان أثناء رهبنته المبكرة، وفي فترة دراسته، مهموما بمشكلة شخصية نغصت عليه حياته، حيث كان ينتابه شعور عميق بأنه غارق في الخطيئة أمام الله، الأمر الذي جعل ضميره في غاية الاضطراب؛ فقد ورد ضمن ما كتبه:

Though I lived as a monk without reproach, I felt I was a sinner before God "with an extremely disturbed conscience. "

وبعد فترة من التأمل والتعبد ليلا ونهارا اهتدى مارتن إلى الاعتقاد الذي أراح ضميره، إذ توصل إلى أن " الإيمان بأن المسيح قضى على الصليب من أجل خلاص الناس" هو الذي يضمن القبول عند "الإله الأب" وأن رضا الله يأتي عن

طريق الإيمان وحده فقط ، وليس عن طريق العمل الصالح[١]. وانطلاقا من هذه العقيدة، عقيدة "التبرئة بالإيمان" وجد لوثر أن "صكوك الغفران" وبيعها وما يصاحبها من ادعاءات بغفران الذنوب تتعارض مع ما توصل إليه، أي مع عقيدته الجديدة المكتشفة.[٢] وكان أحد البائعين الجوالين، ويدعى يوحنا تتزل Johann Tetzel، يدور في المنطقة التي كان فيها لوثر ويسرف في الحديث عن أثر وفاعلية صكوك الغفران، ولقد بلغت به الجرأة إلى القول بأن صكوك البابا تمحو ذنوب الرجل حتى لو أنه اعتدى جنسيا على أم الله [المقصودة هنا مريم العذراء عليها السلام]. وقد ورد ذكر ذلك في الإحتجاج رقم (٧٥) من احتجاجات مارتن لوثر الخمسة والتسعين؛ وهذا هو نص ترجمته الإنكليزية:

"٧٥- It is foolish to think that papal indulgences have so much power that they can absolve a man even if he has done the impossible and violated the mother of God."[٣]

وفي الإحتجاج رقم (٧٦) رد لوثر بغضب قائلا "... إن العفو الذي يصدره البابا لا يمكن أن يزيل أقل خطيئة. وعندما يقال: إنه حتى القديس بطرس [أحد تلامذة المسيح المباشرين] - لو أنه الآن يشغل منصب البابا - لا يستطيع أن يمنح مغفرة أعظم. فإن مثل هذا القول يعتبر إلحادا في حق القديس بطرس ، وفي حق البابا نفسه.

وإذ رأى لوثر وبعض أصدقائه وزملائه في الجامعة أن الخطر قد استفحل، عندما صار الناس يتهافتون على شراء "صكوك الغفران" فقد عملوا على عقد ندوة في الجامعة لمناقشة الموضوع يديرها لوثر نفسه، وتشارك فيها الجامعات الأخرى في المنطقة، ودعوا المهتمين من خارج الجامعة للمشاركة. أما الذي لا يستطيعون الحضور فيمكنهم إرسال تعليقاتهم وآرائهم كتابة. وقد أعد لوثر قائمة بالاعتراضات على عملية بيع الصكوك وما أحاط بها، ضمت خمسا وتسعين نقطة أو اعتراضا. وكان أحد وسائل هذه الدعوة أن مارتن لوثر حمل ورقة كتبت عليها الاحتجاجات الخمسة والتسعين، مع الدعوة العامة، وعلقها على باب كنيسة الحصن القريبة، والتي كانت تستخدم لمثل هذا الغرض، أي كلوحة إعلانات، وذلك يوم

---

١ - Michael Mullett, "Martin Luther's ninety-five Theses: Michael Mullett Defines the Role of the ٩٥ Theses in the Lutheran Reformation," *History Review*, issue No. (٤٦), ٢٠٠٣, pp. ٤٦ +
(هذه الحاشية تشير إلى بحث وصلت إليه من خلال الإنترنت، وصورته كاملا في ست صفحات. وفي ذيل الصفحة السادسة تعريف بالدورية التي نشر فيها - هستري رفيو --، مجلد ٤٦، سنة ٢٠٠٣، ص ٤٦ وما بعدها. وهذه الطريقة تستخدم في بعض الحالات فقط، ولا تستخدم في الكتب قط. والنقطة التي عزوتها إلى مؤلف المقال تقع في الصفحتين ٥و ٦ من المادة التي صورتها كاملة.)

الحادي والثلاثين من أكتوبر (تشرين الأول) ١٥١٧م[١]. وكان تعليق هذا الإعلان أول خطوة في الأحداث التي أدت فيما بعد إلى انفجار حركة الإصلاح والصراع الديني الهائل الذي شهده "عالم الغرب" طوال ما يزيد على قرن تقريبا، حيث انتهى قبيل منتصف القرن السابع عشر. وفي الحادي عشر من نوفمبر - من نفس السنة ١٥١٧م - كان لوثر قد أرسل بعض نسخ من قائمة الاعتراضات إلى بعض اصدقائه في مناطق أخرى من ألمانيا، فقام نفر من المتحمسين بالعمل على ترجمتها إلى الألمانية وطباعتها، فوزعت على نطاق واسع، حيث أشهرت التوجه الفكري الجديد وفتحت بابا واسعا لتنفيس الآلام والغضب المكبوتة في نفوس الكثيرين، ولقيت الاحتجاجات استجابة سريعة قبل أن تتبلور معالم رؤية شاملة لما يراد ويمكن عمله على الصعيد العام.

ويتضح مما ذكرناه باختصار، ومن المادة الموسعة التي تقدمها المصادر والمراجع، أن لوثر لم يكن لديه مشروع عام للإصلاح أو الثورة، ولم تكن له استراتيجية لتغيير الأوضاع ضمن مشروع فكر فيه وأعده. كما أنه لم يؤسس جمعية أو تنظيما أو منظمة ثورية أو إصلاحية؛ لقد أراد أن يصلح هذا الخلل المتمثل في صكوك الغفران وما يترتب عليها من إضلال الناس. ومن ناحية أخرى فإن لوثر لم يبدأ ثائرا ضد البابا والبابوية، ولم يتحول إلى الموقف المعادي إلا بعد تطور الأحداث، وبعد موقف البابا العنيف الرافض لفكرة أن يقوم راهب صغير في ناحية صغيرة من الأراضي الألمانية ليعترض على سلطته ومقامه. ففي حزيران (يونيو) ١٥٢٠م أصدر البابا ليو العاشر مرسوما أدان فيه لوثر وأمهله ستين يوما ليتبرأ من "توجهه المنحرف". لكن لوثر اعتبر أن موقف البابا يمثل "رفضا للإصلاح ولأية مبادرة إصلاحية،" ولذا فقد أعلن إصراره على المضي في طريق الإصلاح، وقام بحرق المرسوم البابوي أمام جمع من أصدقائه ومؤيديه. ومع ذلك فإنه لم يفقد الأمل في تغيير موقف البابا، حيث نجد أنه كتب له رسالة مطولة بتاريخ ٦ سبتمبر (أيلول) ١٥٢٠، معتذرا ومؤكدا إخلاصه وولاءه للبابوية، وأنه - عندما اعترض على عملية صكوك الغفران - إنما كان يدافع عن سمعة البابا والبابوية ضد ما يفعله المنحرفون والمتملقون الذين يسيئون إليها ويدعون التصرف باسمها؛ ولكنه - مع ذلك - أكد إصراره على الاستمرار في حربه ضد أولئك المنحرفين وتصرفاتهم ورجا البابا أن يتفهم موقفه. وقد استغرقت رسالة لوثر ثماني صفحات[٢]. لكن موقف البابوية لم يتغير؛ ولم يلبث البابا أن أعلن أن

---

[١] - هناك من ذكر تاريخا آخر، وهو أول نوفمبر ١٥١٧م، لكننا اخترنا التاريخ الذي ذكره ملانكتون، مساعد لوثر وزميله.

[٢] Martin Luther, " AN OPEN LETTER TO POPE LEO X,' *Martin Luther: Selections from His Writings.* Edited by John Dillenberger, pp. ٤٣ - ٥٢.

مارتن لوثر " منحرف Heretic"، ومطرود من الكنيسة الكاثوليكية الرسولية. وهكذا تحولت المشكلة إلى السلطة السياسية للتصرف بها، أي إلى الإمبراطور شارل الخامس الذي كان قد أقسم عند توليه عرش الإمبراطورية الرومانية المقدسة أن يدافع عن الكنيسة، ويزيل الهرطقة من الإمبراطورية. بيد أن يد الإمبراطور كانت مغلولة بسبب انشغاله بالصراعات التي كانت دائرة في أوروبا في تلك الفترة بالذات، في ظروف كانت في غاية التعقيد. وقد أشرنا إلى بعضها على عجل في الصفحات السابقة، خاصة الفترة الممتدة من العقد الأخير من القرن الخامس عشر إلى نهاية العقود الثلاثة الأولى من القرن السادس عشر بما فيها الحروب الإيطالية، أي الصراع الحربي للسيطرة على إيطاليا، وتغير علاقات التحالف ومراكز الفرقاء فيها، ودخول البابوات طرفا أساسيا في تشكيل الأحلاف، وكذلك انغماسهم في صراعات مع الإمبراطور لدرجة أن جيشا إمبراطوريا اجتاح روما واستولى عليها ونهبها نهبا قبيحا، بجانب وقوع البابا في أسر المهاجمين وبقائه في السجن لمدة ستة أشهر يفاوض الإمبراطور على صفقة للمصالحة... الخ[1]

وكان لوثر قد اضطر إلى الاختفاء سنة ١٥٢١م، بعد صدور قرار الحرمان ضده خشية إلقاء القبض عليه وقتله حرقا، حيث التجأ إلى حماية Frederick the Wise أمير سكسونيا الذي أيده وتعاطف معه؛ واستمر اختفاء لوثر وغيابه عن مسرح الأحداث حتى سنة ١٥٢٥م ؛ بيد أن اتصاله مع أنصاره في جامعة فتنبيرغ لم ينقطع، حيث كانوا يبعثون له بالأخبار، وفي إحدى المرات ذهب سرا إلى هناك ليصحح وضعا اعتبره خاطئا وخطيرا. وتتابعت التطورات متصاعدة بعد ذلك، بيد أنها ظلت محكومة بالظروف السياسية المتغيرة في "عالم الغرب"، في الأراضي الألمانية وفي علاقات الدول الأوروبية وصراعاتها بشكل عام.

وفي ضوء ذلك يمكن أن نقول إن تحركات مارتن لوثر مرت في ثلاث مراحل، الأولى من سنة ١٥١٧م حتى سنة ١٥٢١، بينما امتدت الثانية من سنة ١٥٢١ إلى ١٥٢٥م، أما الثالثة فقد امتدت من١٥٢٥ حتى وفاته سنة ١٥٤٦م. في المرحلة الأولى كان لوثر هو اللاعب الرئيسي والوحيد المحرك لقضية اعتراضاته، بدءا ببحث هذه الاعتراضات وإعلانها للملأ، ثم مكاتباته مع البابا، وخطابه لزعماء الأمة الألمانية، وتأكيده على أهمية الكتاب المقدس وأسبقيته على ما قالته وتقوله البابوية والمجالس الكنسية، واعلانه أن جميع المسحيين قساوسة - أي رجال دين - ومضيه في التحدي بعد أن يئس من إقناع البابا بسلامة موقفه، وأخيرا اضطراره للاختفاء والاحتماء بناخب سكسونيا. أما في المرحلة الثانية فقد غاب لوثر عن

[1] انظر ص ١٠٦-- ١٠٨، فيما سبق.

المسرح – كما ذكرنا - وإن كانت أفكاره لم تغب، وأنه ظل على اتصال سري بزملائه وأتباعه، بينما انطلقت قوى كثيرة، أفرادا وجماعات، بغير رؤية موحدة ، أو برنامج عمل موحد، واشتعلت العواطف الجامحة وانتشر العنف والقتل والتدمير. وكان أعنف حدث هو "ثورة الفلاحين" (١٥٢٤ - ١٥٢٥م). وفي السنة الأخيرة – ١٥٢٥ - خرج لوثر من مخبئه، وعاد إلى فتنبرغ مخاطرا بحياته ليلقي بكل ثقله ضد ثورة الفلاحين أملا في إنهاء العنف، وبذلك بدأت المرحلة الثالثة من حركته الإصلاحية.

ثانيا: موضوعات الإصلاح :

لقد تماثلت مواقف القادة الإصلاحيين الثلاثة الكبار في تبنيهم للنقطة الرئيسية الأهم، وهي: "أن سلطة الكتاب المقدس Scripture تسبق وتسمو على سلطة البابا والمجالس الكنسية والتقاليد"؛ كما تشابه موقفهم جميعا من مسألة صكوك الغفران. وقد عمل كل منهم منطلقا من هذا المبدأ - سمو سلطة الكتاب المقدس - وتابعه على ذلك أنصاره ومؤيدوه وكل من اقتنع برأيه. وقد شكلت هذه المقولة هجوما واضحا على البابوية جردها من السلطة التي صنعتها لنفسها منذ عهد البابا ليو الأول. بيد أن هذا الخلاف الرئيسي مع البابوية لم يشكل قطيعة لاهوتية مع الكاثوليكية، بل - على العكس من ذلك – ترك مساحة واسعة من الاتفاق، خاصة في مسائل المعتقدات الأساسية.

العناصر المشتركة بين البروتستنت والكاثوليك:

لقد احتفظ البروتستنت بقسم كبير من اللاهوت الكاثوليكي؛ فقد ظلوا يؤمنون بالثالوث الإلهي، وبألوهية عيسى، وبتقديس كتب "العهد القديم" والكتب اليهودية المقدسة، كما آمنوا بكتب "العهد الجديد"، وبسقوط الإنسان بخطيئته الأولى وباستعادته وخلاصه عن طريق المخلص عيسى- الذي كان "صلبه وعذابه" [حسب عقيدتهم المشتركة] وسيلة الخلاص. كذلك آمنت الطوائف البرتستنتية باليوم الآخر، وبالثواب والعقاب. كما أن الأخلاقيات والفضائل ظلت واحدة وثابتة عند البرتستنت والكاثوليك على السواء[١].

---

١ Carlton J.H. Hayes, *A Political and Social History of Modern Europe*, p. ١٦٥.

عقائد خاصة ميزت الطوائف البرتستنتية عن غيرها:

(١) رفض ادعاءات "أسقف روما" [البابا]، وبالتالي رفض حكومته وحقه في الحكم والتشريع،

(٢) رفض العقائد غير الأصلية، التي ظهرت في العصور الوسطى، ومنها صكوك الغفران، والتوسل بالقديسين، وتقديس مخلفاتهم الأثرية، بجانب تعديلات مهمة في نظام العبادات،

(٣) الإصرار على أسبقية "الكتاب المقدس" على قرارات البابا والمجالس الدينية، وكذلك الإصرار حق الفرد في تفسير وفهم الكتاب المقدس؛ والاعتراف بقدرة الفرد على خلاص نفسه بمفرده، دون الحاجة إلى استدعاء أي كاهن [١].

وكان لوثر قد أصدر كتيبا وجهه إلى الزعماء الألمان سنة ١٥٢٠م تحت عنوان:

.Address to the Christian Nobility of the German Nation

وفي هذا الكتيب نفى لوثر ورفض أن تكون للبابا سلطة على الحكام المدنيين، وأن تكون له سلطة فوق الكتاب المقدس؛ وذهب إلى القول بأن السلطة المدنية هي التي يجب أن تدعو إلى انعقاد مجلس عام من أجل إصلاح الكنيسة، وليس البابا[٢]. وهنا نجد في خطاب لوثر مغازلة وتناغما مع هواجس وطموحات أمراء الدوقيات الألمانية المتعددة ومع التوجهات والمشاعر القومية الضعيفة، وتحفيزا للأمراء واستنهاضا لهم ضد التغول الخارجي الذي مثلته البابوية والإمبراطورية.

لقد شعرت البابوية والكنيسة الكاثوليكية بخطورة مبدأ "أسبقية سلطة الكتاب المقدس" ليس على أي بند من عقائدها، بل على التقاليد التي ثبتتها وارتكزت عليها في تعاملها مع الآخرين من حكام شعوب، ومفكرين ورجال دين؛ كما نفترض أنها لا بد وأن تكون شعرت بخطورة حديث لوثر عن السلطة المدنية وأحقيتها في عقد المجالس العامة من أجل إصلاح الكنيسة، بدلا من أن يكون ذلك حقا حصريا للبابا[٣] ولذا فقد جاء ردها سريعا وعنيفا. هذا، بينما كان الاعتراض البرتستنتي الأول

---

١ المصدر نفسه.

٢ Gonzalez, III, p. ٣٨.

٣ *The Cambridge History of the Bible: The West from the Reformation to the Present Day*, edited by S.L Greenslade (Cambridge University: at the University Press, ١٩٦٣), pp. ١-٥.

والأكثر حدة على تصرفات البابوية يتعلق بموضوع "صكوك الغفران"، وهو الذي حرك المياه الراكدة، وحفز لوثر إلى الاحتجاج.

ونعيد التنبيه - كما درجنا على القول، خلال فصول هذا الكتاب -: إن دراسة الموضوعات التاريخية ليست هدفنا في هذا الحوار بين عالم الإسلام وعالم الغرب؛ ولذا فإننا لن نطيل الحديث عن التاريخ، ولن نحاول الغوص في التفاصيل التي لا تؤثر على مسعانا لهدفنا المتمثل في تجلية عناصر الاتفاق، وعناصر الاختلاف بين "عالم الإسلام" و "عالم الغرب". ولذا فإننا سنكتفي بإشارات سريعة لمعالم التطورات المتصلة بموضوعنا، والتي شهدها عالم الغرب في هذه الحقبة.

ثالثا: الحروب الدينية:

هذا التفجير الذي أحدثه مارتن لوثر سنة ١٥١٧م، وبدا صغيرا محدود المدى في بداية الأمر، ما لبث أن اتسع وترددت أصداؤه في مختلف أقطار عالم الغرب. لم يكن لوثر هو الذي أشعل الحروب الدينية، فقد كانت أسبابها مختزنة ومتراكمة عبر قرون طويلة، بيد أنها كانت محبوسة تحت أغطية كثيفة حملت عناوين دينية فرضت السكون والرضا غير الواعي؛ وكل ما فعله لوثر أنه كشف الغطاء عن عدم شرعية صكوك الغفران، قضيته الأولى والوحيدة في بادئ الأمر. وعندما ردت البابوية بعنف ولا عقلانية رفع صوته بشجاعة، وسعى لإقناع القوى المختلفة بتبني هذه القضية، كما دخل في حوار مع البابوية في المرحلة الأولى من تحركه. ومع انتشار الأخبار والمقولات عما فعله لوثر تحسس الناس آلامهم فثاروا ، وكانت ثورة بعضهم من غير تفكير أو إعداد، وكان من بينهم أناس قاصري الوعي والتفكير، دفعتهم العواطف العمياء في حركة عنيفة دون رؤية، وآخرون جهلة حركهم حقدهم الأعمى للانتقام من جلاديهم وجلادي آبائهم وأجدادهم من قبلهم.

وليس في نيتنا أن نبحث الحروب الدينية أو نروي أخبارها، حتى ولا بشكل موجز، لكننا سنكتفي بتحديد المعالم والفصول الرئيسية لها، مع تحديد الفرقاء الرئيسيين وما تبنوه من أفكار وعقائد، وذلك ضمن مسعانا لاكتشاف وتجلية العناصر المتماثلة والمشتركة بين "عالم الإسلام" و "عالم الغرب"، التي قد يؤدي إدراكها والوعي بها إلى فهم أفضل، وعلاقات أكثر إنسانية قائمة على أسس صحيحة بين عالم الغرب وعالم الإسلام. وهذه مقولة كررناها وسنكررها من حين لآخر.

وفي ضوء هذه المقدمة وهذا الفهم نستطيع أن نعتبر "ثورة الفلاحين" في ألمانيا (١٥٢٤-١٥٢٦) مرحلة من مراحل الحروب الدينية، وهي أول المراحل.

ثورة الفلاحين في ألمانيا:

كان الفلاحون في ألمانيا يعانون من شتى صنوف الإستغلال، سواء على أيدي الحكام، أومن جانب النبلاء، وكذلك من جانب الكنيسسة ورجال الدين، الذين اعتبروهم مجرد "دواب شغل beasts of burden" للمجتمع، ليس لهم إلا العمل، والعمل الإجباري ، والصبر على المزيد منه، والاستمرار فيه دون حقوق، ودون تذمر أو تأفف، الأمر الذي لا مجال للخوض فيه هنا بأية درجة من التفصيل. وقد وجدت هذه المعاناة منذ وقت طويل سابق على عصر الإصلاح الديني. وتحت وطأة تلك الظروف الصعبة قام الفلاحون بعدة ثورات شهدتها المجتمعات الألمانية في سنوات: ١٤٧٦، ١٤٩٢، ١٤٩٣، ١٥٠٢، ١٥١٣، و١٥١٤م. وعندما ظهرت حركة الإصلاح البرتستنتي وأخذت تسعى لإزالة عدد من الانحرافات، مبتدئة بموضوع صكوك الغفران، ثم أعلنت ضرورة سيادة مرجعية الكتاب المقدس على أية مرجعية أخرى، وأن جميع المسيحيين رجال دين سواء كانوا من طبقة الإكليروس أو من الناس المدنيين العاديين، انبعثت الآمال في نفوس الفلاحين في أن يكون قد حل وقت خلاصهم مما كانوا يعانونه من مظالم، ولم تكن تنقصهم الدوافع أو الحماسة للسعي من أجل تحقيق ذلك. وانهمك القادرون منهم في قراءة الأناجيل، واكتشفوا أن كل ما يعانونه من مظالم لا يستند إلى مبرر ديني؛ وقد أعطاهم هذا الاكتشاف قوة إضافية.

صحيح أن تلك الثورة كانت مدفوعة - بشكل رئيسي - بالمظالم التي عانى منها الفلاحون في حياتهم وعلاقاتهم الزراعية؛ بيد أنها سرعان ما أدخلت العنصر الديني وجعلته عنوانا لمطالبها وأهدافها. ولعل أول البذور التي أنبتت الشعارات الدينية جاءت من تأكيد مارتن لوثر على أن السلطة البشرية يمكن أن تقاوم عندما تتصادم أهدافها مع كلام الله [١] .

وفي خريف سنة ١٥٢٤ ظهرت انتفاضات الفلاحين وكانت بدايتها في سوابيا، في حوض الدانوب، وحول بحيرة كونستانس، ثم اتسعت رقعتها وامتدت بالتدريج في جميع انحاء جنوب وغرب ووسط ألمانيا وانتشرت في أكثر الأقاليم الألمانية. وفي هذه المرحلة استوعبت الثورة أفكارا ثورية مختلفة عن الشكاوى والمظالم الناتجة عن العلاقات الزراعية ؛ فقد بدأ العنصر الديني يبرز في شعارات

---

١ *The Cambridge Modern History*, II, p. ١٧٤.

وتصريحات قادة الثورة. لقد أدى هذا العنصر الديني دور الشعار المناسب والموحد لهذه المجموعات غير المتجانسة التي ضمتها الحركة الفلاحية، ومثل الراية التي سيحاربون تحتها. وهكذا أخذ أولئك الرجال ينظرون إلى الثورة باعتبارها انتفاضة باسم الإنجيل. ومن المنظور نفسه رآها الإصلاحيون في مدينة زيورخ السويسرية المجاورة، حيث بدا نفوذ تفنلي غالبا. وقد حثت حكومة زيورخ فلاحي كلتغاو Klettgau على الالتزام بكلمة الله وبالإستقامة[1]. وكان معظم الثوار، وبعض قادتهم، من الفلاحين؛ غير أنهم سمحوا - راغبين، أو غير واعين، أو كارهين - بأن ينضم إلى صفوفهم أشخاص متنافرو التوجهات والمشارب، منهم قساوسة من رجال الدين، ومنهم موظفون حكوميون سابقون، وبارونات، بل وبعض الأمراء الحكام، ومنهم مجرمون عاديون أيضا[2]. وقد نتج عن تلك الحرب كوارث مرعبة، من حيث أعداد الضحايا، التي تراوحت تقديراتها في المصادر التاريخية بين مئة ألف ومئتي ألف من القتلى، وأكثر منهم من المصابين، وبجانب ذلك الخراب والدمار المادي الذي حل بالبلاد، والقساوات التي مورست، والمعاناة الشديدة التي تحملها الناس، والذكريات المؤلمة التي اختزنتها الذاكرة الشعبية وأرهقت الوجدان واستفزت النفوس لآماد وقرون بعد مضي سني تلك الأحداث. ومن نافلة القول أن نكرر أن تلك الثورة لم تكن دينية خالصة، ولا سياسية خالصة، ولا اقتصادية خالصة، بل كانت خليطا من ذلك كله.

وكان من سوء حظ تلك الثورة أن وجد المتطرفون فرصتهم لمحاولة قيادتها وتوجيهها والتأثير في مسارها. وكان لوثر قد أبدى تعاطفا مع مطالب الفلاحين في البداية، لكنه حاول أن يهدئ من تصرفاتهم ويكفكف من غلوائهم. وقد بدت الثورة وكأنها نجحت في مرحلتها الأولى، وأجبر الأمراء والنبلاء وقيادات المدن على الخضوع لمطالب الفلاحين، التي صاغوها في اثنتي عشرة نقطة وأعلنوها سنة ١٥٢٥م. لكن هذه الاندفاعة ما لبثت أن اصطدمت بقوة أكبر، عندما وقف ضدهم زعيم الإصلاح، لوثر ومؤيدوه، بعد أن تسلل المتطرفون إلى قيادة الثورة وأمالوها نحو مزيد من التطرف. وقد تم القضاء عليها خلال سنتي ١٥٢٥- ١٥٢٦م، وانجلت عن كارثة واسعة: فقد دمر الثائرون قصور الأساقفة، وقلاع النبلاء، كما أحرقوا المكتبات والأديرة، فكانت الحصيلة أن صير أكثر من ألف حصن ودير أكواما من الرماد، كما أحرق خصومهم مئات القرى فسويت بالأرض، وقتلت قطعان الماشية، فخربت كثير من المناطق الزراعية، بجانب أعمال أخرى مشينة. وبعد هزيمة الثائرين حلت بهم المذابح، فقتل مئات ممن جرى اعتقالهم بقطع رؤوسهم. وترك الأيتام والأرامل من أبناء الضحايا في حالة عوز وإهمال.

---

[1] *Ibid.*, p. ١٧٩.

[2] *Ibid.*, ١٨٢.

هكذا فشلت الثورة تماما، بينما كان انتصار الأمراء انتقاما مشينا. بل ولقد لحق بحركة الإصلاح البرتستنتي كثير من الضرر السياسي والمعنوي.

لقد افتقرت الثورة إلى وحدة القيادة ووحدة التخطيط، ونقص التسليح والتدريب والخبرة العسكرية. بل إنها لم تكن حركة واحدة متناسقة؛ وفوق ذلك كله عانت من طيش المتطرفين، فسهل على السلطات وعلى خصومها القضاء عليها[١].

ومما يلزمنا التنويه به هنا أن هذه الصدامات التي افتتحت بها الحروب الدينية وقعت بين الثوار من ناحية والسلطات المحلية في الإمارات الألمانية، وفي المدن المستقلة الألمانية، منفردة أو ضمن تحالفات؛ أي أن السلطة العليا الرسمية المتمثلة بالإمبراطور شارل الخامس والقوى التابعة له لم تشارك في هذه المرحلة المبكرة من الحرب. لماذا ؟ لأن الإمبراطور كان مشغولا بعدد من الحروب الخارجية، خاصة ضد فرنسا وضد الدولة العثمانية، بل وكان في حرب مع البابا نفسه، الذي وقع أسيرا في يده، بعد أن اجتاح الجيش الإمبراطوري مدينة روما سنة ١٥٢٧م كما ذكرنا. وكان بعض تلك الحروب امتدادا لصراعات الفترة السابقة على الثورة البرتستنتية كما بينا في الصفحات السابقة[٢]. وقد استمر الصراع الحربي بينه وبين الملكية الفرنسية حتى سنة ١٥٤٤. وفي تلك الظروف عجز الإمبراطور عن مواجهة توسع الحركة البروتستنتية لأن خياراته كانت محدودة. وقد ظهر أثر ذلك العجز من جانب الإمبراطور سنة ١٥٣١م عندما أنشأ عدد من الأمراء الألمان حلفا عرف باسم (الرابطة الشمالكالدية Schmalkaldic League) للدفاع عن البرتستنتية ضد القوى المدافعة عن الكاثوليكية؛ أي أن الحلف، أو الرابطة كان ضد الأهداف والسياسة الإمبراطورية. ومع ذلك فإن الإمبراطور لم يجد مناصا من الاعتراف بالحلف خشية أن يتحول الأمراء إلى التحالف مع خصمه الملك الفرنسي. وقد ظلت يد شارل الخامس مغلولة إلى أن تمكن من الوصول إلى الصلح مع فرنسا سنة ١٥٤٤، وتوسط ملك فرنسا لتهدئة الصراع بين الإمبراطور والدولة العثمانية؛ وإذ ذاك حول شارل الخامس اهتمامه إلى مجابهة "الخطر البرتستنتي". وقد كان هدف الإمبراطور من دخول هذه الحرب ضد البرتستنت أنه كان يريد المحافظة على وحدة الإمبراطورية، وتقوية سلطته المركزية، وإضعاف سلطة الأمراء، وأن يقوم بواجبه في حماية العقيدة

---

١ Philip Schaff, *History of the Christian Church*, vol. I, p. ٤٤٠-٤٤٨; H.G. Koenigsberger, pp. ١٢٤ - ١٢٦; A.J. Grant, ٤٨٧; see also Joseph S. Lecler, *Toleration and Reformation*, vol. I, pp. ١٦٠-٤, ١٩٠ - ٢٢٢.

٢ أنظر الصفحة التالية.
Cambridge Modern History, Vol.II, pp. ٢٤٦ - ٢٥٠

الكاثوليكية، وفاء بالقسم الذي أداه عند تسلمه عرش الإمبراطورية؛ وكل تلك الأهداف كانت تسير في اتجاه واحد. أما كبار الأمراء الألمان فقد كانوا حريصين على حماية استقلالهم وحقوقهم وممتلكاتهم التي هددتها مساعي الإمبراطور. لقد دخل الإمبراطور الحرب، وتمكن من إغواء ناخب سكسونيا، جون جورج، كي يتحالف معه ضد البروتستنت، رغم أنه برتستنتي. وقد لعبت الوعود المغرية التي قدمها الإمبراطور للأمير السكسوني دورا مهما في إقناعه بالإنحياز إلى الجبهة الكاثوليكية. وهكذا تمكن شارل الخامس من كسب الحرب في فترة قصيرة، وحطم الحلف المشار إليه سنة ١٥٤٧ في معركة مولبيرغ Battle of Muhlberg [1]. وعلى أثر هذا النصر الذي أحرزه الإمبراطور انعقد مجلس ترنت الكاثوليكي قرب الحدود الإيطالية، كما انعقد مجلس الدايت الألماني في مدينة آوغسبورغ، وكلا المجلسين رتب أوضاعا واتخذ قرارات تخدم الجانب الكاثوليكي، ثمرة للنصر.

بيد أن هذا النصر لم يكن نهاية المطاف، فقد ظل التوتر يتجدد من حين لآخر، ليس بين البرتستنت والكاثوليك فحسب، بل وبين الفرق البرتستنتية المختلفة المتنازعة. وعندما اندلعت حرب الثلاثين سنة (١٦١٨- ١٦٤٨)، وهي المرحلة الأخيرة من الحروب الدينية في ألمانيا فقد كانت صراعا بين فريقين من البروتستنت، اللوثريين والكلفانيين. لكن رقعة الصراع اتسعت فجذبت إليها دولا أخرى مثل السويد والدنمارك وفرنسا وإنكلترا، بالإضافة إلى الإمبراطورية الرومانية المقدسة والدولة البابوية، وصارت صراعا دوليا تحكمه المصالح المتعارضة للدول المشاركة فيه، ولم يغب عنه مبدأ الحرص على توازن القوى .. وقد كان لمملكة السويد الدور الأول حيث اعتبرت نفسها حامية البرتستنتية، وقد تحالفت معها فرنسا الكاثوليكية ضد الأمبراطورية حامية الكاثوليكية.

رابعا: صلح وستفاليا:

وعند نهاية حرب الثلاثين سنة انعقد مؤتمر كبير شارك فيه مائة وواحد وعشرون مندوبا من ممثلي الحكومات والحكام في الإمبراطورية وفي عالم الغرب، وعرف بصلح وستفاليا Peace of Westphalia واتخذ قرارات عالجت مختلف المشاكل التي كانت تثور حولها النزاعات من فترة إلى أخرى. ومن المؤكد أن هذا الصلح لم يرض جميع الأطراف، بيد أنه نجح في وضع الأسس التي تسير

---

١ *The Cambridge Modern History*, II, pp. ٢٥٥ - ٢٦٢

بالأوضاع إلى السلام، وتزيل الاحتقانات، وتقلل من فرص العودة إلى الاقتتال. وكان من أهم القرارات التي صدرت عن ذلك المؤتمر:

- عفو شامل وغير مشروط عن جميع الذين كانوا قد حرموا من ممتلكاتهم

- إن جميع الأراضي المدنية (مع استثناءات قليلة) ينبغي أن تعود إلى الذين كانوا يحوزونها سنة ١٦١٨

- التأكيد على حق اللوثريين في التسامح الديني في الإمبراطورية، وهو الحق الذي كان ألغاه الإمبراطور فردرك الثاني في ما عرف بمرسوم العودة إلى الوضع السابق الذي أصدره سنة ١٦٢٩.

- كذلك تقرر في وستفاليا توسيع نطاق التسامح الديني الذي كان قرره صلح آوغسبورغ سنة ١٥٥٥؛ وكان غرض التوسعة أن يصبح أتباع الكنيسة الكلفانية الذين جرى تجاهلهم في آوغسبورغ، مشمولين بالتسامح. وبذلك صارت الطوائف الدينية الثلاث الكبرى في الإمبراطورية: الكاثوليك؛ والكلفانيين؛ واللوثريين مشمولة بالتسامح [١].

- وأخيرا فقد تضمنت القرارات إلغاء حق الاعتراض الذي كان للبابا، أي الاعتراض على القرارات والإجراءات التي تتخذها السلطات المدنية. ولهذا القرار أهمية خاصة باعتبار أنه وضع أساس العلمنة السياسية في عالم الغرب.

ويعتبر صلح وستفاليا معلما رئيسيا في مسيرة تطور "عالم الغرب". ولا تتمثل أهمية هذا الصلح فقط في توزيع الأراضي، خاصة على المنتصرين في حرب الثلاثين سنة، إو إدخال البرتستنتية الكلفانية تحت مظلة التسامح الديني بعد أن كانت محرومة منه - وإن كانت هذه أمور مهمة - بل إن أهم ما في المعاهدة أنها وضعت نهاية للحروب الدينية في ألمانيا عندما جردت البابوية من سلطة التدخل وحق الاعتراض في الشئون التي تخص الدول والإمارات والكيانات السياسية في أوروبا. وهكذا فإن معاهدة وستفاليا وضعت الركن الأساسي في بناء العلمانية السياسية [٢] كما ذكرنا. والمهم في الأمر أن الملوك والأمراء كانوا متفقين على استبعاد ما كان للبابوية من سلطات التدخل في الشئون الداخلية للدول والإمارات؛ والأهم من ذلك أن القوى الكاثوليكية، الإمبراطور والأمراء الألمان الكاثوليك، هم الذين قدموا النص الذي يلغي حق الاعتراض الذي كان للبابوية [٣]. أما البند التالي

---

١ *Encyclopedia Britanica*, CD ed., ٢٠٠١, art. Westphalia, Peace of.

٢ Carl Conrad Eckhardt, *The Papacy and World Affairs as reflected in the Secularization of Politics*(The University of Chicago Press, ١٩٣٧), pp. vii.

٣ المصدر نفسه، ص. ٦٤- ٦٨.

في درجة الأهمية فيتمثل في إضعاف دور الإمبراطور والإمبراطورية في التدخل في شئون الإمارات الألمانية التي حصلت بموجب معاهدة وستفاليا على الاستقلال ليس في الشئون الداخلية فحسب، بل وفي حق عقد المعاهدات مع الدول الأخرى. وهذه النقطة صبت أيضا في مسار التوجه نحو العلمنة باعتبار أن اسم "الإمبراطورية الرومانية المقدسة" كان يحمل ظلا دينيا أيضا، كما أنها أضافت قوة في اتجاه سير التيارات القومية والوطنية في عالم الغرب؛ لكنها ساهمت في تأخير امكانية إقامة الوحدة الألمانية التي لم تتحقق إلا سنة ١٨٧٠م.

ولا مراء في أن الحروب الطاحنة والمتكررة التي شهدها عالم الغرب منذ بداية القرن السادس عشر، وما خلفته من ضحايا وقساوات ودمار وإنهاك اقتصادي واجتماعي وفقر، وما نتج عن ذلك من جروح غائرة في الذاكرة الجماعية، كل ذلك أوجد دافعا حقيقيا حمل معظم الفرقاء على العمل بإخلاص للخروج من دوامة الصراع. ففي معظم المحطات التي توقفت فيها الحرب وحاول الفرقاء الوصول إلى السلام ظهرت رغبة حقيقية في الخروج من المستنقع، ليس حبا في السلم وإنما للتخلص مما أنهك حياة المجتمعات. ولكن إذا كانت هذه النتائج تصدق على الإمارات والقوى والأراضي الألمانية فإن فاعليتها لم تكن كذلك في جميع دول عالم الغرب؛ فقد شهد النصف الثاني من القرن السابع عشر موجة أخرى من الصراع الديني والاضطهاد والعنف الوحشي، ولكن ليس في ألمانيا، بل في فرنسا كما سنرى في صفحات قادمة.

الإصلاح في سويسرا:

أولدرش تسفنغلي:

أما تسفنغلي فقد كان توصل مستقلا - على ما يبدو - إلى اقتناع مماثل لرؤية مارتن لوثر بالنسبة لموضوع "أسبقية وسمو الكتاب المقدس"؛ وهذا لا ينفي أنه ومارتن لوثر كانا قد تأثرا بفكر وفلسفة المصلح الإنساني الهولندي ديزيديريوس إرازموس، إذ كان كل منهما على علاقة صداقة معه. بيد أن موقف تسفنغلي كان أكثر تشددا من موقف لوثر، بالنسبة لسلطة الكتاب المقدس؛ إذ بينما اشترط لوثر استبعاد ومنع أي عمل يتعارض مع الكتاب المقدس، فإن تسفنغلي نادى باستبعاد أي ممارسة أو عمل لم يرد مثله في الكتاب المقدس؛ هذا بالرغم من أنه حرص على تهدئة أجواء اختلافه مع البابوية، ونجح في ذلك إلى حد كبير، كما نجح مشروعه الإصلاحي حيث جعل السلطة الدينية والمدنية في يد مجلس مدينة زيورخ[١]. وعندما اتفقت خمس كانتونات سويسرية، على رأسها لوتسرن -

---

[١]- لقد نسبت بعض المراجع هذا الفهم وهذا الموقف إلى تسفنغلي، زعيم الإصلاح في زيورخ،

ومعها شفيتز - على مجابهة حركة تسفنغلي والقضاء عليها بالقوة الحربية لقيت زيورخ دعما من بيرن ومن بازل، ونجت الحركة الإصلاحية من الهزيمة والاندثار، وإن كان تسفنغلي قد قتل وهو مرافق لقوات زيورخ في المعركة. وقد انتشرت رسالة تسفنغلي في كل كنتونات سويسرا ما عدا خمس منها، وانتقلت إلى ألمانيا وبلدانا أوروبية أخرى. وبعد موت تسفنغلي سنة ١٥٣١ ثم ظهور كلفان ورث الأخير تراث زيورخ.

جان كلفان:

وأما كلفان فقد كان من الجيل الثاني من حركة الإصلاح، حيث تحول إلى البرتستنتية سنة ١٥٣٣م كما ذكرنا. وقد كانت له اجتهاداته وإضافاته الخاصة فيما بعد، تلك الاجتهادات والخيارات المتشددة التي أدت إلى إشعال الصراع والحروب داخل الحركة الإصلاحية نفسها، خاصة "حرب الثلاثين سنة". كما أن حركته لم تتردد في اضطهاد الأفراد المخالفين، على غرار ما كانت تمارسه محكمة التفتيش، بل ومارست حرقهم على العامود، وكان أشهر ضحاياها الإسباني مايكل سيرفيتس سنة ١٥٥٣م. وقد كانت العقدة التي استعصت على الحل بين القادة الإصلاحيين الثلاثة، لوثر، تسفنغلي، كلفان، تتعلق بفهمهم وعقيدتهم بالنسبة للعشاء الرباني Eucharist . ومع ذلك فإن الكلفانية نجحت نجاحا كبيرا في الامتداد خارج جنيف وخارج سويسرا؛ فبعد موت تسفنغلي تحولت زيورخ وبيرن إلى الكلفانية[١].

وكان لشخصية كلفان الأثر الكبير في انتشار مذهبه, فقد كان في حياته مثالا للبساطة والعمل المتواصل، حتى وصف بأنه بابا البرتستنتية وكان يلقي دروسا وعظية يوميا، كما أنه ألف كثيرا من الكتب اللاهوتية وأصدر ترجمة فرنسية "للكتاب المقدس"، وأنشأ مدرسة برتستنتية مهمة، بما في ذلك جامعة جنيف، فتقاطر إليها الطلاب من أقاصي البلاد الأوروبية. وعند عودة أولئك الطلاب إلى بلدانهم كانوا ينطلقون في الدعوة لما رأوه وتعلموه في جنيف. وقد

لكن تاريخ كامبردج للكتاب المقدس نسب هذا الموقف إلى كونراد غربل Conrad Grebel أحد قياديي حركة الأنابيتستس السويسريين، أنظر :
The Cambridge History of the Bible, ١٩٦٣, p. ٥.
وتذهب رواية كامبردج إلى أن تسفنغلي كان غير واضح، وكأنه كان مترددا بالنسبة لهذا الموقف، أما غريبل فقد عبر عن فهمه وموقفه بقوة ووضوح.

١ Carlton J. H. Hayes, *A Political and Social History of Modern Europe*, Vol. ١, p. ١٤٣.

كان كلفان يواصل الاتصال بأتباعه ومريديه في أوطانهم عن طريق الرسائل، باعتبار أنهم سيكونون مصلحي المستقبل آنذاك [1] .

الإصلاح المضاد Counter Reformation :

عندما انطلقت الحركة البرتستنية حاولت البابوية وأتباعها وأنصارها وأدها. ولتحقق هذا الهدف تحرك الإمبراطور شارل الخامس ليحسم الأمر عسكريا، وأحرز انتصارا أوليا على القوات البرتستنتية. غير أن الوضع السياسي في الأراضي الألمانية وعلى المسرح الأوروبي فت في عزيمة الإمبراطور، وأفلتت الحركة البرتستنتية من الطوق، لمجمل الأسباب التي ذكرنا قبل قليل؛ وما لبثت أن انتشرت على نطاق واسع في معظم البلدان الأوروبية، باستثناء إسبانيا التي كان نجاح البروتستنت فيها ضئيلا. وقد عملت الكنيسة الكاثوليكية على إصلاح نفسها وشحذ قواها لوقف التيار البرتستنتي الجارف، ودفعه إلى الوراء، واسترجاع ما فقدته أو بعضه؛ وكان أمضى أسلحتها في ذلك تلك المنظمة التي عرفت باسم "جمعية عيسى- Jesus Society " التي أسسها الإسباني إغناطيوس ليولا سنة ١٥٣٤م، واعتمد البابا بولص الثالث تأسيسها سنة ١٥٤٠م. وقد عرفت فيما بعد باسم "اليسوعيين Jesuits". وعندما تأسست نواتها الأولى أقسم منتسبوها على أن يعتزوا إلى الفقر، والعفة، وطاعة البابا. كما أقسموا على أن يحجوا إلى القدس، وعلى أن يعملوا على إدخال الأتراك [المسلمين] المسيحية، إلا إذا أحلهم البابا من ذلك القسم ووجههم لتنفيذ أعمال أخرى. وقد تلقى أعضاء الجمعية برنامجا تدريبيا قاس أهلهم للقيام بأصعب المهمات؛ وكان التعليم من أهم ما عملوا على نشره. وقد نجحوا نجاحا كبيرا، وتمكنوا من إعادة مناطق وأعددا غير قليلة من البرتستانت إلى حظيرة الولاء للبابوية [2].

الإصلاح في فرنسا وانبعاث الحروب الدينية:

لم يستطع الإصلاح البرتستنتي اللوثري أن يجد له أرضا خصبة أو موطئ قدم في فرنسا لكن البرتستنتية الكلفانية أحرزت نجاحا كبيرا. ربما كان ذلك لأصول كلفان، وثقافته ولغته الفرنسية، ونشاطه المتدفق المتصل.

---

١ المصدر نفسه والصفحة ذاتها.

٢ Philip Schaff, *History of the Christian Church*, vol. I, ٤٤٠-٤٤٨; H.G. Koenigsberger, pp. ١٢٤-١٣٦; A.G. Grant, p. ٤٨٧.

وكانت علاقة فرنسا بالكاثوليكية علاقة فريدة؛ ذلك أن فرنسا - منذ تأسيس الملكية الفرنسية على يد كلوفيس الأول سنة ٤٨١م - اختارت العقيدة الكاثوليكية عن وعي وقصد، خلافا لما كان عليه الحال بالنسبة للقبائل الجرمانية الأخرى من القوط الغربيين والشرقيين، والبورغنديين واللومبارد والفندال وغيرهم ممن اعتنقوا الآريوسية. وقد كان مما تفاخر به الفرنسيون عبر الأجيال في العصور الوسطى، أنهم حماة العقيدة الصحيحة، وأنهم مطهرون من الهرطقة Fee from Heresy . وفضلا عن ذلك فقد تحالف ملوكهم مع البابوية، وجعلها الأقوياء منهم خاضعة لنفوذهم. وقد أثمر هذا التحالف إعطاءهم الشرعية التي كانوا يسعون للحصول عليها، ثم رفع أحد ملوكهم الأقوياء شارلمان، إلى منصب الإمبراطور، وبه تأسست الأمبراطورية الرومانية المقدسة؛ ويذكر القارئ أننا أشرنا إلى كل هذا في فصل سابق.

وبالرغم من كل ما ذكرناه من وشائج فرنسا مع الكاثوليكية فقد تمكنت البرتستنتية الكلفانية من اختراق أسوارها، ونمت فيها بشكل مدهش حتى وصل عدد الكنائس البرتستنتية ١٢٥٠كنيسة كانت ترعى وتخدم مليونين من المؤمنين بالمذهب، أي عشر (١٠%) الفرنسيين تقريبا. وكان من بين هؤلاء ثلث النبلاء في فرنسا، فضلا عن كبار الموظفين، والشخصيات المهمة والمؤثرة. ولم يكن منتظرا أن يستمر السلم الإجتماعي، ولا أن يسود التسامح الديني في ذلك العصر، خاصة مع الصراعات الدينية في ألمانيا المجاورة، وفي غيرها من البلاد الأوروبية، وربما توقع بعض المراقبين آنذاك غلبة البرتستنتية الكلفانية على كل أنحاء فرنسا. ومع اختلاط النزاعات الدينية بالتنافس والصراع السياسي، وميل الفريقين إلى التعصب والعنف، انفجرت الصدامات في جولات متكررة، حتى لقد شهدت الفترة بين سنتي ١٥٦٢- ١٥٨٩م تسعة من هذه الحروب. وكان أفظع مراحل ذلك الصراع ما شهده عام ١٥٧٢م، خاصة تلك المذابح المروعة التي عرفت في التاريخ باسم "مذابح سان بارثولوميوز داي"St. Bartholomew's Day Massacres ، وهو يوم ٢٤ آب (أغسطس) ١٥٧٢.

لقد بدأت المذابح في تلك الجولة بمحاولة اغتيال الأدميرال Coligny، زعيم البرتستنت الذي كان مقربا من الملك؛ وقد جرت المحاولة يوم ٢٢ من آب، فأصيب الأدميرال في يديه، وحمله مرافقوه إلى المسكن الذي كان ينزل فيه. وقد رفض مغادرة باريس معتمدا على وعد الملك له بالحماية والقبض على المجرمين. وكان زعماء الهيغونوت (أي البرتستنت) قد اجتمعوا في باريس قادمين من مختلف الأقاليم لحضور العرس الملكي. وعندما حدثت محاولة الاغتيال كانوا غاضبين، وسرت الإشاعات أنهم رددوا تهديدات بالانتقام من الكاثوليك، وتحفز الكاثوليك

للرد أيضا. ومن المرجح أن تجمع زعماء الهيغونوت في مكان واحد بدا لخصومهم "فرصة مغرية" ليقضوا عليهم جميعا في هجوم استباقي واحد. وفي مساء يوم ٢٤ آب (أغسطس) تكرر الهجوم على الأدميرال ثانية، فقتل في فراشه، وألقيت جثته من النافذة إلى الشارع، "وسحل" المهاجمون جسده. وتحوي الروايات التاريخية تفاصيل كثيرة تراوحت بين الواقع والخيال. لكن المؤكد أن المذابح انطلقت في باريس ضد النبلاء الوافدين لحضور العرس الملكي، وضد الأثرياء والتجار من الهيغونوت من سكان باريس حيث ارتكبت جرائم وقساوات شديدة البشاعة . وكان من أمثلة الأعمال المسرفة في وحشيتها ذلك الهجوم الذي وقع على بيت أحد الزعماء البروتستنت، وكانت زوجته في حالة المخاض، فتوسلت للمهاجمين أن ينتظروا حتى يخرج الجنين، لكنهم هاجموها فحاولت الهرب، وكانت في أعلى المنزل، فتعلقت بالجدار لتهرب إلى السطح لكنهم قطعوا رجليها وألقوا بها إلى الشارع ورأس الجنين مدلى من رحمها، فماتت ومات جنينها[١]. وهناك كثير من المشاهد المقززة التي ترويها المراجع، وبطبيعة الحال يصعب الحكم المفصل عليها. وقد تراوحت أعداد القتلى من الهيغونوت في ذلك اليوم بين عشرين ألفا وثلاثين ألفا، بين مقل ومكثر[٢]. ولم ينحصر هذا العنف الدموي في باريس وحدها بل امتد إلى غيرها من الأقاليم والمدن الفرنسية، وكان كل هذا ضمن مخطط رسم مسبقا، كما أظهر التحقيق التاريخي الموضوعي، حيث تبينت شواهد تدل على أن هذه الأحداث لم تنجم عن ردود فعل آنية.

ولم تكن الأحداث والدماء وحدها هي المفجعة، ولكن ما صاحبها من تشف واحتفال معلن. فلقد احتفل البابا بحدوث تلك المذابح عندما وصلته أخبارها، وأمر بصك ميدالية خاصة بتلك المناسبة. أما فيليب الثاني، ملك إسبانيا، وميلان، ونابولي، والأراضي المنخفضة (هولندا وبلجيكا)، والعالم الجديد (ممتلكات إسبانيا في الأميركتين)، فقد وصفته المصادر بأنه كان مغرقا في الجد والتدين، والتعصب للكاثوليكية، حتى أنه لم يضحك في حياته سوى مرة واحدة، وكان ضحكه في ذلك اليوم عندما دخل الفرح إلى قلبه بأخبار مذابح St. Bartholomew's Day التي افتتحت يوم ٢٤ آب (أغسطس) ١٥٧٢م.

ويبدو لي أن هذه المذابح، وما سبقها وتبعها من حروب دينية في فرنسا خاصة، وما شارك فيه الفرنسيون من صراعات خارج فرنسا، كالحروب الدينية

---

١ Barbara B. Diefendorf, *Beneath the Cross: Catholic and Huguenots in Sixteenth Century Paris* (New York: Oxford University Press, ١٩٩١), pp. ٩٣ - ٩٥, ١٠٠ - ١٠١.

٢ Graham Noble, "The Development of Protestantism in ١٦th century France: Graham Noble Investigates the causes of the rise and fall of French Protestantism," *History Review*, ٢٠٢, p. ٣٠ + .

في ألمانيا، خاصة حرب الثلاثين سنة، كل ذلك نقل المفكرين والمثقفين الفرنسيين بالتدريج من التعصب الديني الشديد للديانة التقليدية الكاثوليكية، إلى الابتعاد عن الدين والتدين. وما أن اندفعوا في هذا الاتجاه حتى صاروا أكثر المجتمعات الأوروبية معاداة للدين منذ القرن السابع عشر واستمرارا بعده.

التيار الإصلاحي الثوري وانبعاث الحركات التوحيدية:

قد مررنا سريعا على حركات الإصلاح الرئيسية التي قادها مارتن لوثر، و أولدريش تسفنغلي، وجان كلفان، وما تبعها من الإصلاح الكاثوليكي، وعلينا أن نلتفت الآن إلى حركات أخرى أصغر حجما، وإن كان مقدار أهميتها لا يرتبط – بالضرورة - بحجمها على الساحة أيام ظهورها. وربما كانت هذه الحركات، أو كان بعضها على الأقل يحمل كثيرا من عناصر التوافق والتشابه التي نبحث عنها من خلال هذه الدراسة، بنسبة أكبر مما حملته وانطوت عليه حركات الإصلاح الرئيسية؛ هذا فضلا عن أن كثيرا من مقولاتها التي ووجهت بالصد الفظيع أول ظهورها صارت تلقى قبولا فيما بعد، وأصبح "عالم الغرب" ينظر إليها الآن باحترام وتقدير في أيامنا هذه [١]. وقد امتدت هذه الحركات مكانا وزمانا امتدادا واسعا وطويلا؛ ففي المكان امتدت من اسكتلندا وآيسلندا في الشمال إلى إيطاليا في الجنوب، ومن هولندا في الغرب إلى المجر ورومانيا في الشرق، كما خرجت من أوروبا واتجهت غربا عبر الأطلسي لتصل إلى الولايات المتحدة الأميركية. أما الامتداد الزماني فقد امتدت من العقد الثالث من القرن السادس عشر الميلادي حتى عصرنا الحاضر، وسنقف معها عند منتصف القرن العشرين تقريبا.

وهذه الحركات لم ينتظمها نمط واحد، ولم تنبثق من بذرة واحدة أو منبت واحد، كما أنها لم تنشأ ولم تقم بنيانها الحركي والدعوي في قطر واحد أو منطقة واحدة، بل نشأت وتحركت في بلدان ومناطق متعددة كما أشرنا قبل قليل، عندما وصفنا امتدادها في المكان والزمان؛ ففي مرحلتها الأولى نشأت وتحركت بقوة في الأراضي الألمانية، ثم السويسرية، ثم ظهرت في إيطاليا، ثم أنتقل نشاطها الرئيسي إلى بولندا ورومانيا والمجر وأحرز هناك اتساعا كبيرا، ثم خنق بالاضطهاد فانتقل إلى الأراضي المنخفضة وبريطانيا، ثم عبر المحيط إلى العالم الجديد. لقد بدأ بعضها صغيرا ثم صار حركة جماعة كبيرة عبرت بامتداداتها أقاليما ودولا كثيرة، بينما كان بعضها الآخر حركة شخص قوي االإيمان قوي الاندفاع، أثار عاصفة

---

١ Encyclopedia Britanica, CD Standard ed., art. Jesus Christ, The Debate over Christology in Modern Christian Thought, the ١٩th and the ٢٠th centuries; see also Shelley, ٢٤٨- ٢٤٩, ٢٥٣.

بدرجة أو أخرى؛ هذا بجانب حركة شخص عالم مفكر ترك أثرا ثقافيا وتراثا فكريا. أما من حيث الأصل والمنبت الفكري والعقيدي فقد رجع بعض روادها إلى الأصول المسيحية الأولى يستلهمون من "الكتاب المقدس"، ومن تراث آباء الكنيسة الأوائل فيما قبل العصر- النيقي، قبل ظهور واستقرار العقيدة التي صاغها مجلس، أو مؤتمر نيقية سنة ٣٢٥م؛ هذا بينما نبت البعض الآخر من خلال جهود أفراد نابهين ضمن تفرعات التيار الإنساني وتطوراته وتقلباته.

تعريف التوحيد والحركة التوحيدية:

تعرف موسوعة كولمبيا "التوحيدية" بأنها:

"ذلك الشكل من المسيحية الذي يرفض عقيدة الثالوث؛ مع الاعتقاد بأن الألوهية توجد في شخص واحد فقط.

"... the form of Christianity that denies the doctrine of the Trinity, believing that God exists only in one person.[١] "

تعريف الموسوعة البريطانية في طبعتها الحادية عشرة١٩١١م، وهي طبعة موسعة:

"منظومة من الفكر المسيحي والممارسة الدينية تقوم على أساس مضاد للثالوثية المتشددة، كما تقوم على توحيد الألوهية، بمعنى أن الألوهية تتمثل في الأب وحده.

Unitarianism, a system of Christian thought and religious observance, based, as " opposed to orthodox Trinitarianism, on the unipersonality of the Godhead, i.e. that the Godhead exists in the person of the Father alone.[٢] "

تعريف موسوعة الدين: An Encyclopedia of Religion :

"النظام العقيدي الذي يتميز بشكل رئيسي بالإيمان بوحدانية الله ، وبإنسانية عيسى العادية باعتبار هذا الإيمان مناقضا لعقيدة التثليث وللألوهية الأبدية للمسيح."

Unitarianism: The doctrinal system characterized chiefly by belief in the unipersonality of God and the normal humanity of

---

١ *Columbia Encyclopedia*, ٦th ed., ٢٠٠١, art. Unitarianism.

٢ *Encyclopedia Britanica*, ١١th ed., art. Unitarianism.

Jesus, as contrasted with the Trinity and the eternal deity of Christ. [1] "

تعريف الموسوعة الأميركية:

"إعلان عقيدي بالإيمان بوحدانية الـلـه، تشكل على ضوء الكتاب المقدس، مناقضا لعقيـدة نيقيـا الخاصة بالتثليث."

" a biblically formulated avowal of the oneness or unipersonality of God in opposition to the Nicene Doctrine of the Trinity. [2]"

إنتهت التعريفات

في الفصل الأول من هذا الكتاب، كنا قد تناولنا وقائع مجلس نيقية الذي دعى إليـه الإمبراطـور قسطنطين الأول، وأشرنا إلى الأسباب التي دفعت الإمبراطور لتوجيه تلك الدعوة. وقد غطى حديثنا هنـاك بإيجاز دعوة آريوس، راعي كنيسة بوكالس في الإسكندرية، لعقيدة وحدانية الـلـه، وإنسانية عيسى (عليـه السلام). وقد مضى بنا الحديث حتى انتهينا إلى خروج حركة النساطرة الموحدين من أراضي الإمبراطوريـة الرومانية، وانتشارها في الشرق حتـى وصلت إلى الصين وإلى شرق سـيبيريا، ثـم انكمشـت نتيجـة أحـداث وكوارث لا نحتاج إلى تكرار الحديث عنها هنا. ومهما يكن من أمـر فإننـا لا نسـتطيع ادعـاء وجـود صـلة استمرار بين تلك الحالة التوحيدية القديمة وما استجد في القرن السادس عشر وما بعده؛ ومن ناحية أخـرى فإننا لا نستطيع أن نجزم بنفي وجود مثل هذه الصلة.

انبثاق جديد من قمة حركة الإصلاح اللوثرية:

عند بداية حركة الإصلاح الديني سنة ١٥١٧م كان اهتمام مارتن لوثر مركزا على موضوع صـكوك الغفران بصفة خاصة، إذ لم يكن لديه مشروع إصلاحي عام، ولم تكـن لديـه رؤيـة شـاملة، أو حتـى تصـور شامل لإصلاح الأوضاع في عالم الغرب، كما أشرنا من قبـل. ومـن المؤكـد أن كثـيرين كـانوا يحسـون بـتردي الأوضاع في حياة مجتمعات عالم الغرب، في السياسة والاقتصاد والثقافة والفكر، وفي ميدان الأخلاق والدين، خاصة ممارسات المؤسسات الدينية، بيد أن قراءة

---

١ Ferm, art. Unitarianism. *An Encylopedia of Religion*, ed. By Vergilius

٢ *The Encyclopedia Americana*, International Edition, ١٩٩٤, vol. ٢٧, p. ٤٣٧, art. Unitarianistm.

تاريخ تلك الفترة لا تشير إلى وجود جماعة أو فرد يحمل مشروعا إصلاحيا عاما يبحث عن آلية لتنفيذه. ولكن بعد أن أخذت حركة مارتن لوثر تتطور في اتجاه تحولها إلى رؤية إصلاحية شاملة انفتح الباب، وظهرت معالم مشروع مارتن لوثر، ومشروع أولدرش تسفنلي ومشروع جان كلفان من بعدهما. وفي هذه الفترة الأولى أيضا ظهر مشروع، أو مشروعات أخرى منها ما عرف باسم "التيار الثوري"، او ما يشبه ذلك، والمقصود به أولئك الذين اعتبروا العنف وسيلة لتحقيق مشروعهم، بيد أنه ظهر بجانبهم أشخاص وجماعات شاركوهم في مسألة "التعميد" وأمور عقائدية أخرى، لكنهم لم يركنوا إلى العنف، بل وبذلوا جهودا كبيرة من أجل لجم وإزالة التوجهات العنفية. والحقيقة أن العنف انطلق من اتجاهين متعارضين: عنف الاضطهاد الذي مارسته المؤسسات الدينية الرسمية وحلفاؤها في السلطة السياسية، وعنف القوى الجديدة التي تمكنت من إيجاد موطئ قدم لها، أو مساحة تقف عليها ثابتة مستقرة ومعترفا بها كاللوثرية والكلفانية، وكذلك العنف والإضطهاد لموجه للأشخاص والجماعات والمشروعات التي لم تصل إلى حالة الاستقرار وتأمين موطئ قدم لها، والحصول على قدر من الاعتراف الجزئي، مهما كان صغيرا.

الأنابابتستس (معيدو التعميد):

ففي الفترة التي اضطر فيها مارتن لوثر للذهاب إلى حصن فارتبوغ Wartburg للاختفاء عن مسرح الأحداث في حماية ناخب سكسونيا، ليتجنب احتمال الاعتقال والإعدام حرقا، وهي فترة امتدت من سنة ١٥٢١ إلى سنة ١٥٢٥م كما ذكرنا، في هذه الفترة أخذت تتكون مجموعة من الناشطين الذين أطلق خصومهم عليهم اسم "أنبياء تسفيكاو Zwickau Prophets" كما بدأت تظهر تشققات في الدائرة الصغيرة المحيطة بمارتن لوثر نفسه، وكان من أبرز الشخصيات في هذه الدائرة الدكتور أندرو كارلشتات Andrew Carlstadt . وكان كارلشتات أستاذا في جامعة فتنبيرغ زميلا لمارتن لوثر، وكان يكبره بثلاث سنوات، كما كانت سنوات خبرته التدريسية أطول. ولم تكن هذه مميزاته فقط، فقد كان نشطا، صاحب لوثر وشاركه في المناظرة المهمة التي جرت في لايبتزغ في مواجهة المبعوث البابوي Eick ، وسبقت صدور قرار الحرمان ضد لوثر. وقد كانت لكارلشتات شخصيته المستقلة؛ وتحدثنا المصادر عن أنه لم يقف ساكنا منتظرا عودة لوثر بل فكر وأحدث بعض التغييرات التي لم تلق قبولا لدى مارتن لوثر. وكانت بعض المؤثرات الخارجية تصل إلى مجتمع الجامعة من مصادر أخرى ذات صلة بـ "أنبياء تسفيكاو" الذين صار يعرف بعضهم بإسم "معيدي

التعميد Anabaptists " وقد نسب الدكتور أندرو كارلشتات إلى هذه الجماعة الأخيرة أيضا، وأعدم فيما بعد على عمود الحرق بعد أن رفض التراجع عن آرائه. وهذا الإسم - الأنابتستس - ليس من اختيار هذه الطائفة ، بل هو ما أطلقه عليهم خصومهم. وهناك خلاف بين المؤرخين بشأن مولد هذه الحركة، وهل كان في سويسرا. وفي زيورخ بالذات، أم أن ظهورهم الأول كان في جنوب ألمانيا، في تسفيكاو.. وكانت ظهرت ثلاث مجموعات من الأنابتستس في أوروبا الألمانية، أي التي تتكلم الألمانية:

(١) الإخوان السويسريون بقيادة كونراد غريبل، وفلكس مانتز في زيورخ

(٢) والإخوان الهتريون (أتباع وتلاميد ياكوب هتر **Jakob Hutter**) في مورافيا

(٣) والمنونايتس (أتباع مينو سيمنز Mino Simons) في شمال ألمانيا والأراضي المنخفضة.

وبالرغم من هذا الاختلاف حول الأسبقية المكانية فإنه يكفينا أن نشير إلى أن مجموعات من منتسبي "الأناباتستس" ظهرت ضمن حركة الإصلاح البرتستنتية ومع انطلاقتها الأولى في وقت واحد تقريبا، وقبل أن تتبلور وتستقر مبادئ ورؤية الحركة اللوثرية. لكن الأنابتستس ركزوا منذ البداية على مسألة التعميد، حيث استنكروا تعميد الأطفال لأنهم في سن الطفولة لا يدركون ولا يستطيعون الاختيار؛ ولذا فقد اعتبروا أن تعميد الطفولة غير صحيح، وغير شرعي، واعتبروه غير موجود، وهذا ما جعلهم ينشقون عن حركة الإصلاح اللوثري، وعن حركة أولدريش تسفنغلي. وعلى ذلك بدأوا بتعميد أنفسهم كبارا، بحيث يطلب أحدهم من آخر أن يعمده، وتنطلق العملية حتى يتعمد الجميع، ولم يعتبروا ذلك "إعادة تعميد" لأن تعميد الطفولة باطل ولا أثر له، حسب اعتقادهم. وقد أخذوا ينشرون الفكرة فيتعمد على أيديهم كل من اقتنع برأيهم، وبذلك يدخل في حركتهم. ولذلك أطلق عليهم خصومهم اسم: "معيدي التعميد، الأنابتستس". والذي نرجحه أن المبدأ الذي أدخلهم جميعا تحت هذا الإسم هو "التعميد" فقط، بالتغطيس في الماء أو صب الماء على جسد المعمد، مع الأسئلة والأجوبة. أما فيما عدا ذلك فقد اختلفت آراؤهم، في المرحلة الأولى بعد ظهورهم، فلم يكونوا حركة واحدة بالمعنى التنظيمي؛ ولا نظن أن عقيدة واحدة وشاملة قد انتظمتهم في المرحلة الأولى؛ ذلك ما يمكن أن نستنتجه ويستنتجه كل من يقرأ أخبار تحركاتهم ومواقفهم وما نقل من آرائهم. ونحن لم نقصد هنا وصفهم بالتنظيم الواحد منذ البداية. وقد ظهر من بين رواد الأنابتستس أناس معتدلون، وآخرون متطرفون أو متشددون، وبلغت الجماعة الأكثر صخبا منهم ذروة التطرف والتشدد عندما تمكنت

من السيطرة على مدينة منستر Munster الألمانية التي كانت إحدى المدن المستقلة التي يديرها ويحكمها مجلس منتخب، برئاسة الأسقف.

وكان هؤلاء "الثوريون" توافدوا إلى منستر من جهات شتى من ألمانيا وسويسرا وهولندا، ومن خلال عملية تسلل متتابعة، وتمكن المتطرفون منهم من السيطرة على مجلس المدينة عن طريق الانتخاب بعد أن اقتنع كثيرون بعقيدتهم وانضموا إليهم؛ وهنا أعلنوا فيها دولتهم الثورية قصيرة الأجل (١٥٣٣-١٥٣٦)، وأصبح الهولندي جان فان أوف لايدنJan Van of Leyden زعيما لهم، وأصبحت منستر قاعدتهم الرئيسية ومركز توسعهم الذي حلموا به [١]. ونظرا لزيادة عدد النساء عن عدد الرجال داخل المدينة فقد مارست هذه الجماعة تعدد الزوجات، كما حاولت أن تطبق نوعا من الملكية المشتركة؛ وربما كان ذلك بسبب وقوعهم تحت الحصار أو لاعتقادهم بأن يوم القيامة كان وشيكا، وأن لا حاجة لهم بالملكيات الخاصة ويوم القيامة على الأبواب، أو للسببين معا.

لقد جمع الأسقف الذي كان رئيس مجلس المدينة قوات ليستخدمها في تخليصها من أيديهم، لكنه لم يجرؤ على محاولة اجتياحها، إذ لم يكن لديه العدد الكافي من القوات، ولذا فقد اعتمد اسلوب الحصار الطويل النفس. وقد وصل المحاصرون إلى حد المجاعة فاضروا للخروج ومهاجمة محاصريهم بينما كانوا هم أنفسهم في غاية الضعف والإعياء، فاجتاحهم خصومهم وسقطت منستر في أيدي قوات الأسقف وحلت بالمنهزمين مذبحة مروعة.

وبسقوط الزعامة المتطرفة انفتح الطريق أمام المعتدلين - بعد القضاء على حركة منستر - وأخذوا يدعون إلى نبذ استخدام القوة، وبذل زعيم هذا الجناح المعتدل (مينو سيمنز) جهودا كبيرة في سبيل جمعهم على الاعتدال، وإعادة هيكلتهم، ولذلك سميت هذه الحركة باسم "مينونتايتس" اشتقاقا من اسم القائد والمربي الجديد "مينو سيمنز". وما زالت هناك مجموعات منهم تحمل هذا الإسم (مينونايتس)، حتى في بعض البلاد العربية. وقد تفرعت من المينونايتس طوائف صغيرة من (الآمش Amesh) و (البرودرهوف Bruderhof)، حيث توجد جماعات منهم في الولايات المتحدة الأميركية؛ وقد صادفت موقعا باسم (البرودر هوف) على شبكة الإنترنت؛ كما أنني رأيت رجالا من الآمش يبيعون بعض منتجاتهم الزراعية في سوق مفتوح في عطلة نهاية الأسبوع في مدينة فلادلفيا بولاية إلينوي.

---

[١] Joseph S.J. Lecler, *Toleration and Reformation*, Vol. I,pp. ٢٠٧-٢٠٩; Koenigsberger, p. ١٢٦-١٢٧; Shelley, p. ٢٥٢.

ويذهب البروفسور بروس شلي إلى حد القول بأن كثيرا من معتقدات المينونايتس صارت الآن مقبولة لدى غيرهم من المسيحيين، أو تم تبنيها؛ ويضيف: إن الأقارب البعيدين distant relatives للأنابابتستس (يقصد الأحفاد البعيدين بالمعنى المجازي) اليوم يشملون المعمدانيين (البابتستس)، كما يشملون الكويكرز[١]؛ ويشملون كذلك – من خلال منظور واحد محدد - الكونغريغايشنالستس[٢]. ويضيف أن اعتقاد الأنابابتستس بالفصل بين الكنيسة والدولة يبرهن على أنهم رواد لجميع البروتستنت الحديثين عمليا[٣]. بيد أنه على الرغم من هذا الوصف المجازي لصلة القرابة، والتي تعني أن جميع الطوائف التي عددها اعتنقت عقائد ومقولات المعمدانيين القدامى، أي الأنابابتستس، فإن الحركة ومعتقداتها في القرون الأولى من وجودها ونشاطها لم تلق قبولا، لا عند الكاثوليك ولا عند القادة البروتستانت.

وعلى الرغم من اختفاء الجناح المتطرف، والتزام الأنابتستس بالاعتدال، فكرا وممارسة فإن ذلك لم يشفع لهم؛ لقد هبت القيادات السياسية والدينية في كل مكان من عالم الغرب وأخذت تفتش عن القوانين القديمة القاضية بأحكام الموت ضد جميع أولئك الذين مارسوا "إعادة التعميد" لتبعث فيها الحياة وتطبقها بكل قسوة. وهكذا صار تاريخ الأنابتستس قائمة طويلة من "الشهداء والمهجرين"، وامتد الاضطهاد إلى جميع الأقطار، ما عدا قليل من البلدان البرتستنتية التي لم يرتح زعماؤها وقادتها لإعادة توظيف تلك العقوبات القاسية ضد "الهراطقة." وفي سنوات قليلة مات معظم القادة الأوائل للحركة : فقد نجا غريبل Grebel من الاستشهاد عندما حصده الوباء مع من حصد. أما الدكتور بالثاسر هبماير (١٤٨٥ - ١٥٢٨م)، مصلح فالدشت، وأحد أبرز من اعتنق عقائد الأنابتستس، فقد مات بشجاعة على عامود الإعدام حرقا وهو حي. وقد تبعه آخرون لا يحصون عددا فلاقوا نفس المصير. إلا أنه بالرغم من موجات القمع المتكررة - وربما بسببها إلى حد ما- نمت الحركة وانتشرت على نطاق واسع؛ وقد قام كثيرون ممن هجروا أوطانهم هربا من الاضطهاد بنشر أفكار وعقائد الأنابتستس

---

١ ويبدو لي أن الكويكرز (الأصدقاء) فرع مختلف عن غيرهم من الفروع، ولهم عقيدة خاصة تميزهم عن المينونايتس والآمش والبرودر هوف. وربما ينطبق عليهم اسم "الروحانيين Spiritualists".

٢ هذه الطائفة Congregationalists تطلعوا في بداية حركتهم إلى مثال المجتمعات المسيحية الأولى، حيث كانت تلك المجتمعات صغيرة الحجم، يجتمع كل أفرادها معا، في مكان واحد، في محبة وأخوة ظاهرة، ليس بينهم مراتب ولا رئاسات هرمية. والمرجح أنهم بدأوا كذلك في العصر الحديث؛ بيد أن توسع الحياة المدنية وتعقدها لم يعد ييسر لهم تلك الصورة البسيطة من اللقاءات الجامعة.

٣ Shelley, pp. ٢٤٨ - ٢٤٩, ٢٥٣.

في أجزاء أخرى من عالم الغرب[١]. ويوصف الأنابيتستس بأنهم الأكثر تشددا في إعلاء شأن الكتاب المقدس، واتباع ما يوجه إليه، واستبعاد ما لم يرد فيه[٢].

عقائد الأنابيتستس:

وما يهمنا من أمر الأنابابتستس هنا في هذه العجالة هو الجانب المتعلق بعقائدهم، ومدى وجود التشابه بين تلك العقائد وما آمن ويؤمن به عالم الإسلام. لقد كان المحور الأساسي لعقيدتهم ينطلق من تصورهم لهوية المسيحي: "من هو المسيحي؟"؛ فبينما كان تعميد الأطفال بعد الولادة - عند الكاثوليك كما عند البرتستنت - يجعلهم مسيحيين فورا، فإن الأنابيتستس آمنوا بأن اختيار الدين والدخول فيه لا بد أن يعبر عن إرادة واعية واختيار واع وحر. ولما كان الأطفال يفتقرون إلى الإرادة والاختيار الحر والواعي فقد أسس الأنابيتستس على ذلك أن التعميد في الطفولة لا مبرر ولا معنى ولا أثر له. وقد تطلع الأنابيتستس إلى حياة الأجيال الأولى من المسيحيين - في الفترة الواقعة بين زمن عيسى عليه السلام وانعقاد مجلس نيقية - حيث كانت الزمالة الرابطة بينهم هي رابطة الإيمان، وكانت مجتمعاتهم الصغيرة مجتمعات المؤمنين الذين يوجههم التطلع إلى اليوم الآخر، ولقاء الله. ومن خلال هذه الرؤية أرادوا أن يكون المجتمع المسيحي بمقاييسها؛ ولذلك حرصوا على تكوين مجموعات أخوية صغيرة أطلقوا عليها لقب "الإخوان Brethern ، و Bruderhof." وبتعبير آخر نقول: إنهم لم يقبلوا أن يكون الانتماء الديني وراثة من الآباء فحسب، لأن الدين إيمان ذاتي فردي، والتزام سلوكي. وقد تناقض موقفهم هذا مع موقف مارتن لوثر الذي اعتبر تعميد الأطفال بداية الانتماء، ونادى بمبدأ "التبرئة بالإيمان Justification by Faith"، أي أن الحصول على التبرئة من الذنب تعتمد على الإيمان وليس على العمل. وفكرة التبرئة بالإيمان تناقض ما يعتقده المسلمون من ضرورة اقتران الإيمان بالعمل الصالح كما بينت مئات الآيات في القرآن الكريم التي ترد فيها عبارة "إن الذين آمنوا وعملوا الصالحات..." ومثيلاتها في المعنى، وما يؤكده حديث محمد رسول الله: "الإيمان ما وقر في القلب وصدقه العمل."

ونتيجة للإضطهاد والتشرد الذي تعرض له الأنابيتستس لم يكن يتيسر لهم الظرف المناسب لاجتماع عام يتحدد من خلاله إيمانهم ورؤيتهم الدينية بمكوناتها المتعددة. وقد بذل مينو سيمنز جهدا كبيرا في السفر والتنقل في مناطق غرب أوروبا ليلتقي بكل مجموعة من مجموعات الأنابيتستس في أماكن استقرارها، حيث

---

١ Gonzalez, III, p. ٩٣.

٢ *The Cambridge History of the Bible*, ١٩٦٣, p. ٥.

يقوم بتوجيههم بدروسه ومواعظه في تلك الإجتماعات الليلية؛ ويبدو أن تلك الاجتماعات كان لها أثر كبير في توحيد رؤيتهم ومعتقداتهم. وكانت توجيهاته تركز على التهدئة والابتعاد عن العنف. وأخيرا تيسرت لهذه المجموعات فرصة لعقد مؤتمر عام في شلايتايم Schleitheim قرب شفهاوزن، عند تلاقي الحدود السويسرية الألمانية حاليا؛ وفيه تحدد الإطار العقيدي الذي يجمع مختلف جماعاتهم.

وفي ضوء ذلك يمكن أن يقال أن عقائد الأنابتستس تندرج فيما يلي:

(١) الإيمان بوجود الله.

(٢) إخضاع النفس لله، Yielding to God [١] ، [أي إسلام النفس لله بالمصطلح الإسلامي]

(٣) الإيمان بإنسانية عيسى [٢] .

(٤) الإيمان بسلطة الكتاب المقدس وأولويته.

(٥) رفض الاعتقاد بأن وزر الخطيئة الأصلية انتقل إلى كل نسل آدم وحواء، ورفض تعميد الأطفال، لنقص إدراكهم.

(٦) الإيمان بالتعميد باعتباره عبادة ومدخلا إلى الإيمان، على أن يكون التعميد للكبار فقط، على أساس أن التعميد في حال الطفولة ليس صحيحا ولا معتبرا، لإنهم لم يكونوا في حالة عقلية تسمح لهم بالاختيار الواعي[٣].

(٧) الإيمان بالعمل الصالح والتقوى، عبر الدخول في ميثاق مع الله من خلال عملية التعميد، وذلك هو المهم في التعميد، وليس التغطيس في الماء[٤].

(٨) رفضوا قبول عقيدة الجبر Predestination واعتبروا أن فيها إساءة إلى الله، لأنها تنسب إليه أنه السبب في الخطيئة والسلوك الشرير؛ و الله طيب ولا يفعل إلا الطيب.

(٩) آمنوا باتباع سنة المسيح في ممارسة حياتهم [٥] .

(١٠) الحب فيما بينهم؛ وقد عبروا عن ذلك بتبادل التعاون فيما بينهم، وإعادة توزيع الثروة. وعند تعاملهم مع الآخرين استخدموا أساليب هادئة، وتحملوا الاضطهاد دون أن يلجأوا إلى العنف مع مضطهديهم

(١١) الاجتماعات التي تضم كل المؤمنين، الذين تعمدوا طوعا، أي كبارا، في جو من المساواة، إذ اعتبروا أن كلا منهم واعظ للآخر. وفيما يتعلق بالقرارات المتعلقة بتفسير الإنجيل لم تكن تتم اتباعا للتقاليد، كما في

---

١ Gonzalez, III, p. ٩١.

٢ Lecler, *Toleration* . . . , p. ١٦١

٣ Schaff, Vol. ١, p. ٦٠٧.

٤ Franklin H. Littell, .*Reformation Studies*, p. ٢٣٠

٥ Shelley, p. ٢٥٣.

الكاثوليكية، ولا بتفسير زعيم ديني، بل بإجماع المشاركين في اللقاء العام الذي يضم جميع المؤمنين؛

(١٢) الفصل بين الدين والدولة، أي بين الدين والسلطة المدنية؛

وهناك جماعتان متطرفتان نسبيا انضمتا إلى الأنابتستس وتبنتا أفكارا لم تتبنها المجموعات الأخرى ، أو لم يعرف ذلك عنهم – على الأقل - وهما:

١. الجماعة التي سيطرت على مدينة منستر (١٥٣٣-١٥٣٦م) اعتقدت أن يوم القيامة كان وشيكا، ولذلك تبنت مبدأ الملكية المشتركة (نوع من الشيوعية)، كما تبنت تعدد الزوجات ومارسته في تلك المدينة على الأقل، نظرا لزيادة عدد النساء عن عدد الرجال.

٢. ظهرت منهم جماعة ترفض أية سلطة، حتى سلطة الكتاب المقدس، وترى أن الروح Spirit تدخل إلى نفوسهم مباشرة [أي تحمل لهم الهداية المباشرة] وتغنيهم عن اتباع أية جهة أخرى. وقد عرف هؤلاء باسم Spiritualists، الروحيين. ويبدو لي أن هناك ثمة صلة بينهم وبين الكويكرز، أو "جمعية الأصدقاء"، وهذا اسم آخر للكويكرز؛ إذ العنصر الأساسي، وهو الاتصال المباشر بالله، وتلقي الهداية دون حاجة إلى كنيسة أو كتاب مقدس، أو كاهن. وهذا الاعتقاد موجود عند الروحانيين كما هو موجود عند الأصدقاء، الكويكرز.

في ضوء ذلك يمكن أن نقول بإيجاز شديد: إن حركة الأنابتستس انبثقت من صفوف اللوثريين في بداية تحركهم، وانشقت عنهم في وقت مبكر إذ رأت أن لوثر لا يريد أن يمضي في الإصلاح إلى نهايته، وآمنت بوحدانية الله، وبإنسانية المسيح وبرسالته، وأنها وتفرعاتها صارت قريبة جدا من عقيدة المسلمين. ولم تكن حركة الأنابتستس هي الحركة التوحيدية الوحيدة التي ظهرت في عالم الغرب في عصر الإصلاح الديني، بل كانت هناك حركات أخرى مستقلة عنها، سنتعرض لها بشئ من التعريف الموجز. وقبل أن نغادر المنطقة الألمانية نود أن نتطرق إلى حركة أخرى من نوع مختلف:

مايكل سيرفيتوس Michael Servetus : (١٥١١-١٥٥٣م)،

كان هذا الإسباني[١] المولود في فلانوفا دي سيجينا، في مقاطعة نافار في أراغون الإسبانية، في التاسع والعشرين من أيلول (سبتمبر) سنة ١٥١١م. قد ولد في فترة تاريخية غير عادية، فترة مفصلية في مسيرة التاريخ في عالم الغرب، بل وفي العالم كله، حيث الانتقال من مرحلة رئيسية إلى مرحلة أخرى مغايرة. فبالنسبة لبيئته الإسبانية كانت الذاكرة الشعبية تختزن الكثير من أخبار الماضي الذي لم يكن بعيدا آنذاك؛ يوم كانت البلاد في فترتها الإسلامية تمثل جسرا بين عالم الغرب وعالم الإسلام، وحيث كان أتباع الديانات الثلاث، اليهودية والمسحية والإسلام يحترم بعضهم بعضا، ويعترف كل منهم بالآخر اعترافا حقيقيا. كل ذلك كان قبل الحروب الصليبية [٢]. وقد أنهت الحروب الصليبية هذه المرحلة المتسمة بالسمو والتسامح، وحقنت النفوس بالتعصب، لدرجة أن إسبانيا وجدت أن عليها أن تختار بين الاصطفاف مع العالم المسيحي، عبر البرانس، أو مع الإسلام فيما وراء المضيق، مضيق جبل طارق. وقد انحازت إلى أوروبا والعقيدة المسيحية. ثم تحولت إلى الحرب ضد المسلمين في إسبانيا، فسقط آخر معاقلهم سنة ١٤٩٢م[٣].

ولم يمض وقت طويل حتى بدأ الاضطهاد وفرض اعتناق المسيحية قسرا، على المسلمين واليهود، أو الرحيل. وهذه الأحداث ربما شهد بعضها مايكل سيرفتوس، وقد شهد كثيرا منها كل من والده وجده بالتأكيد. هذا في إسبانيا التي كانت إسلامية؛ أما في عالم الغرب الأوروبي فقد كانت أصداء عصر النهضة، والتيار الإنساني، وأحداث حركات الإصلاح الديني، الكبيرة والصغيرة، والحروب الإيطالية وحروب تحقيق الهيمنة التي استقطبت جميع دول غرب أوروبا، والحروب الدينية، وثورة الفلاحين، كل هذه الظواهر، كانت أول ما تفتحت عليه عينا ذلك الشاب الإسباني الألمعي، وهو ما زال بعد في بداية سن المراهقة. وعندما بلغ سن الثالثة عشرة أرسله والده للدراسة في جامعة سراغوزا، عاصمة أراغون. وبعد دخوله الجامعة بزمن قصير شد انتباه أبرز أساتذتها، وهو خوان دي كوينتانا Juan de Quintana ، فألحقه بالعمل في خدمته سكرتيرا شخصيا له[٤]. وكان كونتانا عمل أستاذا في جامعة باريس، وكان راهبا من الإخوان الفرنسسكان، وعضوا بارزا في مجلس أراغون. ومن ناحية توجهه الثقافي كان إنساني التوجه، معجبا بالمصلح الهولندي الأشهر، إرازموس. وقد اهتم كوينتانا بسيرفتوس باعتباره نابغة، وانتشله من غمار الطلبة، ويسر له

---

١ واسمه بالاسبانية: Miguel Serveto Conesea Alias Reves

٢ أشرنا إلى الحروب الصليبية من قبل؛ انظر ص. ٣٩-- ٤٠ فيما سبق.

٣ Bainton, *Hunted Heretic*, p. ٦

٤ المصدر نفسه، ص. ١١.

الاطلاع على المصادر العلمية التي لم تكن ميسرة لغيره. وعندما انتقل كوينتانا إلى جامعة برشلونا - التي كانت أرفع مكانة من جامعة سراغوزا - انتقل سيرفيتوس معه. ولكن والد الشاب قرر أن يرسل ابنه الموهوب إلى جامعة تولوز لدراسة القانون، إذ كانت من أشهر مراكز الدراسات القانونية في أوروبا. وقد تجاوب كوينتانا مع هذه الرغبة، فمنحه إجازة دراسية لمدة سنتين[١].

ونظرا لسمعة هذه الجامعة من حيث تميز مستواها العلمي – في دراسة القانون خاصة - فقد كان أنبه الطلاب يقدمون إليها من مختلف البلاد الأوروبية؛ وكانت تضم مجموعات من أفضل الأساتذة. وفي هذه البيئة الجديدة ألفى مايكل نفسه في فضاء رحب، وآفاق واسعة للقراءة والحوار والتأمل، والتعرف على مختلف التيارات الفكرية التي شغلت عالم الغرب في تلك الفترة من التاريخ. لقد كان على الطلاب - بطبيعة الحال، وبحكم الظروف السائدة - أن يقبلوا المناهج الدراسية والضوابط التي وضعتها إدارة الجامعة المحافظة، بيد انهم - في الوقت نفسه - اصطنعوا لأنفسهم منهجا خاصا، اتبعوه سرا، بموازاة المناهج الرسمية التي حددتها الجامعة. وكانوا يحضرون معهم من بلادهم كل الأفكار، وكل الكتب الجديدة، أو "التخريبية" كما كان المحافظون يسمونها، مثل كتاب Luci Communes من تأليف فيليب ملانكتون Philip Melanchton مساعد مارتن لوثر ويده اليمنى. وكان أخطر الكتب في نظر المحافظين في تلك الفترة ، والذي كان ضبطه مع أحد الطلبة يحمل إليه خطر السجن هو "الكتاب المقدس". لقد كانت الكنيسة تحظر قراءة الكتاب على عامة المؤمنين، باستثناء قلة خاصة من رجال الدين [٢].

وكان سيرفتوس يمتلك ميزة خاصة بالمقارنة مع غيره من الطلبة، وهي إتقانه للغات الإغريقية والعبرية، بجانب اللاتينية ومعرفة بالعربية، وبالقرآن الكريم، الأمر الذي مكنه من قراءة "الكتاب المقدس" بلغته الأصلية، العبرية، ومقارنة النصين العبري والإغريقي. ومن خلال هذه الدراسات، واللقاءات والمناقشات، توصل إلى اقتناع بأن لا شئ يمكن أن ينقذ الدين إلا العودة إلى الطريقة العلمية الكلاسيكية للتحقق من النص الأصلي للكتاب المقدس. ومع أن هذا الاقتناع الذي توصل إليه سيرفتوس تجاوز كل ما كان وصل إليه مارتن لوثر في أي وقت، إلا أن وجهة نظر سيرفتوس هذه لم تكن فريدة؛ فذلك هو عين ما فعله إرازموس عندما استبعد عقيدة التثليث من نص الإنجيل الذي حققه، لأنه لم

---

١ Goldstone, *Out of the Flame*, pp. ٣٧-٤٨.

٢ المصدر نفسه، ص ٥٥ ؛ انظر أيضا:
George William Gilmore, et al, *The New Schaff-Herzog Encyclopedia of Religion*, p. ٨٥.

يجدها في الأصول الموثوقة لديه، بل إن ملانكتون - مساعد لوثر - استبعد عقيدة التثليث من التلقين العقيدي اللوثري Catechism في بادئ الأمر[1].

وانتهت الإجازة الدراسية التي كانت منحت لمايكل سيرفتس، فغادر تولوز سنة ١٥٢٩م عائدا لخدمة كوينتانا. وكان كوينتانا قد ارتقت به الحال، وارتفعت مكانته أثناء السنتين اللتين غاب فيهما سيرفتس للدراسة في تولوز؛ فقد صار "كاهن الاعتراف" الخاص للإمبراطور، أي الذي يجلس أمامه الامبراطور للاعتراف بذنوبه وخطاياه confessor ، كما أنه أصبح عضوا في الحلقة الخاصة المحيطة بشخص الإمبراطور أيضا. وما دام سيرفتس هو السكرتير الشخصي لكوينتانا فقد كان طبيعيا أن يتلقى دعوة في سنة ١٥٣٠م لحضور احتفالات تتويج الإمبراطور شارل الخامس، حيث تتم عملية التتويج بيد البابا نفسه. وقد أصيب سيرفتس بالصدمة لما رأى في تلك الاحتفالات، خاصة حينما شاهد موكب البابا كلمنت السابع، وهو محمول في محفة على أكتاف الأمراء، وجموع من الناس تتهافت عليه لتقبل قدميه وحذاءه من أجل البركة. ومع استغراق سيرفتوس وانشغاله العقلي والعاطفي بقضية الإصلاح الديني، الذي ملك عليه تفكيره تماما، جاءت هذه الصدمة - برؤية موكب البابا - لتخرجه من حالة الاحتراق الداخلي غير الفاعل، وتحمله على الاستقالة من خدمة كوينتانا ليلقي بنفسه بشكل كامل في معركة الإصلاح الديني بأسلوب المواجهة الساخنة المعلنة والصاخبة في الوقت نفسه.

لم تكن إسبانيا ميدانا مناسبا للعمل الذي وطن سيرفتس نفسه على الانخراط فيه إذ كانت الميدان الرئيسي لمحكمة التفتيش التي كانت تلاحق الناس لمحاسبتهم على أي خروج عن المقاييس الكاثوليكية الصارمة، ولذلك فقد اتجه إلى أراضي الإمبراطورية في ألمانيا. ويستنتج من تحركاته في تلك المرحلة أنه اقتنع بأن من الممكن الاتصال برجال الإصلاح الآخرين وإقناعهم بالعقيدة التي توصل إليها عن طريق الحوار؛ ولذا نجده يتوجه إلى بازل – شمال غرب سويسرا (الآن)، وقد كانت آنذاك من المدن المستقلة ضمن الإمبراطورية. وكانت بازل تشتهر بأنها أهم المراكز الثقافية التي يؤمها المفكرون النازعون إلى الحرية من مختلف أنحاء أوروبا، إن لم تكن أهم هذه المراكز جميعا؛ وكان إرازموس قد حل فيها فترة طويلة قبل ذلك. ولذا نجد سيرفتوس يتوجه إليها ويمضي فيها عشرة أشهر في ضيافة جون أويكولامباديوسJohn Oecolampadius يحاور ويناقش. وكانت بازل في حالة ثورة غيرت مناخها عندما وصلها؛ فقد استولى عليها البرتستنت،

---

١ Goldstone, *Out of the Flames*, p. ٥٦, see also pp. ٣٨-٥٥.

فيما يشبه الانقلاب العسكري، وفرضوا عليها سيطرتهم بالقوة. ومع ذلك فقد استمع إليه مضيفه الذي رأى في الشاب المتأجج ثورة، شخصية واعدة، مؤملا أن يضمه إلى حركته، غير أن ذلك لم يتحقق، وبدأ موقفه منه يتغير. وشعر سيرفتوس بخطر البقاء في بازل، فرحل عنها سريعا. ولما يئس من إقتناع الإصلاحيين في بازل وستراسبورغ بآرائه اعتقد بأن الكلمة المكتوبة ربما تكون أكثر إقناعا. وبحماسته واندفاعة الفتي أعد كتابه الأول على عجل لينشره بعنوان: أخطاء عقيدة التثليث De erroribus Trinitatis، باللغة اللاتينية في هاجناو (Hagenau)، سنة ١٥٣١م. وكان خطابه في هذا الكتاب فظا استخدم فيه - أحيانا - عبارات مهينة لمن انتقد آراءهم، مع التسرع والاندفاع، وبلغة لاتينية فجة vulgar، كل ذلك صرف كثيرين عن النظر في أفكاره ومقولاته والحكم عليها بموضوعية، بناء على مضمونها الفكري، وبعقلانية وإنصاف وتعاطف[1]. وقد أثار نشره ردود فعل متباينة، أكثرها معادية وغاضبة. ويبدو أن سيرفتوس تأثر بما تعرض له من هجوم ونقد؛ ولذا فقد أصدر كتابا آخر في السنة التالية (١٥٣٢م) بعنوان: حوار حول التثليث Dialogorum de Trinitate[2]. وقد اعتذر المؤلف في الكتاب الثاني عن فجاجة أسلوبه في الكتاب الأول، واستعمل كثيرا من المصطلحات التقليدية التي كانت مستخدمة في الكنيسة الكاثوليكية؛ ولعله أراد أن يدخل في روع الآخرين أنه غير بعيد عن الذين ما زالوا يتمسكون بتلك المصطلحات، سواء من الكاثوليك أو البرتستنت[3].

وقد وصف (روبز) و (لايك) محققا الكتاب، منهجية سيرفتس بأن تحليله العقلي مبني بشكل قوي على الكتاب المقدس، وأن كتابته تنم عن معرفة واسعة ودقيقة به مثيرة للدهشة - خاصة إذا أخذنا بعين الاعتبار صغر سنه. لقد اقتبس نصوصا أو معلومات مما لا يقل عن اثنين وخمسين كتابا من الكتب الستة والستين التي تشكل مجموعة الكتاب المقدس ... وقد بدا واضحا أنه يقبل كل ما يقوله "الكتاب المقدس" باعتباره سلطة لا مجال للتساؤل أمامها. وفي تفسيره لها يبدو ملتزما بحرفية النص. وبينما يتبنى - أحيانا - التفسير المجازي، أو الصوفي، فإن طريقته تظهر أنه متقدم على عصره بمدى كبير. كما أن كتابته تظهر معرفته

---

١ James H. Ropes and Kirsopp Lake (editors), Introduction to The Two Treatises of Servetus On The Trinity(Cambridge: Harvard University Press, ١٩٣٢, republished by Kraus Reprints, New York, ١٩٦٩), pp. ix - x.

٢ وقد استخدمت ترجمة انكليزية لكتابي مايكل سيرفتس أصدرتهما كلية الإلاهيات في جامعة هارفارد، مع التحقيق.

٣ James H. Rope and Kirsopp Lake (ed.), p. x.

الواسعة بآباء الكنيسة الذين نقل عنهم حوالي أربعين مرة. ومن بين نقوله لهذه المعلومات نجده يعتمد على إرنايوس، وترتوليان اللذين يشكل تفسيرهما لعقيدة التثليث مفتاحا لتفسيره هو. لكن سلطتهما عنده لا ترقى إلى مستوى سلطة الكتاب المقدس. وأخيرا فإن أرسطو و(لاهوتيي) العصور الوسطى- بطرس اللومباردي، توماس أكويناس، دنز سكوت، وليام الأوكامي، روبرت هلكوت، بيير دالي، هنرى أوف غنت، جون ميجر مألوفون له، وينقل عنهم بشكل رئيسي[١].

ما الرسالة التي أراد سيرفتوس إيصالها لقادة الفكر في عالم الغرب في عصره من خلال ما كتبه:

١) لقد نفى سيرفتوس عقيدة التثليث التي تفيد كون الله "واحدا في ثلاثة أشخاص" الأب، والإبن، والروح المقدس، وذهب إلى أن هذه العقيدة لا أصل لها في الكتاب المقدس، وأن مصطلحاتها غريبة على عقائد المسيحيين، واتهم الفلاسفة الإغريق بأنهم هم الذي أقحموها على المسيحية[٢].

٢) أراد أن يؤكد أن عيسى [عليه السلام] كان إنسانا بشرا، ولم يكن إلها بالمعنى الأول والرئيس للألوهية، وعلل حدوث الخطأ بعدم فهم الإغريق الذين ترجموا الكتاب المقدس من العبرية لمعنى كلمة (إلوهيم) العبرية؛ وكذلك كان الأمر – حسب قول سيرفتس - بالنسبة لاستخدام كلمة God في الإشارة إلى عيسى- أو وصفه بالألوهية في نصوص وسياقات متعددة من الأناجيل. فقد أوضح سيرفتس أن الإغريق الذين ترجموا كلمة "إلوهيم" العبرية التي تحمل أكثر من معنى، ونقلوها إلى الإغريقية، لم يجدوا الكلمات المناسبة لترجمتها، وذلك لفقر اللغة الإغريقية في الألفاظ والتسميات الدالة على الله أو ذات العلاقة به. وفي شرحه لهذه المقولة بين أن في اللغة العبرية كلمتين تشيران إلى الألوهية: "يهوه Yahweh"، وهي الإسم العلم لإله إسرائيل؛ ثم كلمة "إلوهيم Elohim " وهي تستخدم بمعان مختلفة، أحدها "إله". وقد دلل على ذلك باستدعاء كثير من النصوص من كتاب العهد القديم تستخدم فيها كلمة إلوهيم متبوعة مباشرة بمرادفات أخرى موجهة إلى شخص واحد غير الله، في موقف واحد، مثل: "يا إلهي، يا معلمي، يا سيدي. "My God, my Lord, my Adone . وأسس على ذلك

١ . *Ibid.*, p. x

٢ Michael Servetus, *.De Trinitatis...*, p. ٣

أن الكلمة كانت تستخدم – في مثل هذه السياقات - للتبجيل والاحترام، أو للمبالغة في إظهار التبجيل والاحترام، وليس لوصف الشخص المخاطب بالألوهية[١].

ومن خلال ردود الفعل الغاضبة اكتشف سيرفتس أن أفكاره كانت بغيضة للبرتستانت كما كانت بغيضة للكاثوليك، وهنا أحس بالخطر يتهدد حياته، فترك ألمانيا عائدا إلى فرنسا وقد غير اسمه وشخصيته متخفيا باسم آخر، مع الحرص على التظاهر بالكاثوليكية. ولم يلبث أن التحق طالبا بجامعة باريس لدراسة الطب، وتخرج طبيبا بعد سنوات؛ بيد أن اهتمامه الرئيس، ظل – على ما يبدو - مشدودا إلى القضية الدينة، رغم أنه ألف وترجم كتبا في موضوعات أخرى. وبعد شجار مع أساتذة كلية الطب في جامعة باريس غادرها إلى لوفين Louvain حيث درس اللاهوت، كما مارس الطب في أفينون Avignon وواصل دراسته للطب في مونبلييه Monpellier، واستقر في فيين Vienne (فرنسا) سنة ١٥٤١م، وصار طبيبا لرئيس أساقفتها. وقد نسبت الموسوعة البريطانية والموسوعة الأميركية إلى سيرفتس اكتشافا طبيا عظيما إذ قالتا إنه هو الذي اكتشف الدورة الدموية الصغرى. وفي سنة ١٥٥٣م نشر نظريته اللاهوتية التي بلغت مرحلة النضج حينئذ بعنوان *Christianismi restitutio*، وقد نشرها تحت اسم مستعار؛ لكن اسمه الحقيقي اكتشف وقبض عليه وحوكم وأدين بتهمة الهرطقة وحكم عليه بالإعدام حرقا، وألقي في غيابة السجن انتظارا لموعد التنفيذ؛ بيد أنه تمكن من الهرب ليلة الإعدام[٢] وبعد هروبه نفذ الحكم شكليا "in effigy"، كما كانت العادة في ذلك العصر، حيث تحرق دمية تمثله. وقد ذهبت إحدى الروايات إلى أنه أراد أن يتوجه إلى نابولي، لكن حظه العاثر جعله يقرر أن يمرعلى طريق جنيف، الملاصقة للأراضي الفرنسية، حيث اعتقل في اليوم التالي لوصوله، بأمر من رئيس جنيف الزعيم والمفكر البرتستنتي جان كلفان. وبعد أن قضى في السجن أكثر من شهرين، في حالة مهينة ومزرية، جرت محاكمته ثم إعدامه حرقا في السابع والعشرين من شهر تشرين الأول (أكتوبر) ١٥٥٣م. وقد جرى إعدامه بشكل فعلي هذه المرة بعد أن رفض التراجع عن آرائه أو إعلان الندم بينما كان مربوطا على العمود فوق كومة من الحطب، ورأسه مكلل بتاج من القش والكبريت؛ كما أن نسخ كتبه التي عثر عليها جمعت وأحرقت معه. وقد حضر المحاكمة الرؤساء والقضاة والنبلاء ورجال الدين، وعدد غير قليل من عامة الشعب[٣].

---

١ المصدر نفسه، ص. ٤.

٢ *Encyclopedia Britanica*, ١١th edition, ١٩١١, art. Servetus.

٣ وللاطلاع على تفاصيل أكثر عن سير المحاكمة أنظر :
Goldstone, pp. ١-٤; Bainton, *Hunted Heretic*..., pp. ٢٠٢-٢١٥.

وبعد إعدام سيرفتس تلقى كلفان رسالة تقدير وتأييد من فيليب ملانكتون، مساعد مارتن لوثر، مما يؤكد أن جهات متعددة تجاوزت خلافاتها الشديدة متعاونة أو متفاهمة للتخلص من الخطر الذي مثله سيرفتوس. ومن ضمن هذا التعاون كان دور الزعماء الكاثوليك الذين بعثوا من فرنسا إلى كلفان مادة من كتابات سيرفتس وتقارير أخرى لتأكيد إدانته.

بيد أن اختفاء سيرفتوس عن المسرح لم يكن نهاية المطاف بالنسبة لسيرته وشخصيته؛ فمع أن ستار الصمت ظل يلف ظروف مطاردته واعتقاله واعدامه مدة ثلاثة قرون ونصف القرن، فقد انقشع هذا الستار، وتجرأ بعض الباحثين للدفاع عن سمعته، ثم تعالت الأصوات بالتدريج، وبلغ التعاطف معه ذروته، وظهرت مئات الكتب والمقالات العلمية تدرس كل جانب من جوانب حياته، وعقدت الندوات الأكاديمية لنفس الغرض، إلى أن أنصف، وعملت له التماثيل، وسميت باسمه شوارع في سويسرا وفرنسا وإسبانيا، ونصبت له (ميداليا) أمام كلية الطب في جامعة مدريد؛ بل إن أحفاد جون كالفان في أميركا وأوروبا أضطروا - تحت ضغط الرأي العام الغربي- الى إقامة تمثال له في جنيف، في موقع قريب من المكان الذي أعدم فيه، وذلك للتكفير عما ارتكبه جدهم بحقه، ولتبييض سمعتهم في نظر الناس. وفي موقع شركة أمازون (Amazon.com)، وهي أشهر شركة عالمية لبيع الكتب على الإنترنت، نجد ٥٧٩ عنوانا تتناول سيرة مايكل سيرفتوس بشكل كامل أو جزئي (نوفمبر - ديسمبر ٢٠٠٤)؛ كما نجد على شبكة الإنترنت موقعين [على الأقل] مخصصين لمنظمتين باسم مايكل سيرفتوس، وهما:

www.miguelservet.org; and www.servetus.org

وهذا عنوان كتاب جديد صدر عن سيرفتوس سنة ٢٠٠٢م :

Michael Servetus: Intellectual Giant, Humanist, and Martyr, by Marian Hillar, Claire S. Allen (Paperback - Novermber ٢٠٠٢).

الحركة التوحيدية في إيطاليا:

بالرغم من أن مايكل سيرفتس لم يترك بعد وفاته حركة أو تنظيما يتابع القضية التي ضحى بحياته من أجلها ، فقد تلقفها بعض أتباعه والمعجبين به ولم يلبثوا أن تبنوها فكرا وقولا وعملا، ثم طوروها ونقلوها إلى آفاق الأرض شرقا وغربا. وحيثما كانت نسخ من كتابيه الصغيرين تصل إلى أيدي الناس كانت الفكرة تصحو وتنتعش. وكان من الرواد السابقين الذبن مهدوا للحركة التوحيدية

رجال من الإنسانيين الإصلاحيين الإيطاليين أمثال لاليوس سوسينوس (١٥٢٥-١٥٦٢م)، وهو من مدينة سينا الإيطالية، وجورجيو بياندراتا (١٥١٥-١٥٨٨م)، وبرناردينو أوشينو (١٤٨٧-١٥٦٤م)، ثم فاوستوس سوسينوس (١٥٣٩-١٦٠٤م) ، وهو ابن أخي لاليوس سوسينوس.. ولكل واحد من هؤلاء المصلحين الأربعة قصة حافلة بالنشاط، والاستهداف بالاضطهاد، والهجرة والتنقل فرارا بمعتقداته ودفاعا عن حياته، مما لا يتسع المجال لتتبعه هنا. غير أننا لا نستطيع أن نغفل، رغم تعجلنا، أن لاليوس سوسينوس حصل على قدر من المعرفة باللغات العبرية والعربية والإغريقية، وأنه كانت لديه نسخة خطية من القرآن الكريم أعطاها إلى صديقة ثيودور ببلياندر. وكان ببلياندر أحد معاوني مارتن لوثر، وقد قام بنشر ترجمة للقرآن الكريم في بازل سنة ١٥٤٣م، وكان هذا النشر ممنوعا قبل ذلك. ومرة أخرى قام ببلياندر بمراجعة وتحرير وترجمة نسخة ثانية من القرآن كان قد أعدها بيترذي فنرابل Peter the Venerable . ونتيجة لذلك فقد ألقي القبض على ببلياندر وعلى الناشر الذي أصدر الترجمة، ولم يفرج عنهما إلا بتدخل شخصي من مارتن لوثر. كذلك فقد كان لاليوس سوسينوس على صلة وثيقة مع جان كلفان، فلم تنقطع علاقتهما الودية ورسائلهما المتبادلة؛ كما أنه كان على علاقة مع مساعدي أولدرش تسفنغلي الذين خلفوه في قيادة حركته البروتستنتية الإصلاحية بعد وفاته؛ ومنهم هاينرش بولنغر الذي كان أقرب أصدقاء لاليوس سوسينوس إلى نفسه. وكان بولنغر من أقرب معاوني تسفنغلي وأكثرهم أهمية، حيث أنه حل محله في وظيفته بعد وفاته سنة ١٥٣١م فأصبح راع لكنيسة زيورخ بدل تسفنغلي؛ كما أنه ساعد تسفنغلي في الحوار العقيدي الذي دار في بيرن. وكان فاوستوس سوسينوس أكثر المتأثرين بفكر عمه لاليوس سوسينوس. ويبدو أن الفكر التوحيدي، أو المعادي لعقيدة التثليث قد انتشر على نطاق واسع في بعض مناطق إيطاليا؛ يدلنا على ذلك وجود جالية من اللاجئين الإيطاليين الموحدين في جنيف، وجالية أخرى في زيورخ، وربما في مدن أخرى في أوروبا. وفي جنيف كان جان كلفان قد سمح بأن تكون لهم كنيسة مستقلة خاصة بهم. وقد أبدوا تبرمهم ثم احتجاجاتهم عند وبعد إعدام مايكل سيرفتس، فنشأت أزمة في علاقتهم مع السلطة في جنيف فقام كلفان بإجلائهم عنها قسرا، فهاجروا بعائلاتهم وأطفالهم إلى بولندا وترنسلفانيا (رومانيا).

ومن اللافت للنظر هنا أن نجد القرآن، أو معرفة بالقرآن - بغض النظر عن درجة هذه المعرفة - في هذه الدائرة الثقافية الإصلاحية والدعوية العليا، وأن هذه المعرفة لم تقتصر على مجرد السماع بالقرآن، بل تجاوزت ذلك إلى امتلاك نسخ منه، ثم الإقدام على ترجمته ونشره على يد أحد أصدقاء مارتن لوثر رغم أن الترجمة كانت ممنوعه - بقرار بابوي أو كنسي على الأرجح - ويصل الأمر إلى

سجن المترجم والناسخ، ثم يتدخل لوثر شخصيا لإطلاق سراحهما. وهنا أيضا نتذكر أن مايكل سيرفتس كان قد عرف القرآن وقرأه، كما كان على معرفة بالعربية، كما سنجد عند تتبعنا لحركة بعض الشخصيات في القرن السابع عشر ، خاصة جوزف بريستلي، اهتماما بمعرفة اللغة العربية، وربما التعرف على القرآن الكريم أيضا. وعندما نقرأ خبر الترجمة المتكررة للقرآن، وكانت ترجمة إلى اللاتينية، لغة الدين واللاهوت والأدب في ذلك العصر، عندها ينتصب أمامنا سؤال مهم: من هم القراء المنتظرون المستهدفون بالترجمة ؟

لم يكن المستهدفون هم عامة القراء، ولا أتباع الكنيسة الكاثوليكية، ولا الأدباء والشعراء؛ فكل واحدة من هذه الفئات كانت أمامها موانع ومثبطات تصرفها عن الاهتمام بالقرآن أو حتى مرور ذكره في خواطرها. لمن كانت الترجمة إذن ؟ المرجح لدي أن الترجمة قصد بها تلك الشخصيات التي كانت قلقة على أمر الدين والعقيدة، ومنزعجة من الحالة التي وصلت إليها الممارسات الدينية في مجتمعاتها، ولذلك كانت منشغلة ومستغرقة في مسائل الإصلاح الديني. وقد كانت الطباعة قد ظهرت في ألمانيا وأوروبا قبل ذلك العصر بما يزيد على نصف قرن. إذن هل اطلع مارتن لوثر وبعض المحيطين به من قادة حركة الإصلاح على نسخة من الترجمة - أو الترجمتين - التي أنجزها صديقه ثيودور ببلياندر؟ وهل كان لاليوس سوسينوس اطلع على الترجمة أيضا، سيما وأنه كانت لديه نسخة خطية من القرآن الكريم، وأنه على قدر من المعرفة بالعربية كما تخبرنا المصادر ؟

يبدو لي مرجحا أن كل هؤلاء المصلحين الذين ذكرت أسماؤهم، أو معظمهم، وربما إصلاحيون آخرون ممن لم ترد أسماؤهم، قد اهتموا بالترجمة وقرأوها؛ وإلا .. لمن كانت الترجمة ومن هم قراؤها المقصودون بها؟؟

إنني أرجو ألا يظن أي من قراء كتابي هذا أنني أردت الإيحاء بأن أولئك المصلحين الدينين تأثروا بالقرآن أو استلهموا منه بعض أفكارهم. كلا ! لم أقصد حدوث ذلك، بل إنني استبعده لسببين:

(١) أنه لم يكن من السهل على المتدينين المستغرقين في الفكر الديني المسيحي أن ينخلعوا من مفاهيمهم وتصوراتهم العميقة الجذور ليفتحوا عقولهم إلى دين العدو، وأن أي تقدير له أو انفتاح تجاهه يمكن أن يصاحبه شعور بالانفتاح نحو العدو.. وهذا العدو لم يكن خصما على مسافة بعيدة، بل كان عدوا قريبا يطرق الأبواب، ويجتاح القلاع ويسفك الدماء. لم تكن الظروف تسمح بتأمل عقلاني هادئ آنذاك؛ فقد بدأ الضغط العثماني على شرق أوروبا خلال النصف الثاني من القرن الرابع الميلادي، واستمر بعد ذلك. فعلى سبيل المثال فرضت السيادة العثمانية على مملكة بلغاريا سنة ١٣٧٦م؛ وتم للعثمانيين الاستيلاء على سالونيك

(ثاني مدينة في اليونان حاليا) في سنة ١٤٣٠، وحاصروا بلغراد سنة ١٤٤٠م؛ وهاجموا جمهورية البندقية سنة ١٤٩٩م، وشنت قواتهم هجمات على بولندا المطلة على بحر البلطيق في أقصى الشمال، سنة ١٤٩٨م؛ كل هذا قبل عصر الإصلاح الديني. أما في عصر الأصلاح الديني فقد استولوا على بلغراد سنة ١٥٢١ (وهي السنة التي اضطر فيها لوثر إلى الاختفاء)، وعلى رودس سنة ١٥٢٢؛ وفي سنة ١٥٢٦م اجتاحوا المجر وأبادوا جيشها وسقط ملكها صريعا في معركة موهاكس. أما في سنة ١٥٢٩م فقد حاصر العثمانيون فينا، عاصمة الإمبراطورية الرومانية المقدسة. إذن كان العثمانيون يمثلون خطرا حقيقيا داهما متصلا، وأي اقتراب منهم أو من دينهم لم يكن يتصور آنذاك, فضلا عن أنه – إن حدث - يضع صاحبه موضع شبهة ويجلب له تهم الخيانة. ومما يجدر ذكره أن مارتن لوثر نفسه اتهم "الأنابيتستس"، على سبيل الإهانة، بأنهم أتراك [أي مسلمين] لأنهم موحدين[١].

(٢) أما السبب الثاني فهو أن الإصلاحيين المسحيين في ذلك الوقت لم يكونوا بحاجة إلى مصدر تاريخي أو ديني غريب ليتعرفوا من خلاله على عقيدة التوحيد؛ فهناك نصوص كثيرة في الإنجيل تدل عليها، كما أن قراءتهم للتاريخ تعرفهم بتوحيد بعض الجماعات في عهد عيسى عليه السلام، كما تعرفهم بالآريوسيين والنساطرة، وغير ذلك مما تناولناه في الفصل الأول من هذا الكتاب. ومع ذلك فقد كانت هناك رغبة في الفهم، ليس فهم هذا العدو فقط، بل فهم ما يدور في عقول المتدينين، وما مدى القرب والبعد بين الجانبين، وأتباع الدينين. رجال الإصلاح في عالم الغرب كانوا مخلصين في البحث عن حلول لمشاكل مجتمعاتهم، كما كانوا حريصين على أن يبحثوا عن الحقيقة فيما يتعلق بالآخر. هل اتبعوا السبل والأساليب الصحيحة؟ ذلك ما لا نستطيع أن نؤكده أو ننفيه، ولا نستطيع البحث عن تفاصيله ومقوماته في هذه العجالة.

التوحيد في شرق أوروبا: بولندا، رومانيا، المجر:

وفي ترانسلفانيا (رومانيا) والمجر لم يكن هناك أثر ظاهر للمعتقدات التوحيدية المناوئة للتثليث قبل وصول الطبيب الإيطالي جورجيو بيندراتا[٢] إليها، حيث أصبح طبيبا خاصا في القصر الملكي. وكان هذا التوحيدي من الذين تأثروا

---

١ Lecler, *Toleration and the Reformation*, p. ١٦١.

٢ لقد ورد اسم هذا الشخص نفسه بصورتين بينهما قليل من الاختلاف "Biandrata" and "Blandrata" في الموسوعة البريطانية *Encyclopedia Britanica* , بيد أن Lawrence and Nancy Goldstone اللذين قاما بدراسة موسعة عن سيرفتس أثبتا الاسم كما استخدمته "Biandrata" انظر Goldstone, *Out of the Flame*, pp. ٢٢٥ - ٢٢٨

بأفكار مايكل سيرفتوس وتبنوا أفكاره. والظاهر أن نشاطه وأصدقائه كان أكبر بكثير مما سجلته المراجع التي استخدمناها. ولم يلبث بيندراتا طويلا حتى استمال إلى أفكاره إحدى الشخصيات الدينية القلقة، ونقصد بذلك فرانسس دايفد (Frenec David) ويكتب في المصادر الإنجليزية - أحيانا - " Francis David". ثم إنه سعى لتعيين دايفد واعظا للقصر الملكي، وشجعه على إلقاء مواعظ ناقدة لعقيدة الثالوث؛ وأدى التعاون بينهما إلى قيام ديفد بنشر كتابين يدعوان إلى التوحيد صدرا سنة ١٥٦٧م و ١٥٦٩م. والظاهر أنهما نجحا في التأثير على الملك، فصارت جهودهما تحظى بتشجيعه وتأييده العملي؛ فقد منح الحرية الدينية إلى أولئك الذين صار يطلق عليهم فيما بعد اسم الموحدين، بجانب ثلاث طوائف دينية أخرى منحت هذا الحق، وهي الكاثوليكية، واللوثرية، والإصلاحية الكلفانية. ثم تعززت هذه الخطوة بأخرى سنة ١٥٧١م حيث منح الدايت الترانسلفاني اعترافا دستوريا بعقيدة "الموحدين" ضمن الاعتراف بعقائد الطوائف الأربع السابقة الذكر. ومن خلال هذه التطورات أخذت الحركة شكل المؤسسة المعترف بها على الصعيد الرسمي، كما أنها أصبحت في مركز تتساوى فيه مع الفرق الدينية الرئيسة الأخرى؛ بيد أنها بلغت ذروة نجاحها بقيادة فاوستوس سوسينوس، كما سنرى[1].

فاوستوس سوسينوس Faustus Socinus في بولندا:

ولتعزيز الحركة التوحيدية دعى بياندراتا صديقه فاوستس سوسينوس للقدوم إلى بولندا فوصلها في سنة ١٥٧٩م. وطوال الخمسين سنة التالية لوصوله ظلت للكنيسة التوحيدية حياة مزدهرة فيها، وبلغ عدد فروعها ثلاثمئة فرع عندما وصلت أقصى درجات انتشارها. وقد أنشأ السوسينيون جامعة ناجحة في راكوف Racow التي كانت المركز الثقافي الرئيسي لحركتهم، وأنشأوا بجانبها مؤسسة مشهورة للطباعة أصدرت كثيرا من الكتب والكراسات السوسينية. وفي سنة ١٦٠٥م، وهي السنة التالية لوفاة فاوستوس سوسينوس، وضع أتباعه "كتاب العقيدة السوسينية الرسمية" حيث صاغوها في سياق أسئلة وأجوبة، حسب الطريقة التي اتبعتها كثير من الطوائف المسيحية في ذلك العصر وما قبله، "catechism." وفي القرن السابع عشر دخلت الأفكار والكتابات السوسينية إلى انجلترا ضمن مؤثرات متعددة ساهمت في تشكيل اللاهوت التوحيدي الذي سنورد نبذة مختصرة عنه في الصفحات التالية[2]. ويلاحظ أن اسم "السوسينية

---

١ *Encyclopedia Britanica,* ١١th ed., ١٩١١, art. Unitarianism.

٢ *Encyclopedia Britanica,* CD ed,m ٢٠٠١, art. Biandrata, Georgius; Gonzalez, III, p. ١٠٢.

Socinianism" اشتق من اسم عائلة سوسينوس التي كان موطنها مدينة سينا. وباللغة الإيطالية يكتب الإسم FAUSTO (PAOLO) SOCINI, SOZINI, OR SOZZINI . وتوصف الحركة السوسينية بأنها جماعة اعتنقت أفكار فاوستس سوسينوس، ودعت إلى تفسير عقلاني للكتاب المقدس، واعتقدت أن عيسى كان رجلا نبعت قداسته من وظيفته لا من طبيعته. وقد صار فاوستس واحدا من أشد اللاهوتيين المعادين للتثليث في بولندا بعد انتقاله للإقامة فيها.

بيد أن هذا الوجود الحي، والنشاط السوسيني الصاخب ما لبث أن تعرض لعملية خنق أودت به خلال عقدين من الزمان. ففي سنة ١٦٣٨م أصدر الدايت البولندي Polish Diet (البرلمان) قرارا بإغلاق الجامعة ومعها المطبعة في راكوف، ثم سدد الضربة القاضية لهذه الحركة سنة ١٦٥٨م عندما وضع السوسينيين أمام ثلاثة خيارات مرة: إما العودة إلى كنف العقيدة الكاثوليكية والانسجام مع تعليماتها، أو الهجرة القسرية، أو الموت. وهكذا انطلقت الهجرة الجماعية للسوسينيين نحو ترانسلفانيا [رومانيا]، والأراضي المنخفضة، وألمانيا وإنجلترا. أما في بولندا فقد انتهت الحركة تماما. وقد تمكنت بعض الجماعات السوسينية الصغيرة من المحافظة على وجودها في أوروبا حتى القرن التاسع عشر، وبشكل رئيسي في ترانسلفانيا وإنجلترا. وقد أثرت الأفكار السوسينية على جون بدل John Biddle، أبو الحركة التوحيدية الإنجليزية[1].

في ضوء ذلك يمكن أن نقول إن التوحيد العملي مر في الغرب في ثلاث مراحل: مرحلة ما قبل مجلس نيقية Ante-Nicene ، وقد أشرنا إلى طرفها الأخير عندما أوردنا قصة مجلس نيقية والأزمة الآريوسية[2] (٣١٨- ٣٢٥م) ثم المرحلة المسيحية الكاثوليكية، بين سنتي ٣٢٥م - ١٥٠٠م تقريبا، ثم في عصر الإصلاح الديني وما بعده، من القرن السادس عشر حتى منتصف القرن العشرين، تقريبا. وكانت كل هذه الحركات التي ذكرنا من مكونات الجسم المسيحي وتفرعاته المختلفة؛ على الرغم من أن خصومها اعتبروها حركات منحرفة، مهرطقة.

الحركة التوحيدية في انجلترا:

يلاحظ المتابع لتاريخ الفترة الممتدة بين سنتي ١٥٤٨ و ١٦١٢م في انجلترا وجود خيط رفيع من النشاط والمواقف المعادية لعقيدة الثليث في بريطانيا. وبينما

---

١ *Encyclopedia Britanica*, 11th ed., 1911, art. Unitarianism; *E.B.*, CD ed., 2001, art. Unitarianism.; *Encyclopedia Americana*; and *Columbia Encyclopedia*, artticles *Unitarianism*.

٢ أنظر ص ١٦-٢٢ فيما سبق من هذه الدراسة.

تراجع بعض الأشخاص الذين تبنوا هذه المواقف وأعلنوا ندمهم فقد أصر آخرون على مواقفهم وواصلوا تحدي ضغوط السلطات الكنسية والحكومية. وبينما نجا الذين أعلنوا توبتهم من الموت فقد تم إعدام الآخرين حرقا، ومنهم: جورج فان بارس George van Parris، (وهو جراح فلمنكي ومؤلف)؛ باترك بكنغهام، (وهو تاجر جلود)؛ ماثيو هامونت؛ جون لويس؛ بيتر كولن (وهو صباغ)؛ فرانسس كت، (وهو طبيب ومؤلف)؛ بارثلوميو ليغايت، (وهو بائع أقمشة)؛ وأخيرا إدوارد ويتمان، المتشدد الذي أحرق مرتين سنة ١٦١٢.

وقد شاعت في انجلترا (موضة) اعتناق الآراء السوسينية فأثرت على شخصيات مهمة في المجتمع، الأمر الذي أدى إلى صدور قرار بمنع ادخال أو تداول الكتب السوسينية سنة ١٦٤٠م؛ وهو قرار لم يوضع موضع التنفيذ والتطبيق بأية درجة من الحزم. وفي سنة ١٦٤٨م صدر قرار بتجريم أي شخص يرفض عقيدة التثليث وجعل الإعدام عقوبة لتلك الجريمة. بيد أن القرار لم ينفذ بحزم في كل الحالات؛ فقد تدخل كرومويل في قضية بول بست (١٥٩٠-١٦٥٧م) وقضية جون بدل (١٦١٦-١٦٦٢م) وأنقذهما من الموت. وفي سنة ١٦٥٠م كان جون نويل يقوم بدور واعظ غير محترف في تشستر، حسب العقيدة السوسينية. وفي الفترة ١٦٥٢-١٦٥٤م، والفترة ١٦٥٨-١٦٦٢م عقد جون بدل - الذي يعتبر أبا للحركة التوحيدية الإنجليزية - مؤتمرين للسوسينيين في لندن، بالإضافة إلى الكتب التي أعاد طباعتها سنة١٦٥١م، وتلك التي ترجمها (١٦٥٢م)، ومنها نص الإعلان العقيدي السوسيني Racovian Catechism الذي ظهر في بولندا في ذروة ازدهار الحركة السوسينية، فضلا عن كتاب سيرة سوسينوس، سنة ١٦٥٣م. أما إسم الموحد، والموحدينUnitarian, Unitarians فقد استخدم أول مرة سنة ١٦٨٢م؛ وقد حملت الكلمة آنذاك معنى واسعا يدخل فيه جميع أولئك الذين يؤمنون بوحدانية الله. وكان أول واعظ وصف نفسه بأنه موحد هو توماس إملن (١٦٦٣-١٧٤١م). وقد تجذرت الدعوة التوحيدية في إنكلترا منذ سنة ١٧٧٣م عندما ظهرت فيها - أول مرة - جماعة دينية توحيدية منفصلة متميزة، ومعترف بها واقعيا، على أثر انشقاق ثيوفيلوس لندسي Theophilus Lindsey (١٧٢٣-١٨٠٨م) وأتباعه عن الكنيسة الإنجليزية بعد أن خابت آماله في نشأة حركة توحيدية من الكنيسة الإنجليكانية نفسها. وتكررت بعد ذلك حركات الإنفصال التي قادها عدد من رجال الدين النابهين. وقد تم تعديل "قانون التسامح" سنة ١٧٧٩م، حيث جعل شرط الإيمان المقبول يتمثل في "الإيمان بالكتاب المقدس" بدلا مما كان مطلوبا قبل التعديل، وهو "الإيمان بالعقيدة الأنجليكانية وبنودها التسعة والثلاثين." وفي سنة ١٨١٣م تم إلغاء العقوبات القانونية ضد الأشخاص الذين يرفضون عقيدة التثليث. وفي سنة ١٨٢٥م تم تشكيل "جمعية الموحدين

البريطانيين والأجانب British and Foreign Unitarian Association"، عن طريق اندماج ثلاث جمعيات أقدم منها. وقد أنتجت الجمعية الموحدة عددا من العلماء المشهورين، منهم جون كنرك John Kinrick (١٧٨٨-١٨٧٧م)، وجيمس ياتس James Yates (١٧٨٩-١٨٧١م)، و سمويل شارب Samuel Sharpe (١٧٩٩-١٨٨١م).

إسحاق نيوتن Sir Isaac Newton :

وكان أهم وأبرز العلماء المشهورين الذين اعتنقوا عقيدة التوحيد إسحاق نيوتن (١٦٤٢-١٧٢٧م) العالم الفيزيائي، وعالم الرياضيات والبصريات الشهير، ومكتشف قانون الجاذبية. ولقد وصفت الفترة التي شهدت إنجازات نيوتن بأنها الأعظم أهمية في المرحلة المبكرة من تطور العلم الحديث؛ كما أطلق على الفترة نفسها اسم: "العصر- النيوتني The Newtonian Epoch "، نسبة إليه. أما كتابه الأهم : المبادئ الرياضية للفلسفة الطبيعية *Mathematical Principles of Natural Philosophy* فقد وصف بأنه أعظم كتاب في تاريخ العلوم الطبيعية [١].

ولد نيوتن سنة ١٦٤٢ طفلا وحيدا بعد وفاة أبيه الذي كان من صغار الملاك. وقد التحق إسحاق نيوتن الشاب بكلية الثالوث Trinity College في جامعة كامبردج سنة ١٦٦١م وحصل على الدرجة الجامعية الأولى (B.A.) أوائل سنة ١٦٦٥م. وفي هذه السنة نفسها والسنة التالية لها اضطر إلى الابتعاد عن كامبردج هربا من وباء انتشر فيها، وذهب إلى مسقط رأسه ليمضي- هناك السنتين المشار إليهما. ولم تكن فترة السنتين هذه، التي قضاها في Woolsthrope فترة خمول، فقد وجه اهتمامه فيها لدراسة النظام الشمسي الذي واجه الباحثون في شأنه مشكلة، أو عقبة علمية آنذاك؛ فقد كانت دراسات غاليليو قد أظهرت الحاجة لمعرفة سبب يوضح بقاء الكواكب وتوابعها في مداراتها ويمنعها من الانطلاق في اتجاه وخط تحرك مستقيم في الفضاء بدلا من مسارها شبه الدائري. وكان غاليليو قد افترض أن هناك "قوة" هي السبب في ذلك. بيد أن إثبات وجود هذه القوة، أو ما يساويها، ظل أمرا معلقا، ينتظر من ينقله من موقع الفرض العلمي إلى كونه حقيقة علمية ثابتة بالدليل [٢]. وهنا جاء دور نيوتن.

---

١ William Cecil Dampier, *A History of Science and Its Relations with Philosophy and Religion* (Cambridge: Cambridge University Press, ١٩٤٩), p. ١٥٠; same author, *A Shorter History of Science* (Cambridge: Cambridge University Press, ١٩٤٤), p. ٧٠.

٢ Dampier, *A History of Science*, p. ١٥٠.

ويخبرنا فولتير أن نيوتن لمح وأدرك مؤشرا وجهه لحل هذه المشكلة، وذلك عندما شاهد - وهو في حديقة منزله - تفاحة تنفصل من حضن غصنها وتسقط على الأرض؛ وهنا أخذ يفكر في سبب اتجاهها إلى الأرض، وهذا ما قاد خطاه - فيما بعد - إلى اكتشاف قانون الجاذبية [١]، كل ذلك حدث في فترة سنتي الوباء بينما كان نيوتن بعيدا عن كامبردج. وفي سنة ١٦٦٧، بعد عودته إلى كامبردج، انتخب زميلا Fellow في أل Trinity College ومضى في عمله البحثي ليحصل على درجة الماجستير في السنة التالية؛ وفي سنة ١٦٦٩ عين ليشغل منصب استاذ، أستاذا للرياضيات في نفس الجامعة؛ وفي فترة لاحقة أصبح عضوا في الجمعية الملكية، ثم انتخب رئيسا لها سنة ١٧٠٣ وظل انتخابه لرئاستها يتجدد أربعا وعشرين سنة، أي حتى وفاته سنة ١٧٢٧م. والجمعية الملكية - كما هو معروف - أعلى هيئة علمية في انكلترا.

نيوتن هذا، أبدى اهتماما بالدين غير عادي، فقام بدراسات جادة في موضوع الإلهيات انتهى من خلالها إلى رفض عقيدة الثليث، وآمن بأن المسيح إنسان صاحب رسالة حملت هداية السماء إلى الأرض. ومن هنا وصف بأنه آريوسي (Arian) ، نسبة إلى التيار التوحيدي الذي ظهر اسمه على صفحات التاريخ منذ القرن الرابع الميلادي [٢]. ولأن "قانون التسامح" الذي صدر سنة ١٦٨٨ والذي استثنى المعادين لعقيدة التثليث من التسامح، وقضى بتجريم وإعدام كل من يعارضها، وظل ساري المفعول، وأطاح برءوس كثيرة ذكرنا بعض أسمائها، فقد خشي نيوتن أن ينشر كتابا في موضوع العقيدة كان قد أعده وأرسله إلى الفيلسوف دايفد هيوم ليتدبر أمر نشره في هولندا، بعيدا عن سلطة الرقابة في إنكلترا [٣]. وقد يبدو انهماك عالم طبيعيات في مكانة نيوتن في الدراسات اللاهوتية والدينية أمرا غريبا بالنسبة لنا الآن، إلا أن علينا أن نتذكر أن حالة الانفصام والعداء بين الدين والعلوم الطبيعية لم تكن قد ظهرت في أيام نيوتن، بل في وقت متأخر عن تلك الفترة [٤]. وقد كان تركيز نيوتن على الدراسات العقيدية

---

١ *Ibid.*, p. ١٥٠.

٢ عن آريوس والآريوسية والتوحيد أنظر ص ٤٢-- ٤٣؛ وعن معاداة نيوتن لعقيدة التثليث أنظر:
G.S. Brett, "Newton's Place in the History of Religious Thought," in History of Science Society, *Sir Isaac Newton* ١٧٢٧ - ١٩٢٧: *A Bicentenary Evaluation of His Work* (Baltimore, MD: The Williams and Wilkins Co., ١٩٢٨), p. ٢٦٠ - ٢٦١;
J.D. Bernal, *Science in History* (Harmondsworth: C.A. Watts & Co., ١٩٦٩), p. ٤٨٩.

٣ G. S. Brett, "Newton's Place in the History of Religious Thought", pp. ٢٦٠ -١

٤ Dampier, *A History of Science and Its Relations* ..., , p. ١٤٨; Dampier, *A Shorter History of Science*, p. ٦٨.

وهو في قمة نضجه العلمي وشهرته العلمية، في ثمانينات القرن السابع عشر وما بعدها. وقد لفت نظري إلى عقيدة نيوتن ما أورده J.D. Bernal ، حيث ذكر أنه كان موحدا ومعارضا لعقيدة التثليث[١]. وبينما كان نيوتن يفكر في بنية الكون توصل إلى اقتناع بأنه يملك الدليل على وجود الله. وفي حواره مع نفسه، طرح السؤال التالي: لماذا لم تشد الجاذبية الداخلية للأجرام السماوية تلك الأجرام جميعا بعضها إلى بعض لتكون كتلة كروية واحدة هائلة الضخامة؟ ورد عقله على السؤال: لأن تلك الأجرام وضعت بعناية في الفضاء اللانهائي على بعد ومسافة مناسبة بين الواحد والآخر في نقطة يمتنع عندها التجاذب المؤدي إلى الالتحام، أي نقطة تعادل الجاذبية. وقد أوضح أن هذا الترتيب مستحيل تماما ما لم يكن هناك متابع ذكي يهتم بوضع هذه الأجرام، ولا أعتقد - والكلام ما زال لنيوتن - أن هذا الوضع قابل للتفسير اعتمادا على مجرد أسباب طبيعية؛ "وإنني مجبر على أن أعزو ذلك إلى قوة فاعلة ذات إرادة"[٢]. وبعد ذلك بشهر كتب يقول: " إن الجاذبية يمكن أن تحرك الكواكب، ولكن بدون القوة الإلهية لن يكون ممكنا على الإطلاق أن تضعها في هذه الحركة الدائرية، كما هي حالها، في دورانها حول الشمس؛ ولهذا السبب وأسباب أخرى غيره، فإنني مجبر على أن أعزو ترتيب هذا النظام إلى قوة ذكية.[٣] " و الله - كما أدرك نيوتن وجوده من خلال رؤيته للشمس والمجموعة الشمسية، ومن خلال النظام الشمسي الرائع - الله له البقاء الأبدي اللانهائي، وله القوة والقدرة اللامحدودة، والعلم الأوسع الذي لا حدود ولا نهاية له، كما أن له الحضور الشامل. وقد عبر نيوتن عن إحساسه نحو الله: بأنه مغمور بالحب له، والإعجاب به من خلال خلقه المعجب المعجز، "نعبده ونحبه لعظمته. إن كل هذا التنوع في الخلق، الذي نجده متلائما مع مختلف الأوقات والأماكن لا يمكن أن يبرز في عالم الوجود إلا من خلال إرادة كائن موجود[٤] ". وقد وصف G.S. Brett إعلان نيوتن لعقيدته، الذي أوردنا هنا بعض عباراته، بأنه الأكثر اكتمالا والأكثر دقة[٥].

---

١ J. D. Bernal, *Science in History*, pp. ٤٨١-٢; cf. Dampier, *A History of Science ...*, pp. ١٧٢-٥; Brett, pp. ٢٥٩-٢٦٠.

٢ Karen Armstrong, *A History of God* (England: Vantage, ١٩٩٩), p. ٣٤٨.

٣ *The Correspondence of Isaac Newton*, ٣ vols. (Cambridge, ١٩٥٩-٧٧), December ١٠, ١٦٩٢, III, pp. ٢٣٤-٥, as quoted by Karen Armstrong, *A History of God*, p. ٣٤٨, see also pp. ٣٤٩-٣٥٣.

٤ Isaac Newton, *Philosophiae, Naturalis*, as quoted by Karen Armstrong, *A History of God*, p. ٣٤٩.

٥ G. S. Brett, "Newton's Place in the History of Religious..., in *Sir Isaac Newton ١٧٢٧-١٩٢٧: A Bicentenary Evaluation ...*, p. ٢٦٤.

ومن الواضح أن نيوتن لم ينخرط في الحركة التوحيدية، لقد كان موحدا بفكره وعقيدته كما عبر عنها، بيد أنه انشغل بالعلم والبحث العلمي، ولا بد أن انشغاله هذا لم يترك له فراغا للإنخراط في جمعيات يتطلب الانتساب إليها شطرا من وقته وجهده. أما التفكير والتأمل في الكون وآليته فأمر يدخل في صميم عمله.

جوزيف بريستلي Joseph Priestley :

وما دمنا نتحدث عن العلماء المشاهير فإنه لا يجوز لنا أن نغفل واحدا من ألمع العقول التي برزت في قيادة الحركة التوحيدية البريطانية، وذلكم هو جوزيف بريستلي (١٧٣٣-١٨٠٤). ويوصف بريستلي بأنه "رجل دين انجليزي، ومنظر سياسي، وعالم طبيعي ساهمت أعماله في تقدم الفكر السياسي والديني المتحرر وفي العلم التجريبي"[١]. وقد ولد بريستلي في يوركشاير، وكان والده يعمل في صناعة الملابس. وقد تلقى تعليمه في كلية منشقة [عن الكنيسة الأم] في دافنتري توطئة لأن يصبح كاهنا في طائفته، وقد بدأ استعداده لذلك بدراسة العبرية والكلدانية والسريانية، وشئ من العربية. وقد تشرب روح عصر التنوير إلا أن ذلك لم يخرج به عن الدين مثل ما كان يحدث في فرنسا؛ فقد اتجه بريستلي إلى مسيحية عقلانية حملته – فيما بعد - إلى العقيدة التوحيدية. وهذ التوجه لم يجعله مقبولا لدى المتشددين بيد أن علمه واهتماماته جعلته على صلة بالدوائر والشخصيات العلمية، خاصة مع بنيامين فرنكلين الذي أثار اهتمامه بتأليف كتابه History of Electricity سنة ١٧٦٤، وبه بدأ حياته العلمية [٢]. وعندما يرد اسم بريستلي يتذكر السامع أنه أحد الذين اكتشفوا عنصر الأوكسجين، كما تنسب إلى اسمه الدوائر الكهربائية Priestley's rings التي شرح موضوعها في كتابه الآنف الذكر. هذا فضلا عن دراساته وتجاربه واكتشافاته في موضوع الغازات، بجانب إنجازاته في حقل التربية، وفي الرياضيات. ومكانة بريستلي في ميدان العلوم الطبيعية والتطبيقية أشهر من أن تحتاج إلى تعريف، وهي تخرج عن موضوعنا؛ وهناك عدد كبير من الترجمات التي تناولت سيرة حياته؛ لكن ما يهمنا بالنسبة لهذه الشخصية هنا هو دوره في مجال الفكر الديني والعقيدي والإنساني. وفي سنة ١٧٥٥ ترك أكاديمية دافنتري – التي بدأ بها - وعين في وظيفة مساعد قسيس في احدى المجموعات الكنسية المستقلة .

---

٤ [١] *Columbia Encyclopedia*, ٢٠٠٤, art. Priestley, Joseph, p. ٣٨٧٠٤.

[٢] J.D. Bernal, *Science in History* (England: Penguin, ١٩٦٩) p.٥٣١

لكن حماسته لفكره الحر، وآراءه التي اعتبرت "منحرفة" آنذاك، حتى في ذلك الوسط غير الملتزم أفقدته ثقة الجماعة التي عمل فيها. وبعد آلام كثيرة وتفكير طويل ترك عقيدة الكفارة (أي تكفير المسيح عن الخطيئة الأصلية)، وترك العقيدة الكلفانية، ومر بالعقيدة الآريوسية الرافضة لعقيدة ألوهية المسيح، ووصل إلى " التوحيدية Unitarianism " العقلانية مع رفضها الكلي لعقيدة الثالوث Trinity. وفي كل هذه المراحل التي مر بها من ناحية العقيدة والإيمان كان مخلصا وصادقا، وجادا في البحث عن العقيدة التي تملأ قلبه بالاطمئنان؛ ولم يعتر إيمانه شئ من الاهتزاز أو التردد؛ فكلما أوصله بحثه وتأمله إلى اعتقاد وتصور معين ظل مخلصا له إلى أن يتبين له عدم صحته وصواب الجديد الذي توصل إليه. وفي سنة ١٧٦٢م عين كاهنا في ورنغتن Warrington، وتزوج في نفس السنة، ثم أنجب بنتا وأولادا، ونشر عددا من المؤلفات. وكان قد أنشأ مدرسة تطورت بفضل علمه وأساليبه والآلات التي صممها. ونتيجة لنجاحه التعليمي عين معلما للغة والأدب في أكاديمية ورنغتن في لانكشاير. ولأن الجامعات كانت مغلقة في وجه المنشقين عن الكنيسة الأم، وكذلك المهن العلمية، فقد طور بريستلي دورات علمية ملائمة لاحتياجات الطلاب الذين يتأهلون لمهن في ميادين الصناعة والتجارة. ولم تكن الكتب الدراسية متوفرة فقام بكتابتها بنفسه. وقد أثرى المنهج الدراسي بمؤلفاته بين سنتي ١٧٦٢-١٧٨٨م. وكان من ثمار تلك الجهود العلمية أن صارت أكاديمة وارنغتن الأكثر تميزا بين المدارس المناظرة لها في كل أنحاء انجلترا. وتقديرا لإنجازاته منحته جامعة أدنبرة درجة الدكتوراه؛ (LL.D) سنة ١٧٦٥م؛ وفي السنة التالية اختارته الجمعية الملكية في لندن لعضويتها بناء على تجاربه وإنجازاته في حقل الكهرباء [1].

وقد أصدر بريستلي عددا من المؤلفات المتعلقة بتاريخ الكنيسة، أهمها:

(١) *An History of the Corruptions of Christianity*
الذي صدرفي برمنغهام عام ١٧٨٢م.

(٢) *History of Early Opinions Concerning Jesus Christ*
سنة ١٧٨٦،

(٣) *General History of the Christian Church to the Fall of the Western Empire*

---

[1] *Encyclopedia Britanica*, CD ed., ٢٠٠١, art. Priestley, Joseph, see also J.D. Bernal, *Sience in History*, pp. ٥٣١-٣ . وقد أورد بيرنل في كتابه لوحة، أو رسما لقيام الغوغاء بحرق بيت بريستلي ومكتبته (ص ٥٣٢) في مدينة برمنغهام البريطانية سنة ١٧٩١.

ويقع هذا الكتاب في ستة مجلدات صدرت الأربعة الأخيرة منها بين سنتي ١٨٠٢ - ١٨٠٣م.

وفي الكتاب الأول ... ***An History of the Corruptions*** أكد وحدانية الله وإنسانية عيسى- ورفض مبدأ ألوهيته ، واستنكر عبادته، وأكد على أنه إنسان، وساق كثيرا من الأدلة المؤيدة لذلك، استخرجها من "العهد القديم" و"العهد الجديد"، كما رفض عقيدة الثالوث (الأب، الإبن، الروح المقدس). وكان مما قاله إن اليهود تعلموا من أنبيائهم أن ينتظروا مسيحا، لكن أيا من أنبيائهم لم يذكر لهم أن هذا المسيح لم يكن رجلا، بل أكدوا جميعهم أنه كان رجلا مثلهم. أما عيسى نفسه فلم يتظاهر قط بغير كونه رجلا، وعزا كل ما صدر عنه من الأعمال الخارقة إلى قوة الله. وأضاف بريستلي أن جميع أولئك الذين تحدثوا مع عيسى- اعتبروه رجلا مؤيدا من قبل الله بالآيات والمعجزات التي فعلها الله من خلاله. وعزا بريستلي هذه الأدلة التي ساقها إلى كتاب "العهد الجديد"، أعمال الرسل ٢ : ٢٢.

"... all those who conversed with our Lord ... considered him in no other light than simply "as a man approved of God, by wonders and signs which God did by him." Acts ii: ٢٢"[١]

وذهب بريستلي إلى أن ألوهية المسيح طرحت أول مرة على أيدي أولئك الفلاسفة الذين كانوا كفارا ثم اعتنقوا المسيحية؛ خاصة أؤلئك الذين كانوا معجبين بعقيدة أفلاطون الذي كان يؤمن بإله ثان. وينقل بريستلي من خطبة الإمبراطور قسطنطين الأول التي ألقاها في آباء الكنيسة أثناء اجتماعهم في مجلس نيقية سنة ٣٢٥م أن الإمبراطور امتدح في خطابه ذاك أفلاطون الذي علم تلامذته عقيدة وجود إله ثان مستخرج من الإله الأعلى وخاضع له. ويخص بالذكر جوستين الشهيد. وكان جوستين قد درس الفلسفة الإغريقية بفروعها قبل تحوله إلى المسيحية[٢].

وفي الوقت نفسه تابع بريستلي دراساته العلمية والفلسفية، وعارض العقائد المتشددة، كما عارض سياسات الحكومة الاستعمارية ووقف ضد تجارة الرقيق. ومن ناحية أخرى فقد دافع عن إلغاء "قانون الفحص Test Act" وهو القانون الذي طبق في انجلترا وسكتلندا وإيرلندا ونص على إخضاع المتقدمين للوظائف الرسمية إلى فحص ديني لإثبات إيمانهم بالعقيدة الأنجليكانية (اللوثرية)، وبالتالي أهليتهم لشغل الوظائف العامة. وكذلك عارض بريستلي قانون الشركات خلال أزمة

---

١ *Joseph Priestley, Selections from his Writings...*, ed. by Ira V. Brown, pp. ٢٨٢-٣.

٢ انظر موضوع جوستين الشهيد، ص ٢٠٦-- ٢٠٨ من هذا الكتاب.

استمرت سبع سنوات (١٧٨٣-١٧٩٠م). وقد أدى تعاطفه مع مبادئ الثورة الفرنسية إلى انتشار الحقد الشعبي ضده وتدمير بيته ومكتبته وأجهزته العلمية سنة ١٧٩١م. وأمام هذه الفاجعة قرر الهجرة إلى الولايات المتحدة سنة ١٧٩٤م، حيث كان أولاده الثلاثة قد سبقوه في هجرتهم إلى تلك البلاد سنة ١٧٩٣م؛ وهناك عاش في ولاية بنسلفانيا بقية سني حياته [١].

عقيدة جوزيف بريستلي في نقاط:

١- أكد وحدانية الله.

٢- رفض عقيدة ألوهية عيسى كما رفض واستنكر عبادته.

٣- أكد أن عيسى رجل إنسان، ومعلم أرسله الله A Teacher sent from God

٤- أكد عبودية عيسى لله، وأنه واحد من عباد الله.

٥- رفض عقيدة "الخطيئة الأصلية، وما تعلق بها من عقيدة الخلاص والكفارة.

٦- رفض عبادة مريم وتلقيبها "بأم الله" وقال: إنها ليست أكثر من امرأة تقية صالحة. A Pious Woman

٧- رفض تقديس القديسين وعبادتهم، وتقديس الأشياء المتعلقة بهم، ومنهاصورهم.

٨- اعتبر التعميد رمزا للدخول في الدين ورفض اعتباره عبادة.

٩- رفض فكرة تحول الخبز والخمر في العشاء الرباني إلى لحم ودم المسيح.

١٠- أكد بساطة العقيدة المسيحية، ووضوحها، وقصر مفرداتها [٢].

لم تتوقف الحركة التوحيدية في انكلترا بعد رحيل بريستلي إلى الولايات المتحدة سنة ١٧٩٤م لأنها كانت قد تجذرت واتسع انتشارها؛ ولم تكن هناك مدينة

---

[١] المصدر نفسه؛
Encyclopedia Americana, art. "Unitarianism".

[٢] Joseph Priestley, *Selections from His Writings*, ed. By Ira V. Brown, pp. ٢٨٦-٢٩١, ٣٢٦ - ٣٣٣.

كبيرة في إنكلترا إلا وكان فيها جميعية للموحدين البريطانيين وكانت أعدادهم مستمرة في التزايد، حسب ما يخبرنا جوزف بريستلي نفسه[1]. وكان من مظاهر قوة الحركة وثباتها صدور عدد من الدوريات الممثلة للإتجاه التوحيدي تأسست أولاها على يد جوزيف بريستلي، وحملت اسم: " ***Theological Repository***". وبعد ذلك ظهرت دوريات أخرى حملت اسماء:

"***Monthly Repository***", "***The Christian Reformer***",

"The ،"***The National Review***" ،"***The Prospective Review***" , "***The Christian Reformer*** " ,

Theological Review"

و " ***The Hibbert Journal*** ", وغير ذلك من الأنشطة التي لا نرى ضرورة للإطالة بتعدادها.

وقد امتدت الحركة التوحيدية إلى كل من سكتلندا وآيرلندا، وظهرت في هذين القطرين أنشطة وجمعيات ودوريات، يمكن للقارئ أن يجد تفاصيلا عنها في المراجع التي أشرنا إليها في حديثنا عن الحركة في بريطانيا، كما عبرت المحيط الأطلسي إلى أميركا.

الفكر التوحيدي في الولايات المتحدة الأميركية:

من نافلة القول أن نشير إلى أن بذور الحركة "التوحيدية Unitarianism" قد دخلت إلى المستعمرات البريطانية في أميركا الشمالية قبل الثورة الأميركية وقبل استقلال الولايات المتحدة. فتحت وطأة الإضطهاد الديني والانقسامات والحروب الدينية والفقر – وهي مظاهر وحقائق كانت شائعة في أوروبا - تطلع كثيرون من الأفراد والجماعات إلى الخروج من تلك الدائرة المظلمة والبحث عن حياة أفضل، وفرص أفضل، فخاضوا غمار المخاطرة بالهجرة إلى العالم الجديد، ونقل ذوو الأفكار والعقائد والمبادئ منهم معهم أفكارهم وعقائدهم إلى مواطنهم الجديدة. وقبل حرب الاستقلال أطلت الآريوسية برأسها في الولايات المتحدة من خلال حالات فردية. ثم تلتها ظاهرة معاداة عقيدة التثليث، ثم العقلانية، وأخيرا وصلت إلى المعاصرة.

وقبيل منتصف القرن الثامن عشر كانت كلية هارفارد تمثل الفكر الأكثر تقدما بالنسبة لذلك العصر، وكان هناك عشرون أو أكثر من الدعاة في نيو انجلاند ينشرون العقيدة التوحيدية. وكان الأبرز من أولئك الرجال جوناثان ماهيو Jonathan Mayhew (١٧٢٠-١٧٦٦م)، راعي الكنيسة الغربية في بوستن من

---

[1] المصدر نفسه، ص ٣٣١ ، وذلك في رسالته الموجهة إلى توماس جفرسون في تموز سنة ١٨٠٢.

سنة ١٧٤٧-١٧٦٦م. لقد كان يدعو إلى الوحدانية الصارمة، ويصف المسيح بأنه كان من طبيعة أدنى بالنسبة لله، وأنه كان تابعا وخاضعا لله. وكان زملاؤه يعتبرونه منحرفا (مهرطقا)، وكانوا يرفضون التعاون معه. وكان المعروف عنه أنه كان يقرأ كتب الآريوسيين الإنكليز ويتراسل معهم. وبلسانه الحاد كان يهاجم الكلفانيين ويسخر من عقيدتهم في ذلك الوقت. وفي سنة ١٧٥٣ ألقى موعظة ضد عقيدة التثليث، وبعد ذلك بسنتين أصدر كتيبا دعى فيه إلى توحيد الله. وهذه الواقعة تعتبر حدثا تاريخيا، لأنها تحدد أول موعظة مكتوبة ضد عقيدة التثليث ألقيت في هذا الجانب من المحيط الأطلنطي [أي في أميركا]. ورغم المناكفات والمضايقات التي تعرض لها ماهيو فقد ظل خمسين سنة يمارس نشاطة على النحو الذي وصفنا، ويلقى تأييدا شعبيا ثبته في موقعه وحماه من الإبعاد والاضطهاد[١].

وكان المركز الرئيسي للحركة التوحيدية في ماساشوستس، وفيها ظهرت أول أبرشية[٢] توحيدية بشكل معلن في مدينة بوستن. وهناك، في هذه الأبرشية تمت مراجعة "كتاب الصلوات العامة Book of Common Prayer" تحت إشراف جايمس فريمان سنة ١٧٨٥م، حيث حذفت منه كل الأشكال المتعلقة بعقيدة التثليث. وفي سنة ١٨٠٥م تم انتخاب الكاهن التوحيدي هنري واير Henry Ware أستاذا للاهوت (علم الإلهيات) في كلية هارفرد، وهي خطوة قوبلت بمقاومة شديدة من جانب أنصار التثليث، وأظهرت الإنقسام المتزايد بين الكنائس المستقلة عن الكنيستين الرئيسيتين الأنجليكانية أو الكاثوليكية، أي بين الكنائس التي كان يشار إليها باسم: Congregationalists[٣]. ومع مطلع القرن التاسع عشر أيضا كان الوعاظ التوحيديون يديرون ويشرفون على جميع الكنائس في مدينة بوستن، باستثناء كنيسة واحدة فقط. وقد أصدر أولئك الوعاظ الدوريات وأنشأوا المنظمات التي كانت تعبر عن أفكارهم وتعمل على نشرها. وقد أنشئت كنائس توحيدية أخرى في نيويورك وبلتيمور وواشنطن وتشارلستون ومدنا غيرها في هذه الفترة التي تحدثنا عنها.

وبعد وصول جوزيف بريستلي إلى الولايات المتحدة سنة ١٧٩٤ - كما أشرنا - رحبت به مختلف الجمعيات العلمية، بما في ذلك الجمعية الفلسفية الأميركية، كما عرضت عليه جامعة بنسلفانيا أن يشغل فيها كرسي الكيمياء أستاذا، بيد أنه رفض أن يقبل أية وظيفة عامة. ومع ذلك لم تحمله الهجرة ولا تقدم

---

١ Stephen Hole Fritchman, *Men of Liberty*..., pp. ١١٠-١١١.

٢ الأبرشية منطقة كنسية تحت سلطة رجل دين واحد.

٣ *Encyclopedia Americana*, International Edition, Vol. ٢٧, p. ٤٣٧, art. Unitarianism; See also *Colombia Encyclopedia*, art. Unitarianism, Ware, Henry.

العمر على التوقف عن نشاطه الدعوي والعلمي؛ فقد نظم وأقام كنيسة توحيدية في نورثمبرلاند في بنسلفانيا في نفس السنة التي وصل فيها، وكنيسة أخرى في فلدلفيا سنة ١٧٩٦م، وكانت كتاباته ذات تأثير كبير، وكان على علاقة أيضا مع رجال الفكر ورجال السياسة، ومن أبرزهم توماس جفرسون. غير أن علينا أن نتذكر أن بريستلي كان في خريف العمر، عندما حل في أميركا؛ ثم إنه واجه مشكلة خطيرة تتعلق بإقامته في تلك البلاد عندما نشبت حرب بحرية بين الولايات المتحدة وفرنسا، إذ أثيرت مسألة الجنسيه الفرنسية التي كانت منحتها له الثورة الفرنسية بعد أن أحرق الرعاع بيته ومكتبته ومختبره وأجهزته في برمنغام في إنكلترا؛ وقد وطرحت فكرة ترحيله خارج أميركا على أساس أنه يحمل جنسية دولة معادية. كل هذه الظروف ضيقت من آفاق تأثيره في السنوات العشر الأخيرة التي أمضاها في الولايات المتحدة قبل وفاته.

توماس جفرسون Thomas Jefferson:

جفرسون كان من أبرز رجال الثورة والسياسة والحكم، بيد أنه أبدى اهتماما بالدين ليس بالقليل، نظريا وعمليا؛ وكان ذلك منسجما مع رؤيته الثقافية والسياسية. نقول ذلك بالرغم من أن بعض خصومه السياسيين اتهموه بالإلحاد، أو بالانتماء إلى تيار "الدين الطبيعي Deism"، المعادي للديانة المسيحية. جفرسون هو الذي وضع نص إعلان الاستقلال، وكان أول وزير خارجية للولايات المتحدة (١٧٨٩-٩٤)، وثاني نائب لرئيس الجمهورية (١٧٩٧-١٨٠١)، وثالث رئيس للولايات المتحدة (١٨٠١-١٨٠٩).

وقد يبدو غريبا أن نتحدث عن رجل بهذا الحجم ضمن هذه الإطلالة السريعة والممتدة في عالم الفكر والدين والإصلاح. لكن الاستغراب سينزاح عندما ندخل في سيرته، ونستعرض رؤيته وشيئا من أفكاره وكتاباته المنادية بحرية الفكر وحرية الاختيار الديني، والأكثر من ذلك اتصاله بجوزف بريستلي ومكاتبته له منذ بداية توليه الرئاسة، وإعلانه تأييده له ولنهجه وفكره ومواقفه. فقد وصفت الموسوعة البريطانية جوزيف بريستلي بأنه كان صديقا للزعيمين جون آدمز وتوماس جفرسون اللذين كانا يؤمنان بالعقيدة التوحيدية ذاتها التي آمن بها، وكان يكاتبهما من خلال صلات الصداقة هذه [١].

وكان جفرسون قد اقترح على بريستلي ان يؤلف كتابا يقارن فيه بين فلسفة الوثنيين والوحي الإلهي؛ فاستجاب للاقتراح، وسلمه نسخته الأصلية قبل ساعة واحدة من وفاته، وكأنه كان يسابق الزمن لإنجاز الكتاب قبل انتهاء حياته، بينما كان جفرسون ما زال رئيسا للجمهورية الأميركية؛ وقد نشر الكتاب بعد وفاة

---

١ .E.B., CD ed. ٢٠٠١, art. Priestley, Joseph, Other Significant Discoverises

مؤلفه. ويبدو أن شيخوخة بريستلي وضعفه الجسماني في تلك المرحلة المتأخرة من العمر لم يمكناه من الوصول بعرض الموضوع إلى المستوى المنتظر؛ ولاحظ جفرسون ذلك، لكنه وجد لصديقه عذرا وعلق بقوله: إن بريستلي كان يشعر بأن يد الموت تضغط عليه[1]. والحقيقة أن بعض المراجع التي استخدمتها شككتني فيما أوردته الموسوعة البريطانية عن علاقة جوزف بريستلي بالرئيس الثالث للولايات المتحدة، توماس جفرسون؛ بيد أن ذلك لم يحملني على تغيير المعلومات التي دونتها في هذا الفصل، بل ملت إلى التريث ومزيد من البحث والتدقيق. وفي زياراتي لبعض مكتبات الجامعات في الولايات المتحدة وجدت المصادر التي تؤكد ما كتبت. لقد كان جفرسون على علاقة وطيدة مع جوزيف بريستلي؛ ولقد عثرت على بعض الرسائل المتبادلة بين الرجلين ليس بنصها الكامل فقط بل وبصورتها التي كتبت بها أيضا. ففي رسالة وجهها توماس جفرسون إلى بريستلي بتاريخ ١٨٠١/٣/١ أخبره بأنه علم متأخرا بوجوده في الولايات المتحدة؛ وفي بادئ الأمر ظن أنه كان في زيارة قصيرة ليغادر عائدا إلى انكلترا، ثم علم بعد حين أنه ما زال في بنسلفانيا، وأنه كان مريضا، وأن صحته بدأت تتحسن، ويعلنه سروره بذلك؛ ويصفه بقوله: إن حياتك واحدة من ضمن حياة القليلين التي تمثل قيمة كبيرة للجنس البشري كله، والتي يحرص عليها ويدافع عنها كل إنسان سديد التفكير ورشيده، ولا يستثنى من ذلك إلا من استولى عليهم التعصب الأعمى. ثم يعبر عن مواساته له وأسفه لما لقيه من مواقف معادية ممن انساقوا مع التعصب الأعمى والشعوذة، وعبر له عن تعاطفه الرسمي والشخصي معه. وبعدئذ نجده يعبر له عن سعادته بأنه منذ اللحظات الأولى لممارسته عمله الرسمي رئيسا للولايات المتحدة يستطيع أن يرحب به، مع الاحترام والتقدير، ويعلمه أنه في حماية القانون، ويدعوه لزيارته، وأن يكون في ضيافته، ويخبره بأن صحته ستكون في جو أفضل يساعد على تحسنها لو استجاب وقضى وقتا في ضيافته. وتحمل الرسالة رقم (CCLXXIX) ضمن مجموعة رسائل جفرسون[2]. كما أنني وجدت رسالة كتبها بريستلي إلى جفرسون في شهر تموز ١٨٠٢، ضمن مختارات منشورة من كتاباته، يعبر فيها عن أمله أن تكون إدارته (أي حكومة جفرسون) بركة على الولايات المتحدة وعلى الجنس البشري كله. وعبر عن تقديره له لكونه المدافع القوي عن الحريات الدينية والمدنية ليس في ولايته فرجينيا فقط وإنما في الولايات المتحدة كلها. وأكد بريستلي على أهمية الالتزام بمبادئ الحرية وممارستها، ونوه بأثر ذلك على سلام المجتمع. وأشار إلى هربه من الاضطهاد في إنكلترا، وإلى أنه واجه بعض ما

---

١ المصدر نفسه.

٢ Thomas Jefferson Randolf (editor), *Memoires, Correspondence and Miscellanies, From the Papers of Thomas Jeffersn*, vol. III, ٢, pp. ٤٦١ - ٢.

يثير الخوف من الاضطهاد بعد وصوله إلى الولايات المتحدة، قبل بدء ولاية جفرسون الرئاسية[1].

إذن جفرسون كان يتعاطف بقوة مع جوزف بريستلي، بيد أن اهتمامه بأمر الدين كان أبعد من مجرد التعاطف، كما تدلنا تصريحاته وكتاباته، فقد كتب يقول: إن عقائد عيسى بسيطة، وتميل كلها نحو سعادة الإنسان؛ ثم يعددها على النحو التالي:

١- يوجد إله واحد فقط، يتصف بكل صفات الكمال.

٢- يوجد حالة في المستقبل يلقى فيها الناس الثواب والعقاب [الإيمان باليوم الآخر والثواب والعقاب].

٣- إن الفحوى الإجمالية للدين هي أن تحب الله بكل قلبك، وأن تحب جارك كما تحب نفسك.

هذه هي الأسس العظيمة التي سعى عيسى لأن يبني عليها إصلاحه لديانة اليهود. وفي موضع آخر نجد جفرسون يحدد أساسيات المسيحية كما يجدها في الإنجيل، وهي: (١) الإيمان، (٢) التوبة. والإيمان، هو الاعتقاد بأن عيسى هو المسيح الموعود؛ أما التوبة، فيجب إثباتها - بكل إخلاص - بالعمل الصالح. ويمضي قائلا: ولو أن عقائد عيسى قد قدمت للناس نقية كما خرجت من بين شفتيه لكان كل العالم المتمدن اليوم مسيحيا. إنني أشعر بالسعادة لأن العقيدة الأصلية المتمثلة في الإيمان بإله واحد تمر في مرحلة إحياء وانتعاش؛ وإنني واثق من أن كل شاب يعيش في الولايات المتحدة الآن سوف يؤمن بعقيدة التوحيد ويموت موحدا[2].

وقد أعد جفرسون "كتابا" استخرجه من الإنجيل عرف باسم"Jefferson's Bible". أما هو فقد سماه: "فلسفة عيسى". ولإعداد الكتاب قام بقص نصوص مختارة من إنجيل مطبوع وألصقها على كتاب من ورق أبيض خال من الكتابة، ورتبها على أساس نظام محدد، زمني وموضوعي. وقد وصف كتابه هذا بأنه

---

١ ذلك أنه بعد وصول بريستلي إلى الولايات المتحدة نشبت حرب بحرية بين فرنسا وأمريكا،فأثير موضوع وجود بريستلي على الأراضي الأميركية، وطرح موضوع ترحيله لأنه كان يحمل الجنسية الفرنسية. وكانت حكومةالثورة الفرنسية قد منحت بريستلي الجنسية الفرنسية بعد الاضطهاد والهجوم الذي تعرض له بيته ومختبره في برمنغهام قبل هجرته إلى أمريكا، كما أعلنت حكومة الثورة الفرنسية تعيينه عضوا في الجمعية الوطنية الفرنسية (البرلمان)، وقد قبل الجنسية لكنه اعتذر عن عضوية البرلمان الفرنسي. وكانت الجنسية الفرنسية مما سبب له المتاعب والخوف في الولايات المتحدة ، أنظر:

Priestley, *Selections from His Writings*, *pp*. ٢٨٥-٢٨٧.

٢ Jefferson, *Commentaries...*, pp. ٢٤٢-٤

أجمل أو أثمن نص أخلاقي رآه. إنه "وثيقة تؤكد أنني مسيحي حقيقي، أي تابع لعقائد، عيسى، ومختلف جدا عن أتباع أفلاطون الذين يدعونني كافرا، بينما يسمون أنفسهم مسيحيين ووعاظا للإنجيل [١] ..." وقد أكد جفرسون أنه معارض لتشويه المسيحية، وليس لأقوال عيسى الحقيقية. "إنني مسيحي بالمعنى ألذي رغب عيسى لكل إنسان أن يكونه: تابعا مخلصا لعقيدته، مفضلا لها على كل ماعداها، ناسبا إليه كل الصفات الإنسانية الممتازة، ومعتقدا أنه لم يدع [بتشديد الدال] شيئا غير ذلك[٢]." وفي كتابه "فلسفة عيسى" وضع جفرسون النص الإغريقي في عمود مستقل، وبجواره النص اللاتيني، ثم الفرنسي، يتلوه النص الإنكليزي، كل في عمود مستقل. وتسبق النص الرباعي مقدمة بقلم دونالد هارنغتن، وتعريف بالكتاب بقلم هنري وايلدر فوت؛ ويتبع النص بعد نهايته تعليقات عديدة كتبها جفرسون تحت عنوان: "تعليقات جفرسون Jefferson's Commentaries .

وأخيرا، فإن حديثي عن توماس جفرسون بهذا القدر من الإيجابية لا يعني إسقاط هذه الحالة على زماننا الراهن في العقد الأول من الألفية الثالثة. إن حديثي هذا يخص ذلك العصر الذي عاش في جفرسون، ولا ينسحب على ما بعده. جفرسون ينتمي إلى جيل الثورة الأميركية التي اندلعت تقاوم الاستعمار البريطاني لتلك البلاد، بما انطوى عليه من استغلال وتضييع لمصالح الأميركيين آنذاك. وقد كان ذلك الجيل مشبعا بمبادئ الحرية والعدالة والإنسانية، لأنه شعر بالمظالم والآلام التي كان يسببها الاستعمار، وتطلع إلى الحرية والعدالة لنفسه. لقد كان الحديث عن الحرية وعن العدالة وعن العلاقات الإنسانية ينطوي على كثير من الصدق، وكثير من الإخلاص، نتيجة للتجربة الذاتية القريبة العهد، لأنه خرج من خلال زفرات الألم والمعاناة. بيد أنه بعد أن مضت السنون، ومضى قرن في أثر قرن سبقه، تغيرت الرؤى، وتغيرت المشاعر، وتضاءلت مساحة الصدق والإخلاص فيما يسمع من خطاب أكثر السياسيين.

وليام إللري تشاننغ (١٧٨٠ - ١٨٤٢) William Ellery Channing:

كان لتشاننغ دور كبير في نمو وتطور الحركة التوحيدية؛ فقد تولى أمور "كنيسة الشارع الإتحادي المستقلة" في بوستن سنة ١٨٠٣م؛ وما لبث أن غدا زعيما للحركة التوحيدية خلال بضع سنوات، بعد أن كان كلفانيا. وفي بداية أمره كان صوفيا أكثر منه عقلانيا في فكره اللاهوتي. ومع ذلك نجده يشارك في حركة ترمي إلى نقل المسيحية من وضعها التقليدي المحافظ إلى وضع ينسجم ويتجاوب مع روح العصر- التي كانت سائدة وكانت تعتبر تقدمية آنذاك. وفي مرحلة تالية

---

١ المصدر نفسه.

٢ المصدر نفسه، ص. ٣٣٤؛ وانظر أيضا: Fritchman, *Men of Liberty*, p. ٩٣.

ظهر من خلال كتاباته بين سنتي ١٨١٥ - ١٨١٩م أنه أصبح المدافع عن "العقيدة التوحيدية". أما دروسه ومحاضراته عن "المسيحية التوحيدية" التي ألقاها في بلتيمور خاصة، وفي نيويورك (١٨١٩-١٨٢١) شارحا لها ومعلما، فقد أكسبته لقب "رسول التوحيدية". وفي شرحه لعقيدة الموحدين المسيحيين حدد تشاننغ تلك العقيدة في نقاط واضحة بقوله:

"في المكان الأول نحن نؤمن بعقيدة وحدانية الله، أو بأنه يوجد إله واحد، واحد فقط. ونحن نعطي لهذه الحقيقة أهمية لا حدود لها، ونشعر أننا ملزمون بالانتباه والحذر من أن يسلبها أي شخص منا عن طريق الفلسفة العابثة. ومن خلال عقيدتنا هذه نفهم أنه يوجد كائن واحد، وعقل واحد، وشخص واحد، وذكاء واحد، واحد فقط، وكمال لا نهائي غير مشتق من أي شئ آخر. ونحن نعارض عقيدة التثليث التي تعترف بالوحدانية كلاما بيد أنها تخرب عمليا فكرة توحيد الله. إننا نحتج ضد عقيدة التثليث التي يرفضها العقل، والتي لا صلة لها بالكتاب المقدس ولا نجدها فيه. ونحن وعيسى- نعبد الأب الإله الحي الوحيد والحقيقي[١]."

وقد كان تشاننغ في توجهاته يدعو إلى ترسيخ الرؤية الإنسانية وروح التسامح الديني بدلا من السعي لتأسيس عقيدة جديدة تنخرط في ساحة الصراع. ولم يكن داعية عظيما فحسب، بل كان كاتبا ذا أسلوب مشرق سلس، وقد أثر في كثيرين من مشاهير الكتاب الأميركيين، كما أن أثر مؤلفاته امتد إلى انجلترا حيث أعيد طبعها هناك، ولقيت رواجا وتركت أثرا كبيرا.

توسع أنشطة الموحدين على مستوى الولايات:

وقد شهدت سنة ١٨٢٥م تشكيل "الجمعية التوحيدية الأميركية American Unitarian Society" في مدينة بوستن. وكان الهدف المعلن لتشكيل الجمعية هو نشر المعرفة، وتقوية الاهتمام بالمسيحية الصافية. وقد نشرت تلك الجمعية كتيبات وكتبا، وساعدت الكنائس الفقيرة، وأوفدت المبشرين إلى كل ناحية من البلاد، وأنشأت الكنائس التوحيدية في جميع الولايات تقريبا. وقد كانت كلية الإلهيات Divinity School في جامعة هارفرد توحيدية بشكل متميز منذ قيامها. وفي ميدفل Meadville في ولاية بنسلفانيا تم تأسيس كلية للاهوت سنة ١٨٤٤، ومن بعد ذلك كلية اللاهوت التوحيدية في بركلي، في ولاية كاليفورنيا سنة ١٩٠٤م[٢].

---

[١] Channing, Baltimore, p. ٣٧١. ووصف الله "بالأب" هنا مشتق من "عقيدة أن الله أبو البشر جميعا" بالمعنى المجازي، الذي ينطوي على فكرة الرعاية والمحبة والتربية والرزق والإسعاد. وهنا يتذكر المسلم حديث محمد رسول الله: " إن الله أرأف وأرحم بعبده من الوالدة بولدها؛" أو كما قال بهذا المعنى؛ قارن مع أقوال أرستيدس، ص ٢٠٥-- ٢٠٦ من هذا الكتاب.

[٢] *Columbia Encyclopedia*, ٦th ed., ٢٠٠١, art. Channing, William Ellery; see also *E.B.*, ١١th ed.,art. Channing. William Ellery.

ويبدو أن الحركة التوحيدية أخذت تتأثر تدريجيا - خلال القرن العشرين - بالضغوط الفكرية الناجمة عن أنشطة الحركات "العلمانية" اللادينية التي صاحبتها أو تزامن نشاطها معها منذ القرن السادس عشر، واستمرارا عبر القرنين السابع عشر والثامن عشر؛ ومن هذه الحركات "الإنسانية"، و"الديانة الطبيعية Deism "، والفلسفة الوضعية، والثورة العلمية، والتنوير والعقلانية، والداروينية؛ فضلا عن التوجهات الإلحادية كما ظهرت في فكر أوغست كونت، وفردريك نيتشة، ودستويفسكي، ومن تبنى فكرهم أو تابعهم.

ولقد عانت الحركات التوحيدية - منذ ظهورها في أوروبا - من الإضطهاد العنيف - كما مر معنا - فكان طبيعيا، في مثل هذه الأجواء، وهي الحركات الصغيرة، أن يكون مبدأ التسامح مع الآخرين، امتدادا لاعتناق التوحيدين الأوروبيين لهذا المبدأ، وكان مبدأ حرية التدين والليبرالية من صلب ما تدعو إليه، لأن نتائج كل تلك التوجهات - إن سادت - تكون من مصلحتها، وتخفف الضغوط الواقعة عليها وتوفر لها قدرا أكبر من حرية القول والعمل. وينبغي ألا يغيب عن البال أن الحركة التوحيدية كانت حركة مثقفين، ولم تكن حركة جماهيرية، فالجماهير تميل دائما إلى الأوضاع التقليدية، وإلى الأشياء العجائبية. ومع تراكمات التطور الفكري للمجتمعات الغربية، كما ظهرت في أواخر القرن التاسع عشر وأوائل القرن العشرين، مالت جمعية الموحدين الأميركيين إلى العمل الخيري والإنساني، والاعتراف بالإديان الأخرى، على الصعيدين المحلي والوطني والدولي، وانزاحت مسألة العقيدة من الواجهة لتنزوي وتتوارى في عقل الفرد وضميره ودائرة استحسانه وخياراته، ولم تعد تطرح على المنابر العامة ، ولا تقف حاجزا بين الأفراد والجماعات. وبدءا من ثلاثينات القرن العشرين ظهرت هناك انقسامات بالنسبة للجمعية التوحيدية . واستجابة لنداء تشارلز بارك Charles W. Park سنة ١٩٤٥م شكلت مجموعة من الموحدين من أنفسهم رابطة للزمالة رئاستها في بوستن، وأنشأوا لهم دورية باسم The Unitarian Christians (١٩٤٧).

وفي أيار (مايو) ١٩٦١م اندمجت "الجمعية التوحيدية الأميركية" مع حركة أخرى قريبة منها عرفت باسم Universalist Church of America، أو كنيسة الخلاص الشامل في أميركا. وفحوى "عقيدة الخلاص الشامل" أن المغفرة الإلهية ستكون شاملة لكل أرواح البشر. وقد تأسس هذا الاعتقاد على افتراض أن الله المحب لجميع خلقه من الناس لن يختار جزءا محدودا من البشر ليغفر لهم ويخلصهم من العذاب وحدهم ويخلد الباقين تحت العقوبة. وقد ذهبوا إلى أن

العقوبة في الآخرة سوف تكون لمدة محدودة تتطهر الروح خلالها ويجري إعدادها للخلود في حضرة الله.

على أن هذه الجمعية وأتباعها في الولايات المتحدة مضوا شوطا بعيدا فيما يتعلق بمفهوم الحرية، خاصة الحرية الشخصية، فأصبحوا الآن يدافعون عن زواج مثيلي الجنس، بل ويهيئون لهم تسهيلات لعقد تلك الزيجات. وبين يدي وأنا أكتب هذه السطور بيان أصدره السيد الكاهن وليام جي. سنكفورد, رئيس الجميعية التوحيدية الشاملة في الالولايات المتحدة ردا على قرار المحكمة العليا في كاليفورنيا الصادر في ١٢ آب (أغسطس) ٢٠٠٤ ، والذي يقضي بإبطال تراخيص زواج "مثيلي الجنس" التي صدرت في سان فرانسسكو في وقت سابق من السنة نفسها [٢٠٠٤] . وفي هذا البيان نجد السيد سنكفورد يقدم دعمه لأولئك الآلاف من " الأزواج الشجعان [من مثيلي الجنس] الذين تزوجوا في سان فرنسسكو،" ويقدر جهودهم التي بذلوها لكسب حريتهم في الاعتناء بشركائهم [في تلك الزيجات] بطريقة قانونية، وهو يعتقد أن تلك الحرية حق من حقوق الإنسان. ثم نجده يوجه التحية للجنة التشريعية في مجلس شيوخ ولاية كاليفورنا لرفضها تعديل دستور الولايات المتحدة لجعله يرفض زواج مثيلي الجنس[١]." ... الخ.

[توقيع] Rev. William G. Sinkford

[١٢ August, ٢٠٠٤].

وينبغي التنويه هنا بأن "الجمعية التوحيدية الأميركية" التي نشأت في بوستن، في ولاية ماساشوستس سنة ١٨٢٥م، والجمعية الأخرى التي اتحدت معها سنة ١٩٦١م في جمعية واحدة، لا تمثل كل الجماعات المسيحية التي تعتنق عقيدة التوحيد في الولايات المتحدة، ولم تلغ وجود الجماعات الموحدة الأخرى، مثل الآمش، والبرودر هوف، والهترايتس، والمينونايتس، فضلا عن الأفراد غير المنضوين في جمعيات أو تجمعات.

---

١ والبيان موجود على شبكة الإنترت في موقع الجمعية (تشرين الثاني ٢٠٠٤).
http://www.uua.org

حصيلة البحث في الفصل الثاني:

باستعراضنا السريع للطورات التي شهدها عالم الغرب في مجالات العقيدة والفكر والممارسات الدينية وما مر بها من ثورات وصدمات وتغيرات في الفترة التي غطاها الفصل الثاني نستطيع أن نحدد عناصر التماثل والتقارب التالية :

أولا: لقد كان موقف البرتستنت والإصلاحيين الرافض لسلطة البابوية والمجالس الكنسية والداعي لجعل سلطة الكتاب المقدس تعلو فوق أي سلطة أخرى، هذا الموقف كان يمثل اقترابا، بل وتماثلا، مع الموقف الإسلامي من هذه النقطة، إذ لم يكن للمسلمين في أي وقت، وليس لهم الآن، مؤسسة تشبه البابوية، وليس لهم ما يشبه المجالس الكنسية لها سلطة الحذف والإضافة والتغيير والتبديل فيما يتعلق بالعقيدة والممارسة الدينية. كما أن سلطة القرآن في مسائل العقيدة والفكر والتشريع تعلو على أية سلطة أخرى. والفرق الوحيد بين الجانبين في هذه النقطة يتعلق باختلاف "القرآن الكريم" عن "الكتاب المقدس" عند الغربيين، في الموضوعات المطروقة، وفي محاور التركيز، والأساسي والهامشي، وفي القالب والشكل التبليغي، فضلا عن المدة الزمنية التي دون فيها.

والمؤلف الحالي - بهذه المناسبة - يدعو المسلمين أن يقرأوا "الكتاب المقدس Scripture" لدى الغرب، بل وأن يدرسوه دراسة متأنية، ويدرسوا تاريخه وتطوره ويقارنوه بمحتويات القرآن الكريم؛ وبالمثل فإنني أدعو أخواننا الغربيين إلى قراءة " القرآن الكريم" ودراسته دراسته متأنية، ومقارنته بما عندهم من نص "كتابهم المقدس"، على أن يختاروا ترجمة تحظى بثقة المسلمين، لا أن يختاروا ترجمة مشوهة بفعل الجهل أو التعصب ؛

ثانيا: إن موقف الحركة البرتستنتية الإصلاحية بزعامة أولدرش تسفنغلي (زيورخ وحلفاؤها) الخاص باستبعاد وجود أو تأسيس كنيسة (أي شبكة قيادية هرمية من رجال الدين) مثل خطوة نحو التماثل، إذ ليس في الإسلام ما يشبه الكنيسة من الناحية المؤسسية، وليس فيه قيادة هرمية من رجال الدين مستقلة عن السلطة السياسية العليا ومختصة بالمسائل الدينية وحدها. ومن المؤكد أننا لا نزعم أن تسفنغلي أو غيره أرادوا التشبه بالمسلمين.

ثالثا: إن إعلان مارتن لوثر في المرحلة الأولى من دعوته بأن "جميع المسيحيين يعتبرون قساوسة"، بمعنى أنهم مكلفون بالاهتمام بأمر الدين وبالدعوة إلى طاعة الله .. الخ.، هذا الموقف يتفق مع نظرة الإسلام إلى هذه النقطة، إذ ليس في الإسلام رجال دين مميزون غن غيرهم من المسلمين بهذه الصفة؛ فالإسلام "لم يقسم أتباعه

المؤمنين بين رجال دين ورجال دنيا؛ هذا التقسيم لا صلة له بالإسلام. إن كل مسلم يـؤمن بـالله ورسـوله، كل فرد، سواء كان رجلا أو امرأة هو شخص ديني. وكونه / كونها دينيا لا يعني أكثر من أنه يؤمن بالدين الإسلامي، ويجتهد بالإلتزام بمبادئه وأوامره ونواهيه، ويحرص على إقناع الآخرين بسلوك سبيله.[١] ويلاحظ هنا أن البرتستنتية اللوثرية لم تحتفظ بهذه الرؤية ولم تظل على هذا الموقف.

رابعا: إن مبدأ حرية العقيدة، واعتراف المجتمع بالتعددية الدينية ضمن الدائرة المسيحية الكبرى، رغم حرمان مجموعات معينة أحيانا من هذا الحق، يعتبر تطورا يمثل اقترابا مما كان سائدا في المجتمع الإسلامي منذ عهد محمد رسول الإسلام؛ فمن الناحية المبدئية والعقيدية أكد القرآن وشدد على أنه لا يجوز الإكراه في مسائل العقيدة، واستنكر فكرة الإكراه، وبين أن الـلـه قادر - لو أراد - أن يجعل الناس كلهم مؤمنين، لكنه بين لهم الحق، وترك لهم حرية الاختيار بين الحق والباطل. ولم يعرف عن المسلمين - طوال تاريخهم - أنهم أكرهوا أحدا أو حاولوا إكراه أحد على اعتناق الإسلام. هذا من ناحية العقيدة والمبدأ. أما في الجانب العملي والتطبيقي فقد اعترف الإسلام عمليا، بالديانات المسيحية، واليهودية والمجوسية، واعتمد لليهود والمسيحيين خاصة قياداتهم الدينية، وجعلها مستقلة في المسائل المتعلقة بدينهم والشئون الداخلية لطائفتهم؛ وكانت تلك القيادات تمثلهم أمام سلطات الدولة الإسلامية. كما وفرالإسلام لهم حرية العبادة، وحماية الأرواح والأموال والمعابد. وبجانب ذلك اعترف الإسلام بالتعددية في داخل المجتمع الإسلامي نفسه، ومن غير حروب دينية كما حدث في عالم الغرب. فقد وجدت في الجانب السني المذاهب الأربعة،الحنفي والمالكي والشافعي والحنبلي، بجانب مذاهب سنية أخرى انقرضت ولم تعد موجودة الآن، فضلا عن وجود مذهبين شيعيين، هما المذهب الإمامي والمذهب الزيدي. وفوق ذلك كله ظل هناك شئ من الاختلاف بين الإسلام والمسيحية بالنسبة لمسألة الاعتراف بالآخر، فالإسلام كان أكثر اتساعا، بحيث شمل تسامحه المسلمين وغير المسلمين، بينما في المسيحية انحصر التسامح في الدائرة المسيحية الكبرى فلم يتسع ليشمل غير المسيحيين، بل إن بعض قرارات وقوانين التسامح استثنت جماعات مسيحية معينة أحيانا، مثل الموحدين (وهم المسيحيون الذين آمنوا بوحدانية الـلـه وإنسانية عيسى)، كما استثنت الكاثوليك في بعض المجتمعات البرتستنتية، واستثنت البرتستنت في المجتمعات الكاثوليكية.

خامسا: إن المفكرين، والجماعات المسيحية، الذين رفضوا عقيدة "الخطيئة الأصلية Original Sin" تماثلوا مع المسلمين في هذه المسألة المحورية في

---

[١] عبدالله أبو عـزة ، الإسلام: رسالته .. حضارته .. مستقبله (بيروت: دار العلم للملايين، ١٩٨٨)، ص ١١٤.

العقيدة المسيحية؛ ذلك أن المسلمين لا يؤمنون بهذه العقيدة، أي "الخطيئة الأصلية"؛ فالقرآن يذكر أن آدم وحواء تلقيا أمرا من اللـه بعدم الأكل من الشجرة، فلما أكلا ثم اكتشفا خطأهما ندما وتابا؛ وبعد ذلك نجد القرآن يقول: (فَتَلَقَّى آدَمُ مِنْ رَبِّهِ كَلِمَاتٍ فَتَابَ عَلَيْهِ إِنَّهُ هُوَ التَّوَّابُ الرَّحِيمُ) (القرآن: سورة البقرة ٣٧)؛ أي أن اللـه غفر لهما.

ويقول أيضا: "من اهتدى فإنما يهتدي لنفسه ومن ضل فإنما يضل عليها، ولا تزر وازرة وزر أخرى، وما كنا معذبين حتى نبعث رسولا." (القرآن: سورة الإسراء/١٥). ومعنى ذلك أن أحدا من الناس لا يتحمل مسئولية (وزر) خطأ ارتكبه غيره. وفيما يتعلق بنسبة إغواء حواء لآدم ينبغي التنويه هنا بأن القرآن برأ حواء، ونسب الإغواء إلى فعل الشيطان بعبارة واضحة حين قال:(فَأَزَلَّهُمَا الشَّيْطَانُ عَنْهَا فَأَخْرَجَهُمَا مِمَّا كَانَا فِيهِ وَقُلْنَا اهْبِطُوا بَعْضُكُمْ لِبَعْضٍ عَدُوٌّ وَلَكُمْ فِي الْأَرْضِ مُسْتَقَرٌّ وَمَتَاعٌ إِلَى حِينٍ)(القرآن: سورة البقرة /٣٦) .

أي أن فعل الإغواء الذي صدر من الشيطان وقع على آدم وحواء كليهمـا، وأنهـما كانـا شريكـين في الذنب بقدر متساو، حسب مدلول النص القرآني. وتأمل هذه النقطة ربما يشد انتباه أخواتنا من النساء الغربيات.

سادسا: العقيدة التوحيدية التي عاد ظهورها، بشـكل أو آخـر، مـع بـدايات حركـات الإصـلاح الـديني في القرن السادس عشر، ثم أخذ يتوسع بعد ذلك بدءا من حركة "الأنابيتستس في ألمانيا وسويسرا، واستمرارا من خلال تحركات مايكل سيرفتس، ولاليـوس سوسـينوس، ثـم ابـن أخيـه فاوسـتس سوسـينوس، والحركـة التوحيديـة في إيطاليـا، ودور الجاليـات الإيطاليـة المهـاجرة بضـغط الاضـطهاد، إلى شرق أوروبـا، والحركـة التوحيدية في بولندا ورومانيا والمجر، ثم في الأراضي المنخفضة وبريطانيـا وآيسـلندا وغيرهـا، ثـم إلى العـالم الجديد، هذه الحركات تشكل تماثلا واتفاقا مع عقيدة المسلمين في أهم مكوناتها العقيدية:

١- الإيمان بوجود اللـه.

٢- الإيمان بأن اللـه واحد فقط، مع رفض عقيدة التثليث رفضا مطلقا.

٣-	الإيمان بإنسانية عيسى المسيح ورسالته.

٤-	رفض عقيدة الخطيئة الأصلية التي تفرعت منها عقيدة الخلاص.

٥-	الإيمان باليوم الآخر، وبالحساب والجزاء، ثوابا أو عقابا.

وقد كان المنتسبون إلى هذه العقيدة - عقيدة التوحيد - يتفقون مع المسلمين في أهم أركان عقيدتهم. ونحن لا ندعي أن التوحيديين المسيحيين قصدوا التشبه بالمسلمين.

سابعا: وبالتأكيد ظلت هناك اختلافات بين الإسلام والغرب طوال تلك الفترة، بما في ذلك اختلافات بين التوحيديين الغربيين والمسلمين، خاصة بشأن الإيمان بالقرآن، والإيمان برسالة محمد. لكن مساحة الاتفاق والتماثل كانت واسعة، وشملت أهم بنود العقيدة عند المسلمين والمسيحيين، وهي وحدانية الله، وإنسانية عيسى (عليه السلام) ورسالته، والإيمان باليوم الآخر وما فيه من حساب وثواب وعقاب ومغفرة.

ثامنا: وقد كان هناك اتفاق بين "عالم الإسلام" و "عالم الغرب" في ظهور بعض القضايا التي بدت كبيرة عند الغربيين منذ القرن الرابع الميلادي وحتى القرن السادس عشر، بينما كانت قضية تنحصر في دوائر ضيقة في عالم الإسلام، وهي قضية الجبر والإختيار في تصرفات الفرد المؤمن؛ وقد ظهرت عند الغربيين منذ أيام القديس أوغسطين Augustine of Hippo (٣٥٤ - ٤٣٠م)، أي قبل مجئ الإسلام بقرون، واستمرت إلى أن عاد إشهارها والتركيز عليها من قبل قادة الإصلاح البرتستنتي، مارتن لوثر وجان كلفان.

تاسعا: أما التطور الذي وصل إليه قسم من الموحدين الأميركيين، خاصة " الجمعية التوحيدية الأميركية" بعد منتصف القرن العشرين، فقد جسد تباعدا في المواقف والاعتقاد، خاصة ما تعلق بتأييد الجمعية لزواج المثليي الجنس، وتدني مرتبة العقيدة وأهميتها في الحياة الفردية والاجتماعية. ومع ذلك فإن ذلك لا ينبغي أن يؤدي إلى القطيعة واستبعاد الحوار.

الفصل الثالث

مواقف وتيارات فكرية وعقيدية من خارج الدين

مقدمة :

تناولنا في الفصل الأول عناصر الاتفاق وبعض عناصر الاختلاف بين الإسلام والغرب كما بدت عبر استعراض سريع لما كان عليه الفكر في الغرب في ظل العقيدة الكاثوليكية بين سنتي ٣٢٥م و ١٥٠٠م. وفي هذا الإطار كان من بين ما تعرضنا له تيارات فكرية عقيدية كانت موجودة وتصادمت مع المقولات التي صاغتها وثبتتها الكاثوليكية، وتعامل الناس معها في عصرها من خلال منظورين متعارضين:

(١) أنها عقائد منحرفة تعبر عن هرطقة أو انحراف عن "الدين الصحيح" كما تحدد في عقيدة نيقية؛ حسب رأي الكنيسة الكاثوليكية.

(٢) أنها العقيدة المسيحية الأصلية الصحيحة، وأن ما خالفها هو الهرطقة والانحراف عن الدين الصحيح.

أما في الفصل الثاني فقد بحثنا عن عناصر الاتفاق والاختلاف عبر مسارات عدة جاء انطلاقها من انفجار الإصلاح البرتستنتي الذي بدأ سنة ١٥١٧م. وكان أهم تلك المسارات وأكثرها فاعلية واستمرارا هي المسارات البروتستنتية المعروفة بحركة الإصلاح الديني بفروعها الثلاثة، ثم ما عرف بالإصلاح المضاد، أو الإصلاح الكاثوليكي. كما تعرضنا للمسارات الأصغر حجما والأضيق انتشارا، مثل حركة "إعادة التعميد"، وموقف وتحركات وكتابات مايكل سيرفتوس وأتباعه، وما ظهر بعده من تيار توحيدي عرف بعدة تسميات: "السوسينية" ، و"الآريانية (الآريوسية)"، أو "التوحيدية" في نهاية المطاف. ويجمع هذه التيارات والمسارات، الكبرى منها والصغرى، أنها انطلقت، كلها، من الأصول المسيحية المنسوبة إلى عيسى (عليه السلام)، سواء كانت تلك الأصول معترفا بها من قبل الكنيسة الكاثوليكية أو كانت خارجة عن أطر الاعتراف الكنسي أو الرسمي أو المجتمعي المتمثل في الأغلبية، ومتهمة بالهرطقة، أي الانحراف والمروق.

أما في هذا الفصل الثالث فسأحاول أن أرصد عناصر الاتفاق حية متحركة في بيئتها الزمانية والمكانية والثقافية من خلال استعراض أمثلة من أهم التيارات الفكرية والعقيدية التي تفرعت من التيار الإنساني، أي من خارج الأطر الدينية الموروثة والمعترف بها، مثل: المفكرين الأفراد والفلاسفة المشهورين والتيارات العلمانية، أي غير الدينية، أواللادينية. وبطبيعة الحال سوف تواجهنا في الطريق، وفي مسارب ميدان البحث المتعرجة عناصر اختلاف أيضا، كما حدث في الفصلين السابقين. على أنني أود أن ألفت الانتباه هنا إلى أن هذا الفصل الثالث يستعرض حركات ومقولات ظهرت في نفس الفترة الزمنية التي تناولها الفصل الثاني تقريبا، لأن العناصر والتيارات التي نسعى لتحديدها في هذا الفصل ظهرت وتحركت

متزامنة مع التيارات ذات الأصل الكنسي؛ بينما خصص كل من الفصلين الأول والثاني لفترة زمنية غير التي خصص لها الآخر. وهذا لا يعني أننا نكرر في الفصل الثالث ما استعرضناه في الفصل الثاني، بل يعني أننا استعرضنا في كل فصل حزمة مختلفة المحتوى: في الفصل الثاني استعرضنا ما تولد ونما من الأصل العقيدي والكنسي، بينما محتوى الحزمة الثانية المستعرضة في الفصل الثالث تولد وانبثق من التيار الإنساني، أو من خارج الأطر الكنسية.

التيار الأول: الإيمان بالله ورفض الكنيسة:

كنا قد تعرضنا لهذا التيار ونشأته ضمن حركة النهضة، باعتباره ركنا رئيسيا من ركنيها:

(١) التيار الإنساني الذي تميز بالفكر النقدي، والعودة إلى التراث الكلاسيكي الإغريقي والروماني،

(٢) الاهتمام بالفنون وتشجيعها ورعايتها.

وبجانب هذين الركنين الأساسيين لحركة النهضة برز الاهتمام بتخفيض مرتبة دراسة اللاهوت (علم الإلهيات) وإعطاء أهمية أكبر للدراسات الإنسانية. وقد فتحت هذه النقطة المحورية في فكر الإنسانيين، وما ظهر معها وبعدها من تيارات الفكر الإصلاحي الديني، الباب على مصراعيه للإجتهادات الفكريه التي خرجت من القفص البابوي، واستهانت بالعصا الغليظة التي كانت قد أشهرتها الكنيسة الكاثوليكية قبل وبعد "الإصلاح المضاد "Counter Reformation ، كما استهانت بعقوبات الحرق بالنار التي مارستها محاكم التفتيش البابوية والمحاكم الدينية البرتستنتية بحق جون هس في كونستانس، وبحق مايكل سيرفتوس في جنيف، وبحق الموحدين في مدن مختلفة من ألمانيا وإنجلترا. وإذا كان الاهتمام بالعلوم الإنسانية في التعليم الجامعي وإعطاؤها الأولوية هو الذي ميز الإنسانيين في المرحلة الأولى بعد ظهورهم فإن هذا الموقف الفكري قد تطور فيما بعد حيث تحول التركيز على الإنسان ليصبح محور الاهتمام، ويحل محل المحاور الدينية التقليدية في الفكر الكنسي: "الله"، و "المخلص" و : الثالوث" و "الخطيئة الأصلية"، و "التعميد"، و "العشاء الرباني"، وغير ذلك من المحاور الدينية المعروفة.

التيار الثاني: دين الطبيعة[1] Deism :

تعرف الموسوعة البريطانية "الديزم" بأنها موقف ديني غير متشدد وغير أصولي عبرت عنه جماعة من الكتاب الإنجليز بدءا من النصف الأول من القرن السابع عشر وانتهاء بمنتصف القرن الثامن عشر. وتشير هذه التسمية إلى ما يمكن أن يدعى بـ "الديانة الطبيعية"، وقبول حزمة معينة من المعرفة الدينية الفطرية لكل شخص، أو تلك التي يمكن اكتسابها عن طريق استخدام العقل، على اعتبار أن ذلك مقابل أو مضاد للمعرفة المكتسبة عن طريق "الوحي"، أو عن طريق التعليم الذي تقدمه أي كنيسة أو مؤسسة دينية.[2]"

أما موسوعة جامعة كولمبيا فتعرف "الديزميين Deists" بأنهم أولئك المفكرون الذين ظهروا في القرن السابع عشر والثامن عشر ونادوا بأن مسار الطبيعة يبين وجود الله بما فيه الكفاية. وكانوا ينظرون إلى الدين الرسمي بأنه لا لزوم له، كما أنهم سخروا من الإدعاء بوجود وحي يأتي مما وراء الطبيعة." وقد نشأت عقيدتهم في المناخ العقلاني الذي ساد في الفترة التي عاشوا فيها. ومع أن هذا المصطلح، أو التسمية لم تعد مستعملة بشكل عام الآن، إلا أن فحوى عقيدتهم ما زال مستمرا. ويكاد مصطلح "المفكرون الأحرار" أن يكون مرادفا لمصطلح الديزم.[3] "

أما معجم وبستر ***Merriam Webster's Collegiate Dictionary*** فيعرف الديزم بأنها "حركة، أو منظومة فكرية، تدافع عن "الديانة الطبيعية"، وتؤكد أهمية الأخلاق. وفي القرن الثامن عشر- أخذت هذه الحركة تنفي تدخل الخالق في القوانين التي تحكم الكون[4]" (وبستر/ الطبعة العاشرة).

ومما يلزم التنبيه إليه هنا هو أن هذه الحركة الفكرية العقيدية لم تبدأ وتستمر وتنتهي ضمن قالب فكري صارم واحد، بل لازمتها سنة التغيير والتطور المتدرج في عالم الثقافة والتطورات الحضارية الأخرى. كما أن تسميتي لها بـ "الحركة" لا تعني أنها كانت حركة منظمة تنظيما واحدا أو تابعة لأي شكل من القيادة أو حتى الزعامة الواحدة ولذا فقد كانت هناك فروق واختلافات على

---

١ لقد عربت هذا الاسم فاستخدمت ألفاظا منها "ديزم" و "ديزميين"، إلخ...

٢ *Encyclopedia Britanica*, CD ed. ٢٠٠١, art. Deism.

٣ .*Columbia Encyclopedia*, ٦th ed., art. Deists, Deism

٤ Merriam Webster's Collegiate Dictionary, tenth ed., ١٩٩٤.

المستوى الفردي، وعلى مستوى التجمعات الصغيرة، وفي المحتوى الاعتقادي[١]. وفي تعريف معجم وبستر إشارة إلى ذلك، خاصة ضمن عبارة: "وفي القرن الثامن عشر- أخذت هذه الحركة تنفي تدخل الخالق..." ومما يعضد مثل هذا الفهم مقولة أن الديزميين حاولوا تخفيض وحصر- نطاق الدين ضمن العناصر الأساسية المقبولة والمعقولة عالميا وعلى أوسع نطاق. وفي إطار هذا التحديد نقرأ لأهم رواد الحركة الديزمية الأوائل, وهو اللورد هربرت تشيربري (ت. ١٥٤٨م)، أنه رفض عقيدة الوحي الخاص، وحاول إظهار أن جميع الأديان تشترك في خمس نقاط:

أولا: وجود الله.

ثانيا: الالتزام بعبادة الله.

ثالثا: الصفة الأخلاقية لهذه العبادة.

رابعا: الحاجة للندم على ارتكاب الخطيئة.

خامسا: الإيمان بالثواب والعقاب بعد الموت[٢].

وفي مرحلة لاحقة رفض فريق من الديزميين التنازل للتفاهم مع الصوفية القديمة. وحسب اعتقادهم فقد ذهبوا إلى أن "الإله" قوة ليست شخصية، أو أنه هو المسئول عن (ماكينة) العالم، وهو الذي أدار ساعة الكون. لقد أقروا بأن الله خلق الكون، ولكن عندما بدأ العمل وجدت القوانين الثابتة؛ وصار من غير المفيد محاولة تغيير هذه القوانين بالصلاة والدعاء، أو أية وسيلة بشرية أخرى. لقد قبل الديستيون تعاليم المسيح الأخلاقية، بيد أنهم رفضوا الاعتراف بالمعتقدات المسيحية المتشددة التي وصفوها بالغموض، وبأنها غير مفهومة[٣].

وينبغي أن نضع في الاعتبار، مع كل هذا، أن فترة منتصف القرن السابع عشر- بالنسبة للديزميين - لم تكن قد تخلت عن الدين أو نحته جانبا، وإن كانت استبعدت بعض ما اعتبرته تطرفا أو تشددا أو خطأ في بعض الموروثات الفكرية المسيحية؛ لقد كان جميع العلماء ذوو القدرة المتميزة في ميدان العلوم الطبيعية، كما

---

١ Cf. Gerald O'Collins, *Christology: a Biblical, Historical, and Systematic Study of Jesus*, p. ١٧.

٢ Gonzalez, III, p. ٣٣٥; cf. *E.B.*, CD ed., art. The Historical Deists; See also Snyder, *The Age of Reason*, p. ٣٦.

٣ *Ibid*. p. ٣٦.

كان معظم الفلاسفة - تقريبا - ينظرون إلى العالم آنذاك من وجهة نظر مسيحية. أما فكرة العداء بين الدين والعلم فقد جاءت في فترة متأخرة [1].

وقد ظهرت حركة الديزم، او الديانة الطبيعية، في كل من فرنسا وبريطانيا وألمانيا، وانتشرت في الجهات الأخرى حول العالم؛ بل لقد كان لها تأثير في تشكيل الفكر في الأيام الأولى من فترة نشأة الولايات المتحدة الأمريكية[2]. ويذهب أحد كبار أساتذة اللاهوت إلى القول بأن ديانة الديزميين العالمية كانت في حقيقتها مختارات من العقائد المسيحية التقليدية التي وجدوها ملائمة جدا ومنسجمة إلى أقصى حد مع توجهاتهم الفكرية، واعتقدوا أنها يمكن أن تجد أدلة مؤيدة لها عن طريق استخدام العقل بطريقة صحيحة. ثم يضرب مثلا على ذلك بدأبهم على استخدام نظام السببية للبرهنة على وجود الله، وذلك شئ كان يفعله اللاهوتيون التقليديون زمنا طويلا. وهكذا فإن الله الذي أثبتوا وجوده ظهر أنه مماثل جدا لإله المسيحية في عصرها التقليدي[3].

ومن غير أن نحاول نفي مقولة بروفيسور غونزالز حين ذهب إلى أن الديزميين استخدموا نظام - أو قانون - السببية لإثبات وجود الله، كما كان يفعل دعاة المسيحية فبل القرن السادس عشر خاصة، فإننا لا نستطيع موافقته في قوله "إن إلههم كان هو إله المسيحية التقليدية" فالأستاذ غونزاز يعرف أكثر من غيره أن الديزميين لم يؤمنوا بالثالوث Trinity، ومن آمن منهم بالله آمن بإله واحد بعيدا عن مفهوم التثليث؛ ويتبع ذلك ضرورة أنهم لم يؤمنوا بألوهية عيسى ولا بألوهية روح القدس، ولم يؤمنوا بأن هذه الشخصيات من مادة واحدة أو متشابهة، أو في مادة واحدة، ولم يؤمنوا بأن مريم "أم الله". ولعله كان يشير إلى المسيحية التقليدية في القرون الثلاثة الأولى السابقة على مجلس نيقية سنة ٣٢٥م، فإن كان الأمر كذلك تبقى مقولته مقبولة ومنسجمة ومقولاته الأخرى. ومهما يكن من أمر فهو أستاذ كبير وعلم من أعلام الدراسات اللاهوتية المعاصرين، ورجل دين بارز في الوقت نفسه، وليس لمثلي أن يناقشه، بيد أن النقطة موضوع البحث واضحة جدا ولا خلاف حولها بين أهل الاختصاص؛ والمعلومات التي استندت إليها موجودة فيما كتبه هو نفسه وما كتبه غيره من أساتذة اللاهوت المتخصصين. فهو يقول لنا - مثلا - إن الديزميين تجاوزوا محاولة إظهار معقولية المسيحية، وأن موضوعهم كان يتمثل في "معقولية الديانة الطبيعية" التي ينبغي أن تنسجم معها كل الديانات الأخرى. وبقدر ما تتفق المسيحية مع "الديانة الطبيعية" فإنها تكون صحيحة

---

١ Cecil Dampier, *A History of Science and Its Relations with Philosophy and Religion*. (Cambridge University Press, ١٩٤٩), p. ١٤٨.

٢ Gonzalez, III, pp.٣٣٦-٣٧.

٣ المصدر نفسه، ص. ٣٣٦.

ومعقولة؛ ولكن عندما تحاول إضافة عنصر ينبثق من وحي إيجابي فإنها تدخل في نطاق الخرافة، وهو هنا يتحدث عن آراء الديزميين بطبيعة الحال، وليس عن رأيه [١].

وينبه قداسة البابا يوحنا بولس الثاني إلى أن رينيه ديكارت (١٥٩٦ - ١٦٥٠م) هو الذي خلق المناخ الذي جعل ابتعاد الناس عن الدين في العصر الحديث أمرا ممكنا، وذلك بالرغم من أنه - أي ديكارت - لا يتحمل المسئولية عن تلك الجفوة وذلك الابتعاد. والحقيقة أنه بعد ما يقرب من مئة وخمسين عاما من موت ديكارت - والكلام ما زال لقداسة البابا - نجد أن كل ما كان مسيحيا، بصفة أساسية، في تراث الفكر الأوروبي كانت قد تمت تنحيته جانبا من ذي قبل.[٢] "

وفي مواجهة التيار الديزمي بتفرعاته وشخصياته البارزة وجد المسيحيون أنفسهم في مناخين فكريين متعارضين تتابعا زمنيا؛ فخلال سني القرن السابع عشر حاول بعض المؤمنين - خاصة في انجلترا - أن يوجدوا الانسجام بين العقل والدين؛ أما في فرنسا فقد حلقت الثقة بالعقل عاليا، ووجد المسيحيون أن كثيرين من المثقفين رفضوا جميع التطلعات إلى "الكتب المقدسة معتبرينها خرافات غير معقولة." وكان هذا المناخ أكثر عداء للدين بشكل واضح. وكان أفضل ممثل للجيل الأول (المعتدل)، من الديزميين هو الفيلسوف الإنجليزي المشهور جون لوك (١٧٠٤ - ١٦٣٢) John Locke الذي لم يقلل مطلقا من أهمية الإيمان. ولقد أشار لوك إلى "أن وجود الله هو الحقيقة الأكثر وضوحا ضمن ما اكتشفه العقل.[٣] " بيد أن نظرة مدققة فيما كتبه لوك تبين أن الله الذي فهمه ليس له إلا القليل من الصفات المشتركة مع إله الكنيسة المسيحية؛ لقد ذهب سر الوحي تقريبا وذهبت العواطف؛ إن إله لوك إله من إنتاج البرهان العقلي[٤]. وقد أضاف لوك إلى تأكيده على الإيمان بوجود الله أن المسيحية لها عقيدة واحدة فقط، وهي أن عيسى هو المخلص، أما معظم الأفكار اللاهوتية فيرفضها ويعتبرها غير ذات علاقة بالموضوع. كما خاطب لوك جيله بالتأكيد على السلوك الأخلاقي؛ وقال إن المسيحية تضيف إلى إيمانها بالمسيح ضرورة أن يحيا الإنسان حياة طيبة؛ فقد تكلم عيسى غالبا عن الثواب والعقاب المترتب على السلوك المسيحي، وهذا أمر معقول تماما، لأن العقل يبين أن السلوك الأخلاقي السامي ينبغي أن يشجع بحوافز قوية [٥]. ومن خلال هذه الرؤية ذهب جون لوك إلى أن المسيحية ستكون الدين

---

١ المصدر نفسه، ص. ٣٣٦.

٢ His Holiness, John Paul II, *Crossing the Threshold of Hope*, p. ٥٢.

٣ Shelley, pp. ٣١٤-٣١٥.

٤ المصدر نفسه، ص. ٣١٥.

٥ المصدر نفسه.

الأكثر قبولا من الناحية العقلية بعد أن تجرد من الأثقال الفكرية التي حملها لها اللاهوت المدرسي. وعاد إلى التأكيد بأن المسيحية تتكون بالضرورة من الإيمان بالله، وبالمسيح باعتباره مخلصا أرسل ليعرف الناس بالله، وبما يريده الله لنا. وهذه الرسالة الإلهية التي حملها لنا المسيح تصدقها معجزاته المتعددة.

وفي ألمانيا لم تترسخ الديزمية، الديانة الطبيعية، إلا في عقول مجموعة صغيرة من المثقفين، كما كان الحال في الولايات المتحدة الأميركية. وكان من أبرز الشخصيات القيادية بين الديزميين الألمان هيرمان ساموبل رايماروس (١٦٩٤-١٧٦٨) Herman Samuel Reimarus الذي رفض التصديق بالمعجزات، وأعلن أن الدين الطبيعي هو النقيض المطلق للنبوءات والوعود التي نسبت إلى المسيحية الأولى وضمت إلى محتوى الكتاب المقدس. أما التعبير الألماني الكلاسيكي عن الديزمية فقد أظهره الفيلسوف الألماني المشهور إمانويل كانت (١٧٢٤-١٨٠٤م) الذي أيد عقائد الديزميين من حيث إيمانهم بالله، والحرية، والخلود، كما دافع عن الدين بينما رفض النبوءات والتوقعات التي ظهرت في المسيحية الأولى وضمت إلى الكتاب المقدس [١]. وهذا يعيدنا إلى تأكيد القول السابق بأن التيار "الديزمي" لم يكن ملحدا من البداية إلى النهاية، ولم يكن منتسبوه كلهم متشابهين، بالنسبة لاعتقادهم - أو عدم اعتقادهم - بوجود الله، وبالنسبة لصلة السماء بالأرض عن طريق الوحي، أو الإلهام، أو التأثير في مجرى الأحداث.

أما الجيل الثاني من الديزميين، وهو الجيل المتطرف، فقد ظهر في القرن الثامن عشر حيث سمت باريس إلى منزلة العاصمة الجديدة للثقافة العالمية. وقد انتشرت الأفكار بحرية في أنحاء أوروبا وفي المستعمرات الأميركية. ولقد أصبح القادة الاجتماعيون والثقافيون لأوروبا متحدين في جماعة لها فكر واحد ومصالح واحدة بدرجة لم تعهد من قبل. وفي باريس ارتفعت الجماعة التي عرفت باسم Philosophes بعصر العقل إلى قمته. ولم يكن هؤلاء جماعة من الفلاسفة المنصرفين إلى الاشتغال بتخصص أكاديمي؛ لقد كانوا أدباء، كانوا دارسين للمجتمع الذي حللوا مساوئه ودعوا إلى إصلاحه. لقد كان هدفهم نشر المعرفة وتحرير الروح الإنسانية [٢]. لقد رفض دعاة الديزمية جميع الكنائس، وقال قائلهم:" إن كنيستي هي عقلي

.my own mind is my church" [٣]

---

[١] Snyder, pp. ٣٨-٣٩.

[٢] Shelley, p. ٣١٦.

[٣] Peter Burke, "Religion and Secularization", p. ٣١٢.

ومـن الغريـب أن الإلحـاد لم يكـن إطلاقـا مـن المظـاهر التـي تحظـى بالإعجـاب في صـفوف هـذه " الجمعية." إن معظم الذين سخروا من المسيحية خلال القرن الثامن عشر كـانوا يؤمنـون بوجـود "كـائن أعلى"، لكنهم اعتبروا "أن من الخرافة الاعتقاد بأنه يتدخل في سير "ماكينة العالم." وكان أعظم عمـل قـام به جماعة "الفيلوسوف" هو انجاز "الموسوعـة ***Encyclopedia*** " التي ضمت سبعة عشر مجلـدا. لقـد كانوا روادا في السمو بمكانة العلـوم الجديـدة new sciences وتصـدروا في الـدعوة إلى التسـامح، وحقـروا الخرافة، ونوهوا بصفات ديـن الطبيعـة، "الـديزم". وخلافـا لمعظـم منتقـدي الكنيسـة السـابقين لم يكـن جماعة " الفيلوسوف" مـن الهراطقـة المنحـرفين عـن "الـدين الصـحيح"؛ كـما لم يكونـوا منشـقين هـاجموا الكنيسة باسم المسيح؛ لقد بدأ هؤلاء الرجال هجومهم من خارج الكنيسة؛ أي من خارج الـدين السـائد في المجتمع. ولقد صوبوا صواريخهم ليس على نقطة بعينها من العقيدة التقليدية "Dogma"، بل صـوبوها لهدم أساس الحقيقة المسيحية بمجملها. لقد كان هدفهم المعلن والمعمـم بشـكل واضـح هـو أن يهـدموا القلعة [١].

وكان الفيلسوف الفرنسي الشهير فولتير Voltaire (١٦٩٤ - ١٧٧٨م) هـو الدعائي الأكـثر حـدة مـن بـين المفكرين الديزميين؛ فقد سخر من المسيحية، واعتبر المسيح [عليه السـلام] "متعصـبا"، كـما اعتـبر "الكتـاب المقدس من عمل رجال جهلة،" وذهـب إلى "أن المعجـزات يمكـن رفضهـا عـلى أسـاس أنهـا غـير حقيقيـة". ومضى يضيف أن الإنجيل الوحيد الذي يجب أن يقرأ هو إنجيل الطبيعـة the Gospel of Nature الـذي كتبه الـلـه بيده وختمه بخاتمه، والديانة الوحيدة هي عبـادة الـلـه، وأن يكـون المـرء صـالحا." ولم يكـن فولتير ملحدا atheist أو هادما للدين؛ فقد كان يقول: "إذا لم يكن هناك إلـه فسـيكون مـن الضرـوري أن نخترع إلها

"If there was no God it would be necessary to invent one.[٢] "

ويبدو لي أن هذا التحول الذي شهدته الحياة الإجتماعية والثقافية في فرنسا، والمتمثل في انتقالها من التعصب الديني الكاثوليكي الشـديد في القـرن السـادس عشر إلى التعصـب والتطـرف في رفـض الـدين المسيحي بعنف في القرن الثامن عشر إنمـا كـان ثمـرة ورد فعـل متـدرج متصـاعد اشمـئزازا مـن الوحشـية والقساوات التي أفرزها ذلك التعصب الديني وتجلياتـه، خاصـة في الحـروب والمـذابح التـي أثقلـت اسـم الدين بالأوزار الممقوته، في مذابح
Saint Bartholomio's Day Massacres وامتداداته سنة ١٥٧٢م.

---

١ Shelley, p. ٣١٧.

٢ Snyder, The Age of Reason, pp. ٣٧-٣٨; Shelley, p. ٣١٦.

ثورة ١٧٨٩ في فرنسا:

وفي مسار هذا التيار الديزمي المتطرف انفجرت الثورة الفرنسية التي قضت على النظام الملكي، وعلى نظام الطبقات الذي أعطى مكانة مميزة للنبلاء ولرجال الدين. وما زال تفسير تلك الثورة وأسباب اندلاعها موضع خلافات بين المؤرخين تتجدد، إلا أنه يمكن القول إن مكونات البنية السياسية للدولة الفرنسية لم تعد تتلاءم مع الأوضاع الإجتماعية الجديدة ولا مع التطورات الفكرية والثقافية التي نقلت أغلبية الفرنسيين من عالم العصور الوسطى – عبر عصر النهضة وعصر العقل وعصر القومية - إلى العصر الحديث.

رفض الإيمان بما وراء الطبيعة:

أوغست كونت (١٧٩٨- ١٨٥٧):

يشتهر كونت بأنه صاحب الفلسفة الوضعية ومؤسسها، كما أنه مؤسس علم الاجتماع. والفلسفة الوضعية هي ذلك النظام الفكري الذي يحصر نطاق بحثه في المعلومات المكتسبة من الخبرة المباشرة والتجربة العملية، ويستبعد التأملات الافتراضية، كما يستبعد كل ما وراء الطبيعة. وهذه الفلسفة دنيوية، أو " عالمانية" معادية للبحث فيما وراء الطبيعة، وتتبنى مبدأ المنفعة؛ وتبعا لذلك فهي معادية للدين. وقد أنشأ أوغست كونت "دينا جديدا" جعل محوره عبادة الإنسانية، بيد أن دينه ذاك لم يبق في ساحة الفكر سوى فترة قصيرة ثم انطوى واندثر.

دارون ونظرية التطور:

كان تشارلز دارون (١٨٠٩- ١٨٨٢) معاصرا لاوغست كونت تقريبا: كما كان معاصرا لفردرك نيتشه وكارل ماركس، وفيودور دستويفسكي. وكان الأساس الأول لنظرية دارون فكرة الاختيار الطبيعي Natural Seclection ، وفكرة التطور Evolution كما هو معروف.

فردرك نيتشه (١٨٤٤- ١٩٠٠)

ولد نيتشه في بلدة روكن في سكسونيا - شمال ألمانيا - سنة ١٨٤٤؛ وكان أبوه رجل دين لوثري مات بينما كان فردرك في سن الطفولة، فانتقلت الأسرة إلى ناومبورغ سنة ١٨٥٠. وفي جامعتي بون، ولايبتزغ درس فقه اللغة philology وعين سنة ١٨٦٩ أستاذا غير عادي في جامعة بازل (شمال غرب سويسرا) وله من العمر أربع وعشرون عاما. وقد ظل يدرس في تلك الجامعة حتى سنة ١٨٧٩ حيث اضطر إلى التقاعد لاعتلال صحته على أثر إصابته

بمرض السفلس في أواخر ستينات القرن التاسع عشر، وتفاقم تأثير مرضه على صحته العامة؛ بيد أن ذلك لم يمنعه من ممارسة الكتابة والفلسفة، حتى شهر كانون الثاني (يناير) ١٨٨٩، حيث أصيب بانهيار عقلي كامل لم يبرأ منه حتى أدركه الموت في الخامس والعشرين من آب (أغسطس) ١٩٠٠. وكان كتابه الأول قد صدر بعد ثلاث سنوات من بدء عمله في جامعة بازل. وهكذا تكون حياته قد مرت في أربعة مراحل:

(١) الطفولة ومراحل التعليم حتى سنة ١٨٦٩

(٢) حياته المهنية أستاذا في جامعة بازل (١٨٦٩ – ١٨٧٩)

(٣) فترة تقاعده القسري متعايشا مع مرضه، مواصلا عمله الفكري (١٨٧٩- ١٨٨٨)،

(٤) السنوات الإحدى عشرة الأخيرة التي مضى معها فاقدا قواه العقلية تماما (١٨٨٩- ١٩٠٠).

وكان فردرك نيتشه فيلسوفا - البعض يعتبره ناقدا إجتماعيا فقط - غير عادي أثر في الثقافة الغربية والفكر الغربي الحديث والمعاصر أكثر من أي فيلسوف أو مفكر آخر. وقد اعترف زغموند فرويد بأنه مدين لفكر وفلسفة نيتشه؛ كما أن الوجوديين ادعوا نيتشه وأعلنوا أنه كان من مفكريهم؛ وكان ممن تأثر به الفيلسوف الفرنسي الوجودي جان بول سارتر. وقد استمر تأثير نيتشه المباشر وغير المباشر بعد موته، من خلال كتبه وفلسفته، ومن خلال تلامذته وأتباعه المباشرين وغير المباشرين. ولم يكن تأثير فردرك نيتشه عاديا، بل كان من النوع الانقلابي الصاخب والمصادم لكل مألوف فكري. لكل هذا فإننا سنقف معه قليلا، رغم أنه لا يمثل موضوعا مستقلا أو رئيسيا في بحثنا، بل يمثل جزئية صغيرة فقط، كما أنه لا يمثل بداية تيار، أو توجه، فكري وحياتي، إنه يمثل قمة في تموج هذا التيار، بل ربما كان أعلى قممه. وسنحصر حديثنا عنه في أربع نقاط هي المتعلقة مباشرة بتشوير التغيرات الثقافية في عالم الغرب.

١- لم يكتف نيتشه بإعلان عدم إيمانه بالله، بل إنه عبر عن ذلك بشكل صاخب بمقولته عن"موت الإله." وقد تكررت هذه العبارة في سياقات وصياغات مختلفة ضمن صفحات كتابه الذي يعتبره الباحثون، كما يعتبره هو نفسه، أهم مؤلفاته، وهو كتاب هكذا تكلم زرادشت[١] Thus Spake Zarathustra. وكان نيتشة قد بدأ بإذاعة هذه الفكرة سنة ١٨٨٢ عندما لجأ إلى استخدام أساليب عنيفة (عنفا غير

---

١ Friedrich Nietzche, *Thus Spake Zarathustra*, Translated by Thomas Common, Mineola (New York: Dover Publications Inc., ١٩٩٩) see pages٣-٤, ٨, ١١, ١٣-١٤, ٤٥, ٥١, ٥٦-٥٧, ١٢٦-١٢٧, ١٤١, ١٦٢،١٦٦, ١٨٠, ١٨٣-١٨٤،١٨٦-١٨٧, ١٨٩, ٢٠١, ٢٠٤-٢٠٥،٢١٢.

مادي) في عرض جوانب فلسفته، حيث عرض مقولة "موت الإله" عبر حكاية المجنون الذي ركض إلى السوق صباح ذات يوم وهو يصيح: إنني أبحث عن الإله، مكررا العبارة ... ثم انتهى إلى القول: إنني أقصد أن أخبركم: نحن قتلناه، أنتم وأنا، نحن جميعا قتلته[١]..."

٢- لقد رفض نيتشه الدين جملة وتفصيلا، واعتبره وليد الخوف والجهل، ووجه هجوما خاصا إلى القديس بولس معتبرا إياه مسئولا عما نسبه إليه من سيئات في الديانة المسيحية التي هاجمها بشدة، في ألفاظ لا نستحسن ان نكررها هنا، بيد أنه لم يتعرض بسوء لعيسى المسيح [عليه السلام] ، إلا أنه ذهب إلى أن المسيحية [الأوروبية] تمتنع عن فعل كل ما قال المسيح إنه يجب أن يعمل. وبعبارات أخرى قال أيضا: ما الذي رفضه المسيح؟ وأجاب: كل شئ يدعى اليوم مسيحيا. ومضى يقول: إن الكنيسة هي بالضبط عكس ما دعى إليه عيسى.

"What did Christ deny? Everything that is today called Christian."

"The church is precisely that against which Jesus preached----- and against which he taught his disciples. ٢"

وفي موضوع الفضائل بين نيتشه نظرته السلبية إلى كل ما يعتبر من الفضائل في المسيحية؛ ومعظمها في الحقيقة فضائل مشتركة بين المسيحية والإسلام، أو بين الأديان السماوية - وحاول إرجاعها إلى منابت فاسدة، حيث ذهب إلى أن الشفقة والحب ما هما إلا تطوير للدافع الجنسي. لقد اعتبر الفضائل نظاما من "القيم" التي تمثل حياة المجتمع الذي أنشأها[٢]. وهذا تفسير مادي معقول لولا أنه يستبعد الفضائل والقيم التي جاءت من وحي إلهي، أو "من وراء الطبيعة؛" وهذا ما يضعه في حالة تصادم مع الدين. بيد أنه لا يقف عند هذا الحد؛ بل يمضي ليعلن "إن غرضي هو: :My purpose [is] أن أبين التجانس والتوافق المطلق لجميع الحوادث [المتعلقة بالأخلاق] ، وأن تطبيق فكرة الاخلاقي والتمايز الأخلاقي [بين عمل وآخر] إنما يتكيف ويتشكل من خلال المنظور الذي يستخدمه الإنسان؛ وهدفي أيضا أن أستعرض وأبين أن كل ما هو موضع ثناء باعتباره أخلاقيا متماثل تماما - في فحواه - مع كل شئ غير أخلاقي، وقد صير ممكنا - كما هو الحال في كل تطور أخلاقي - باستخدام وسائل غير أخلاقية ولأهداف غير أخلاقية؛ وهدفي أن أبين كذلك كيف أن كل شئ يوصم باللا أخلاقية إنما يعتبر - من الناحية الإقتصادية - أعلى منزلة وأكثر ضرورة، وكيف أن كل

---

١ Nietzche, *The Gay Science*, No. ٢٥, as quoted by Karen Armstrong, *A History of God* (Vantage, ١٩٩٩), p. ٤٠٨.

٢ المصدر نفسه، ص. ١٤٨-١٤٩.

تطور نحو حياة مترعة بقدر أكبر من الوفرة يتطلب بالضرورة تقديم الخيارات غير الأخلاقية على ما عداها[1] ". وفي رأي نيتشة أن هناك ثلاث قوى وراء عملية تحديد الأخلاق المرغوبة في المجتمع الغربي في أيامه، وهي كما يلي:

(١) غريزة القطيع ضد القوي والمستقل.

(٢) غريزة الواقعين تحت ضغط المعاناة، ومن ليس لهم حظ من الامتيازات ضد المحظوظين.

(٣) غريزة ذوي القدرات المتوسطة، وذوي القدرات المتدنية ضد المتميزين.

وهناك حقيقة عامة في تاريخ أوروبا منذ عهد سقراط - والحديث هنا لنيتشه - تتمثل في محاولة جعل القيم الأخلاقية تطغى على كل ما عداها من القيم، بحيث تصبح الموجهة والحاكمة ليس في حياة المجتمع فحسب، بل وفي ميادين المعرفة، والفنون، والنشاط السياسي والاجتماعي. إن جميع الأخلاقيات الأوروبية انبنت على ما هو مفيد للقطيع. أما مصيبة الرجال المتميزين والنادرين فتتجسد في أن كل شئ يميزهم عن الآخرين يدخل في شعورهم مصحوبا بإحساس بالصغر وعدم الثقة. فالنقاط القوية في شخصية الرجال المعاصرين تصبح أسبابا لكآبتهم التشاؤمية. أما متوسطو القدرات والشخصية فهم كالقطيع، إذ قل ما تزعجهم المشاكل أو يزعجهم ضميرهم، فهم دائما مبتهجون [2]. أما غريزة القطيع فتعتبر أن صفات ذوي المستوى المتوسط، والمنخفض هي الأعلى والأعظم قيمة؛ إن ضعف حيوانات وأفراد القطيع ينتج حالة أخلاقية مماثلة للحالة التي ينتجها ضعف الشخص المتهالك المنهار؛ ولذا فإنهم يفهمون بعضهم بعضا، ويشكلون تحالفا. والصفات والرغبات المحمودة في موازين وعقلية القطيع هي:

أن يكون المرء مسالما، عادلا، متواضعا، معتدلا، حييا، محترما، حذرا، شجاعا، عفيفا، مخلصا، مستقيما، يثق في الآخرين، مخلصا في ولائه، متعاطفا، يقدم المساعدة عند الضائقة، ذا ضمير حي، بسيطا، لين العريكة، كريما، مطيعا، بعيدا عن مشاعر الحسد، لطيفا، وجادا [3].

وخلاصة القول، بشكل إجمالي، أن أيا من أفراد القطيع لا يعتبر طيبا لذاته وبذاته، بل يقوم (او يقيم) - أولا - حسب مقاييس "المجتمع"، أي حسب مقاييس "القطيع". أما علاقة القطيع بالعالم الخارجي فتتصف بأنها عدائية، أنانية، قاسية، مفعمة بالشهوة للتسلط؛ وهكذا دواليك. أما تجاه الأفراد الأقوياء فإن مشاعر القطيع تكون معادية، ظالمة، بعيدة عن الاعتدال والتواضع، وقحة، جبانة، كذوبة،

---

١ المصدر نفسه، ص. ١٥٥.

٢ المصدر نفسه، ص. ١٥٦- ١٥٧.

٣ وهذه الصفات التي سطرها قلم نيتشه هي الأخلاق الدنيئة والممقوتة في رأيه.

زائفة، قاسية، مخادعة، حسودة، مليئة بشهوة الانتقام. هذا عن القطيع. أما "الراعي"، راعي القطيع، فيجب أن تكون صفاته مناقضة تماما لصفات القطيع [١].

ويخبرنا فردرك نيتشة عن أهداف فلسفته: إن فلسفتي تهدف إلى تنظيم المراتب؛ وهذا التنظيم لا ينبغي أن ينبني على الأخلاقية الفردية. إن أفكار القطيع يجب أن تسود وتحكم في داخل القطيع فقط، وألا تخرج من إطاره. أما قادة القطيع فينبغي أن يكون لأعمالهم مقاييس مغايرة، وتقويم مختلف بصورة أساسية [٢].

وهكذا نصل بحديثنا إلى الشخصية الخارقة، Superman أو الأوبرمنش Ubermensch.

ما الذي عناه نيتشه بالسوبرمان؟ ما هو السوبرمان الذي أراد أن يعلمهم كيف يكونونه؟

من خلال إيمانه بنظرية التطور تصور نيتشه أن الإنسان قد ارتقى وضعه منذ كان دودة وتدرج في مراحل حيوانية، منها الحالة القردية، حتى صار إنسانا. ولكن يبدو أنه اعتقد أن الحالة الإنسانية ليست نهاية المطاف، بل إن هناك حالات بعدها. وعندما خاطب أتباعه وجمهوره ذهب في حديثه إلى أن كل الكائنات عملت أشياء مكنتها من تجاوز ذاتها إلى مستوى أرفع؛ ونعى على أتباعه وتلاميذه أنهم لم يفعلوا نفس الشئ، وعيرهم بذلك؛ ". ولقد كنتم قرودا، في مرحلة من المراحل، بيد أن الإنسان مازال في الحالة "القردية" أكثر من أي قرد آخر.

ها أنا أعلمكم السوبرمان!

إن السوبرمان هو "معنى الأرض"؛ إنني أحثكم يا إخوتي وأدفعكم إلى أن تظلوا صادقين مع الأرض، وألا تصدقوا أولئك الذين يحدثونكم عن آمال "فوق أرضية"! هؤلاء يدسون لكم السم، سواء عن قصد أو عن غير معرفة منهم.... لقد كان الإلحاد والإساءة إلى الإله أعظم إساءة، غير أن الإله مات، ومات معه أولئك الملحدون المسيئون. إن الإلحاد في حق الأرض الآن هو الخطيئة التي تسبب أعظم الرعب.

جوهر الخطاب واضح بما فيه الكفاية: "الأرض" ترمز إلى الحياة التي تستبعد الدين والإله؛ وما "فوق الأرضي" يرمز إلى "الإله" والدين وكل مكونات وبقايا مكونات الثقافة والعقلية الدينية الإيمانية في الفكر الغربي من العصر الوسيط. أي أن الصفة الأساسية بالنسبة للسوبرمان هي أن يكون مؤمنا بالأرض منتسبا

---

[١] المصدر نفسه، ص. ١٦٠ - ١٦١.

[٢] المصدر نفلسه، ص. ١٦٢ .

إليها، وبالحياة المادية المعروفة فيها، مبتعدا عن الإيمان بأي شئ وراء الطبيعة، بما في ذلك الإيمان بالله والدين والمفاهيم والقيم الدينية. ومن المستبعد، أو حتى من المستحيل، أن يكون نيتشه قصد بالانتقال من حالة الإنسان إلى حالة السوبرمان انتقالا بالتغيير البيولوجي، لأن مثل هذا التغير ليس في مقدور أي إنسان؛ فالانتقال الذي يقصده - إذن - هو انتقال "وارتقاء ثقافي وسلوكي واعتقادي". السوبرمان هو "معنى الأرض." هذه - إذن - عقيدة جديدة، "إيمان بالأرضي ورفض السماوي، في نفس الوقت." ليس هذا فحسب، لكنه يمنح هذه العقيدة الجديدة حصانة وامتيازا جديدا، وذلك حين يعلن "أن الإلحاد بحق العقيدة الأرضية والإساءة إليها هو الخطيئة التي تحمل أعظم الرعب وأسوأه." وهكذا نجد أنه استخدم نفس الأسلوب الذي استخدمته الكنيسة الكاثوليكية والبابوية، ومن بعدها الكنائس البروتستنتية من حيث إقامة سور من الحماية للعقيدة التي تبناها وأعلنها، وتحريم نقدها، وتحريم مخالفة مقولاتها، واعتبار ذلك انحرافا وخطيئات يعاقب عليها بالحرمان والعقوبات القاسية؛ بل إن نيتشة اعتبر خطيئة الإلحاد في حق "عقيدة الأرض" أكبر من كل الخطايا وأكثرها إثارة للرعب. يضاف إلى ذلك أن نيتشه لم يقصر صفات ومكونات شخصية السوبرمان على رفض الإيمان بالله والدين، بل أضاف إلى ذلك الرؤية والعقيدة الاجتماعية والسلوكية، حين قسم الناس والشعوب إلى فئات، أو طبقات حددها، أكبرها فئة الناس العاديين الذين سماهم "القطيع The Herd " مثل أي قطيع من الغنم أو الخنازير، وغير ذلك من قطعان الماشية. وبعد هذه الفئة، أو الطبقة يأتي القادة؛ ثم السوبرمان، أو الأوبرمنش.

وهنا يبرز سؤال منطقي: هل كان فردرك نيتشه يعتبر نفسه وشخصيته سوبرمان؟ ذلك أمر مرجح جدا، استنادا إلى ما نقرأه من كتابته وما نعرفه من رؤيته الاجتماعية. فإذا كان نيتشه يعلم الناس كيف يكونون سوبرمان؛ ويتكلم من خلال لسان Zarathustra بعبارة يكررها مرات كثيرة: I teach you the Superman فلا بد أنه كان يعتبر نفسه سوبرمان؛ وعندما يعرض رؤيته الاجتماعية التي يؤمن بها ويدعو إليها يتحدث عن القطيع، والأخلاق التي يصوغها ويتبناها القطيع ويدافع عنها ويسترشد بها في سلوكه في مقابل الأفراد المتميزين. وهو لا يتورع أن يصدر أحكاما قاسية على أخلاق القطيع، أحكاما مصحوبة بالاحتقار والإدانة، ويؤكد أن أخلاقيات القطيع يجب أن يحصر تطبيقها داخل القطيع؛ كذلك يدخل في إطار حديثه عن القطيع حديثه عن الرعاع والغوغاء[1] Rabble . أما الشخصيات المتميزة فلها أخلاقيات مختلفة، وقواعد مميزة؛ وهذه الشخصيات لا تخضع للموازين الأخلاقية الخاصة بالقطيع، وهي الموازين التي

[1] المصدر نفسه، ٦٣- ٦٥.

تتطلب أن يكون المرء مسالما، عادلا، متواضعا، معتدلا، حييا، محترما، متحفظا، شجاعا، عفيفا، مخلصا، مستقيما، يثق في الآخرين، مخلصا في ولائه، متعاطفا، يقدم المساعدة عند الضائقة، ذا ضمير حي، بسيطا، لين العريكة، كريما، مطيعا، بعيدا عن مشاعر الحسد، لطيفا، وجادا، سليم الطوية والسريرة، معروف ظاهره كباطنه، أي knowable ؛ فهذه هي أخلاق القطيع المذمومة المدانة حسب ما يدعو إليه نيتشه [١].

وهو لا يتردد في القول بأن واجب التزام المرء بالتعامل الأخلاقي الرفيع يوجه إلى أقرانه ومن هم في مستواه فقط؛ أما من هم أقل منه مرتبة، أو الأجانب الذين لا يعرفهم فليس عليه التزام أخلاقي واجب تجاههم، بل يعاملهم بالطريقة التي يراها مناسبة في كل حالة، أو بما يرشده قلبه. وهذه الرؤية تجسد الاعتقاد بأن السوبرمان فوق المقاييس الأخلاقية العادية، وأن النوع المتميز من البشر يشعر ويعتقد أنه هو الذي يحدد القيم, ولا يحتاج أن يخضع تحديده وخياره الأخلاقي إلى أي موافقة أو اعتماد من جهة أخرى، كما أنه يستطيع أن يرتكب أي عمل ضد الآخرين بعض النظر عن موازين أخلاق القطيع [٢]، حتى لو اتسم هذا العمل بالخيانة أو الغش أو النذالة أو الوحشية.

لم يأت فردريك نيتشه بفكره وفلسفته ونقده من فراغ؛ لم يكن رائدا، أو مؤسسا لتيار، بل كان نقطة عالية، أو موجة هادرة في المرحلة الأخيرة من اندفاعة هذا التيار الرافض للدين والقيم الدينية. وقد سبقه في ذلك توماس هوبز (١٥٨٨- ١٦٧٩)، وجماعة الفيلوسوف الفرنسيين، و ديفد هيوم (١٧١١- ١٧٧٦)، وأوغست كونت (١٧٩٨-١٨٥٧)؛ وكان من معاصريه تشارلز دارون وكارل ماركس ودوستويفسكي وغيرهم. وإذا كان نيتشة قد تميز بالميل نحو الطبقية، والعنصرية، وجمع الأفكار المتناقضة [٣]، واحتقار جمهور الناس العاديين، وإعلان شأن الأفراد الأقوياء، فإن كارل ماركس - كما هو معروف - ناقض نيتشه، فرفع من شأن الطبقات الدنيا والفقيرة، التي سماها (البروليتاريا)، الذين كونوا الجزء الأكبر من القطيع في نظر فردرك نيتشه؛ ومع ذلك فقد التقى ماركس ونيتشه واتفقا في مسألة تأييدهما للإلحاد وإنكار الإله والدين، حتى قال ماركس: "الدين أفيون الشعوب." ونتيجة لأفكار نيتشه التي استعرضناها بسرعة فقد اتهم بأنه كان من رواد الفكر النازي، ومن دعاة العنصرية؛ وربما كان هذا التصنيف

---

١ المصدر نفسه، ص. ١٥١ ؛ وانظر كذلك ص. ١٥٨، بشأن ما يقصده بكلمة Knowability

٢ *Encyclopedia Britanica*, CD ed'n, ٢٠٠١, art. Ethics, Nietzche

٤ Alain Boyer, "Hierarchy and Truth," *Whh We are not Nietzcheans*, " pp. ١-٥; see also in the same book Luc Ferry and Alain Renaut, "What Must First Be Proved Is Worth Little," *Why We Ar e not Nietzscheans*, edited by Luc Ferry and Alain Renaut, Trans. Robert De Loaiza (Chicago: Universtiy of Chicago Press, ١٩٩٧), pp. ٩٤ - ١٠٥

صحيحا إلى حد ما، وهناك من يعارضه[١]؛ ويمكن أن نضيف أن كثيرين من أصحاب التوجهات القومية قد تأثروا به. لقد كانت نشأة التوجه القومي الحديث مصاحبة لظهور الملكيات الوطنية في بعض الدول الأوربية، خاصة فرنسا وبريطانيا وإسبانيا، وذلك قبل عصر نيتشه بقرون[٢]، وتطورت مع تطور الملكية؛ أما الأصول القديمة للتوجه القومي فيرجعها بعض الباحثين إلى الإسرائيليين القدماء والإغريق [٣].

ومما لا يمكن إنكاره أن نيتشه شجع نزعة التعالي الفردي، وربما شجع بجانبه التعالي القومي بصورة غير مباشرة، سواء قصد ذلك أم لم يقصده. ومع ذلك لا يمكن القول بأنه هو الذي أنشأ هذا التوجه؛ لكنه أضاف إليه نظرية تبرره وتقويه. وبينما كان نيتشه في ريعان الشباب، وفي بداية حياته المهنية العلمية، تم توحيد إيطاليا، كما تم توحيد ألمانيا على أساس قومي، من خلال مخاض طويل بدأ قبل ولادة نيتشة، واستمر عقودا طويلة، في الحالتين. لم تختف أفكار نيتشه بعد موته، فقد استمرت هذه الأفكار من خلال انتشار كتبه وإعادة طبعها، ومن خلال أتباعه والمعجبين به. ويصادف الباحث نفرا من هؤلاء الأتباع والمعجبين حتى من بين المتخصصين في اللاهوت، علم الإلهيات. وهم لا يتبنون أفكار نيتشة فحسب بل ويعبرون عنها بنفس لهجة وعبارات العنف التي استخدمها في مهاجمته لكل ما له صلة بالدين، والديانة المسيحية خاصة.

ومن بين هؤلاء نذكر – على سبيل المثال – الأستاذ دن كبت Don Cuppit عميد كلية إمانويل وأستاذ الإلهيات في جامعة كامبردج البريطانية، خاصة كما يبدو في كتابيه:

New Christian Ethics, and ***Radicals and the Future of the Church***, ١٩٨٨, ١٩٨٩.

فهو يقول لنا، مثلا: "إن السياق التاريخي الذي نطرح فيه أسئلتنا الحالية بشأن الأخلاق هو – بطبيعة الحال – ذلك السياق الذي كان أنبياؤه دستويفسكي ونيتشه.

---

١ بعض الذين دافعوا عن نيتشه دون صخب وصفوه بأنه إنسان مسالم هادئ الطبع . . . الخ؛ وربما كان هذا الوصف صحيحا من ناحية التعامل والعلاقة مع الناس؛ وتفسير ذلك – في رأيي – أنه أمضى فترة حياته العلمية مريضا جسديا، ثم مريضا عقليا ؛ فمع بداية عمله استاذا في جامعة بازل أصيب – أو كان مصابا – بالسفلس، وقد تفاقم تأثره بالمرض حتى أجبره على الاستقالة سنة ١٨٧٩ ليمضي السنوات العشر التالية مشغلا نفسه بالكتابة؛ فضعفه الجسدي والنفسي جعله مسالما. أما كتابته ونشاطه الفكري فقد كان شديد العدوانية والشراسة كما نجده في: هكذا تكلم زرادشت الذي اقتبسنا نصوصا مهمة منه كما رأى القارئ ؛ ولعله كان يحس بأنه ينتقم لمرضه وآلامه ومعاناته النفسية؛ وربما كان التوتر العقلي الشديد سببا في مرضه الأخير (١٨٨٩ - ١٩٠٠) وفقدانه لقواه العقلية؛ وهذه تفسيرات لا نملك دليلا علميا يؤكدها؛ بيد أنها تظل احتمالات ممكنة.

٣ Hans Kohn, *The Age of Nationalism*, p. ١٠.

لقد زرع دستويفسكي البذور من خلال شعار: إذا كان " الإله" قد مات عندئذ يصبح كل شئ جائزا ومسموحا به. ثم يأتي نيتشه ويعلن أن "الإله قد مات حقا، وأنه ليس هناك نظام أخلاقي شامل، ولذلك فإن الأخلاق يجب أن يعاد اختراعها بطريقة مفهومة. فالأخلاق كانت ترتكز على استعارات مجازية مزيفة، وعلى أسس كاذبة، وكانت معادية للحياة. يجب أن تبدأ صناعة أخلاق جديدة[١]."

أثر الثورة العلمية والصناعية:

الثورة العلمية والصناعية التي بدأت في الغرب وظهرت في القرن الخامس عشر واستمرت بعده في تنام وارتفاع لا يتوقف تمثل ساحة واسعة وبحرا يكاد يكون لا نهائيا من التاريخ والمعارف المتشعبة في مختلف نواحي العلوم التطبيقية والإنسانية. وفي هذه الجزئية من موضوع بحثنا في هذا الكتاب يلزمنا أن نأخذ من هذا البحر بعض الشواهد القليلة التي تبين بعض آثار الثورة العلمية والصناعية في تطور الأفكار والثقافات والعقائد والمفاهيم، وأساليب ومظاهر الحياة والسلوك. وبديهي أنني لا أستطيع إلا أن أكتفي بضرب بعض الأمثلة القليلة من إنجازات هذه الثورة لنكتشف تأثيرها على عقول الناس وخيالهم وعقائدهم بشكل حاسم وجارف في الوقت نفسه، بصورة وجهت حياة الناس بقوة في اتجاهات غير مألوفة، أو حتى مناقضة تماما لأنماط حياة سابقة كانت مألوفة ومتبناة، بل كانت هي وحدها، ولا شئ غيرها، ولا يتصور وجود ما يخالفها في الحقبة الأولى التي استعرضنا من خلالها فصول ولوحات من حياة عالم الغرب في الفصل الأول(٣٢٥ - ١٥١٧م). وهذه الأمثلة معروفة حتى لطلاب المدارس المتوسطة، وإنما نشير إليها هنا لمجرد التذكير بسلسلة وشبكة التطورات المتصاعدة في هذا الميدان.

فاختراع الطباعة على يد يوحنا غوتنبيرغ حوالي منتصف القرن الخامس عشر وفر الكتب - أوعية المعرفة - على نطاق واسع فارتفع مستوى تفكير الناس وسارع من وتيرة توليد وتنامي المعرفة في تعاقب وتشعب مذهل أثر على كل نواحي الحياة. أما اكتشاف وتطوير استخدام قوة البخار منذ منتصف القرن الثامن عشر، وظهور السفن والقطارات البخارية التي حملت الناس والبضائع بأعداد وكميات كبيرة، ونقلتهم بسرعة كانت مذهلة في ذلك الوقت، فقد ترك آثارا عميقة وواسعة في عقول عامة الناس وتفكيرهم وطور مواقفهم وسلوكهم، ومس العقائد ومحددات السلوك بقوة وعمق، وجعلهم أكثر استعدادا لقبول كل جديد في عالم الفكر، والترحيب به والتأقلم معه والتمتع بمنافعه العملية المباشرة. أما اكتشاف

---

١ Don Cuppit, *New Christian Ethics*, pp. ١٥٢-١٥٣.

الكهرباء واستخدامها في الإضاءة وإنتاج القوة المحركة في الصناعة منذ أواخر القرن التاسع عشر فلم تكن آثاره أقل مما سبقه. ومثل ذلك يمكن أن يقال عن اختراع السيارة، والتصوير، والصور المتحركة، والطيران، فضلا عن التقدم في علوم الطب والصناعة الأقل إثارة. إن ظهور هذه التطورات في ميدان العلم وتطبيق العلوم لخدمة الإنسان في حياته اليومية بكل تفصيلاتها مثل صدمات متتالية هزت كل مألوف وهيأت العقول للتنازل عن المفاهيم والعقائد القديمة واستبدالها بمفاهيم وعقائد جديدة. وبعد هذه السلسلة من الصدمات الأولى تسارعت الإكتشافات العلمية والتطبيقات العملية الصناعية، بيد أن فكرة ومفهوم التجديد المتكرر صار مألوفا، ولم يعد يشكل صدمات متلاحقة مثل أول عهد الإنسان بالاكتشافات والتطور الصناعي، فقد اعتاد الناس على أنه صار من المألوف أن يأتي التقدم العلمي والتقني كل يوم بجديد.

لقد ظهرت معظم هذه المكتشفات والتطبيقات العلمية والصناعية في عالم الغرب، في أوروبا ثم في الولايات المتحدة الأميركية؛ وقد صاحبها تطور إقتصادي ونمو في الثروات هائل لم ينجم عن الإنتاج الصناعي فحسب، بل ساهمت الكشوف الجغرافية، واستعمار آفريقيا وآسيا والسيطرة على البحار والمحيطات في نفس الفترة، ساهم كل ذلك في تعظيم ثروات عالم الغرب وقوته حتى اكتملت له السيطرة على الكرة الأرضية تقريبا، وتوفرت له أدوات القيادة على مستوى العالم، في كل نواحي الحياة.

حصيلة البحث في الفصل الثالث:

يبدو واضحا أن الأحداث والتطورات التي شهدتها الفترة التي غطاها الفصل الثالث قد ابتعدت بعالم الغرب عن الدين والمثل المشتقة منه ابتعادا كبيرا، حتى لقد ذهب بعض فلاسفة الغرب وكبار مثقفيه - مثل أرنولد توينبي - إلى وصف "عالم الغرب" بـ "المسيحي سابقا Ex-Christian".[١] ومع ذلك بقيت بعض العناصر المشتركة بين عالم الإسلام وعالم الغرب؛ "فالتيار الإنساني" لم يكن كله ملحدا، بدليل أن أبرز رموزه - وهو ديزديريوس إرازموس ظل يدافع عن الكاثوليكية والبابوية، ورفض السير في موكب الإصلاح البروتستنتي المعادي للكاثوليكية، بل وقطع علاقته مع مارتن لوثر، كما كانت علاقته قوية مع ملك

١ Arnold Toynbee, *Experiences* (London: Oxford University Press, ١٩٦٩) p. ١٢٣

بريطانيا الكاثوليكي هنرى الثامن. ومعنى ذلك أن الإيمان بوجود الله ظل عنصرا مشتركا بن عالم الإسلام وقسم من ممثلي هذا التيار. فقد كان هناك كثير من الديزميين ممن أعلن الإيمان بالله من غير الثالوث والحلول وبعض المعجزات؛ فالفيلسوف الألماني (إمانويل كانت) أعلن إيمانه بوجود الله كما أعلن إيمانه بعيسى مخلصا، عن طريق تقديمه الهداية وليس عن طريق صلبه. وهذا يشكل عنصرا مشتركا في الاعتقاد بين عالم الإسلام وعالم الغرب. ومن ناحية أخرى فإن اتخاذ الديزميين موقفا رافضا للكنيسة ودورها يمثل أيضا خطوة نحو التماثل الجزئي، في هذه النقطة خاصة، مع عالم الإسلام الذي ليس فيه كنيسة، بمعنى تنظيم كنسي هرمي يغطي نواحي أرض الوطن المعني. ويجمل بنا أن نعيد إلى الذاكرة هنا أن مارتن لوثر تبنى هذه الفكرة في المرحلة الأولى من تحركه بل ذهب إلى القول بأن كل مسيحي رجل دين. كما أن المصلح السويسري أولدرش تسفنغلي رفض فكرة إنشاء كنيسة جديدة، بل لقد جعل السلطة الزمنية والدينية في يد مجلس مدينة زيورخ. أما الاقتراب الحقيقي نحو التشابه والتماثل مع عالم الإسلام فقد ظهر في عقائد ورؤى الأنابتستس، ومن بعدهم أولئك الذين أطلق عليهم اسم الموحدين، أو السوسينيين أو الآريين. هذا مع التأكيد بأن تلك الجماعات لم تتبن هذه الاختيارات بقصد الاقتراب أو التماثل مع عالم الإسلام. ولا مراء في أن محصلة الفترة والمسار الذي برز فيها لم تكن كبيرة.

وبجانب ذلك نجد في عالم الغرب بعض الأفراد البارزين فكريا وثقافيا أقروا بنبوة محمد صلى الله عليه وسلم، واعتبروه مثل عيسى عليه السلام، ليس في التفاصيل، بل في مجمل الرسالة [١]. ولكن جمع الأسماء وحشدها يحتاج كثيرا من الوقت والجهد لم يتوافر للمؤلف الحالي في فترة تأليف هذا الكتاب.

ومن ناحية أخرى فقد حدث بعض التماثل من خلال تحرك من الجانب الإسلامي؛ لقد ظهر في بلدان "عالم الإسلام" أفراد تأثروا بما ظهر في "عالم الغرب" من تيارات خلال القرنين التاسع عشر والعشرين. لقد وجدت نظرية دارون، وفكر مكيافلي، وأوغست كونت، وكارل ماركس، وفردرك نيتشة، وزغموند فرويد وغيرهم، وجدت أصداء تركت أثرا عميقا على أفراد وجماعات صغيرة في معظم بلدان عالم الأسلام. فقد ترجمت كتب هؤلاء المشاهير، وصدرت صحف ومجلات ودوريات في عواصم بعض بلدان "عالم الإسلام" صارت تتناول كل ما جرى ويجري في "عالم الغرب" . وجرت الاتصالات عبر القنوات الدبلوماسية والتجارية، وقامت بعض دول عالم الإسلام بإرسال البعثات المدنية والعسكرية للتعلم والتدرب في بعض البلاد الأوربية. وقد نقل على لسان الشيخ محمد عبده،

١ *Ibid*, p.١٣٦.

وكان من أبرز المصلحين من علماء الدين المسلمين، بعد أن عاد من إقامة قصيرة في فرنسا: "وجدت مسلمين ولم أجد إسلاما". والعبارة تصور إعجابه ببعض مظاهر التعامل، حيث الصدق في المعاملة، واحترام الآخر، والتصرف بأدب، وإقامة حد معقول من العدالة، والنظافة المادية، وغير ذلك من العناصر الإيجابية في حياة المجتمعات الغربية. ومثل ذلك يمكن أن يقال - بشكل عام - عن الشيخ رفاعة رافع الطهطاوي، الذي ذهب إلى فرنسا بصحبة البعثة العسكرية المرسلة للتدريب ليكون لهم إماما ومرشدا، وعند عودته ألف كتابا يصف فيه ما شاهده وانطباعاته عنه، بمزيد من الدهشة والإعجاب، والنقد أحيانا.

وأخذت الصحف والإذاعات في بلدان "عالم الإسلام" تنقل الأخبار الاجتماعية بجانب الأخبار السياسية، ووصلت المنتجات الصناعية إلى بلدان "عالم الإسلام"، فأدى كل ذلك إلى ظهور تيارات صغيرة، في معظم بلاد "عالم الإسلام"، تتطلع إلى الإلهام من عالم الغرب، وتحاول أن تظهر بسمات "الاستغراب" في المظاهر الخارجية لحياتها الاجتماعية. ولم يتوقف التأثير في حدود ظهور أحزاب شيوعية في معظم البلاد الإسلامية، بل إن الأحزاب الفاشية والنازية والفلنجية[1] وجدت لها مقلدين في بعض بلدان عالم الإسلام. وقد ظهر التقليد كذلك في أساليب ونمط الحياة الاجتماعية، وإن في نطاق ضيق، في اللباس والطعام والبيوت. وبجانب استيراد الفكر السياسي والاجتماعي والفلسفي فقد جرى استيراد فلسفات وأساليب التربية ونظم التعليم والمدارس والجامعات والكليات المهنية. وقد بدأ الاهتمام مبكرا بتحديث الجيوش والقوات العسكرية من حيث التنظيم والتدريب والتسليح، بدءا بما قامت به الدولة والعثمانية ومصر من بعدها. وقد كان لبعض هذا التأثير، وهذه المستوردات العسكرية والاجتماعية والمادية، نتائج محمودة، كما كان لبعضها الآخر نتائج سلبية. ومن نافلة القول أن نشير إلى أن الدول المستعمرة وإداراتها الاستعمارية في بلدان عالم الإسلام عملت على تشجيع النقل والتقليد في المظاهر السطحية قليلة الجدوى؛ ولم تكن تسع لإحداث ارتقاء حقيقي، باعتبار أن ذلك يتعارض مع مصالحها غير المشروعة.

---

[1] الفلنج Falange هو الحزب الفاشستي الإسباني الذي نشأ سنة ١٩٣٣ متأثرا بالحزب الفاشستي الإيطالي.

الفصل الرابع

البحث العلمي عن الأصول الأولى

مقدمة:

كان "مسار البحث العلمي عن الأصول الأولى" أحد المسارات التي ظهرت بعد الانفجار الكبير، رغم أنه يمثل الجهود التي ظهرت متأخرة نسبيا بعد انطلاق حركة الإصلاح الديني. لقد حرص كثيرون من أولئك العلماء الذين اختاروا هذا المسار على أن يتجنبوا الغرق فيما حولهم من مشاحنات وصراعات صاخبة متصادمة، أو أن ينجروا معها إلى ما تفضي إليه من فواجع ومآس تؤدي بهم إلى فقدان القدرة على التفكير الحر والاختيار؛ وبدلا من ذلك ألقوا بأنفسهم وبكل قوتهم في مسار البحث عن الحقيقة في كل شئ تدور حوله الخلافات ويتفجر منه الصراع. وكان عصر النهضة قد بدأ الطريق نحو إنشاء منهج علمي في البحث، خاصة البحث في العلوم الإنسانية، والبحث في تاريخ الكتاب المقدس خاصة. ثم أخذت الأدوات والقواعد الأولى لصناعة منهج البحث التاريخي تسير في طريق التحسن والفاعلية. وهذا التيار فضلنا أن نسميه "مسار البحث العلمي عن الأصول الأولى." ولسنا نقصد أن مجموعة من العلماء التقت وتناقشت واتخذت قرارا وشكلت تيارا؛ لقد تشكل التيار بالتدريج من أفراد لا رابط بينهم سوى اعتناق مبادئ البحث الموضوعي والتفكير الموضوعي. ومع البدايات الفردية والتجاوب مع الطروحات المنطلقة من خلال المنظور نفسه تشكل التيار بالتدريج، كما ذكرنا.

أما المداخل الأولى، والمنطقية، للذين شاركوا في هذه المسيرة فقد كانت الكتب المقدسة Scriptures ،وهي - بالدرجة الأولى - "العهد القديم"، و "العهد الجديد"، والأناجيل الأخرى المسماة (أبوكريفا)، التي استبعدتها الكنيسة الكاثوليكية؛ ثم اللغات القديمة التي كانت مستخدمة في المنطقة، والمعلومات والمصادر التاريخية بشكل عام وشامل، والتاريخ الخاص للمناطق المعنية بالبحث والدول المجاورة لها، كل ذلك بجانب المعلومات والقصص والحكايات الواردة في الكتب المقدسة. وقد ارتقت أدوات البحث منذ عصر النهضة، مرورا بعصر الإصلاح، وعصر التنوير، وما بعده. وفي القرن التاسع عشر انتقلت الدراسات النقدية إلى

مستوى أعلى بصدور كتابين يحملان عنوان حياة المسيح، أولهما من تأليف ديفد فردرك شتراوس (١٨٣٥)، والثاني من تأليف أيرنست رينان (١٨٦٣). وقد استعرض ا لكاتبان سيرة المسيح كما تستعرض سير الشخصيات المهمة في كتابة التراجم الحديثة. وقد رسمت هاتان الدراستان طريق البحث حتى لقد صارت المصادر المتعلقة بسيرة المسيح تعامل مثل المصادر المتعلقة بأي موضوع تاريخي عادي. وقد تطورت مفاهيم ومعتقدات كبار اللاهوتيين والعلماء، حتى لقد قيل" ليس هناك إلا القليل من اللاهوتيين البرتستنت في منتصف القرن العشرين يمكن أن يقبلوا العقيدة التقليدية (dogma) التي نصت على أن للمسيح طبيعتين كما فعل الإصلاحيون البرتستنت الأوائل في القرن السادس عشر. والسبب في ذلك أنه في الفترة التي انقضت بين فترة الإصلاح البرتستنتي وحركة الدراسات اللاهوتية الحديثة ظهرت مناظرات بشأن "علم دراسة شخصية المسيح Christology" غيرت المنظور الذي استخدمته معظم الفرق البرتستنتية المعاصرة ومعظم اللاهوتيين. وبحلول القرن العشرين كانت هناك هوة واسعة بين لاهوت الإصلاحيين البرتستنت في القرن السادس عشر ولاهوت الكثيرين من البرتستنت في عصرنا، وهي أكثر اتساعا من تلك الهوة التي كانت بين الإصلاحيين من ناحية وخصومهم الكاثوليك من ناحية أخرى[١].

أما الموضوعات المبحوثة فكانت هي الأدوات والمداخل، خاصة الكتب المقدسة التي أصبحت موضوعا للبحث والتحليل، ليس من حيث مضامينها فحسب، بل ومن حيث تاريخها وتطورها وأسلوبها ولغتها وأوعية الكتابة التي استخدمت فيها، ومدى تعرض النصوص للتغييرات غير المقصودة أو المتعمدة، وطرائق النسخ وما كان يعتورها من أخطاء وقصور وضعف ملازم للطبيعة البشرية ؛ بجانب كون مضامينها أدوات بحث؛ كما كانت شخصية عيسى (عليه السلام) موضع بحث رئيسي؛ بل لقد نشأ علم خاص في ميدان اللاهوت عرف باسم Christology ، نسبة إلى عيسى- المسيح Christ. وبجانب ذلك صارت مراحل

---

١ *Encyclopedia Britanica*, CD ed. ٢٠٠١, art. Jesus Christ, The Debate over Christology in Modern Christian Thought.

تطور الديانتين اليهودية والمسيحية، ونشاة التجمعات البشرية ذات العلاقة، ونشأة الكنائس في الشرق والغرب، واختلافاتها وانشقاقاتها، والنزاعات اللاهوتية، واختلاط المصالح السياسية بالرؤى والمواقف الدينية، والمرويات التي عبرت عن كل هذه المواقف المختلفة والمتعارضة، كل ذلك صار مادة وأهدافا للبحث العلمي. ومن نافلة القول أن نذكر أن هذا الميدان الذي نشط فيه المنتسبون إلى هذه التيارات لم يبق نقيا دون أن يخالطه أي غريب؛ بل الحقيقة المعروفة عن السلوك الإنساني عبر العصور، وفي كل الأديان، لم تغب عن هذا الميدان أيضا، إذ أن كثيرا من المتحزبين للتيارات الأخرى حاولوا استخدام سمعة هذا التيار وسمعة منهجيته واستقلاليته ليلجوا من خلال ذلك إلى موقع مؤثر يتيح لهم العمل من أجل إعلاء مقولاتهم وما انحازوا إليه. وهذا موضوع واسع متشابك وعميق؛ وليس من شأننا أن نحاول السباحة أو الغوص فيه؛ بيد أنني سأحاول استدعاء النتائج التي تمثل حصيلة ما توصل إليه البحث العلمي في هذا الميدان حتى عصرنا. وهذه النتائج تلقي مزيدا من الضوء على ما نحن بصدده في مسعانا لاكتشاف العناصر الثقافية المشتركة أو المتاشبهة بين عالم الإسلام وعالم الغرب.

النتائج التي توصل إليها تيار البحث العلمي:

أولا: بشأن كتاب العهد القديم:

لقد خلص العلماء إلى أنه عندما خرج العبرانيون من جزيرة العرب [١] كانوا قبيلة بدائية تعيش حياة الترحال، ولم تكن لهم كتب. وبعد خروجهم من مصر- حوالي سنة ١٢٥٠ق.م إلى سنة ١٢٠٠م، بقيادة موسى [عليه السلام]، كانت لهم

[١] بعض المراجع تتجنب ذكر جزيرة العرب باعتبارها الموطن الأصلي للعبرانيين، مع أنهم يوصفون بالساميين، وتكتفي تلك المراجع بنسبتهم إلى غرب آسيا، وأنهم كانوا من البدو ثم أخذوا يتحضرون شيئا فشيئا. ولا يمكن أن يكون المقصود أنهم جاءوا من الهند أو من بلاد فارس. وحيث أن مناطق الاستقرار والزراعة في الشام والعراق ظهرت قبل آلاف السنين من ظهور العبرانيين، وأن مناطق البداوة كانت في الصحارى العربية فقد فضلت استعمال "شبه جزيرة العرب" الموطن الأصلي.

انظر : Geddes MacGregor, *The Bible in the Making* (London: John Murray, ١٩٦١), pp. ١١-١٢.

روايات شفوية عن ماضيهم، وكانت لهم أشعار وأغان وترات شفوي.؛ وهناك ما يدل على أن كثرة منهم كانوا يعتقدون بتعدد الآلهة، ولا يتصورون أن الكون يديره إله واحد. وقد تصوروا أن يهوه هو إلههم القبلي الخاص؛ ويبدو أن عقولهم كانت تختزن ذكريات وميولا قديمة نحو الوثنية، وبتأثيرها عبدو العجل في سيناء. وفي سيناء دعاهم موسى [عليه السلام]، إلى الالتزام بعدد من المبادئ العامة والتشريعات. غير أن مؤرخي العهد القديم غير متفقين على ما إذا كانت تلك المبادئ والتشريعات قد كتبت أم لا، لكن بعضهم ذكر أنها دونت.

ثم عبروا نهر الأردن غربا بقيادة يوشع، وبعده عاشوا عصر القضاة (١٢٠٠ ق.م - ١٠٢٠ق.م)، وكانوا في صراع مع الكنعانيين والفلسطينيين إلى أن تم لهم النصر بقيادة داود [عليه السلام]، وخلف داود ابنه سليمان [عليه السلام]، ثم انقسمت دولتهم، وتتابعت الأحداث المعروفة حتى سقطت القدس في أيدي البابليين سنة ٥٨٦ ق.م. وسبي القادة والمحسوبون في الطبقة العليا إلى بابل. وهناك، في أجواء الشعور بالغربة في ذل الأسر والنفي، اشتد الحنين إلى الماضي، وبجانب ذلك ونتيجة له اشتد الحرص على زرع الأمل وتثبيته؛ في هذه الأجواء بدأ تدوين كتاب العهد القديم. وكان أول ما تم تدوينه هو أغنية (أو انشودة) ديبوره Deborah. ونقرأ في سفر القضاة أن ديبوره هذه كانت "نبية" وقاضية إسرائيل، وهي التي أمرت القائد باراك بجمع آلاف الجنود، والتوجه بهم لمحاربة يابين ملك كنعان، وذلك في عصر القضاة، وقد رافقت ديبوره الحملة المتوجهة إلى المعركة التي تم فيها النصر، فكانت هذه مناسبة الأغنية [١].

وقد استمرت عملية تدوين "العهد القديم" بالتدريج، قطعة قطعة، وجزءا جزءا، إلى أن اكتمل عند بداية العصر المسيحي، أو قبل ذلك بقليل.

---

١ *The Holy Bible*, Revised Standard Version, Judges, Chapters ٤-٥.

ثانيا: بشأن "كتاب العهد الجديد New Testament":

عودة إلى عصر الآباء الأوائل Patristic Age :

وخلال بحث العلماء عن الأصول - أصول العقيدة والديانة المسيحية - كان من ضرورات عملهم ذاك أن يرجعوا إلى سير وأعمال الآباء الأوائل للكنيسة. ويمثل عصر الآباء الأوائل الفترة الزمنية التي تلت عصر الرسل، أي تلامذة المسيح المباشرين وامتدت حتى مجلس نيقية. وقد كانت أعمال الرسل، وآثارهم وسيرهم وما تناقلته الأجيال اللاحقة عنهم، وردت ضمن المكونات المتعددة التي جمعت لتصبح كتاب "العهد الجديد". أما كتابات الآباء الأوائل ورؤاهم فقد كانت في مرحلة تالية تولد نتاجها مفعما بفكر وثقافة وتفسيرات ورؤى نوع آخر من الرواد والقادة الثقافيين والدينيين؛ فقد كانوا - جلهم - ممن نشأ في خضم الثقافة الإغريقية. وعندما نتأمل تراثهم وما خلفوه من كتابات وآراء نجد ضمن ذلك شيئا من العناصر التي نبحث عنها، مما يتفق أو يتقارب مع ما لدى عالم الإسلام، مع أنهم وفكرهم كانوا مقبولين عند كنائس الغرب، وعند الكنيسة الكاثوليكية التي ظهرت بعد مجلس نيقية. وبعبارات أخرى أقول إن أفكارهم لم تكن كلها من منظور واحد، بل كانت بينها اختلافات، يسيرة أحيانا وكبيرة أحيانا أخرى. وتماثل بعضها مع ما عند عالم الإسلام قد يكون في جزئيات صغيرة أو كبيرة، هامشية أو أساسية. وفيما يلي نلقي نظرة على آثار بعض هذه الشخصيات:

- **المرحلة الأولى:**

لقد ظهرت الديانة الجديدة في بيئة ذات تراث حضاري وروحي قديم؛ وبجانب ذلك فقد نال المنطقة في القرون الثلاثة التي سبقت ظهور الديانة المسيحية قدر كبير من الاصطباغ والتلون بالثقافة الهلينستية الوافدة أصلا من وراء البحر المتوسط، حيث التراث الفلسفي والأسطوري الإغريقي بمدارسه المختلفة، ومعتقداته، حتى لقد ذهب بعض مؤرخي "الكتاب المقدس" إلى القول بأن كتاب "العهد الجديد"، أي مجموعة الأناجيل والرسائل، إنما هي من انتاج العالم الهليني الذي ظهر نتيجة لفتوح الإسكندر الكبير (٣٥٦ - ٣٢٣ق.م). وكان إضفاء

الطابع الهليني في المنطقة ظاهرة ارتبطت بالمدن خلال الفترة الهلينية، فقد انتشرت الأفكار الإغريقية، فكان اللباس اليوناني (موضة) العصر، كما انتشرت المظاهر الخارجية للحضارة الإغريقية، مثل المدرجات الرياضية، والمسارح، والنافورات، وأمثال ذلك [١].

كما طغى في العصر الهليني عدد من الفلسفات الإغريقية الشعبية التي انتشرت على نطاق واسع، مثل فلسفة أفلاطون (Platonism) ، والفلسفة العرفانية (Gnosticism)، والفلسفة الرواقية (Stoicism). وقد عملت هذه الفلسفات كما لو أنها كانت دينا بالنسبة لمعتنقيها. ففي جانب من فلسفة أفلاطون نجده يقول إن العالم المادي الزائل الذي ندركه بحواسنا ليس أكثر من ظل، أو خيال للحقيقة التي هي العالم الخالد الذي يتجسد في الأفكار المجردة التي يتوصل إليها من طريق العقل. وقد اعتقد أفلاطون أن الجسم المادي الزائل سجن للروح المقدسة الدائمة وغير الفانية، وأن الإنسان الطيب العادل يطوع الجسم وعواطفه بحيث يسمح للجانب المعقول من الروح أن يحصل على الفضيلة، وهي المعرفة. ويظهر أن هذه الفلسفة الثنائية، خاصة فكرة زوال العالم المادي، انعكست في بعض نقاطها في الكتاب المقدس، وفي"العهد الجديد" منه بالذات، خاصة مقولة أن مملكة الأرض كما ندركها بحواسنا، إنما هي مجرد ظل زائل لمملكة السماء؛ فقد ظهر أثر هذه المقولة في الجزء المسمى: "رسالة إلى العبرانيين." كما أنها أثرت أيضا على الحركات الدينية المسيحية التي شددت على أن أصل الإنسان ومصيره النهائي يقع في العالم العلوي. أما فيما يتعلق بالفلسفة الرواقية فقد آمن الرواقيون بأن العالم قد جرى تنظيمه من قبل "العقل الإلهي"، "اللوغس Logos". و "لوغوس" بالإغريقية تعني: "الكلمة"، أو "العقل"؛ ويمكن أن تنسب إلى النار، أو إلى اللـه، أو إلى Zeus ، وهو كبير الآلهة عند الإغريق القدماء[٢].

إن الأشكال الأولى لتلك الحركات الفلسفية هي التي أنشأت البيئة الثقافية التي ظهرت فيها الكتابات المسيحية المبكرة، وفي ظلها كتبت وجمعت وعرفت تلك "الكتب" أو "مجموعات الكتب"، خاصة إنجيل يوحنا، وكتابات القديس بولس. وقد ورثت روما أمبراطورية الإسكندر واستولت على الساحل الشرقي للبحر المتوسط، بما في ذلك فلسطين سنة ٦٣ق.م. واستمرت سيطرتها على المنطقة بعد ذلك حوالي سبعة قرون، أي أنها ورثت استعمار هذه المنطقة والسيطرة على شعوبها المتأغرقة، خاصة طبقاتها العليا والمتعلمة من سكان المدن، كما ورثت

---

١ Dennis C. Duling and Norman Perrin, *The New Testament, An Introduction...*, pp. ٤-٥،٧.

٢ المصدر نفسه، ص. ٩.

الحالة الثقافية التي وصفنا: ولم تتغير الأجواء الثقافية كثيرا لأن العالم الروماني كان قد خضع، هو أيضا، لعملية الأغرقة بعد موت الإسكندر.

وفي المرحلة السابقة على "إصدار مرسوم ميلان" سنة ٣١٣م. كان الإيمان المسيحي بسيطا لا تعقيد فيه، وكان المطلوب من المسيحي المؤمن أن يؤمن بالله الواحد، وأن يحب لجاره ما يحب لنفسه، وأن يتصدق على المحتاجين؛ ولم تكن هناك خلافات فكرية معلنة بين المؤمنين، لقد كانوا يظهرون وكأنهم صف واحد يؤمن بإله واحد في مواجهة الوثنية، التي تؤمن بتعدد الآلهة، وعبادة الإمبراطور.

الكتابات المسيحية الأولى:

لم يترك عيسى (عليه السلام) أثرا مكتوبا، بيد أن تلامذته المباشرين جمعوا أقواله وتعليماته ليسترشدوا بها. ومن غير المؤكد إن كان أولئك التلاميذ قد دونوا تلك التعليمات كتابة، إلا أن بعض العلماء ذكروا أن أولئك التلاميذ دونوها كتابة، وعاشوا معها، وظلت تطن في آذانهم، واعتبروا أن عيسى مؤسس حركتهم[١]. وعدا عن تلك التعليمات التي بقيت بعد وفاة المسيح فإن مسيحيي القرنين الأول والثاني للميلاد لم يكن لهم كتاب خاص بهم، بل كان كتابهم المقدس هو كتاب "العهدالقديم Old Testament." بل إن عيسى نفسه كان يقتبس من نصوص وتوجيهات العهد القديم، ويشير إليه باعتباره "القانون The Law".

أما تدوين الأناجيل - في صورة كتب مستقلة - فقد بدأ سنة ٧٠م تقريبا؛ وأول إنجيل تم تدوينه هو إنجيل مرقص (مارك)؛ وهو أول كتاب يروي سيرة عيسى؛ وعندما نقول "كتاب" فإننا لا نعني أنه مثل الكتب الحديثة، بل هو مجلد، أو لفافة، جمعت فيها مادة كانت في كتب صغيرة وكراسات ورسائل، جمعت كلها لتشكل كتابا واحدا عرف باسم "إنجيل متى" أو "إنجيل يوحنا"، مثلا. وحوالي سنة ٨٠م تقريبا تم تدوين إنجيل متى. أما إنجيل لوقا (لوكاس) فقد تم تدوينه حوالي سنة ٩٠م. وقد اشتمل إنجيل لوقا على مضمون إنجيل مرقص بجانب اشتماله على أقوال عيسى وتعاليمه منقولة عن مصدر آخر أطلق عليه العلماء اسم "Q"؛ وهذه التسمية اختصار للكلمة الألمانية Quelle ، ومعناها "مصدر". أما إنجيل يوحنا فقد دون حوالي سنة ٩٠م أو بين ٩٠م و ١٠٠م، مشتملا على إنجيل المعجزات. ويقول بعض العلماء - على سبيل التحوط - إنه قد تمت كتابة

---

١ Burton L. Mack, *The Lost Gospel, The Book of Q and Christian Origins*, published in Britain: Element Books Limited, ١٩٩٣, p. ١.

الأناجيل سنة ١٢٠م. وقد ضمت إلى الأناجيل بعض الكتابات المبكرة، خاصة رسائل القديس بولس الطرسوسي التي كتب أول رسالتين منها حوالي سنة ٦٥م. وعدد تلك الرسائل ثلاث عشرة رسالة، بجانب رسالة أخرى نسبت إليه وليست من إنشائه؛ وفي رأي آخر أن رسائله كانت سبعة فقط؛ كما ضم إلى محتوى الأناجيل الكتابات التي عرفت بأعمال الرسل Acts[1]. وهذه الأناجيل الأربعة هي التي اعترفت بها الكنائس الغربية منذ القرن الرابع الميلادي، باعتبارها الأناجيل المقبولة والمعتمدة. وكانت الكنائس الغربية تستخدم هذه الأناجيل الأربعة منذ القرن الثاني للميلاد، بيد أنها لم تكن "الكتب" المعتمدة في تلك المرحلة المبكرة؛ هذا مع التذكير بأن كنيسة روما لم تكن لها سلطة على كنائس الغرب إلا بعد منتصف القرن الخامس الميلادي. ويذهب بعض علماء دراسات الكتاب المقدس إلى أن الكنائس الغربية اتخذت قرارها بتحديد الكتب المعتمدة درءا للخطر الذي كان يتهدد العقيدة – حسب تصورها - من جراء وجود عدد كبير من الكتب المختلفة محتوى ولغة وقصصا عجائبية وفلسفات. وقد كانت هناك أناجيل وكتابات مسيحية أخرى قيد التداول، ربما زادت عن عشرين إنجيلا في جملتها، اعتبرتها الكنائس الغربية محل شكوك وحجبت عنها الاعتراف، وأسمتها أبوكريفا Apocrypha. أما في الشرق، وفي نظر الكنائس الشرقية، فقد كان إنجيل برنابا، وإنجيل شبرد – اللذان استبعدا من قائمة الكنائس الغربية - يلقيان التقدير والاحترام على نطاق واسع جدا. وقد أدخلهما أوريجن الإسكندري - وهو واحد من أكبر اللاهوتيين وآباء الكنيسة الأوائل - أدخلهما في إحدى قائمتين للكتب المقبولة والمعتمدة لديه[2].

التعديلات التي طرأت على النصوص:

لم ينحصر دور العلماء في متابعة تاريخ تدوين الكتب التي جمعت ضمن الكتاب المقدس وعلاقة بعضها بالبعض الآخر، بل تجاوز ذلك إلى الاعتناء بالنص وتفصيلاته عن طريق المقارنة والتحليل وغير ذلك من الوسائل التقنية. وكان مما حدا بالعلماء إلى هذه السبيل ما ظهر من اختلافات في النصوص – ضمن النسخ الخطية المختلفة من الكتاب الواحد - ترتب عليها اختلافات وجدال وتباعد في المواقف، وظهور جماعات عقائدية متخاصمة متصادمة. وكان مما اكتشفه العلماء من أسباب الخلل الذي اعتور النصوص ما يلي:

---

١ Robert J. Miller, *The Complete Gospel* (ed.), p. ٧; see also Duling and Perrin, pp. ٤١-٤٤.

٢ Geddes MacGregor, *The Bible in the Making*,London: John Murry, ١٩٦١, p. ٤٠.

١- الأخطاء البشرية التلقائية:

لم تظهر الطباعة إلا حوالي منتصف القرن الخامس عشر الميلادي؛ وقبل ذلك كانت الطريقة الوحيدة للحصول على نسخة جديدة من أي كتاب هي النسخ اليدوي الذي كان يقوم به نساخون محترفون. وكانت هذه العملية شديدة الإرهاق بالغة الصعوبة، وفي هذه الأجواء كانت تقع وتتكرر الأخطاء. وكلمة "خطأ" هنا نعني بها "الخطأ غير المقصود" الذي يحدث بيد ناسخ صادق مخلص في عمله يقع منه الخطأ دون أن يقصده. ومن أمثلة ذلك ما كان يحدث عندما ينقل الناسخ جملة تنتهي بكلمة معينة، مركزا نظره على الصفحة التي ينقل منها، ثم يحول بصره إلى الصفحة الأخرى التي ينقل إليها، ثم يعود لتركيز نظره على النسخة التي ينقل منها فيقع بصره على كلمة مماثلة في سطر آخر غير الذي كان ينقل منه فيواصل النقل من النقطة الجديدة، وبذلك يسقط سطر أو اثنان (مثلا)، أو بعض سطر، فيختل النص. ومثل آخر كان يحدث من جراء خطأ في القراءة؛ فالناسخ يقرأ الكلمة قبل أن ينقلها، فإذا قرأها خطأ نقلها كذلك لصعوبة الخط المنقول عنه أو رداءته، أو لرداءة النسخة التي ينقل عنها بسبب قدمها، او تلوثها، أو (كرمشتها). وقد كان النسخ يجري - أحيانا - عن طريق الإملاء؛ فإذا كان صوت المملي ضعيفا، أو مخارج حروفه مما يصعب تمييزه، أو كان الناسخ ضعيف السمع، ضعفا ذاتيا أو لعوامل خارجية فإن ذلك يغدو طريقا إلى الخلل. وهذا النوع من الخطأ حدث أيضا في كتب الموضوعات الأدبية والتاريخية، ولا نشك في أنه حدث مثله أيضا في الحضارة الإسلامية.

ونظرا لندرة أوعية الكتابة وارتفاع ثمنها (وهي أوراق البردي المصنعة وجلود الحيوانات) فقد درج بعض الناسخين على مسح أو كشط كتابة قديمة لإحلال كتابة مادة جديدة على الورقة نفسها. وكان ورق البردي خشنا، فتظل بقايا من الكتابة السابقة وتتداخل مع اللاحقة. ويدخل هنا أيضا أثر نوع الحبر المستخدم ومستوى ثباته بين حبر الكتابة القديمة الممسوحة والجديدة، مما كان يسبب - أحيانا - أن تختلط الكتابة الجديدة ببعض الكتابة القديمة، فإذا جاء ناسخ آخر بعد خمسين سنة أو مئة سنة لينقل من مثل هذه النسخ المشوشة فإن احتمال الخطأ يغدو كبيرا.

٢- الأخطاء شبه المتعمدة:

وكان هذا النوع من الأخطاء يحدث عندما تكون لدى الناسخ مخطوطة أخرى من نفس الكتاب عملها ناسخ آخر، فيعتبرها أصلا يصحح عليه، ويكون هذا "الأصل" نفسه مشحونا بالأخطاء. وبالمثل عندما تكون لدى الناسخ معلومات عن موضوع يعتبرها صحيحة فيعمد إلى تغيير نص يكتبه ليتفق مع معلوماته. وكثيرا ما كان ناسخ يجد تصحيحا أدخل في نسخة خطية لتصويب خطأ فيقوم بإعادة صياغة النص في صورته السابقة على التصحيح.

وأمثال هذه الأخطاء كانت تتم دون أن يقصد الكاتب إحداث تغيير في نص مؤلف الكتاب، أو في المادة الأصلية، بل كان يفعل ذلك وهو يظن أنه يصلح النص ليتطابق مع نص المؤلف، أو مع الأصل الأول له.

٣- التغيير المتعمد:

وكان بعض النساخ يدخل في النص الذي يقوم بنقله عقيدة - أو جزءا من عقيدة - يعتنقها أو يفضلها وبذلك يحدث تغييرا وتزويرا فظا في النسخة الجديدة. ومثل هذا العمل كان يتم بوعي وعن قصد، ولذا فإنه لا يعتبر من قبيل الخطأ. وحتى كتب المشاهير من كبار رجال الدين لم تسلم من مثل هذا الدس، حرصا من الفاعل على إعلاء شأن الفكرة، عن طريق نسبتها إلى رجل دين مشهور، أو لإحلال العقيدة الصحيحة - من وجهة نظره أو اعتقاده - محل العقيدة "الخاطئة أو المنحرفة [١] ".

ثالثا: الآباء المفكرون الأوائل:

كثيرا ما يصادف الباحث في تاريخ الفترة التالية لوفاة عيسى (عليه السلام) عبارة: " المسيحية البسيطة، أو البدائية Primitive Christianity". والذي أعتقده أن صفة البدائية، Primitive ، ليست في موضعها الصحيح، وليست الأنسب. ولو كنت من المتخصصين في هذا الموضوع فإنني سأفضل وصف الفترة التي تلت حياة سيدنا عيسى مباشرة بأنها "الفترة النقية". وعند بداية الانتقال من هذه الفترة "المسيحية البسيطة" إلى الفترة التالية لها مباشرة تحدث العلماء المتخصصون عن ظهور عدد من الآباء المفكرين، أو قادة الفكر، وعرفوهم بأنهم الآباء الأوائل، وعرفوا الفترة الزمنية التي مثلوها فقالوا: " فترة الآباء"، Patristic Period . وسنستعرض هنا تعريفات مختصرة بعدد من أولئك الآباء مع الحرص على ألا يكونوا من لون واحد، أو ذوي اتجاه واحد، نسخا مكررة. الغرض من التنوع هو أن نعطي صورة وانطباعا عن الجو الفكري الذي ساد تلك الفترة، من خلال تلك النماذج المستعرضة، باعتبارها مرحلة انتقالية إلى عصر نيقية وما بعد نيقية.

---

[١] ومثل هذه التحريفات كانت موجودة حتى قبل العصر المسيحي، فهناك كتب نسبت لأفلاطون وليست له، كما وجدت في التاريخ الثقافي لدى المسلمين، في العصر الإسلامي، حيث نسبت كتب دينية وأدبية إلى غير مؤلفيها، كما نعرف من كتاب الفهرست، لابن النديم؛ أنظر: الفهرست، لابن النديم (القاهرة : المكتبة التجارية الكبرى، د. ت.)، ص. ٢٨١ .

١- القدديس أرستيدس Aristides:

كان أرستيدس فيلسوفا يونانيا أثينيا، عاش في النصف الأول من القرن الثاني للميلاد، وهو من أوائل المدافعين عن الديانة المسيحية؛ وكان قد كتب خطابا دفاعيا وجهه إلى الإمبراطور هادريان قبل حلول عام ١٣٨م، أو لخليفة هادريان بعد هذا التاريخ. ويعتبر ذلك الخطاب من أقدم الوثائق الدفاعية المفقودة التي عثر على أجزائها مفرقة بين ترجمات سريانية وأرمنية قديمة، ثم عثر على نسخة كاملة باللغة الإغريقية أواخر القرن التاسع عشر. وفي خطابه ذاك تكلم أرستيدس بأسلوب فيلسوف وثني، ومن خلال منظور رواقي Stoic فبدأ بالإشارة إلى التناسق الموجود في المخلوقات، ثم أكد على أن الله خلق هذا العالم وهو الذي يقوم بحفظه. وقد رتب على ذلك أن هذا الخالق لا بد أن يتصف بالبقاء الأبدي، وبالكمال، وبالعلم الشامل، وهو "أب للجنس البشري"، ومكتف بنفسه. ومجد أرستيدس المسيحيين، الأمة الجديدة، ورفعهم فوق الأمم الأخرى من البابليين والمصريين والإغريق واليهود، لأن الأمة الجديدة وحدها هي التي تعرف الله معرفة حقة، الله الذي يخلق كل شئ عن طريق ابنه، وعن طريق روح القدس. ومع ذلك فقد امتدح اليهود لأنهم يؤمنون بوحدانية الله . وأخيرا نجده يذكر الأطفال على أنهم أبرياء من الخطيئة sinless[١]. وهنا نسجل عددا من الملاحظات: أولها أن أرستيدس أعلن أن الله "أب للجنس البشري كله" وليس لعيسى المسيح وحده؛ والثانية: أن الأطفال أبرياء من الخطيئة والثالثة أنه امتدح عقيدة التوحيد عند اليهود، ومعنى ذلك أنه كان موحدا؛ واعتقاده بالنسبة لهذه النقاط الثلاث يتشابه مع عقيدة المسلمين التى جاءت بعد عصره بما يزيد على أربعمئة سنة، هذا فضلا عن تأكيده "أن الله خلق هذا العالم، وهو الذي يقوم بحفظه، وأنه يتصف بالبقاء الأبدي، وبالكمال، وبالعلم الشامل؛ وهذه الصفات كلها مما آمن ويؤمن به المسلمون، وكل ذلك يوسع دائرة التماثل والاتفاق بين اعتقاد المسيحيين في "عالم الغرب" في تلك الفترة، واعتقاد المسلمين منذ ظهور الإسلام إلى الآن.

٢- القديس جوستين الشهيد Justin Martyr :

ولد في نابلس بفلسطين حوالي سنة١٠٠م، لأسرة إغريقية وثنية كانت استوطنت تلك المدينة؛ وهو واحد من أهم الفلاسفة الإغريق الداعين للمسيحية والمدافعين عنها في مرحلتها الأولى، بل هو أعظمهم على الإطلاق في رأي الأستاذ غونزالز[٢]. وقد مثلت كتاباته أول مواجهة فاعلة مع الفلسفة الإغريقية ووضعت

---

[١] Gonzalez, I, pp. ١٠٠-١٠١; *Encyclopedia Britanica*, CD ed'n, ٢٠٠١, art. Aristides, Saint.

[٢] Gonzalez, I, p. ١٠١.

الأساس لعملية تناول اللاهوت للتاريخ؛ وقد ولد جوستين وثنيا، ونشأ في بيئة يهودية. وفي مطلع شبابه وجه همته بكل حيوية في طريق البحث عن الحقيقة في مختلف المدارس الفلسفية، فبدأ رواقيا، نسبة إلى الفلسفة الرواقية، ثم مشائيا، ثم فيثاغوريا، وأخيرا أفلاطونيا. وبعد ذلك تحول إلى اعتناق المسيحية سنة ١٣٢م بينما كان في إفسوس [تركيا]. وبدءا من سنة ١٣٥م اتجه إلى حياة التجوال، متنقلا من مكان إلى آخر[١].

لقد استخدم جوستين فكرة كانت شائعة جدا عند الفلاسفة الإغريق، كما شاعت وأصبحت شعبية في الشرق - كما أشرنا من قبل - ليؤكد أن جميع المعرفة والعلم إنما هي من عمل العقل الكوني، اللوغس Logos ؛ وقد أدخل فكرة اللوغس في المفاهيم المسيحية عندما ذهب إلى أن اللوغس هو عيسى [عليه السلام]. وأنهى كلامه بالقول: "إن كل علم ومعرفة إنما هما هدية من المسيح[٢]... ويذهب جوستين إلى أن الأشخاص الذين عاشوا حياتهم بطريقة معقولة إنما هم مسيحيون بالرغم من أنهم كانوا يعتبرون ملحدين، ويذكر منهم من الإغريق: سقراط، وهراقليتوس وأمثالهم؛ ويذكر من"البرابرة" (الشرقيين): إبراهيم [عليه السلام]، وأنانياس، وأزاريوس، وميزائيل، وإلياس [عليه السلام]، وغيرهم كثيرين ...، ويمضي إلى القول بأن "هؤلاء المسيحيين القدماء" كانوا يعرفون "الكلمة"، أي العقل الكوني، أو اللوغس، معرفة جزئية... وهذه "الكلمة" صيرت إنسانا has been made flesh" ، وهكذا فإن المسيحيين يعرفون "الكلمة" معرفة كلية [٣].

وهذه " اللوغس"، كما عرفها جوستين، تكلمت من خلال الفلاسفة والأنبياء بطريقة الأفلاطونية المتوسطة Middle Platonism . وكان جوستين يعتقد أن الله لا يقع تحت ادراك البشر بالتجربة الحسية، أو بالعقل أو أية وسيلة أخرى، وهو بغير اسم سوى "الأب"[٤]. ولكي يتصل الله بعالمنا فقد ولد "اللوغس" الذي أصبحت وظيفته أن يكون وسيطا بين الأب وخلقه. ويبني جوستين على ذلك أن ذكر الظهور المتعدد لله في كتاب (العهد القديم) إنما هو نوع من التجلي، ليس تجلي الله، بل هو تجلي "اللوغس" الذي هو وسيط الله، والمذيع [الكلام الله] ؛ وإلا فإن أي إنسان يمتلك أقل قدر من الذكاء لن يجازف بالقول بأن صانع وأب كل الأشياء، ترك جميع المادة السماوية الأعظم، ونزل ليظهر في مكان صغير من الأرض." وإيمان جوستين بالغيب لا ينحصر في بعث الأموات، بل ويشمل أيضا الإيمان

---

١ ,,*Amte-Nicene Fathers*, vol. I, Justin Martyr, Saint, *Dialogue with Tripho*, Chapter II, p.V

٢ Gonzalez, I, p. ١٠٣.

٣ Justin Martyr, *the First Apology*, Chapter XL. VI [٤٦], p. ١٤.

٤ Justin Martyr, *The Second Apology*, Chapter VI, p. ٣.

بعودة المسيح عودا ملكيا مجللا بالمجد، وإنشاء واستمرار حكمه لمدى ألف عام في القدس الجديدة. ويبدو أن جوستين أراد أن يجتذب الفلاسفة الإغريق ويقنعهم فاستخدم فكرة "اللوغوس" التي آمنوا بها علها تثير اهتمامهم بالمسيحية، كما قدم نقطة إغراء وإقناع إضافية حين ذكر أن فلاسفة الإغريق القدماء المرموقين كانوا مسيحيين، وكأنه أراد أن يقول للإغريق: إن كبار أساتذتكم القدامى الذين تعتزون بهم وتفخرون إنما كانوا مسيحيين بدرجة غير مكتملة، بينما يمكنكم أنتم أن تصبحوا مسيحيين كاملي المسيحية.

وهكذا يبدو وكأن جوستين الشهيد قد أقام جسرا بين المسيحية والفلسفة الإغريقية؛ وربما كان مقصده أن يعبر الإغريق فقط من فوق هذا الجسر نحو الانضمام إلى المعسكر المسيحي، بيد أن منطق العقل يقول إن الجسر، بما في ذلك جسر جوستين ، كان - في الواقع - ييسر العبور في الاتجاهين، سواء قصد منشئ الجسر ذلك أم لم يقصده، فصار المسيحيون يعتنقون الأفكار الإغريقية عن طريق إدماجها في المسيحية.

ومن ناحية أخرى فقد اهتم جوستين بجذب اليهود، على أساس أن اعتناقهم المسيحية هو الأمل الوحيد لخلاصهم. وكان مدخله إلى دعوتهم كتابه المعنون حوار مع تريفو Dialogue with Trypho (وتريفو هذا فيلسوف يهودي). وقد توفي جوستين سنة ١٦٥م، في الأول من حزيران حيث حكم بالإعدام في مدينة روما، باعتباره مخربا ومعاد للإمبراطورية، ومن هنا لقب بالشهيد [١].

والذي أراه أن القديس جوستين الشهيد كان مخلصا في التعبير عما يعتقده، وكان صادقا في ذلك، بغض النظر عما إذا كانت اعتقاداته صحيحة أو خاطئة، وأقصد بذلك أنه لم يتعمد تزويرا أو غشا.

٣-القديس إرنايوس Irenaeus:

كان القديس إرنايوس Irenaeus (١٣٥ - ٢٠٠/٢٠٣م تقريبا) أول لاهوتي غربي ترك للأجيال اللاحقة كتابا ضمنه تسجيلا لعقيدته في ألوهية المسيح (عليه الصلاة والسلام). وإرنايوس إغريقي الإبوين، ولد في Smyrna، وهي إزمير الحالية في تركيا. وفي سنة ١٧٠م توجه مبعوثا إلى لغدونوم Lugdunum (ليون في فرنسا)، وما لبث أن صار أسقفا لها بعد وفاة أسقفها الذي سبقه. وكانت في لغدونوم جالية مسيحية إغريقية انتقلت إليها من آسيا الصغرى، تجنبا للإضطهاد، على ما يبدو. وفي كتابه المعنون "ضد الهرطقات Against

---

١ See Gonzalez, I, pp. ١٠١-١٠٥.

Heresies "، قال إرنايوس إن عقيدة ألوهية المسيح كانت ضرورية لخلاص الرجال. إن اللـه وحده فقط هو الذي يستطيع أن يحقق الخلاص للرجال على الأرض. "وما لم يكن اللـه هو الذي منح الخلاص بحرية فقد كان من غير الممكن أن نحصل عليه باطمئنان. وما لم يكن الإنسان قد انضم إلى اللـه، فقد كان من غير الممكن أن يصبح مشاركا في عدم القابلية للفساد. كما كتب أيضا: " لا ينبغي أن يكون مخلصنا مجرد رجل، ولا أن يكون واحدا بغير لحم بشري...، بل إنه ينبغي أن يغدو رجلا مؤكدا، يمكن النظر إليه هو نفسه؛ وأنه هو اللـه، وأن مجيئه كان سيتم في بيت لحم.[١]" ويمكن أن نلاحظ من النص المقتبس من القديس إرنايوس أن عقيدته في ألوهية عيسى (عليه السلام) كانت نتيجة التأمل والاستنتاج المتأثر بفكره الفلسفي الإغريقي، ولم تكن نتيجة التلقي من الرسل أو من الكتاب المقدس. وسنكتفي بهذه الأمثلة، لأننا أتينا على ذكر كثير من التفاصيل بالنسبة لعقيدة هذا الفريق، وأوردنا الصيغة النهائية التي توصلت إليها المجالس والمؤتمرات الكنسية في مجلس نيقية (سنة ٣٢٥م) ثم في مجلس خلقدونية وما بعده من المجالس. وأود أن أوجه عناية القارئ إلى أن كل الإشارات إلى كتابات جوستين الشهيد وإرينايوس نقلتها من نصوصهما الأصلية المترجمة التي ضمها الكتاب الموسوعي الذي ذكرناه بعنوان Ante-Nicene Fathers، أي آباء الفترة السابقة على مجلس نيقية، والذي ضم كثيرا من كتابات أولئك الآباء، بعد تحقيقها وترجمتها. وهو عمل ضخم جمعه وحرره عدد كبير من أساتذة اللاهوت، وسترد تفاصيل عنه في قائمة المراجع استثقلت أن أكررها بطولها في كل حاشية.

٤- القديس لوسيان الأنطاكي Lucian of Antioch, Saint :

ينسب القديس لوسيان الأنطاكي إلى أنطاكيا، مع أنه كان من مواليد سميساط Samosata [٢]، وقد ورد أن ميلاده كان حوالي سنة ٢٤٠م. ويوصف بأنه كان أستاذ الآريوسيين، وأنه مؤسس مدرسة أنطاكيا، وكان جميع قادة الأريوسية من بين أتباعه السابقين. وعقائد الآريوسيين تتميز - كما مر معنا - بإيمانهم بوحدانية اللـه، وإنسانية عيسى[٣] (عليه السلام). ويتميز لوسيان بأنه أنشأ في أنطاكيا منهجا وطريقة لاهوتية لدراسة "الكتب المقدسة" على أساس لغوي اشتهرت بأنها ذات مستوى علمي رفيع، كما اشتهر بمنهجه العقلاني في فهم العقيدة المسيحية. ففي مؤلفه الرئيسي قام لوسيان بتحليل النص الإغريقي لكل من كتابي

---

١ Irenaeus, Saint, *Against Heresies*, book III, Chapter ١٨, p. ٧.

٢ وهي الآن في تركيا، وتعرف باسم سمساط، وكان الجغرافيون المسلمون يرددون ذكرها باسم "سميساط".

٣ Gonzalez, I, pp. ٢٥٠-٢٦٠.

العهد القديم والعهد الجديد، وبذلك أنشأ تقليدا عرف باللوسياني البيزنطي، أو النص السوري. لقد قام لوسيان بدراسة مقارنة لأساليب النحو والقواعد في اللغتين الإغريقية والعبرية على ضوء الخلفية السامية؛ وقد أوصى بحصر استخدام أسلوب التفسير الرمزي - الذي يتميز به التقليد الاسكندري [المصري] - ضمن إعطاء الأولوية للمعنى الأدبي، بغض النظر عما إذا كان التعبير مباشرا أو مجازيا. وفي مجلس نيقية، بعد ثلاث عشرة سنة على وفاة لوسيان، عمل المنادون بعقيدة التثليث وعلى رأسهم أسقف الإسكندرية، ألكساندر، عملوا على تجريمه في عقيدته وتلطيخ اسمه وسيرته. وقد استشهد لوسيان في السابع من كانون الثاني (يناير) ٣١٢م بفعل التعذيب والتجويع على أيدي السلطات الإمبراطورية الرومانية لأنه أصر على عدم أكل اللحم الذي قدم قربانا للآلهة الوثنية الرومانية. وبعد ما يزيد على سبعين سنة رد إليه بعض الاعتبار من قبل السلطات الكنسية سنة ٣٨٩، ومهما يكن من أمر فإن آثاره العلمية الكبيرة خاصة في دراسات كتاب العهد الجديد، لم تترك مجالا لتجاهله، وهكذا اعترفت الكنيسة ببعض فضله، وخاصة حادثة استشهاده، حيث اعتبر قديسا،Saint [١].

٥- بولص (بول) السميساطي Paul of Samosata:

انتخب بولص السميساطي أسقفا لأنطاكيا سنة ٢٦٠م، وكان ينتمي - من الناحية العقائدية - إلى المدرسة السورية. وكان الاهتمام الرئيسي في موقفه من القضايا اللاهوتية أنه عمل على تأكيد وحدانية الله؛ وفي إطار هذه العقيدة كان بولص يمثل الموقف المسيحي العام الذي التزمه مفكرو المسيحية الأوائل في القرون التي ساد فيها الاضطهاد، حيث كان أولئك المفكرون والقادة ينافحون عن هذه الوحدانية لله، ولم يكن لديهم وقت للإختلاف والتفلسف أو الفلسفة. وقد ظهر أن تأكيد بولص على وحدانية الله كان مصحوبا بالتركيز على التمييز بين "الأب" و "الإبن" و "الروح القدس". لقد حاول أن يصون الوحدانية بإثبات وجود اختلاف واضح بين "الأب" و "الإبن" بطريقة لم تترك مجالا إلا أن يكون "الأب" وحده فقط هو الله. أما "الإبن" فليس هو الله، وليس هو الكلمة، أو الحكمة". ومضى بولص في تأكيده يعلن ويقول: إن الإبن وجد فقط بعد اللحظة التي أصبح فيها المسيح محمولا في رحم مريم، عن طريق الروح القدس[٢]. لقد اعتقد أن الذي ولدته مريم كان إنسانا تكلم الله من خلاله، وقد سكنت الحكمة، أو كلمة الله، فيه. ولم يكن هذا الاعتقاد من إنشاء بولص السميساطي، ولم يكن بدعة ابتدعها؛ فقد كان موجودا في الشرق، وفي فلسطين خاصة عندما كان المسيح يجوب نواحي الجليل. وقد عرف مثل

---

١ *Encyclopedia Britanica*, CD ed., ٢٠٠١, art. Lucian of Antioch

٢ Gonzalez, I, pp. ٢٤٨-٢٥٠.

هذا الاعتقاد في المسيح بين جماعة الإبيونيم (ebionim العبرية تعني الفقراء) في فلسطين (مملكة يهودا). وكان هؤلاء الإبيونيون طوائف من اليهود الزهاد الذين آمنوا بعيسى- [عليه السلام] واتبعوه أثناء حياته, في فلسطين وما حولها، في القرن الأول الميلادي، ومنهم النصرانيون (Nazarenes) والقسيون (Elkasites). وفي سنة سبعين الميلادية اضطروا لمغادرة فلسطين خوفا من الاضطهاد علي أيدي السلطات الرومانية بعد أن قام القائد الروماني تيتوس بتدمير الهيكل في القدس، وشرد اليهود في تلك السنة [1].

وقد تواترت الشكاوى من بعض سكان منطقة أنطاكيا وما حولها ضد أفكار الأسقف بولس السميساطي، وتبنى متابعة هذه الشكاوى أسقف طرسوس، هلينوس Helenus، فدعا إلى انعقاد مجلس كنسي في أنطاكيا سنة ٢٦٤م لمناقشة الموضوع. وقد ذكر أن بولس وعد المجلس بالتغيير، لكن الشكاوى ما لبثت ان ظهرت من جديد، مؤكدة أنه ما زال يدرس نفس العقيدة. وهكذا اجتمع مجلس ثان في أنطاكيا أيضا، جرت فيه مناقشات مطولة انتهت بقرار أدان فيه المجلس بولس وقرر عزله. لكن الأسقف بولس رفض القرار واستمر على وضعه وطريقته في التدريس. وقد حظي بدعم واضح من الملكة زنوبيا، ملكة تدمر العربية. وكانت مملكة تدمر تعيش أزهي أيامها وأعظم فترة في حياتها. فقد ارتفع شأنها حليفة للإمبراطورية الرومانية، ومنح الإمبراطور فالريان لقب "قنصل" للملك التدمري أذينة. وفي سنة ٢٦٠م التي شهدت تولي بولس السميساطي أسقفية أنطاكية نشبت معركة كبيرة قرب الرها بين جيش روماني قاده الأمبراطور فالريان وجيش ساساني بقيادة الامبراطور الفارسي سابور الأول. وقد حلت الهزيمة بالرومان وسقط الإمبراطور الروماني نفسه في الأسر وحمله المنتصرون معهم إلى عاصمتهم. وبعد ذلك واصلت القوات الفارسية تحركاتها وهجماتها على مناطق الشمال السوري. وهنا جاء دور تدمر وملكها أذينه؛ فما أن حلت سنة ٢٦٢م حتى كان الملك التدمري قد أعد جيشا قويا تصدى به للقوات الفارسية، والحق بها هزيمة منكرة، وكان من بين الأسرى الذين وقعوا في يده بعض سيدات الأسرة المالكة الساسانية؛ غير أنه عجز عن إنقاذ حليفه الأمبراطور فالريان، فمات في الأسر. وأمام هذا الإنجاز اعترف الإمبراطور الروماني غالينوس بفضل أذينة، ومنحه لقب Dux Orientis سنة ٢٦٢م، وبذلك صار نائبا للإمبراطور في أقاليم الشرق. لكن أذينة لم يهنأ طويلا، إذ قتل غيلة في مدينة حمص سنة ٢٦٢ أو السنة التي تلتها ، وآل العرش إلي ابنه القاصر وهب اللات تحت وصاية والدته الملكة زنوبيا التي مارست الحكم بقوة واقتدار. وفي عهدها ارتفع شأن تدمر فصارت وكأنها إمبراطورية، إذ كانت أراضيها تشمل سوريا وأجزاء من آسيا الصغرى، ولم يلبث نفوذها أن امتد إلى مصر، إلتي كانت تمر بفترة من الفوضى

---

[1] . Robert J. Miller, *The Complete Gospels*, ١٩٩٢, pp. ٤٣٥-٤٤٦

مكنت أحد المغامرين من اغتصاب الحكم. وكانت الإمبراطورية الرومانية نفسها تمر بحالة من الفوضى أيضا، ويبدو أنها اعتمدت على تدمر لتصحيح الوضع في مصر، فتوجه جيش تدمري تعداده سبعون ألفا أزاح المغتصب، وتركت تدمر حامية في مدينة الإسكندرية. وقد أعطى الرومان لقب أغسطس Augustus لوهب اللآت، بينما صار لقب زنوبيا أوغسطا Augusta. وصارت صور وهب اللات تظهر على العملة التدمرية بجانب صورة الآمبراطور الروماني أورليان، كما ينقش اسم الملك التدمري على النقود. وقد عثر على قطع متعددة من هذه النقود التدمرية، سواء تلك التي ضربت في الإسكندرية أو في أنطاكيا. وكانت الدولة الرومانية تستعين بالرماة التدمريين في جيوشها حتى قيل إن بعض هؤلاء الرماة وجدوا مع القوات الرومانية في شمال إفريقيا. ويبدو أن تدمر تبنت طموحات أكبر من حجمها فهاجمها الإمبراطور أورليان سنة ٢٧٢م، وهزم التدمريين وقاد زنوبيا في الأسر إلى روما [١]، وعزل الأسقف العنيد.

في هذه الظروف التي ارتفع فيها شأن تدمر وجد بولص السميساطي ظهره مسنودا إلى دعم المملكة التدمرية. ويمكن أن نستنتج من هذا المعلومات القليلة التي اكتفينا بنقلها أن سوريا كانت تغلب عليها العقيدة المسيحية التوحيدية في ذلك العهد، ومن هنا جاء التأييد لموقف الأسقف بولص.

رابعا : عناصر التشابه والتوافق:

والواقع أننا، نحن المسلمين، نشعر بالسعادة والسرور عندما نقرأ الكتاب المقدس، و"العهد الجديد" منه خاصة، فنكتشف نصوصا كثيرة تجلي عناصر وفاق قمينة بأن تقرب بين المؤمنين الصادقين المتواضعين من الجانبين؛ ومن أمثلة ذلك ما نقرأه في الاقتباسات التالية:

١- ففي إنجيل متى (متى ٤: ٨-١١) نقرأ قول عيسى عليه السلام: "مكتوب: للرب إلهك تسجد، وإياه وحده تعبد". وتذكر الرواية أن عيسى قال هذا الكلام ردا على إبليس الذي طلب منه أن يسجد له مقابل إغراءات.

٢- كما نقرأ في إنجيل متى (٢٣: ٨-٩) قول المسيح: لا تدعو أحدا بلقب يا معلم لأنكم جميعا إخوة؛ ولا تخاطبوا رجلا بكلمة "أبي" على الأرض، لأن أباكم واحد، الذي في السماء؛ ولا تدعو معلمين لأن معلمكم واحد، وهو المسيح".

٣- ونقرأ في إنجيل يوحنا (يوحنا ١٧: ٣) عن عيسى أنه رفع عينيه إلى السماء وقال: "وهذه هي الحياة الأبدية: أن يعرفوك أنت الإله الحقيقي وحدك، ويسوع الذي أرسلته..."

---

١ - Philip K. Hitti, *History of Syria, Including Lebanon and Palestine* (New York: Macmillan, ١٩٥١), pp. ٣٨٨ - ٤٠١.

٤ - ونقرأ في إنجيل مرقص (مرقص ١٢ : ٢٨-٣٤) " ... فجاء واحد من الكتبة وسمعهم يتحاورون؛ فلما رأى أنه [أي المسيح] أجابهم حسنا، سأله: أية وصية هي أول الكل؟ فأجابه عيسى: إن أول كل الوصايا هي: اسمع يا إسرائيل: الرب إلهنا رب واحد. وتحب الرب إلهك من كل قلبك، ومن كل نفسك، ومن كل فكرك، ومن كل قدرتك. هذه هي الوصية الأولى. وثانية مثلها هي: تحب جارك كنفسك؛ ليس وصية أخرى أعظم من هاتين. فقال له الكاتب: جيدا يا معلم؛ بالحق قلت، لأنه الله واحد وليس آخر سواه ... فلما رآه عيسى أنه أجاب بعقل قال له: لست بعيدا عن ملكوت الله."

٥- نقرأ في إنجيل يوحنا (يوحنا ٢٠: ١٦): "قال لها يسوع، يا مريم، فالتفتت تلك وقالت له بالعبرية: ربوني ! (ومعناها يا معلم)، فقال لها عيسى: لا تلمسيني لأني لم أصعد بعد إلى أبي، ولكن اذهبي إلى إخوتي وقولي لهم: إني أصعد إلى أبي وأبيكم، وإلهي وإلهكم. فجاءت مريم المجدلية وأخبرت التلاميذ أنها رأت الرب، وأنه قال لها هذا."

٦- كما نقرأ في أعمال الرسل (أعمال الرسل ٢-٢٢) : "يا رجال إسرائيل، إسمعوا هذه الكلمات: عيسى الناصري رجل قد تبرهن لكم من قبل الله بقوات وعجائب وآيات صنعها الله بيده في وسطكم كما انتم أيضا تعلمون."

٧- ونقرأ في إنجيل متى (متى ٢١: ٤٥):

"ولما سمع رؤساء الكهنة والفريسيون[١] أمثاله عرفوا أنه تكلم عليهم، غير أنهم عندما حاولوا أن يمسكوه خافوا من الجموع [أي خافوا من الجماهير التي كانت تستمع إليه] لأنهم كانوا يعتقدون أنه كان نبيا."

وبجانب ما سبق فإننا - نحن المسلمين - نفهم من النصوص الكثيرة -المدونة فيما يلي- أن عيسى لم يكن ابن الله بالبنوة الطبيعية, ولا ابنه بالتبني. بل كانت البنوة المتحدث عنها مجازية، بمعنى الرعاية والعناية وتوفيرما يحتاجه الأبناء من قبل الأب لأبنائه وعائلته؛ وقد فهمنا ذلك لأن عيسى نفسه يكرر وصف أتباعه، كما يصف الجمهور الذي يخاطبه، وكل إنسان يخاطبه، بأنهم أبناء الله، ويصف الله بأنه أبوهم، كما يصف الله بأنه أبوه؛ وما دام معنى الأبوة والبنوة هو هذا، فإن حجم الاختلاف يضيق، خاصة وأن نبي الإسلام قال" إن الله أرأف بعباده من رأفة الوالدة بولدها - أو كما قال - وهذا هو معنى البنوة الحقيقي كما نعتقد نحن المسلمين:

١) (إنجيل متى ٥ : ٤٤- ٤٨):

"... باركوا لاعنيكم . أحسنوا إلى مبغضيكم، وصلوا لأجل الذين يسيئون إليكم ويطردونكم, لكي تكونوا أبناء أبيكم الذي في السماء..." ٤٧: فكونوا أنتم كاملين كما أن أباكم الذي في السماوات كامل."

---

[١] الفريسيون فرقة دينية، أو حزب ديني، من اليهود ظهر في أواخر القرن الثاني قبل الميلاد، واستمر حتى سنة ٧٠م.

٢) (متى: ٦ : ١):
"إحترزوا من أن تقوموا بأعمال التقوى أمام الناس لكي يرونكم، وإلا فليس لكم أجر عند أبيكم الذي في السماء."
ويتكرر الحديث عن الله بأنه أبو الناس، وأبو المؤمنين، وأبو عيسى- مرات كثيرة. كما يتكرر وصف المسيح لنفسه بأنه إنسان، وأنه ابن الإنسان؛ والأمثلة التي نصادفها في الأناجيل كثيرة ولا يتسع المجال لنقلها، كلها أو جلها، والإكثار من التكرار لا يفيد جديدا، والتعرف على هذه النصوص وهذه المعاني يسعد كل مسلم من غير شك. لذا، فإننا سنكتفي بالإشارة إلى مواقع بعض الأمثلة هنا: متى ٦ : ٣-٤ و ٦و ٨ - ٩ و ١٤- ١٥و ١٨ و ٢٢.
٣) إنجيل يوحنا (يوحنا ٨: ٣٩ - ٤٠):
وعندما قال اليهود لعيسى (عليه السلام) " أبونا هو إبراهيم، قال لهم عيسى: لو كنتم أولاد إبراهيم لكنتم تعملون أعمال إبراهيم؛ ولكنكم تطلبون أن تقتلوني وأنا رجل قد كلمكم بالحق الذي سمعه من الله."

خامسا: وجهة النظر الأخرى:

هنا نجد من الأمانة العلمية، ومن واجبنا، أن نقف قليلا، لنعرض وجهة النظر الأخرى، التي تفهم النصوص على نحو آخر؛ لقد بدئت عقيدة نيقية بهذا النص: إننا نؤمن بإله واحد، الأب القوي، خالق السماوات والأرض، وجميع الأشياء المنظورة وغير المنظورة، إننا نؤمن برب واحد عيسى المسيح، إبن الله الوحيد، المولود من الأب خالدا؛ إله من إله، نور من نور، إله حق من إله حق، مولود غير مصنوع ..... إلى أخر عبارات عقيدة نيقية[١]. وفيما يلي نصوص أخرى كتبها اثنان من أشهر الدعاة الدينيين في الولايات المتحدة:
(١) "كل ما نطلبه من القارئ أن يفهم أن "عقيدة التثليث" لم تؤخذ من المصادر الوثنية. لقد اشتقت من النصوص الكتابية [أي من "الكتاب المقدس"]، من أقوال رجال أمناء متألهين: "هاي [Hey] ٢بطرس يقول: يوجد شخص يدعى الأب، وهو إله. أعمال الرسل، ٥ تقول: يوجد شخص يدعى الروح، وهو إله. وإنجيل يوحنا يقول في الإصحاح الأول: يوجد شخص اسمه "الكلمة"، وهو "إله". لقد صار لديك ثلاثة أشخاص. سفر التثنية (الإصحاح ٦) يقول: يوجد إله واحد فقط." المحصلة النهائية: الأشخاص الثلاثة هم الإله الواحد. هكذا بدأت عقيدة التثليث، ولم تبدأ مع الوثنيين.[٢]"

---

١ انظر نص عقيدة نيقية كاملا، ص ١٩ من هذا الكتاب.
٢ John Ankerberg & John Weldon, *Knowing the Truth About the Trinity*, Eugene, Oregon: Harvest House Publishers, ١٩٩٦. The Book seems one in a series called "The Defenders", p. ٤.

(٢) "العقيدة الأثناسية العظيمة، عقيدة الكنيسة، تعلن: "الأب إله، الإبن إله، الروح المقدس إله، ومع ذلك ليس هناك ثلاثة آلهة، بل واحد. ومثل ذلك: الأب رب (Lord)، والإبن رب (Lord)، والروح المقدس رب (Lord)، ومع ذلك، ليس هناك ثلاثة أرباب (Lords) بل رب (Lord) واحد[١] " هذا بجانب بيانات أخرى عن عقائد المجامع والشخصيات الدينية وردت خلال خاصة عقيدة نيقية[٢].

والباحث الحالي لا يرى أن من شأنه أن يصدر هنا حكما بالصواب أو الخطأ على مثل هذه النصوص، فكل صاحب عقيدة يرى أنها وحدها الصواب والحق بعينه؛ ينطبق هذا على المسيحيين، كما ينطبق على المسلمين واليهود. ولكل دينه، كما علمنا القرآن الكريم:
"لكم دينكم ولي دين" (القرآن: سورة رقم: ١٠٩) وقد علم القرآن المسلمين أيضا، أن يعامل الآخر بالحسنى، وأن لا يسبوا آلهة مخالفيهم، كما أشرت في غير هذا المكان.

حصيلة البحث: الاتفاق والاختلاف كما رأيناه في الفصل الرابع:

في الفصول الثلاثة الأولى درجنا على أن تكون الخاتمة كل فصل تحديدا لحصيلته من جلاء عناصر التفاق والاختلاف. وفي هذا الفصل الرابع نجد أن البند الأول فيه تناول النتائج التي توصل إليها "تيار البحث العلمي". وهذه النتائج ليست حصيلة هذا الفصل الرابع، بل هي حصيلة جهود تيار البحث العلمي؛ وهو تيار واسع وممتد زمنيا لبضعة قرون، ضم آلاف العلماء الباحثين في عالم الغرب، وخرج بهذه النتائج التي تبدو الآن موضع اتفاق تام حتى لقد صارت تعتبر من البديهيات. وقد خشيت أن تختلط الألفاظ والدلالات فيظن ظان أنني أدعي تلك النتائج حصيلة للفصل الرابع، فتختلط النتائج والحصائل. وربما كانت أولى نتائج جهود تيار البحث العلمي والعلماء في الدراسات الدينية هو الإنجاز الذي قام به الرائد الأبرز في الحركة "الإنسانية" دزيديريوس إرازموس بالنسبة لدراسته وترجمته لكتاب "العهد الجديد", خاصة إنجيل يوحنا.[٣] وقد مررنا سريعاً بنتائج دراسات العلماء لتاريخ تطور عملية تدوين ونسخ الكتاب المقدس بشقيه، وعلى آثار آباء الكنيسة الأوائل، بمختلف مدارسهم واتجاهاتهم، كما أشرنا إلى كثير من نصوص "العهد الجديد" التي تبرز وتؤكد كثيراً من التوافق؛ ولم ننس أن نستعيد إلى الذاكرة، ونحن نقف عند نهاية الفصل الرابع، الرأي المخالف، المتمسك بعقيدة نيقية، تأكيداً من هذا المؤلف على التوازن في عرض وجهات النظر، من البداية إلى النهاية .

---

١ نفس المصدر، ص. ١١.

٢ انظر عقيدة نيقية، ص ٤٤- ٤٥ من هذا الكتاب.

٣ Bainton, *Hunted Heretic*,, p.١١

الفصل الخامس

اليوم .. والغد

مقدمة:

لماذا يستمر الخلاف :

بعد هذه الرحلة البحثية التي شغلت أربعة فصول من هذا الكتاب، ومساحة زمنية غطت ألفي عام، ودارت في أرجاء كرة الأرض ومرت بعدد كبير من أقطارها حتى وصلت إلى القرية العالمية والبيت الزجاجي، محلقة كطائر يندفع سريعا، ثم يحوم ويهبط عند بعض المحطات للاطلاع على مزيد من التفاصيل، ويمارس مقادير من التأمل الهادئ لاستيعاب كل موقف، خرجنا بحصيلة ليست بالقليلة من عناصر الاتفاق الكبيرة الأهمية. لقد وجدناها حتى في عقيدة نيقية، من إيمان بوجود الله، وإيمان باليوم الآخر، وإيمان بالثواب والعقاب، وإيمان بمحبة الله، ومحبة الجار، وإيمان بالصدق في القول والعمل. ومع هذا وجدنا أختلافا في عناصر محددة لا نقلل من أهميتها. ولكن عندما انتقلنا خارج دائرة عقيدة نيقيه وأتباعها والمؤمنين بها قابلنا تيارا لم يكن صغيرا آنذاك، يؤمن بوحدانية الله، وبإنسانية عيسى، ويعتبر ابن مريم رسولا أودع الله في الحكمة، وذلك هو التيار الآريوسي ثم النسطوري؛ كل ذلك قبل ظهور الإسلام وإعلان رسالة محمد بن عبد الله صلى الله عليه وسلم. وبجانب هذا التيار وجدنا مجموعات صغيرة تبرز أمامنا في ثنايا الطريق، دخلت كلها تحت مسمى الهرطقة، أو الزندقة، كما وجدنا علماء ولاهوتيين بارزين، تبنت كل جماعة صغيرة منهم بعض العناصر المشتركة مع "عالم الإسلام"، وبالنسبة للأفراد وجدنا ألسنتهم تفيض بمعان تحمل كثيرا من أسمى ما يردده المسلمون، مثل العبارات التي اقتبسناها من أقوال توماس الأكويني، مثلا. وقد وجدنا رجالا مؤمنين ينافح الواحد منهم عن إيمانه ويبذل وقته وجهده، ويتحمل العذاب والنفي، ويقدم النفس فيلقى حتفه تحت التعذيب دفاعا عما آمن به واعتقده، سواء كان محتوى هذا الإيمان صحيحا - من وجهة نظرنا - أو غير صحيح. وشخصيات كهذه لا يمكن لأي مسلم مؤمن إلا أن يحترمها حتى لو اختلف معها؛ والاحترام هنا لمبادئ الصدق، والإخلاص، والتضحية والجهاد في حد ذاتها.

وفي الحقبة الثانية من رحلتنا وجدنا لوحة وخريطة مختلفة؛ لقد انكمشت القاعدة الواسعة الشاملة التي كانت للكاثوليكية، وإن لم تغب تماما، ووجدنا بجانبها قطاعات ومسارات متعددة، وفي كل منها تيارات مختلفة قليلا أو كثيرا، غلبت على علاقات معظمها الخصومات والحروب، بل والأحقاد المتأججة أحيانا. ولقد جاء أصحاب المسارات الرئيسية الثلاثة ببعض عناصر الاتفاق الجديدة، مثل خفض مرتبة سلطة البابا والمجالس الكنسية المطلقة، وجعل السلطة العليا لنص الكتاب المقدس، ومن قبيل ذلك ما نادى به لوثر في بداية حركته من أن المسيحيين كلهم رجال دين all Christians are priests وهو شعار ينطوي على فكرة عدم الحاجة إلى الكنيسة كتنظيم هرمي يجمع السلطة الدينية العليا في يد البابا، ثم يدخل في تنافس ثم صراع مع السلطات المدنية. وقد طبق مصلح زيورخ، تسفنغلي، هذا المبدأ وجعل السلطة الدينية بجانب السلطة المدنية بيد مجلس مدينة زيورخ. وقد تخلى لوثر عن هذا الشعار فيما بعد، كما حلت البرتستنتية الكلفانية محل برتستنتية أولدرش تسفنغلي في زيورخ وغيرها من الكنتونات السويسرية، باستثناء خمسة منها بقيت كاثوليكية. كما أن المسارات البرتستنتية الثلاثة أبدت معارضتها لتقديس الزعماء الدينيين، وتقديس متعلقاتهم من الصور والمجسدات، والأدوات المادية الأخرى. وقد شكلت هذه العناصر الأربعة: تخفيض سلطة البابا والمجالس، وإعلاء سلطة الكتاب المقدس، واعتبار كل المسيحيين رجال دين، ورفض تقديس الأشخاص والأيقونات، شكلت تقاربا مع المسلمين - غير مقصود. ومع ذلك فقد احتفظت هذه الفرق الثلاث بعقيدة تثليث أشخاص الألوهية، وبعقيدة الخطيئة الأصلية، والمخلص، وبالتحول في العشاء الرباني، وبالتعميد عبادة. كل هذا بجانب احتفاظها بالإيمان بالله واليوم الآخر، والثواب والعقاب، ومحبة الله ومحبة الجار أجزاء من العقيدة تتماثل في معظم جوانبها مع عقيدة المسلمين، وإن اختلفت في بعض الجزئيات.

غير أن لوثر طلع على الدوائر اللاهوتية بفكرة "التبرئة بالإيمان Justification by faith التي كان قد طرحها قبله لاهوتي فرنسي دون يتبع الطرح بالتفعيل؛ وهذا المبدأ - التبرئة بالإيمان - أضاف نقطة إلى نقاط الخلاف والتباعد العقيدي عما لدى المسلمين.

أما المسارات الأخرى في حركة الإصلاح، والتي يمكننا أن نسميها بالتيارات الصغرى، فقد انشق بعضها عن مارتن لوثر وعن الحركة اللوثرية في سنيها الأولى، حيث ظهر تيار الأنابتستس في ألمانيا وسويسرا، وظهر منه المعتدلون والمتطرفون، كما ظهرت حركة توحيدية من بين تلاميذ مايكل سيرفتس وأصدقائه، وكان مركز نموها الأول في أيطاليا، وهاجرت جاليات متعددة من الإيطاليين تجنبا للإضطهاد، وبلغت الحركة أقصى ازدهارها في بولندا ورومانيا والمجر، ثم امتدت إلى دول أخرى، وعبرت الأطلسي إلى أميركا. وكانت هذه المسارات والحركات تحمل عقائد أقرب إلى عقائد المسلمين مما بدا عند الكاثوليك والبرتستنت على السواء، وظهرت في مسارات هذه الحركات شخصيات عظيمة في إيمانها وفي دعوتها وتأثيرها، خاصة جوزيف بريستلي، و وليام إللري تشانغ. وربما زادت نسبة التماثل العقائدي بين هذه الجماعات الموحدة - مع اختلاف التسميات التي حملتها - وبين المسلمين عن خمسة وتسعين في المائة، حسب تقديري الشخصي القابل للخطأ، بطبيعة الحال، لاستحالة وجود إحصاءات أو أرقام في المصادر [1].

فإذا انتقلنا إلى ما استعرضناه في الفصل الثالث وجدنا أنفسنا - المؤلف والقراء - في بيئة مختلفة عن تلك التي عايشناها خلال الفصلين الأول والثاني. بيئة الفصل الثالث ظهرت فيها أفكار وتحركات ورؤى من خارج الدين، لا تنتسب إلى الكاثلكية أو البرتستنتية، ولا للحركات التوحيدية المتهمة بالهرطقة، ولا تنتسب إلى الدين أصلا؛ كانت كلها من خارج الدائرة الدينية بكل تشعباتها ومساراتها التي مرت معنا في الفصلين السابقين. لقد آمن بعض رموزها بوجود الله، وبدوره في الخلق، لكنهم رفضوا الكنيسة البابوية وعقائدها، كما رفضوا الكتب المقدسة. هذا بينما رفض آخرون أي إيمان غيبي بما وراء الطبيعة، وهاجموا الفضائل

[1] انظر قائمة بعقائد الأنابتستس في ص ١٣٥ -- ١٣٦ فيما سبق من هذا الكتاب، وانظر كذلك ما نقلته عن بريستلي، وتشانغ، وتحديد كل منهما للعقيدة " الصحيحة" التي آمن بها ودعا إليها، من وجهة نظره ، ص ١٥٨- ١٥٩و ١٦٥ -- ١٦٦.

والمفاهيم المسيحية والدينية عامة. وهذه التيارات تدخل كلها تحت مسمى الدين الطبيعي، أو "الديزم". ومع ذلك فقد كان من بين ما قالوه وفعلوه عناصر مثلت اقترابا من عقائد المسلمين ومفاهيمهم، من غير قصد طبعا.

أما الفصل الرابع فقد فتح أمامنا بابا آخر ووضعنا أمام عناصر تماثل واتفاق متعددة بين ما يتبناه "عالم الإسلام"، وما تبناه "عالم الغرب"؛ ذلك أن هذا الفصل تتبع جهود العلماء للبحث عن الحقيقة الدينية كما وردت في الأصول الأولى للمسيحية، واستخدام أساليب البحث العلمي، ومنهج البحث التاريخي في تحليل المصادر والأصول. ومواكبة لهذا التوجه قمنا باستطلاع مادة الكتاب المقدس، العهد الجديد بالذات، حيث وجدنا كثيرا من النصوص التي تجسد التماثل والتوافق في المعتقدات الدينية التي تبناها "عالم الإسلام" و "عالم الغرب" على السواء.

وعندما وصلنا إلى بداية هذا الفصل الخامس، الختامي، وجدنا أنفسنا أمام سؤالين كبيرين:

مع كل هذا التوافق الذي مررنا به في الفصول الأربعة السابقة، ولاحظنا تنوعه وتجدده، وظهور صور جديدة منه في مستويات مختلفة من قطاعات ومراتب المجتمعات، مع تقلب الأحوال في عالم الغرب، ومع أن عقيدة المسلمين كانت وظلت وما زالت كما هي، تتلخص في سبع كلمات: "الإيمان بالله وملائكته وكتبه ورسله وباليوم الآخر" رغم كل ما مر به "عالم الإسلام" من تغيرات وتقلبات، فلماذا لم يكتشف الطرفان كل عناصر التوافق والتماثل هذه، وكيف استمر التجافي، بل وكيف زاد الابتعاد في السنوات الأخيرة حيث تصاعدت لغة الصدام والتهديد، بل ودخلت مرحلة الحرب الفعلية ؟ ؟ ؟

والسؤال الثاني نتوجه به إلى إخواننا في عالم الغرب، ونرجو أن تتسع صدورهم لطرحه وأن يعطوه قدرا مناسبا من الاهتمام والتفكير، وأن يحاولوا

الإجابة عليه، ولو بينهم وبين أنفسهم دون اتباع تلقائي لما يضخه الإعلام الرئيسي عندهم:

إذا كانت حالة التسامح قد استقرت في داخل عالم الغرب، واتسعت لتشمل المحافظين الكاثوليك بكل تفرعاتهم، وتشمل المحافظين البرتستنت بكل تفرعاتهم أيضا، بما في ذلك من يستعجلون عودة المسيح ولو عن طريق تدمير العالم، وإشعال حرب نووية، ويشمل المورمون الذي يؤمنون بتعدد الزوجات ويمارسونه، ويشمل كذلك اللبراليين ومن يمارسون زواج المثل، ويشمل الملحدين، واليساريين والشيوعيين، كما يشمل المسيحيين الموحدين من الأنابتستس والمينونايتس والآمش والبرودرهوف ومنتسبي الجمعية التوحيدية، كما يشمل المسيحيين الذين لا يؤمنون بوجود الله شخصا وذاتا خارج الطبيعة، ولا يؤمنون بالكتب السماوية أو بأي شئ وراء الطبيعة، ويشمل كذلك - من خارج المسيحية - اليهود المحافظين بلباسهم وأغطية رؤسهم skull caps ولحاهم الطويلة وسوالفهم المطلقة، حتى لأطفالهم الذين لا تزيد أعمارهم عن ثلاث سنوات - كما يشاهدون بكثرة في مدينة وولاية نيويورك، فضلا عن نسائهم المحجبات بأغطية رؤوسهن ولباسهن الطويل وجواربهن السوداء السميكة؛ كما يشمل التسامح الهندوس بعماماتهم الضخمة ولحاهم وشعرهم الذي يحرمون قصه؛ إذا كان كل هذا التسامح قد صار جزءا من حياة المجتمعات الغربية، فلماذا يحتفظ كثيرون بالمواقف العدائية أو السلبية ضد "عالم الإسلام"، وضد العرب والمسلمين عامة، وهي مواقف تتبناها حتى الحكومات، وإن غلفتها بستارات سياسية كثيفة أو شفافة أحيانا ؟ لماذا ثم لماذا ؟

المأزق الصعب في التعامل مع الاختلافات الراهنة:

وبينما ننتظر أن يقوم إخواننا في عالم الغرب بهذا الاستطلاع الداخلي الذاتي الهادئ الصامت، في إطار حوار أو حوارات مع النفس، فإننا نجد الآن - ونحن في حال الانتظار - ثلاثة أجوبة، ظهر أولها وثانيها في "عالم الغرب"، بينما يأتي الثالث من "عالم الإسلام." الإجابة الأولى صيغت في إطار نظرية محورها التركيز على الخطر - الحقيقي أو المضخم والموهوم - الذي يشكله عالم الإسلام على عالم الغرب، وتقدم مبررات - صحيحة أو مختلقة - لكي يأخذ الغرب زمام المبادرة ويقضي على الخطر في مهده. أما الإجابة الثانية فقد صدرت عن شخصيات غربية غير منحازة؛ بينما تصدر الثالثة عن "عالم الإسلام"، مبينة أسبابا أخرى للجفاء والعداء - أسبابا حقيقية أو موهومة - لكنها مباشرة وبسيطة من

غير تأطير نظري. وفيما يلي سنتناول كل واحدة من هذه الإجابات الثلاث بشئ من التفصيل:

الإجابة الأولى:

لو أننا عدنا إلى الوراء قليلا، إلى فترة الحرب الباردة، وبين سنتي ١٩٥٥ و ١٩٩٠ بالذات، لوجدنا طرحا وتفسيرا مختلفا عما نسمعه اليوم، كان له مروجون في عالم الغرب، وفي الولايات المتحدة الأمريكية بالذات؛ وقد ركزالمفسرون والمنظرون آنذاك على النقاط التالية:

١) تصوير إسرائيل بأنها تعيش في خطر يتهدد وجودها، وأنها الضحية المعتدى عليها دائما، والخاضعة للعداء الأعمى الناتج عن التعصب؛ ولذلك فهي تحتاج إلى الدعم، كما تحتاج إلى الحماية.

٢) تأكيد فكرة أن الدول والشعوب المعادية لإسرائيل، الرافضة للصلح معها، إنما هي عميلة للسوفييت، أو متحالفة معهم ضد "عالم الغرب"، وضد أميركا، وضد الديمقراطية والحرية، وضد العالم الحر، وأن العمل على هزيمة هذه الدول والشعوب العربية إنما هو عمل لهزيمة السوفييت؛ وعلى العكس من ذلك فإن انتصار هذه الدول العربية أو السماح لها بإحراز أي نوع من عوامل القوة إنما هو تقوية للاتحاد السوفييتي.

٣) والنتيجة التي تترتب على هذه الفرضيات: إن على "عالم الغرب" ودول حلف الناتو، وعلى أميركا بشكل خاص أن تساند أسرائيل، وتدعمها بأقصى ما يمكن، دون تردد، وتوفر لها الحماية في الحالات الحرجة، ليس عطفا على إسرائيل ومساعدة لها، بل لهزيمة العدو السوفييتي وحلفائه تلك كانت الرسالة في عصر الحرب الباردة.

أما وقد انهار الاتحاد السوفييتي، وانتهت الحرب الباردة في أوائل العقد الأخير من القرن العشرين، وجاء عصر القطب الواحد، فقد انتهى ذلك الطرح تلقائيا ولم يعد له مكان؛ وإذ ذاك سارع المفسرون والمحللون والمنظرون إلى صياغية نظرية شاملة جديدة، حرصوا على جعلها تشمل العالم كله، وأدخلوا في نسيجها حديثا عن مناطق ودول أخرى، بغرض تأكيد عالمية النظرية، ولإعطائها مظهر صدقية قوية لا ترد؛ بيد أن النتيجة التي انتهت إليها النظرية، ودليل العمل الذي وضعته تركز على "عالم الإسلام" بصفة خاصة. هذه الإجابة التي ظهرت

من "عالم الغرب" ساهم في صياغتها مفكرون عديدون اخترنا منهم اثنين، وهما من أبرز الشخصيات الثقافية في عالم الغرب، ومن قمة هذه الشخصيات.

برنارد لويس، من أشهر الغربيين المتخصصين في التاريخ الإسلامي، كان بريطانيا، وأستاذا في جامعة لندن، ثم انتقل إلى الولايات المتحدة، ودرس في جامعة برنستون، وأظنه ما زال في نفس الجامعة، ولكن بصفة أستاذ غير متفرغ professor emeritus بعد أن تقدمت به السن، وفي الفترة الأخيرة – لعله قبل سنة أو سنتين - منح أعلى وسام ثقافي في الولايات المتحدة.

الأستاذ لويس نشر مقالا في دورية أتلانتك منثلي ***Atlantic Monthly***، في عدد أيلول ١٩٩٠ بعنوان "جذور الغضب الإسلامي The Roots of Muslim Rage" تناول فيه التوتر الذي كان قائما آنذاك، وما زال، بين "عالم الغرب" و"عالم الإسلام"، هذا بجانب عدد كبير من الكتب، لعل أقربها إلى موضوعنا كتابه المعنون ***The Shaping of Modern Middle East***, Oxford University Press, ١٩٩٤. بيد أن أطروحته ونظريته التي تهمنا هنا ظهرت من خلال مقالته في مجلة ***Atlantic Monthly*** وكانت فحواها على النحو التالي:

في مجال التنافس بين الإسلام والمسيحية تفوق الإسلام واستمر تفوقه أربعة عشر قرنا؛ ثم اكتسب الغرب حيوية جديدة، وأخذ المركز المتفوق وما زال. وقد غضب "عالم الإسلام" ليس لفقدانه التفوق فحسب، بل ولأن "عالم الغرب" اقتحم عليه بيته، وسيطر على دول إسلامية، ومارس سيطرته وتأثيره في أمورها الداخلية عن طريق الأفكار الأجنبية، بل وصل تأثيره إلى داخل الأسرة الإسلامية، فتمردت النساء، كما تمرد الأولاد. هذه الهزائم التي أوصلت "عالم الاسلام" إلى هذا الحد جعلته في وضع يتجاوز القدرة على الاحتمال، فتفجر الغضب. وبحث قادة الإحياء الديني الإسلامي عن العدو الذي انزل بهم كل هذه الكوارث، وأوصلهم إلى هذه الحالة فوجدوه في "عالم الغرب"، حيث تجسد لهم في أميركا زعيمة ووريثة التراث الغربي.

في عصر تفوق القوة الإسلامية قسم المسلمون العالم إلى "دار الإسلام" و"دار الحرب". وحيث أن المسلمين لا يؤمنون بالعالمانية (العلمانية)، ولا يطبقونها، وأن الدين والدولة شئ واحد، حيث كان محمد نبيا ومعلما ورئيس دولة وقائدا عسكريا، وبما أن المجاهدين يعملون في سبيل الله، فإن النتيجة المنطقية لهذا المفهوم أن الله هو الرئيس الأعلى للدولة، والقائد الأعلى للجيش. وما دام الأمر كذلك فإن الله يأمر المسلمين أن يسرعوا بإرسال أعداء الله إلى الآخرة حتى يطهرهم الله بالعذاب. ولكن في حالة الضعف المخيمة على عالم الإسلام اصطدم

المسلمون باكتشاف كارثة أخرى وهي العجز عن فعل شئ، والهزيمة عند كل محاولة. وهذا الواقع زاد من الحقد ومن الغضب الذي تحول إلى الإرهاب والقتل والاغتيالات. وقد استعرض السيد برنارد لويس في إشارات سريعة ما اعتبره " أسبابا عارضة" للغضب الإسلامي، مثل الاستعمار، ومساعدة إسرائيل، ليصل إلى الأسباب الحقيقية - من وجهة نظره - وهي علمانية الغرب وانحلاله، وتأثير ذلك على عالم الإسلام من الداخل، بحيث أفسد عليه حياته، وأعجزه عن استعادة نمط وأشكال وقوالب الحياة الإسلامية القديمة التي كانت سائدة، وعن الاحتفاظ بذلك النمط والأشكال والقوالب. وخلص من ذلك إلى القول: إن العداء والحقد ضد الغرب ليس بسبب سياسات وأعمال الغرب، بل هو لما يمثله ويجسده الغرب بمبادئه من العلمانية إلى الحرية إلى الحياة الجنسية وغير ذلك. وهكذا وصل إلى اختصار الموقف كله في كلمتين: "صراع حضارات". وهكذا استبعدت كل الأسباب الأخرى باعتبارها هامشية وقليلة الأثر، وطمرت تحت ستار الاستخفاف والتجاهل والنسيان.

وهكذا أصبحت صورة "عالم الإسلام" كما عرضها السيد برنارد لويس: قوة مهزومة عاجزة رافضة لمبادئ الحضارة الحديثة المتمثلة في العالمانية (العلمانية) والحرية والديمقراطية والحداثة، معادية للغرب، والأهم من ذلك أنها حاقدة وأسيرة لسورة الغضب الأعمى، تضرب يمينا ويسارا، وتنشر الدمار والحرائق هنا وهناك؛ ويترتب على ذلك ضمنيا ومنطقيا أن الأمر بحاجة إلى تدخل سريع لإيقاف "هذا الطيش" وما يجلبه من خراب. وهنا يقدم السيد لويس نصيحة ووصفة، أو دليل عمل حين يقول:

ليس كل "عالم الإسلام" من الأصوليين المتعصبين، فهناك فريق متسامح، إليه يرجع الفضل في الإنجازات الحضارية العظيمة التي قام بها عالم الإسلام في فترة ازدهار حضارته، ويمكن أن يتغلب هذا الفريق المتسامح العاقل، وغيره ممن يوافقه ويماثله، على الأصوليين المتعصبين. ولكن.. سوف يكون هناك صراع عظيم وصعب، بين المتعصبين والمتسامحين، لا نستطيع نحن الغربيين أن نفعل شيئا تجاهه، بل إن أي محاولة من جانبنا قد تكون مؤذية، لأن هذه موضوعات يقررها المسلمون بين بعضهم البعض.

إن كثيرين من المسلمين الذين يقرءون هذه الوصفة الإرشادية التي يقدمها السيد لويس يعتقدون أنها وصفة مقدمة لعالم الغرب، أو لبعض دوله المستعدة للقبول، لإقناعها بإحداث حرب داخلية بين المسلمين، وعدم التدخل فيها، والتفرج عليها. ومع ذلك فإن فكرة عدم التدخل غابت أثناء الحرب العراقية الإيرانية، وجاء التدخل لإذكاء الحرب وإطالتها؛ وذلك عن طريق إمداد الطرفين بالإسلحة

والمساعدات والتشجيع، كما ظهر من فضيحة إيران - كونترا Iran-Contra الأميركية.

وأخيرا حدد السيد برنارد لويس المطلوب من المسلمين بإسلوب اعتبره البعض نوعا من الأوامر، أو التهديد:

ومن جانبنا [نحن الغربيين]، نأمل أن يدرك المسلمون، وأن يصلوا إلى فهم أفضل لموقفنا، وأن يحترموا خيارنا العلماني حتى لو لم يقبلوا تبنيه :

١- الفصل الكلي بين الكنيسة والدولة

٢- حرية كل فرد في اختيار دينه وعقيدته

٣- لا ضريبة لدعم أية مؤسسة دينية

٤- ليس هناك إنسان معصوم من الخطأ

٥- حرية العقل يجب أن تكون كحرية الضوء والهواء.

وسنعلق على هذه الطلبات في الصفحات التالية لنبين أنها مطالبة بأشياء متحققة منذ أربعة عشر قرنا.

أما الشخص الثاني الذي ساهم في صياغة النظرية فهو سمويل بي. هنتنغتن، أستاذ في الدراسات السياسية والإستراتيجية في جامعة هارفارد، والذي كان في فترة سابقة رئيس جمعية علماء السياسية الأميركيين.

السيد هنتنغتن أصدر كتابا (١٩٩٦) بعنوان تصادم الحضارات، أو صراع الحضارات، وقد مد العنوان مدا إضافيا ليحمله مدلولا آخر أبعد من مجرد الصراع والتصادم:

The Clash of Civilizations and the Remaking of World Order

تصادم الحضارات وإعادة صياغة نظام العالم.

وقد أتبعه بكتاب آخر صدر سنة ٢٠٠٢ بعنوان:

WHO ARE WE? THE CHALLENGES TO AMERICA'S NATIONAL IDENTITY

ويهمنا من كتابيه - في بحثنا هذا - تصويره وتوصيفه للمسلمن، بشرا وحضارة وعقلية ومواقف وتصرفات، ووصفه وتبريره للكيفية التي يتصرف الغرب بها تجاههم؛ وهذا كله من وجهة نظره طبعا، سواء طابق الحقيقة أو خالفها او ناقضها. ها هو يقول لقرائه:

إن المسلمين لا يعادون الغرب بسبب تمسكه بالمسيحية، بل لأنه لا يتمسك بأي دين، لعلمانيته[١]، ولأنه – في نظرهم – لا أخلاقي، منحل . . وحشي، وقمعي. إن مشكلة الإسلام الأساسية مع الغرب لا تتمثل في وكالة المخابرات المركزية الأميركية أو البنتغن، بل إن المشكلة هي الغرب نفسه، فهو حضارة مختلفة، وشعوبه مقتنعة بعالمية ثقافتها، وهم يعتقدون أن تفوق قوتهم تفرض عليهم الالتزام بتوسيع تلك الثقافة لتشمل العالم كله. يضاف إلى ذلك أن عداء المسلمين لأميركا ينبثق من عدة أسباب، منها الدعم الأميركي لإسرائيل؛ غير أن هناك جذورا أعمق لخوف المسلمين من القوة الأميركية، وهي الحسد، حسد المسلمين لثروة أميركا، وغيظ المسلمين مما يتصورونه من السيطرة والاستغلال الأميركي، هذا بجانب العداوة للثقافة الأميركية، العلمانية والدينية على السواء، باعتبارها نقيض الثقافة الإسلامية.

أما المشكلة الأساسية للغرب مع الإسلام فليست الأصولية الإسلامية، بل الإسلام نفسه، فهو حضارة مختلفة، شعوبها مقتنعة بتفوق ثقافتها؛ وفي نفس الوقت فإن هذه الشعوب تقلقها المخاوف والهواجس بسبب دونية قوتها.[٢] "

وهذه المواقف الإسلامية المعادية وأمثالها تؤججها الدعاية التي تنطلق من آلاف المدارس الدينية وغير الدينية التي تدعمها الحكومات الإسلامية، والمؤسسات الخيرية التي يمتد نشاطها من جنوب شرق آسيا إلى شمال إفريقيا. هذا بجانب الخطب التي تلقى في موسم الحج ... كما حدث في موسم حج سنة ٢٠٠٣، وهو خطاب تتردد فيه أصداء صراع الحضارات."

وخلاصة القول [والكلام ما زال للسيد هنتنغتن]: إن المسلمين يرون أميركا - بشكل متزايد - عدوا لهم؛ فإذا كان هذا هو قدر أميركا الذي لا يستطيع الأميركيون تجنبه فإن البديل الوحيد المتبقي لديهم هو أن يقبلوا التحدي، وأن يتخذوا الإجراءات الضرورية ليتغلبوا عليه. إن التاريخ الحديث يبين أن أميركا يمكن أن تنغمس في أنواع مختلفة من الصراعات العسكرية مع بلاد وجماعات إسلامية في السنوات القادمة، فهل هذه الحروب ستوحد أميركا أم ستقسمها ؟[٣]

---

١ قبل منتصف القرن العشرين نبتت في "عالم الإسلام" أحزاب علمانية، تدعو إلى تبني العلمانية، كما أن دساتير معظم الدول التي "استقلت" في القرن الماضي كانت دساتيرا علمانية، منقولة عن الدستور الفرنسي، أو البلجيكي. حتى التي نص فيها على "أن الدين الرسمي هو الإسلام" إذ لم يكن ذلك النص أكثر من تطمين للمواطنين البسطاء. ثم إن كل الحكومات اليسارية والعسكرية في عالم الإسلام كانت علمانية، من سوكارنو إلى صدام حسين؛ بل إن حركة الاتحاد والترقي التي ظهرت أواخر القرن التاسع عشر كانت علمانية؛ وكذلك تركيا مصطفى كمال أتاتورك، والحكومات المصرية قبل وبعد سنة ١٩٥٢؛ وهذا عكس ما ذهب إليه هنتنغتن وحاول تثبيته في عقول قرائه.

٢ - Huntington, *Clash of Civilizations*, pp. ٢١٣-٢١٤, ٢١٧-٢١٨.

٢ - Huntington, *Who We Are?* pp. ٣٦١-٢.

وبجانب هذا التعليل لمحفزات الصدام الدافعة للجانب الأميركي فقد عرض السيد هنتنغتن تعليلا آخر، حيث ذهب إلى القول بأنه: أثناء الحرب الباردة كان أعداء أميركا [أي الاتحاد السوفياتي] يتهمونها بأنها دولة إستعمارية. وعند بداية الألفية الجديدة قبل المحافظون [الأميركيون] وتبنوا فكرة الإمبراطورية الأميركية واستخدام قوة أميركا لإعادة تشكيل العالم وفق القيم الأميركية. وهكذا فإن الاعتقاد بتفوق القوة الأميركية، وعالمية القيم الاستعمارية الأميركية، أشعل الدافع وأمده بالوقود[١]. وهذا التعليل الثاني يبدو مضادا للأول، ينقضه ويثبت عدم صحته، باعتبار أن التعليل الأول حمل "عالم الإسلام" مسئولية الصدام الحتمي، وذلك لأن العداء – حسب ادعاء هنتنفتن - جاء من جانب المسلمين بسبب حقدهم وحسدهم وشعورهم بالدونية والهزيمة والعجز في الوقت نفسه، مع أصرارهم على ممارسة العنف الأعمى؛ وبذلك فإن أميركا مضطرة، ولا خيار أمامها إلا قبول التحدي وحسم الموقف. أما التعليل الثاني فيجعل المبادرة من جانب الولايات المتحدة نفسها، ليس بسبب تحدي عالم الإسلام، بل لأن أميركا اقتنعت بفكرة الإمبراطورية وإعادة تشكيل أوضاع العالم حسب رؤيتها. بيد أن التعليلين يلتقيان في النتيجة، وفي تبرير استخدام القوة الأميركية، وتحقيق السيطرة الأميركية التي تفرض التغيير القسري. والذي أرجحه بقوة أن هذا التوجه الأميركي كان موجودا قبل سقوط الاتحاد السوفييتي، إلا أن وجود القوة السوفييتية كان كابحا يحد من حرية التحرك الأميركي، ويشكل عائقا قويا للطموحات الأميركية. وهذه الحقيقة لم تنشأ عن كون الإتحاد السوفييتي قوة أكثر إنسانية أو أكثر ميلا إلى السلام العالمي – كما كان يدعي - بل لأن السوفييت كانوا منافسا قويا يتمتع بندية حقيقية، في مجالي القوة العسكرية والتكتيكات السياسية والدعائية[٢]. أما "عالم الإسلام" فقد كان وما زال ضعيفا، و"كتلة هلامية" يمكن نهشها عندما تتحقق إزاحة القوة الأخرى..

وربما يتساءل القارئ: أين موقع الأستاذ هنتنغتن من هذه المعركة "المنتظرة" التي يعرض ملامحها الأساسية ومكوناتها الجنينية والحالية؛ هل هو خارج إطارها، عالم متجرد، محلل محايد، يضع أمامنا النتائج الموضوعية، أم غير ذلك؟ والجواب نجده عند السيد هنتنغتن نفسه، حيث يقول لنا بعبارات مباشرة: إنه

٣- المصدر نفسه ص ٣٦٣ - ٣٦٤؛ وانظر أيضا Robert D. Kaplan, "The Hard Edge of American Values (Interview), *The Atlantic Monthly*, Internet Edition,June١٨،٢٠٠٣,pp١-٣

٢ انظر ما قاله J. C. Hurewitz و Malcolm H. Kerr ، في كتاب *Soviet-American Rivalry in the Middle East* (New York, ١٩٧٢), pp. ١-٥, ٢٢٨ - ٢٣٦.

يعالج الموضوع من منطلقين، وبصفتين: (١) بصفته وطني أميركي patriot [١]، (٢) بصفته عالم scholar .

ولا يخفي العالم الكبير أن هذه الإزدواجية ربما تضعه في موقفين متناقضين؛ فهو يؤكد لنا أنه سيبذل أقصى جهده ليكون محايدا؛ لكنه – مع ذلك - يعترف بصراحة أن الدافع الوطني قد يؤثر في اختياره للمصادر التي ينتقيها ويعتمد عليها[٢]. أما عن موقعه بالنسبة للتيار الليبرالي والتيار المحافظ فهو منحاز إلى التيار المحافظ بشكل واضح، خاصة عندما يؤكد مرارا وتكرارا: نحن مسيحيون، نحن برتستنت، نحن أنغلوسكسون، نحن بيض، لغتنا الإنكليزية.

وبجانب هذه النظرية التي صاغها السيدان برنارد لويس وسمويل بي. هنتنغتن، مع ما أضافاه إليها من تأكيد على حتمية أن تسير الأحداث في الطريق الذي رسماه وحضا على احتذائه، إلى الصراع، فقد شهدت بنفسي، على شاشة التلفاز، موقفا جماعيا انطلق من رؤية مشابهة سنة ٢٠٠١م:

في أيام ١١و١٢و١٣و١٤ أيلول (سبتمبر) سنة ٢٠٠١ كنت أمضي اليوم مسمرا أمام جهاز التلفاز، أشاهد قناة (سي.ن.ن.) الأميركية. وكنت أدعو الله أن لا يكون لأي فرد من المسلمين علاقة بالكارثة التي شهدتها نيويورك. وكان من ضمن ما بثته التغطية التلفازية للحادث المفزع صور اجتماع لعدد كبير من السياسيين، بجانب عدد كبير من الصحافيين والباحثين والخبراء والمحللين السياسيين الأميركيين؛ وكان السؤال الكبير المطروح هو: لماذا ؟ وكان الجواب المطلوب إعلانه ونشره على أوسع نطاق وتثبيته كذلك:

" إنهم يكرهوننا ويحسدوننا لأننا ديمقراطيون، وأغنياء، وأقوياء، ومتقدمون."

ومن بين ذلك الجمع الحاشد رفعت سيدة يدها لتقوم "بمداخلة"؛ لقد طرحت مباشرة فكرة بسيطة واضحة في صيغة سؤال قالت: أليس من الممكن أن يكون للحادث علاقة بسياساتنا بالنسبة للصراع الدائر في الشرق الأوسط؟ وسارع عريف الحفل برد حانق لطرد وإبعاد كل صدى لذلك السؤال خارج القاعة وبعيدا عنها. وقد بدا على السيدة صاحبة المداخلة - وكانت من منتسبي معهد الشرق الأوسط في واشنطن دي.سي - . بدا عليها الغضب المكتوم والامتعاظ، إذ ضغطت على

---

١ لم يقل إنه مواطن citizen ، او national .

٢ وقد أثر بالفعل، كما هو واضح من اختياراته في كتابيه، حيث اختار الأستاذ محمد سيد احمد ممثلا لعالم الإسلام، وهو يعرف أنه أبرز - أو كان أبرز - منظري الحزب الشيوعي المصري، أممي العقيدة، لم يدع ولا يطمح أن يحسب ضمن عالم الإسلام فكريا وعقيديا، وربما لا يقبل ذلك؛ بينما كان اختياره للمنظرين الغربيين ممن يشاركونه الاتجاه أمرا واضحا، برنارد لويس، وقد نقل عنه كثيرا من أفكاره الرئيسية، وروبرت كابلان، وهو متحيز بعنف لتحقيق الهيمنة الأميركية؛ وغيرهما من نفس التيار.

أضراسها وظهر ذلك في انقباضات وجهها. وتلك كانت الرسالة التي حملتها آلة الإعلام الأميركية الضخمة وما زالت.

إن أطروحة السيد برنارد لويس، وأطروحة السيد سمول هنتنغتن المشابهة والمكملة لها، ثم الرسالة التي حرص الإعلام على نشرها وتأكيدها بعد أحداث الحادي عشر من أيلول (سبتمبر)٢٠٠١م هي الأجابة التي صدرت لتفسير استمرار الخلاف بين "عالم الإسلام" و "عالم الغرب" وتفاقم هذا الخلاف وتفجراته التالية. وهذا الطرح يمثل موقف كتلة سياسية قوية فاعلة ومؤثرة في الساحة الأميركية، بجانب كونه طرحا تبناه عدد من الرموز الثقافية، ومن كبار الأكاديميين والخبراء، كما يمثل موقف القوى الصهيونية في عالم الغرب بصفة عامة.

وقبل أن نستدعي الإجابة الثانية أود أصحح بعض الأخطاء التي وقع فيها السيدان لويس وهنتنغتن خاصة حتى لا يستقبل القارئ الرأي الآخر وهو مشوش الذهن بالضباب والعتمة التي صاحبت ما صدر عنهما وكأنه مسلمات لا خلاف حولها. إنني لا أجادل فيما لهما من سعة العلم والخبرة وذيوع السمعة وطول الباع، ومع ذلك فليس هناك إنسان منزه عن الخطأ، وقليلون هم المنزهون عن الهوى.

أولا: ما ذهب إليه برنارد لويس: " إن الله هو الرئيس الأعلى" للدولة الإسلامية" ...الخ[١]؛ هذا قول خاطئ وفهم مجاف للحقيقة تماما من الناحيتين العقيدية والعملية، ولا أريد أن أقول إنه تشويه متعمد.

إن الله – في عقيدة المسلمين - رب العالمين، رب كل الشعوب والأقطار في كرة الأرض، ورب الكون كله، وهو إله الناس جميعا، وليس المسلمين وحدهم. والنبي ليس خليفة الله. والذين تولوا رئاسة الدولة الإسلامية بعد وفاة محمد رسول الله لم يكن أحد منهم خليفة الله، بل كانوا "خلفاء رسول الله". وهكذا كان المسلمون الأولون يخاطبون الخليفة أبا بكر: "يا خليفة رسول الله[٢]." وعندما جاء الخليفة الثاني إلى الحكم استثقل المسلمون أن يلقبوه بـ "خليفة خليفة رسول الله"، وتساءلوا: وهل سنكرر كلمة "خليفة" مرة ثالثة ثم رابعة ...الخ كلما جاء خليفة جديد؟ وفي هذا الموقف صاغوا لقب "أمير المؤمنين"، الذي استخدم موجها إلى جميع الخلفاء اللاحقين. ومع ذلك فقد ظل لقب "خليفة"، "الخليفة" مستخدما دون أن ينسب إلى "الله" أو إلى "رسول الله." إلا أننا نجد في كتب التاريخ، وبعض المواقف أحيانا، أحد الشعراء المداحين، أو أحد المنافقين، يصف الخليفة بأنه خليفة الله. وقد كانت هذه لغة مستنكرة ومحتقرة، ومن يستخدمها يعتبر تافها لا يستحق

---

١ Bernard Lewis, "The Roots of Muslim Rage," pt. I, p. ٤

٢ ابن الأثير، الكامل في التاريخ، مجلد ٢ ، ص ٤٢٥- ٤٢٦.

الاحترام، وبالتالي فإن الموقف كله لا يستحق التعليق. أما "خلافة الله في الأرض" حسب عقيدة المسلمين، فقد كانت للبشر جميعا، لبني الإنسان كلهم، وعلى ذلك نص القرآن بوضوح تام، حيث ذكر أن الله أخبر ملائكته قبل خلق الإنسان:

(وَإِذْ قَالَ رَبُّكَ لِلْمَلَائِكَةِ إِنِّي جَاعِلٌ فِي الْأَرْضِ خَلِيفَةً قَالُوا أَتَجْعَلُ فِيهَا مَنْ يُفْسِدُ فِيهَا وَيَسْفِكُ الدِّمَاءَ وَنَحْنُ نُسَبِّحُ بِحَمْدِكَ وَنُقَدِّسُ لَكَ قَالَ إِنِّي أَعْلَمُ مَا لَا تَعْلَمُونَ)[القرآن: سورة البقرة / ٣٠]

وأحيانا يكون الاستخلاف في الأرض لجماعات من الناس أو شعوبا. وقد ورد ذلك في عدد من الآيات:

(وَعَدَ اللَّهُ الَّذِينَ آمَنُوا مِنْكُمْ وَعَمِلُوا الصَّالِحَاتِ لَيَسْتَخْلِفَنَّهُمْ فِي الْأَرْضِ كَمَا اسْتَخْلَفَ الَّذِينَ مِنْ قَبْلِهِمْ وَلَيُمَكِّنَنَّ لَهُمْ دِينَهُمُ الَّذِي ارْتَضَى لَهُمْ وَلَيُبَدِّلَنَّهُمْ مِنْ بَعْدِ خَوْفِهِمْ أَمْنًا يَعْبُدُونَنِي لَا يُشْرِكُونَ بِي شَيْئًا وَمَنْ كَفَرَ بَعْدَ ذَلِكَ فَأُولَئِكَ هُمُ الْفَاسِقُونَ)[القرآن: سورة النور/ ٥٥] وقارن مع ما ورد في الأنعام، آية رقم ١٣٣؛ وسورة هود، آية رقم ٥٧؛ وسورة الأعراف، آية رقم ١٢٩].

والاستخلاف إما أن يكون مكافأة وجزاء، أو اختبارا وامتحانا، وهو ليس استخلافا دائما، بل يرتبط بشروط. وقد ورد معنى الاستخلاف بلفظ آخر: (أَنْشَأَكُمْ مِنَ الْأَرْضِ وَاسْتَعْمَرَكُمْ فِيهَا)[القرآن: سورة هود/٦١]

ثانيا: وأما قول السيد لويس بأن " الله يأمر " الجيش الإسلامي" بأن يقتل "أعداء الله" ليعجل إرسالهم إلى الآخرة "بأسرع ما يمكن as quickly as possible " لكي يطهرهم الله بالعذاب.[١].." فقول مجاف للحقيقة تماما، وهو أبعد

١ Bernard Lewis, "The Roots ..., p. ٤.

ما يكون من الحقيقة؛ وعندما يصدر عن السيد برنارد لويس، مع سعة معرفته بالتاريخ الإسلامي، فإن ذلك يحمل كثيرين على اتهامه بالتشويه والتحريض؛ غير أنني هنا أنحي الشكوك جانبا، ولا أميل إلى إصدار الاتهامات. فالمسلمون يؤمنون أن الله حدد وقتا للحساب والعقاب هو يوم القيامة، حيث يبعث الناس ويعودون للحياة بعد البعث في صورة خاصة حيث يحاسبون ويثابون أو يعاقبون. وأمام النصوص القرآنية الكثيرة التي تعد بالعشرات، والدالة على ذلك، لا يبقى مجال للقول بأن الله يأمر المسلمين بالإسراع في قتل غير المسلمين لإرسالهم إلى الآخرة ليطهرهم الله بالعذاب. ونكتفي باقتباس نص آية واحدة:

(وَنَضَعُ الْمَوَازِينَ الْقِسْطَ لِيَوْمِ الْقِيَامَةِ فَلَا تُظْلَمُ نَفْسٌ شَيْئًا وَإِنْ كَانَ مِثْقَالَ حَبَّةٍ مِنْ خَرْدَلٍ أَتَيْنَا بِهَا وَكَفَى بِنَا حَاسِبِينَ)[القرآن: سورة الأنبياء/آية رقم٤٧].

ومما يؤسف له أن يصدر مثل هذا الكلام عن عالم مثل برنارد لويس، وهو من أبرز المتخصصين في التاريخ الإسلامي؛ وهذا الكلام لا أصل له في الإسلام. وإذا كان الله يحرم إكراه الناس على قبول الدين أو الدخول فيه؛ ويأمر بعدم سب آلهة غير المسلمين، كما يأمر بمعاملة الشعوب والجماعات التي لم تقاتل المسلمين معاملة حسنة، بالبر والإحسان، ويحصر النهي عن ذلك في التعامل مع الذين قاتلوا المسلمين وأخرجوهم من ديارهم، فإن كلام السيد لويس يبدو غريبا. وقد حرم الإسلام القتل ونص القرآن على أن من قتل نفسا بريئة فكأنما قتل الناس جميعا.

ثالثا: دار الإسلام ودار الحرب:

أما حديث السيد برنارد لويس عن مفهوم "دارالحرب" و "دار الإسلام" والزعم الضمني بأنه مفهوم إسلامي عقيدي يعادي العالم كله منذ ظهور الإسلام، ويستوجب سيطرة الدولة الإسلامية على الجنس البشري كله بالقوة، فهو ليس كما قال لويس؛ ومقولته هذه ليست نتيجة الجهل بكل تأكيد. لقد صاغ بعض الفقهاء القدامى هذا المفهوم لوصف واقع تاريخي مادي وبشري كان قائما على الأرض آنذاك، مثلما تتحدث الدول المتحاربة في عصرنا عن أرض العدو من ناحية وأرض الوطن من ناحية أخرى؛ "فدار الحرب" هي أرض العدو المحارب، أما "دار الإسلام" فهي أرض الوطن التي يحرص أهلها على سلامتها والدفاع عنها؛ و "دار الحرب" لم تكن تشمل الدول والمجتمعات غير المحاربة للدولة الإسلامية، كما أن فكرة السيطرة على العالم بالقوة الحربية، أو بأي نوع من الهيمنة القسرية

والإرهابية لم تكن جزءا من عقيدة المسلمين في أي فترة من الزمن، وهي اليوم ليست كذلك. وعليه فإن مصطلح "دار الحرب" لم يكن جزءا من العقيدة بل كان تعبيرا عن واقع بشري حربي وسياسي كان قائما. أما إذا فهم السيد برنارد لويس غير هذا ففهمه خاطئ بالتأكيد، بدليل ما سقناه من نصوص تؤكد عدم المبادأة بالحرب من جانب المسلمين، والحرص على السلم والاستجابة لدعوته، ومنها:

(وَقَاتِلُوا فِي سَبِيلِ اللَّهِ الَّذِينَ يُقَاتِلُونَكُمْ وَلَا تَعْتَدُوا إِنَّ اللَّهَ لَا يُحِبُّ الْمُعْتَدِينَ)

(القرآن: سورة البقرة/ ١٩٠)

(وَإِنْ جَنَحُوا لِلسَّلْمِ فَاجْنَحْ لَهَا وَتَوَكَّلْ عَلَى اللَّهِ إِنَّهُ هُوَ السَّمِيعُ الْعَلِيمُ)(القرآن: سورة الأنفال/ ٦١ - ٦٢)

(لَا يَنْهَاكُمُ اللَّهُ عَنِ الَّذِينَ لَمْ يُقَاتِلُوكُمْ فِي الدِّينِ وَلَمْ يُخْرِجُوكُمْ مِنْ دِيَارِكُمْ أَنْ تَبَرُّوهُمْ وَتُقْسِطُوا إِلَيْهِمْ إِنَّ اللَّهَ يُحِبُّ الْمُقْسِطِينَ (٨) إِنَّمَا يَنْهَاكُمُ اللَّهُ عَنِ الَّذِينَ قَاتَلُوكُمْ فِي الدِّينِ وَأَخْرَجُوكُمْ مِنْ دِيَارِكُمْ وَظَاهَرُوا عَلَى إِخْرَاجِكُمْ أَنْ تَوَلَّوْهُمْ وَمَنْ يَتَوَلَّهُمْ فَأُولَئِكَ هُمُ الظَّالِمُونَ)[القرآن: سورة الممتحنة / ٧- ٨]

(وَلَوْ شَاءَ رَبُّكَ لَجَعَلَ النَّاسَ أُمَّةً وَاحِدَةً وَلَا يَزَالُونَ مُخْتَلِفِينَ (١١٨) إِلَّا مَنْ رَحِمَ رَبُّكَ وَلِذَلِكَ خَلَقَهُمْ) [القرآن: سورة هود / ١١٨ - ١١٩].

ومع ذلك، فإنه إذا كان السيد برنارد لويس يريد أن يفتش ليجد أي كلمة من كتب الأفراد المسلمين، أينما وجدها، وفي أي قرن من القرون فإنه يستطيع أن يجد مثل هذه المقولات التي تمثل رأي أفراد. وبالمثل فإننا لو أردنا أن نجمع أقوال المتعصبين في عالم الغرب، ليس قديما فقط وإنما في عصرنا الراهن، بل وفي بداية الألفية الثالثة، فإننا نستطيع أن نحشد منها الكثير، مما يحرض على محاربة الإسلام والعالم الإسلامي بأسوأ التعابير، وأكثر الأفكار ظلاما وحقدا. لكننا نميز بين رأي الأفراد أو المجموعات المتطرفة، والتي لا نراها تمثل الأغلبية، وبين أعداد كبيرة أخرى لا تحمل مثل هذه الأحقاد، وبين موقف فريق ثالث في عالم الغرب ممن لا يتوافر لهم العلم، أو الوعي فيعبرون عن الكراهية لعدم المعرفة فقط.

رابعا: الفصل بين الكنيسة والدولة:

لقد ذهب السيد لويس إلى أن الفصل بين الكنيسة والدولة مبدأ مسيحي قديم ظهر منذ بداية العهد المسيحي، أي أن هذا المبدأ وضع الحل مبكرا قبل أن تظهر المشكلة؛ وأنه نشأ من المبادئ المسيحية وليس من مبادئ أو تجربة عالمية [1]. كما أضاف أن هذا المبدأ، الفصل بين الكنيسة والدولة، غير موجود عند المسلمين وغير مقبول لديهم.

والحقيقة - بالنسبة لظهور الفصل بين الكنيسة والدولة في "عالم الغرب"- تخالف ما قاله السيد لويس. لقد ظهر الفصل بين الكنيسة والدولة في "عالم الغرب" نصا رئيسيا في معاهدة دولية، في صلح وستفاليا سنة ١٦٤٨م، كما مر معنا في الفصل الثاني، وبذلك أصبح جزءا مما يشبه القانون الدولي منذ ذلك الحين. وهذا القانون - أو هذه المادة - من اتفاقية وستفاليا الدولية لم يكن دينيا، ولم تصنعه القوى والتوجهات الدينية المسيحية، إنما صنعه الثائرون ضد السلطة الدينية الرئيسية، أي البابوية، وكان موجها ضد السلطة البابوية بالذات، حيث حرمها من حق الاعتراض على السياسات التي تمارسها السلطات السياسية المدنية في عالم الغرب عامة وفي الإمبراطورية الرومانية المقدسة آنذاك بصفة خاصة. وكان اللاعبون الرئيسيون في تلك المعاهدة هم مملكة السويد التي تزعمت الجبهة البرتستنتية، والمملكة الفرنسية الكاثوليكية التي تحالفت مع القوى البرتستنتية، ثم الإمبراطورية الرومانية المقدسة التي تزعمت الجانب الكاثوليكي، وبجانبها المملكة الإسبانية؛ كما شاركت بريطانيا في تلك الأحداث أيضا؛ وقد تطرقنا إلى

---

[1] المصدر نفسه، قسم ١، ص ١.

كل ذلك في الفصل الثاني من خلال استعراض ما يتعلق به من مصادر التاريخ الأوروبي[1]. ثم جاء استكمال الفصل بين الدين والسياسة والسلوك الاجتماعي من خلال الثورة الفرنسية سنة ١٧٨٩م. وفي كلتا الحالتين - صلح وستفاليا والثورة الفرنسية في جانبها المعادي للدين - نشأ الموقف من اشمئزاز الناس وقرفهم، المحكومين والحكام على السواء، من الصراع الديني والحروب الدينية، وما تخلل تلك الحروب من وحشية ومذابح مروعة أشرنا إليها على عجل في الفصل الثاني. ونحن المسلمين نقدر أن هذه العملية، عملية الفصل بين الكنيسة والدولة كانت ضرورة أوروبية، وحتمية أوروبية، وإجراء أوروبيا صالحا لمواجهة الأحوال السائدة آنذاك. وأن هذا الحكم ينطبق على المبدأ بعد أن انتقل تطبيقه إلى بنات أوروبا - حسب الاصطلاح الذي صاغه السيد برنارد لويس - مشيرا بذلك إلى الولايات المتحدة وأستراليا ونيوزيلاندا وكندا. وعندما يمارس الغرب مبدأ الفصل وعملية الفصل بين الدين والدولة والسياسة فإن ذلك لا يثير أي قلق أو حنق عند المسلمين، لأن الممارسة كانت تطورا منطقيا بالنسبة لأحداث التاريخ الأوروبي. وفي القرآن نصوص لقنها اللـه لنبي الإسلام ليقول لغير المسلمين: ﴿ لَكُمْ دِينُكُمْ وَلِيَ دِينِ ﴾[القرآن: الكافرون/٦]، وليقول لهم أيضا: ﴿ لَا تُسْأَلُونَ عَمَّا أَجْرَمْنَا وَلَا نُسْأَلُ عَمَّا تَعْمَلُونَ (٢٥) قُلْ يَجْمَعُ بَيْنَنَا رَبُّنَا ثُمَّ يَفْتَحُ بَيْنَنَا بِالْحَقِّ وَهُوَ الْفَتَّاحُ الْعَلِيمُ ﴾[القرآن: سورة سبأ/٢٥- ٢٦]. ولو افترضنا حدوث حرب دينية في دولة إسلامية، واتسم أطراف الحرب بالعناد والإصرار، فإن المخرج الوحيد سيتمثل في خيار العلمانية السياسية، والعمل على تبنيها وتفعيلها في تلك الدولة الإسلامية. ولعل المسلمين يعون ذلك.

أما مقولة أن فصل الكنيسة عن الدولة انطلق من مبادئ المسيحية منذ بداية العصر المسيحي فمقولة ليست صحيحة أيضا. لقد استند الذين رددوا هذه المقولة إلى نص منسوب إلى سيدنا عيسى- عليه الصلاة والسلام: "أعطوا ما لقيصر لقيصر وما لله لله" وسنتأكد عندما نرجع إلى الأناجيل ونقرأ النص ضمن سياقه الكامل أن الذين اعتبروه مبدأ وتوجيها إلهيا من خلال كلام المسيح قد أخطأوا التفسير. إن اجتزاء هذه العبارة من سياق الرواية التي وردت فيها سمح لكثيرين أن يستنتجوا منها ما يخالف مدلولها ومحتواها وما قصده المسيح عليه السلام بنطقه لها.

[1] انظر ص. ١٢٠ - ١٢١ من الفصل الثاني أعلاه.

وأظن أن أكثرهم لم يكلف نفسه قراءة النص ضمن سياقه الكامل في الأناجيل، واكتفى بأن قرأه أو سمعه مجتزءا من مصادر أخرى غير الأناجيل. لقد وردت العبارة في الأناجيل على النحو التالي:

"حينئذ ذهب الفريسيون وتشاوروا لكي يصطادوه [أي عيسى عليه السلام] بكلمة. فأرسلوا إليه تلاميذهم مع الهيروديسيين قائلين: يا معلم، نعلم أنك صادق وتعلم طريق الله بالحق ولا تبالي بأحد لأنك لا تنظر إلى وجوه الناس. فقل لنا ماذا تظن، أيجوز أن تعطى جزية لقيصر أم لا؟ فعلم يسوع خبثهم وقال: لماذا تجربونني يا مراءون؟ أروني معاملة الجزية. فقدموا له دينارا، فقال لهم: لمن هذه الصورة والكتابة؟ قالوا له: لقيصر. فقال لهم: أعطوا إذا ما لقيصر لقيصر وما لله لله. فلما سمعوا تعجبوا وتركوه وانصرفوا." [متى: اصحاح ٢٢/١٥-٢١] ، [مرقص: ١٢/١٣- ١٧]، [لوقا: ٢٠/٢٠- ٢٦].

إذن الفريسيون جاءوا إلى عيسى عليه السلام وقد نصبوا له شركا أرادوا أن يوقعوه فيه بجعله يقول لهم: "لا تدفعوا مالا للحكومة"، ثم بعد ذلك يقدمون الدليل للحكومة على أنه يحرض الناس على العصيان. لكنه أدرك مقصدهم، وأجابهم بكلمات دقيقة ومحسوبة، وتجنب الوقوع في المصيدة التي أعدوها له. ومعنى ذلك بوضوح تام أن عيسى لم يكن يعلم درسا ولا يعلن مبدءا، ولم يكن يوجه جمهور مستمعيه نحو سلوك محدد عندما قال: "أعطوا ما لقيصر لقيصر ..."، وإنما أخرج نفسه من مأزق وتجنب السقوط في مصيدة نصبها له أعداؤه.

الانفصال بين الدولة والدين المسيحي كان موجودا من البداية:

ومما لا شك فيه أنه كان هناك تميز وانفصال بين الديانة المسيحية والدولة الحاكمة منذ القرن الأول من العصر الميلادي؛ بيد أن هذا الانفصال لم ينشأ من مقولة "أعطوا ما لقيصر لقيصر..." وقد استمر هذا الانفصال حتى سنة ٣١٣م، ثم حدث بعد ذلك تطور انتهى إلى اتحاد. لقد كانت الدولة الرومانية حاضرة في فلسطين من خلال الحاكم الروماني، والجند الروماني قبل ولادة عيسى عليه السلام. وكانت الدولة وثنية تؤمن بتعدد الآلهة، بل وعبادة الإمبراطور. فلما جاءت المسيحية، جماعة وحركة تؤمن بالله وبالقيم الإيمانية والإنسانية، تعرض المسيحيون للقمع والاضطهاد طوال ثلاثة قرون، ليس لأنهم سعوا إلى معاداة الدولة، بل لأنهم كانوا شيئا آخر، يرفضون أن يعبدوا الأوثان، أو أن يقدموا لها القرابين، أو أن يعبدوا الإمبراطور؛ لقد كانوا يدعون إلى وحدانية الله. وبعد أن اعترفت الدولة بالمسيحية سنة ٣١٣م، وبدا وكأن الإمبراطور قنسطنطين الأول اعتنق المسيحية أيضا، أو اعتنقها فعلا، فقد حدث اتحاد بين الكنيسة والدولة،

ووقعت الكنيسة تحت سيطرة الإمبراطور، الأمر الذي أزعج بعض رجال الدين المسيحيين[١]. لكن سقوط الإمبراطورية في الغرب، وغياب الدولة في عصر الإجتياحات الجرمانية أوجد الظروف الملائمة لقيام البابوية. ففي تلك الظروف نجح البابا ليو الأول الكبير (٤٤٠ - ٤٦١م) مستفيدا من ضعف وسقوط الإمبراطورية الرومانية في الغرب فوطد أركان البابوية وشرع لها سلطات واسعة خارج النطاق الديني الذي كانت في السابق ضمن حدوده، وبذلك زرع أسس الصراع الذي احتدم بين الأباطرة والملوك من ناحية، والبابوات من ناحية أخرى. ومع ذلك لم يكتمل التغيير في عهد ليو الكبير، فقد ظلت الكنائس في غرب أوروبا تخضع للأباطرة والملوك الأقوياء حتى ضعف أحفاد شارلمان (ت. ٨١٦ م) حوالي منتصف القرن التاسع الميلادي، وعندها أخذت البابوية تتصرف كقوة سياسية ودينية معا، ولا تجد ما يعوق توجهها هذا كما كان الحال في عهد الملوك والأباطرة الأقوياء. أما في الإمبراطورية الشرقية فقد ظلت الكنيسة تخضع للدولة إلى أن انتهت تلك الدولة.

وبينما كان هذا الصراع يظهر في موجات متقطعة ومتكررة انفجرت حركة الإصلاح الديني ثم الحروب الدينية، حيث انتهت تلك الحروب في ألمانيا بصلح وستفاليا، كما أشرنا، ووضعت تلك الاتفاقية أساس العلمانية بفصل الكنيسة عن الدولة، وإلغاء حق الاعتراض الذي كان للبابوية قبل نفاذ متطلبات هذا الصلح. والحقيقة أن البابوية لم تقبل بنص المادة المشار إليها، ولم تعترف به، وظلت على موقفها حتى القرن التاسع عشر. وقد أشرنا إلى كل هذه التطورات بإيجاز في الفصلين الأول والثاني من هذا الكتاب. أما في أميركا فقد وعى مؤسسوا الدولة الأميركية، آباء الإستقلال، مخاطر انتقال الصراع الديني إلى دولتهم الجديدة، ذلك الصراع الذي كانت ذكرياته في أوروبا غضة آنذاك، وأكدوا فصل الكنيسة عن الدولة درءا لمخاطر انتقال الحروب الدينية إلى موطنهم الجديد. وينسب إعلان هذا المبدأ وتأكيده وتثبيته في الولايات المتحدة إلى الرئيس الثالث توماس جفرسون، دون خلاف. ونحن المسلمين نعتقد أن هذا الخيار الأميركي كان صحيحا وفي مصلحة أميركا؛ سيما إذا أخذنا بعين الاعتبار أن أصداء الحروب الدينية في أوروبا كانت - آنذاك - تطن في الآذان، وتجعل انفجار حرب دينية أو حتى موجات اضطهاد في أميركا تبدو أمرا مرعبا.

ومعنى ذلك أن تأكيدات السيد برنارد لويس بأن الفصل بين الكنيسة والدولة مبدأ مسيحي ظهر من بداية العصر المسيحي لم تكن تأكيدات صحيحة. وهذه المعلومات التي ذكرتها كلها حقائق معروفة وبديهية بالنسبة للمتخصصين، بل

---

١ Cliford R. Backman, *The Worlds of Medieval Europe* (New York: Oxford University Press, ٢٠٠٣), p. ٤٠.

ولكثير من المثقفين العاديين؛ ولست أدعي أنني اكتشفتها أو أنني أكثر علما بها من غيري؛ فأنا لست مسيحيا، كما أن السيد برنارد لويس غير مسيحي؛ ولكنني متأكد من أنه لا يجهل هذه المعلومات؛ إنه يعرفها تماما، بيد أن حماسته لنظرية صراع الحضارات، التي وضع الإطار الأول لصياغتها قبل أن يتبناها السيد هنتنغتن ، طارت به بعيدا عن الحقيقة، على ما يبدو.

خامسا: ومن ناحية أخرى فإن بعض من قرأ حديث برنارد لويس عن الصراع المنتظر بين الأصوليين والمعتدلين في العالم الإسلامي، ثم قرأ قوله بأن الغرب لا يستطيع عمل أي شئ لإيقاف ذلك، هذا البعض اعتبر هذه العبارات إيماءات ونصائح وتوجيهات تتستر بالبراءة والحياد، بينما هدفها الحث على إشعال هذا الصراع والتفرج عليه بمظهر من الحيادية [1]. لكنني لا أريد أن أتبنى هذا التفسير، وأميل إلى تنحية الشكوك ووضعها جانبا، والالتزام بما تبينه الأدلة الموضوعية الواضحة المباشرة فقط، إن وجدت.

سادسا: وأخيرا فإن النصائح التي وجهها السيد لويس لعالم الإسلام [2] ربما تحتاج إلى تعليق يدخل بعض الطمأنينة إلى قلبه وقلوب من يوافقونه في الرأي. وسواء كانت نصائح البروفسور برنارد لويس توجيهات، أو أوامر، أو حتى تهديدات فإن شعوب عالم الإسلام لا ترى في قبولها معضلة ولا مشكلة، لأن الحالات التي تشير إليها إما موجودة حاليا، وكانت موجودة طوال العهود الإسلامية، أو أنها موجودة في المبادئ القرآنية لكنها غائبة من حياة شعوب عالم الإسلام لأن قوى طاغية ظالمة عدت عليها وأزاحتها ضد إرادة هذه الشعوب. وعلى ذلك فإن هذه الشعوب تتوق إليها وترجو عودتها وتسعد بذلك إن تحقق. وفيما يلي التعليقات:

١-لم تظهر في "عالم الإسلام" حالة مماثلة لما حدث في "عالم الغرب" تستدعي الفصل بين الكنيسة والدولة. إن المشكلة التي ولدت هذه الحاجة في "عالم الغرب" لم تظهر في "عالم الإسلام"؛ ذلك أنه لم توجد في عالم الإسلام كنيسة - بالمعنى التنظيمي - أو ما يشبه الكنيسة، ولم يكن هناك طبقة من رجال الإكليروس المنظمين في بناء هرمي على رأسه البابا، أو ما يشبهه من الرئاسات الإصلاحية الأخرى، ولم تظهر بابوية. لقد ظهرت حكومة ودولة، ولكن لم تظهر كنيسة أو بابوية؛ بل إن الفكرة التي طرحها مارتن لوثر في بداية عصر الإصلاح الديني:

---

١ ولو تذكرنا الأحداث التي عرفت بعنوان (إيران كنترا Iran-Contra) في ثمانينات القرن العشرين فإن ذلك سيساعدنا على فهم أشياء كثيرة.

٢ Bernard Lewis, "the Roots of Muslim Rage," pt. II, p. ٩.

" All Christians are Priests كل المسيحيين رجال دين" كانت وما زالت تنطبق على الوضع العادي الطبيعي في المجتمع الإسلامي (كل المسلمين رجال دين، بما في ذلك النساء)؛ هذا مع العلم أن لوثر وورثته تخلوا عن هذا المبدأ فنشأت عندهم كنيسة لوثرية بنظام هرمي. أما التوجيهات والتشريعات الدينية الإسلامية فلا تزيد عن كونها أسسا تبنى عليها قوانين وتشريعات هدفها تحقيق العدل والمصلحة العامة؛ وذلك هو معيارها وأساس شرعيتها: تحقيق العدل، وتحقيق المصلحة العامة. وبهذا المفهوم تصبح تشريعا مدنيا. وكل ما يربطها بالدين هو الإيمان بوجوب تطبيقها، ليس بقوة السلطة الحكومية المدنية وحدها، بل أيضا بمبادرة صادقة وتصميم متصل من أفراد المجتمع، باعتبار التطبيق عبادة لله وخضوعا له قبل أن يكون خضوعا للقانون. وهنا يكتسب التشريع الإسلامي ميزة لا تتوفر لغيره من التشريعات.

٢- الحرية في العقيدة والعبادة نص عليها القرآن في عدد من الآيات التي أوردناها في غير هذا المكان، وفي الجانب التطبيقي العملي لم يعرف عن المسلمين أنهم أجبروا أحدا على اعتناق دينهم. أما التحديد في العقيدة والعبادة فيقصد به جلاء الفهم الحقيقي ليتبعه من اختار بحريته الكاملة عقيدة الإسلام ليهتدي به ويتبعه. أما الذي يرفض الإسلام فلا يكره عليه. ومعنى ذلك أن "مشكلة الحجر على حرية اختيار الدين" التي استدعت التنبيه لم توجد في الماضي، وليست موجودة الآن.

٣- ولم يعرف التاريخ الإسلامي جمع ضريبة لدعم تنظيم ديني لا في القديم ولا في الحديث.

أما أموال الزكاة والخراج التي كانت تدفع للحكومات في مختلف العصور الإسلامية فلم تكن تدفع لمنظمة أو هيئة دينية، إنما كانت تدفع للحكومة التي تقوم بأعمال مدنية في الخدمات والدفاع والأمن والقضاء، ومساعدة الفقراء والمحتاجين وأبناء السبيل. فهي نوع من "الضرائب"؛ وإن كانت تختلف عن الضرائب في أنها تحمل صفة العبادة، مما يجعل دفعها مصحوبا بمشاعر التعبد لله مع المساهمة في دعم الدولة وخدمة المجتمع.

وفي "عالم الإسلام" اليوم لا توجد مثل هذه الضريبة. والزكاة والصدقات التي يحرص الأفراد المؤمنون على بذلها تطوعا يوجهونها بكامل حريتهم الفردية حيث شاءوا، إلى فقير فرد، أو جمعية لكفالة الأيتام، أو لعمل الخير، أو يوقفونها وقفا للإنفاق على مسجد، أو مدرسة أو غير ذلك مما يخدم المجتمع. وهناك كثيرون من المسلمين غير الملتزمين لا يمارسون هذه العبادة، ولا يوزعون أي زكاة أو صدقات، وربما تهربوا حتى من الضرائب المدنية

الحكومية الإلزامية. وعلى ذلك فإن "مشكلة الزام الناس بدفع ضريبة محددة لتمويل ودعم منظمة أو مؤسسة دينية معينة"، هذه المشكلة التي رفع صوته بها السيد لويس لم تظهر في "عالم الإسلام"، ولم تكن موجودة في الماضي، ولا هي موجودة في حياة المجتمعات الإسلامية المعاصرة.

٤- أما حرية العقل فقد نوه الإسلام بالعقل منذ البداية، واعتبره أداة تلقي العقيدة والتوجيهات الأخلاقية والعملية المصاحبة لها، والتفكر فيها واتخاذ الفرد قراره بشأنها، قبولا أو رفضا؛ وذلك في أكثر من مئة موضع في القرآن الكريم. ليس في الإسلام "دوغما" تفرض التسليم بأن الإله الواحد مكون من ثلاثة أشخاص, أو أن الثلاثة يصبحون واحدا. هذا مع احترامنا لحق إخواننا المسيحيين، في الشرق والغرب سواء، في تبني الاعتقاد الذي يرونه مناسبا، رغم الاختلاف. وقد ربط الإسلام بين حرية الاختيار وما يترتب عليها من الثواب والعقاب؛ وهذا يناقض ما ورد عند مارتن لوثر من عقيدة "التبرئة بالإيمان." ولا مراء في أن حرية الفرد في قبول الإيمان بالإسلام أو رفض ذلك هو العنوان الرئيسي في ممارسة الحرية الدينية.

الإجابة الثانية :
شهادات وشهود:

عندما وقعت التفجيرات في لندن في السابع من تموز (يوليو) ٢٠٠٥ أذاعت ال بي. بي. سي. نص حديث ومقابلة مع عمدة لندن الكبرى، السيد كن لفنغستون Ken Livingstone حول الموضوع وقد نشر الحديث على موقع هيئة الإذاعة البريطانية على الإنترنت الأربعاء٢٠ يوليو٢٠٠٥ بعنوان:

"العمدة يوجه اللوم إلى السياسة [البريطانية] الشرق أوسطية:

"عشرات السنين من التدخل البريطاني والأميركي في الشرق الأوسط الغني بالنفط كانت الدافع لمفجري القنابل في لندن حسب رأي لفنغستون." لقد أجاب السيد لفنغستون برنامج راديو البي. بي. سي. رقم ٤ عما يعتقده بالنسبة لدوافع مفجري القنابل بقوله:

أعتقد أن هناك ثمانين سنة من التدخل الغربي في الأراضي العربية بسبب حاجة الغرب إلى النفط. لقيد أيدنا الحكومات المكروهة، ولقد قمنا بقلب وإسقاط الحكومات التي اعتبرناها غير متعاطفة مع أهدافنا ..."

ومضى السيد لفنغستون يبين: لو أننا عند نهاية الحرب العالمية الأولى نفذنا ما وعدنا به العرب، وهو أن نتركهم أحرارا ، وأن تكون لهم حكوماتهم، وأخرجنا

أنفسنا من دائرة التدخل في شئونهم، واكتفينا بشراء نفطهم، بـدلا مـن أن نشـعر بـأن علينـا أن نـتحكم في تدفق نفطهم، فإنني أظن بأن الوضع الراهن لم يكن لينشأ... "وقال السيد لفنغستون إنه لا يشجب ويـدين مفجري القنابل فقط، بل إنه

يشجب ويدين أيضا تلك الحكومات التي تذبح الناس دون تمييز لكي تنفذ سياستها الخارجية، كما نرى مـن حين لآخر فيما تقوم به الحكومة الإسرائيلية عندما تقصف بالقنابل مناطق تجئ منها جماعة إرهابيـة، غـير عابئة بالإصابات التي توقعها بالنساء والأطفال والرجال"، ومضى يقول:

"تحت الاحتلال الأجنبي، ومع الحرمان من حق التصويت، ومن حقك في إدارة شـئونك بنفسـك، ومع الحرمان من حق العمل – في أغلب الأحوال - بصفة مستمرة عبر ثلاثة أجيال، فإنني أظن أن هـذا لـو حدث عندنا في انجلترا لكنا أنتجنا كثيرا من مفجري القنابل الإنتحاريين، نحن أنفسنا[1] ".

إذن العمدة وضع أصبعه على الجرح مباشرة؛ وبذلك ناقض الرسالة الإعلامية التلقينيـة الأميركيـة التي ظهرت واستمر ضخها بعد الحادي عشر من سبتمبر ٢٠٠١م.

جريدة ها آرتس الإسرائيلية المشهورة: كتب محررها يقول:

"إن قراءة قرارات الأمم المتحدة حـول الشرـق الأوسـط تعتـبر تجربـة صعبة بالنسـبة لإسرائيـل. ذلك أنه مما لا يبعث على السرور أن تكتشف أن بلادك تحتل أراضي الآخرين، وأنها قمعية، تخرق القـانون الدولي، وتعتدي على حقوق الإنسان، وتقتل الأبرياء وتدمر البنى التحتية والمواقع التاريخية، وأنهـا تسـجن وتعذب آلافا من الناس، وتقوم بالاستعمار. وأسوأ من ذلـك أن تعـرف أن الأغلبيـة العظمـى مـن بـلاد العالم تصوت مؤيدة قرارات الأمم المتحدة التي أشرنا إليها، وتقوم بالتصويت مرة تلو الأخـرى مؤيـدة تلـك القرارات ، ضد معارضة معزولة isolated من جانب إسرائيل والولايات المتحدة الأميركية، ومايكرونيزيـا [2]، وفي هذه السنة أضيفت أستراليا [3] .

وهذا ما حرص بروفيسـور برنـارد لـويس، وبروفيسـور سـمول بي. هنتنغـتن، والإعـلام الرئيسي- الأميركي على إخفائه من أجل حماية سمعة دولة إسرائيل وتبرئتها من أي خطأ أو عيب، – حسـب مـا يبـدو لكاتب هذه السطور ولكثيرين آخرين - بينما تنشره أهم الصحف الإسرائيلية.

---

[1] المصدر: موقع البي. بي. سي. نيوز على الإنترنت ,http://news.bbc.co.uk ألأربعاء ٢٠ يوليو ٢٠٠٥، الساعة ١١:١٢ بتوقيت غرنتش.

[2] مايكرونيزيا دولة صغيرة تقوم على ستمائة جزيرة في غرب المحيط الهادي، مجموع مساحتها ٧٠٠ كم٢ تقريبا، وعدد سكانها مائة وواحد وعشرون ألفا تقريبا.

[3] الطبعة الإنجليزية لجريـدة هـاآرتس عـلى موقعهـا في الإنترنـت *Haaretz* com. ، الخميـس ٢ ديسـمبر ٢٠٠٤، ١٩ كيسـلف ٥٧٦٥ [حسـب التقويم الإسرائيلي]، الساعة ٣:٦ بتوقيت إسرائيل (زائدا ساعتين على توقيت غرينتش) ١٩ كيسلف ٥٧٦٥ [حسب التقويم الإسرائيلي]، السـاعة ٣:٦ بتوقيت إسرائيل (زائدا ساعتين على توقيت غرينتش).

ستيفاني ستاوتن STEPHANIE STOUGHTO رئيس مؤسسة Business for Diplomatic Action ورئيس مؤسسة نيويورك للإعلان عبر العالم، والمختص بالكتابة لوكالة اسوشييتدبرس في الشئون التجارية (AP Business writer) ، ومدير تنفيذي في شئون الإعلانات، تحدث يوم الخميس، الثالث عشر من أكتوبر [٢٠٠٥] في مؤتمر فرجينيا للتجارة الدولية فقال:

في المستقبل القريب أو بعده ستؤثر المشاعر المعادية للولايات المتحدة تأثيرا سيئا على التجارة. فنحن نعرف أنه في مجال التسويق لا بد ان تؤثر المواقف على السلوك، فيتبع السلوك أثر المواقف. إن الإستياء المتصاعد تنطلق جذوره من السياسة الخارجية للولايات المتحدة ..."

ويشير فريق ستيفاني إلى العديد من استطلاعات الرأي التي تفيد بوجود برود نحو أميركا في نواحي كثيرة من العالم. ففي استطلاع أجري من قريب بين متعلمين جامعيين من الفئات العمرية ٣٦ - ٦٤ سنة ، مثلا: وجدت شركة إدلمان Edelman أن ٣٢ في المئة من الأوروبيين الذين جرى استبيانهم كانوا في الجانب الأقل احتمالا من أن يشتروا منتجات أميركية، وذلك بسبب موقفهم من الثقافة الأميركية. وفضلا عن ذلك فإن أكثر من أربعين في المئة ممن جرى استبيانهم في كندا وأوروبا والبرازيل يعتبرون في الفئة الأقل احتمالا أن تشترى منتجات أميركية ، بسبب موقفها من السياسات الأميركية، هذه المرة، حسب قول إدلمان[١] .

وهذه المشاعر المعادية للثقافة والسياسة الأميركية ليست مشاعر مسلمين "حاسدين حاقدين غاضبين على أميركا" بل هي مشاعر أناس عاديين غربيين ومسيحيين في الوقت نفسه.

سيدتان من أعضاء مجلس العموم البريطاني زارتا إسرائيل والمناطق المحتلة:

نشرت جريدة هاآرتس الإسرائيلية أن "مشرعتين Two lawmakers من أعضاء مجلس العموم البريطاني عادتا من إسرائيل إلى لندن، قارنتا الأحوال المعيشية للفلسطينيين في قطاع غزة مع أحوال اليهود في "غيتو" وارسو في الحرب العالمية الثانية. فقد قالت أونا كنغ Oona King، وهي يهودية، ومن حزب العمال الحاكم، قالت أمس إن أحوال غزة "مماثلة في طبيعتها وليس في مداها" لأحوال "الغيتو" المسور السئ الذكر في العاصمة البولندية، حيث كان اليهود يحشرون فيما يشبه الزرائب ويضطهدون على أيدي نازيي هتلر. وكانت كنغ قد

---

١ موقع ياهو نيوز على الإنترنت، Yahoo News (AP Associatied Press), Friday October ١٤ ٢٠٠٥, ١٢:٣٩ AM ET

سافرت إلى إسرائيل بصحبة جني تونج Jenny Tonge ، والأخيرة من أعضاء حزب الوطنيين الأحرار. وقد أخبرت كنغ مؤتمرا صحفيا أمس إن الفرق الكبير بين غـزة وغيتو وارسو أن الفلسطينيين لم يحاط بهم ويوضعوا في غرف الغاز. أما ما يجعل الوضعين متشابهين فهو ما حدث لليهود في ذلك الوقت، من الاستيلاء على ألأراضي، وطردهم من ممتلكاتهم، والتعذيب والتحكم البيروقراطي المستخدم بطريقة مهينة في أصغر الأمور. وأضافت كنغ: "وفوق كل ذلك بناء جدار حولهم؛ وهذا هو ما تفعله الحكومة الإسرائيلية الآن. وبهذا العمل فهي تبني "غيتو" سياسي. ولا أعتقد أنها تستطيع أن تهرب من هذه الحقيقة. أما تونج فقد قالت إن الفلسطينيين في غزة لا يستطيعون أن يخرجوا دون تفتيش.

"أنا أشعر أن هذا نظام للفصل العنصري، وأنه يزداد سوءا بكل تأكيد، إذ المنطقة التي يعيش فيها الفلسطينون تصغر شيئا فشيئا. أما ملاحظاتها ورؤيتها لموضوع "مفجري القنابل الإنتحاريين فقد جرت عليها عقوبة تأديبية من رئيس حزب الأحرار، حيث تقرر فصلها.

وقد علقت الناطقة باسم السفارة الإسرائيلية في لندن بالقول: إن من العار المفزع أن اثنتين من النواب البريطانيين يمكن أن تعقدا هذه المقارنة. إننا مصدومون لهذا الجهل الذي يقارن غـزة بـ "غيتو" وارسو [١].

جريدة الإندبندنت البريطانية (٢٨ أكتوبر ٢٠٠١) نشرت تقريرا بعنوان:

"British Jews at odds after Rabbi Criticises Israel's policies..."

وقد دار التقرير حول تصريح لرجل دين يهودي بريطاني بارز هو الحاخام الدكتور دايفد غولدبيرغ Rabbi Dr. David Golberg الذي انتقد بشدة سياسات إسرائيل، وهو ما لا يتسع المجال لعرضه هنا، ويمكن أن يعود القارئ إليه؛ ورقم الملف الإلكتروني في أرشيف جريدة الإندبندنت هو: file://A:\Independent Neus.Jews.htm

هيئة الإذاعة البريطانية، BBC World Service

كلفت شركة متخصصة بأن تجري لحسابها استطلاعا في أحدى وعشرين دولة من أفريقيا، والأميركتين، وآسيا وأوروبا؛ وقد شارك في الاستطلاع اثنان وعشرون ألفا من مواطني تلك الدول فأعلن ثمانية وخمسون في المئة منهم أن الإدارة الأميركية تمثل خطرا على أمن العالم، بينما الذين تبنوا عكس ذلك مثلوا ستة وعشرين في المئة فقط. وقد أشار الاستطلاع لأول مرة إلى أن الكره للإدارة الأميركية انضاف إليه الكره للأميركيين بصفة عامة. أما موقف

---

[١] جريدة هاآرتس، الطبعة الإنجليزية على الإنترنت *HAARETZ.Com* ، الأربعاء ٢٠ حزيران (يونيو) ٢٠٠٣ ، الساعة ١٠:٤٤ بتوقيت إسرائيل، + ٣ عن توقيت غرنتش.

المواطن في الدول الأوربية الحليفة فقد كان أشد؛ ففي بريطانيا - الحليف الأكثر قربا والتصاقا بالولايات المتحدة -- إذ كانت نسبة المعترضين على السياسات الأميركية أربعة وستين في المئة، فإذا انتقلنا إلى فرنسا ارتفعب النسبة إلى خمسة وسبعين في المئة؛ أما في ألمانيا فقد وصلت النسبة إلى سبعة وسبعين في المئة[١]. وهؤلاء البريطانيون والفرنسيون والألمان لا يمكن أن يوصفوا بأنهم يحقدون على أميركا بسبب ثروتها وتقدمها وحريتها وعلمانيتها وديمقراطيتها، أو لأنها منحلة وغارقة في الجنس أو غير ذلك.

وهذا الذي أوردناه تحت عنوان "الإجابة الثانية" لم يكن إجابة صادرة عن شخص طبيعي أو اعتباري، بل هو مجموعة بيانات وتصريحات صدرت عن عدد من الأشخاص تشكل في مجموعها نوعا من الإجابة متعددة المصادر. والحقيقة أن بالإمكان أن أحشد مئات من مثل هذه البيانات والاستبيانات والتصريحات، ومن مصادر لا تقل أهمية عن هذه، إلا أن ذلك لا يتسع له المجال. وأعتقد أن هذه الأمثلة كافية؛ وذلك ما يسمح لنا بالانتقال إلى "الأجابة الثالثة.

الإجابة الثالثة:

كنا قد بدأنا الإجابة الثانية بخلاصة واحد من تصريحات لشخصية بريطانية بارزة، وأعني به عمدة لندن، السيد كن لفنغستون. وقد أعادنا السيد لفنغستون إلى الحرب العالمية الأولى، تلك الفترة التي اعتبرها أول بداية الظلم الذي ألحق بالعرب بسبب سياسات الدول الغربية الرئيسية، وأن ذلك الظلم وما تبعه هو الذي أدى إلى تفجيرات لندن في السابع من يوليو (تموز) ٢٠٠٥.

وفي هذه الإجابة الثالثة سننطلق من تلك النقطة التي بدأ منها العمدة لنستعرض ماذا عنته هذه الإشارة الشديدة الاختصار. وسنضرب صفحا عن ذكر أية تفاصيل عما كان قبلها من الحملات التي استهدفت عالم الإسلام منذ أوائل القرن السادس عشر وتضمنت استيلاء البرتغاليين على الخليج العربي سنة ١٥٠٧م، وعلى الدويلات والإمارات الإسلامية في شرق أفريقيا, والسواحل الغربية لشبه القارة الهندية، وإرسالها حملة لمهاجمة المدينة ومكة، وحصار البرتغاليين عدن، واستيلائهم على مضيق ملقا وأجزاء من أراضي ماليزيا، ومجئ البريطانيين ثم الهولنديين على آثار البرتغاليين في أوائل القرن السابع عشر، واندلاع الصراع بين هذه القوى الأوروبية على ضفاف الخليج وفوق مياهه ومياه المحيط الهندي، واستيلاء هولندا على إندونيسا، والحملة الفرنسية على مصر وبلاد الشام بقيادة نابليون بونابرت في السنوات الأخيرة من القرن الثامن عشر، واستيلاء

١ Ewen MacAskill, Diplomatic Editor, "World Fears New Bush Era," *The Guardian*, January ٢٠, ٢٠٠٥.

فرنسا على الجزائر ١٨٣٠م، وعلى تونس ١٨٨١، ثم على مراكش ١٩٠٦م، واحتلال بريطانيا لعدن ١٨٣٩م، وسيطرتها على الخليج العربي بعد رحيل البرتغاليين منه، وانهيار دولة اليعاربة العمانية حوالي منتصف القرن الثامن عشر، وكذلك احتلال بريطانيا لمصر سنة ١٨٨٢ على أثر الثورة العرابية، واحتلالها بعد ذلك للسودان.

قبل سنوات من بداية الحرب العالمية الأولى كانت العلاقات التركية العربية قد بلغت مرحلة شديدة التوتر وعدم الثقة والاضطهاد والقمع والإعدامات. وهذا ما دفع الزعامات العربية في الحجاز، وفي بلاد الشام والعراق إلى محاولة التخلص من الحكم التركي الذي اتبع سياسة قومية عنصرية، وعمل على تتريك العناصر غير التركية، خاصة في القسم العربي من بقايا الإمبراطورية التي كانت عثمانية قبل الانقلاب العسكري الذي حدث سنة ١٩٠٨، ثم ١٩٠٩م.

وقد اعتقدت الزعامة العربية أن تلك الحرب التي كانت منتظرة ستحدث تغيرات، وأن عليهم أن يسعوا لتكون تلك التغييرات في صالح بلادهم وشعوبهم. وكانت بريطانيا تراقب كل ذلك ، فنشأت الإتصالات السرية بين
الجانبين. وعند نهاية تلك الاتصالات كانت بريطانيا قد وعدت الزعامة العربية بالاستقلال والمساعدة، وقد شارك العرب في الحرب إلى جانب الحلفاء تحت علم "الثورة العربية " التي انطلقت أثناء الحرب، سنة ١٩١٦م.

وفي نفس السنة كانت بريطانيا وفرنسا قد اتفقتا سرا على تقسيم هذه البلاد العربية نفسها أسلابا بينهما؛ وفي السنة التالية (١٩١٧) أصدرت بريطانيا وعدا مضادا أعطته لزعامة الحركة الصهيونية بتحويل فلسطين إلى وطن قومي لليهود. وعندما انكشف التآمر الفرنسي- البريطاني أصدرت الدولتان بيانا مشتركا نفتا فيه وجود أية اتفاقات سرية، وأكدتا أنهما تعملان لتحرير الشعوب من الحكم الاستبدادي. وانتهت الحرب العالمية الأولى كما هو معروف، ووقعت الأراضي العربية في بلاد الشام والعراق تحت الانتداب، بينما كانت بلاد عربية وإسلامية أخرى خاضعة للحكم الاستعماري قبل ذلك بفترات طويلة.

وفي طول أراضي عالم الإسلام وعرضها، كابدت الشعوب القمع والألم بسبب نهب خيرات أوطانها، ومحاولات التغيير القسري لشخصيتها وهويتها، واستغلال التخلف والجهل والفقر لتطويع السكان لقبول أوضاع مضادة لمصالح حاضرهم ومستقبل أجيالهم القادمة. وفي معظم هذه المناطق والأراضي قامت الشعوب بثورات وأعمال مقاومة واسعة سقط فيها الملايين من القتلى، وأكثر منهم من الجرحى والمصابين، بجانب التدمير الواسع، بينما أصاب الحزن والألم والقهر جميع السكان، أو غالبيتهم العظمى. وفي كل الحالات كان يطلق على من قاوموا الحكم الاستعماري ألقاب "الإرهابيين" و"المتمردين" و"العصابات"، وغير ذلك من

التسميات المهينة المشوهة للسمعة. ومن غير شك أن هذه الألقاب أو مثيلات لها قد أطلقت على أولئك الذين قاموا بالثورة الأميركية ضد الحكم البريطاني، وقاوموا وهاجموا القوات البريطانية في تلك المستعمرة في القرن الثامن عشر، كما أطلقت على أولئك الثوار الفرنسيين الذين قاوموا الاحتلال النازي لبلادهم خلال الحرب العالمية الثانية.

وبعد أن حصلت شعوب "عالم الإسلام" على استقلالها الشكلي أو الفعلي، المنقوص أو الكامل، تقدمت مدفوعة بفيض كبير من الأمل، وانضمت إلى الأمم المتحدة ومختلف المنظمات الدولية المقامة تحت شعارات السلام والأمن والعدل والتعاون والاحترام المتبادل لكل شعوب الأرض. وبصدق تام تناست كل آلامها التي كابدتها من ويلات عهود الاستعمار، وإن لم تنسها طوتها في الجانب النائم المظلم من الذاكرة الشعبية. لقد كانت شعوبنا تشعر بالرضا، بل بالزهو أحيانا، إذ أصبحت مشاركة في هذا الموكب الإنساني الذي وعى - كله أو معظمه - إنسانيته واتجه لممارستها على مستوى العالم. بيد أن هذه المؤسسة الدولية الأرفع التي مثلت فكرة سامية لم تلبث أن استهدفت لتصبح أداة يستخدمها الأقوياء قناعا لسياساتهم المناقضة لمثلها، وذلك منذ ولادتها، كلما حلا لهم ذلك.

وفي السنوات الأخيرة عوملت الأمم المتحدة بازدراء كبير وواضح من دول اعتبرت نفسها فوق القانون الدولي، واعتبرت أن المواثيق والاتفاقيات الدولية تفقد فاعليتها وقوتها عندما تصل إلى أعتاب وحدود بعض الكبار. وفي إطار هذه السياسات شهدت الساحة الدولية قدرا كبيرا من أساليب الابتزاز والتخويف، وأحيانا الإغراء والرشا لتنفيذ سياسات بعض الكبار، أو لإضفاء مسحة من الشرعية الزائفة والخداعة عليها.

الأسباب الرئيسية للخلاف في عصرنا الراهن:

أما الحقيقة الكبرى الفعليةالدافعة للخلاف – بالنسبة لموقف عالم الإسلام اليوم - فتتمثل في سببين: أولهما الخطر الإسرائيلي على المنطقة كلها وليس على فلسطين وحدها، وثانيهما السعي المتواصل من جانب القوى الرئيسية في "عالم الغرب" للهيمنة على بلاد عالم الإسلام. ومن المثير للدهشة أن هذين السببين يندمجان، أو يتحدان أحيانا لدرجة تجعل من الصعب التفريق بينهما، بل وتحمل الباحث - أحيانا - على التساؤل: من يقود الآخر؟ الحركة الصهيونية وإسرائيل أم "عالم الغرب ؟. وكل ما عدا ذلك لا يزيد عن كونه من المسائل العابرة، التي لا تشكل سببا حقيقيا للخوف أو القلق والعداء المستمر. وفيما يلي خلاصة شديدة التركيز لنشأة وتطور العامل الرئيسي المسبب للخلاف والتباعد:

الحركة الصهيونية:

في العقود الأخيرة من القرن التاسع عشر بدأت تظهر توجهات عاطفية لدى بعض النخب من يهود أوروبا الشرقية نحو فكرة العودة إلى فلسطين بعد ألفين وخمسمئة سنة من الشتات. وقد تجسدت هذه التوجهات في نشاط الجمعية التي عرفت باسم "أحباء صهيون"؛ وقد نتج هذا التوجه بسبب ما تعرض له اليهود في روسيا القيصرية من اضطهاد. وقد مهد ذلك التطور لقيام الحركة الصهيونية في أوروبا حيث ظهرت فيها أحداث وأمثلة متعددة من الممارسات التي كانت تعبر عن التعصب ضد اليهود والكره لهم. وفي هذه المرحلة ظهر تيودور هرتزل Theodor Herzl الذي وصف بأنه "أبو الحركة الصهيونية." وكان هرتزل قد ولد في بودابست، عاصمة المجر، سنة ١٨٦٠، ويبدو أنه انتقل بعد أن كبر إلى فينا، واستقر وعمل فيها مراسلا صحفيا، وتابع أخبار التمييز ضد اليهود، وتأثر بذلك.

وفي سياق ردود الفعل الناتجة عن الإضطهادات في أوروبا أصدر هرتزل كتابا ضمنه برنامجا لحل "المشكلة اليهودية" عن طريق استعمار فلسطين وإقامة دولة يهودية فيها. وقد صدر الكتاب في فينا، في شهر شباط ١٨٩٦ تحت عنوان: " الدولة اليهودية Der Judenstaat " وفي نفس السنة ظهرت له ترجمات مطبوعة باللغات العبرية والإنكليزية والفرنسية والرومانية؛ وقد جاء تحرك هرتزل عندما كان الاستعمار الغربي قد بلغ ذروة شموخه. وفي السنة التالية، ١٨٩٧ انعقد المؤتمر الصهيوني الأول في بازل (سويسرا) وناقش برنامج العمل الذي تضمنه كتاب هرتزل، وأخذ البرنامج يتطور منذئذ من خلال استقطاب الأنصار والدعم السياسي والمالي على النطاق العالمي، وانطلقت الحركة الصهيونية العالمية بقوة. وقد نشأت هذه الحركة معتمدة على اليهود الأوروبيين العالمانيين، وأكثرهم ذوو أصول أوروبية شرقية - مثل هرتزل - من روسيا وبولندا والمجر وتشيكيا وغيرها. وهذه العناصر تعود أصول معظمها إلى شعب الخزر الذي اعتنق ملكه وقسم منه الديانة اليهودية في القرن الثامن الميلادي[١]. كما اعتمدت الحركة الصهيونية على الأوروبيين المتعاطفين من غير اليهود، ولقيت منهم دعما سياسيا وماليا وبشريا؛ وذلك دون مشاركة من يهود فلسطين والبلاد العربية. لقد أرادت الحركة الصهيونية الأوروبية - باختصار شديد - إنشاء دولة يهودية تمتد "من نهر مصر إلى النهر الكبير"، نهر الفرات، وفي بعض الأحيان توسعت آمال الصهاينة لتشمل مناطق أخرى أبعد. وكانت فلسطين آنذاك

---

١ انظر Arthur Koestler, *The Thirteenth Tribe, The Khazar Empire and Its Heritage* (London: Hutchinson & Co. (Publishers) Ltd., ١٩٧٦), pp. ١٨٩-١٩٠, ١٩٩, see also pp. ١٤١-١٧٨.

مجرد إقليم جغرافي ضمن بلاد الشام (سوريا)، ولم يكن لهذا الإقليم أي وضع سياسي عدا عن كونه جزءا من أراضي الإمبراطورية العثمانية الشائخة المتآكلة؛ هذا بجانب مكانة فلسطين الدينية المنبثقة من وجود الأماكن المقدسة للأديان السماوية الثلاثة فيها. وكانت في فلسطين أقلية يهودية تعيش فيها قبل ذلك بقرون، وقد بلغت نسبتها ثمانية في المئة من مجموع السكان تقريبا.

وفي سنة ١٩١٤ نشبت الحرب العالمية الأولى كما ذكرنا؛ ولم تلبث الدولة العثمانية - التي كانت تحكمها آنذاك حركة عالمانية جاءت إلى الحكم بانقلاب عسكري - أن دخلت هذه الحرب حليفة تابعة لأحد أطرافها الرئيسيين، أي الإمبراطورية الألمانية. وفي سنة ١٩١٦عقدت اتفاقية سرية [١] بين بريطانيا وفرنسا وروسيا هدفها تقسيم أراضي الدولة العثمانية أسلابا بين الدول الثلاث، بعد انتهاء الحرب؛ وقد عرفت تلك الاتفاقية بإسم سايكس - بيكو Sykes-Pico اشتقاقا من اسمي الممثلين البريطاني والفرنسي- اللذين قادا المفاوضات وصولا إلى الاتفاقية؛ وقد انسحبت منها روسيا القيصرية بعد إعلان الثورة الشيوعية وفضحتها. وفي الثاني من نوفمبر ١٩١٧ أصدرت بريطانيا العظمى "وعد بلفور" في صورة رسالة وجهها وزير خارجيتها إلى أحد زعماء الحركة الصهيونية فحواها أن بريطانيا ستأخذ على عاتقها إنشاء وطن قومي لليهود في فلسطين. وفي ديسمبر ١٩١٧ استسلمت القدس ودخلها الجنرال أللنبي؛ وأخيرا انتهت الحرب العالمية الأولى سنة ١٩١٨، وأصبح جنوب بلاد الشام (أي فلسطين وشرق الأردن) تحت سيطرة القوات البريطانية، بينما استولت فرنسا على شمالها (سوريا ولبنان)؛ هذا بجانب استيلاء بريطانيا على العراق وغير ذلك من أراضي الإمبراطورية العثمانية.

وانعقد مؤتمر الصلح في باريس (فرساي) سنة ١٩١٩ لبحث وحل المشاكل التي ظهرت على أثر انتهاء الحرب، خاصة ما تعلق منها بتوزيع الأسلاب والغنائم على المنتصرين وفرض العقوبات على المهزومين، وإعادة تشكيل الأطر السياسية، وترتيب الأوضاع الإقليمية والدولية. وقد شكل المنتصرون في الحرب "عصبة الأمم" التي يمكن اعتبارها نموذجا أوليا مبكرا للأمم المتحدة. وفي مؤتمر الصلح هذا تبنت الدول الكبرى - بريطانيا وفرنسا والولايات المتحدة الأميركية - مضمون وعد بلفور، وأدخلت محتواه في صلب نظام الانتداب الذي أصدرته عصبة الأمم في ٢٤ تموز (يوليو) ١٩٢٢، وبذلك أصبح وثيقة دولية معترفا بها. وقبل ثلاثة وعشرين يوما من تبني عصبة الأمم لنظام الانتداب كان

---

[١] - ولا نقول مؤامرة حتى لا يسخر منا المتهكمون على "نظرية المؤامرة" التي لا وجود لها كنظرية.

الكونغرس الأميركي بمجلسيه قد تبنى مشروع نظام الانتداب يوم ٣٠ يونيو ١٩٢٢[١]. وقد حددت المادة رقم ٢٢ من ميثاق عصبة الأمم صيغة وأهداف وآلية عمل نظام الإنتداب مع بدائل اعتبرت مناسبة لبعض الحالات الخاصة. ومن قراءة هذه المادة (٢٢) نجد أن نظام الإنتداب كان يعني من الناحية النظرية - أن تنتدب عصبة الأمم دولة تكلف بإدارة إقليم معين وتساعده وترعاه حتى يرتفع مستوى سكانه لدرجة تمكنهم من تولي شئونهم بأنفسهم، وعندئذ يمنح الإستقلال. وبموجب هذا النظام انتدبت بريطانيا لإدارة فلسطين – بجانب انتدابات أخرى لها ولحليفتها فرنسا، - وأدخل مضمون ونص وعد بلفور في صلب نظام نظام الانتداب على فلسطين، كما أشرنا، إذ نصت المادة الثانية من نظام الإنتداب على أن "الدولة المنتدبة ستكون مسئولة عن وضع البلاد [فلسطين] في حالة وظروف سياسية وإدارية واقتصادية تؤمن وتضمن إنشاء وطن قومي يهودي – كما هو مبين في مقدمة هذا النظام - كما أنها مسئولة عن تطويرمؤسسات الحكم الذاتي لليهود، ومسئولة أيضا عن حماية الحقوق المدنية والدينية لجميع سكان فلسطين مهما كان جنسهم ودينهم.[٢] " وقد حمل قرار الانتداب تناقضا واضحا في صلبه، بين مساعدة السكان للوصول إلى حالة الأهلية للإستقلال من ناحية، واستقدام وتوطين عنصر- بشري جديد يجلب من وراء البحار ليسلب حقوق أهل البلاد ويمنحها للغزاة الداخلين إلى البلاد قسرا تحت علم الإنتداب والدولة المنتدبة وعصبة الأمم. وبموجب ذلك أصبح الدور المقرر للحكومة البريطانية التي إنشئت لإدارة فلسطين هو تحقيق البرنامج الهادف إلى "إقامة الوطن القومي لليهود في فلسطين." ومما تجدر ملاحظته في نص المادة الثانية من نظام الانتداب أنها أغفلت ذكر الكتلة السكانية الرئيسية التي كانت تشكل الأغلبية الساحقة في البلاد ووصفتها بعبارة "غير اليهود". وعندما تحدثت عن حقوق "غير اليهود" هؤلاء ذكرت الحقوق المدنية والدينية فقط، دون ذكر الحقوق السياسية. لقد كان قرار الانتداب، ونظام الانتداب الذي أعدته وتبنته الدول الكبرى الثلاث، بريطانيا وفرنسا والولايات المتحدة ثم أصدرته عصبة الأمم حكما بالإعدام على الشعب الفلسطيني منذ ذلك الوقت المبكر. والذي أصدر الحكم بالفعل هي الدول الغربية الثلاث الكبرى المنتصرة في الحرب، لأنها هي التي شكلت وضع ما بعد انتهاء الحرب العالمية الأولى، ولم

---

١ Government of Palestine, *A Survey of Palestine* (Prepared in December ١٩٤٥ and January ١٩٤٦ for the information of the ANGLO AMERICAN COMMITTEE OF Inquirey, vol. I, pp. ٢١.

٢- "The Mandate for Palestine", ٢٤ July ١٩٢٢, art. ٢, published as appendix II to Henry Cattan's *Palestine and International Law*...(London: Longman, ١٩٧٣), pp. ١٧٦—١٨١.

تشاركها في ذلك أية دولة أخرى ذات وزن آنذاك. ولم يكن هذا الحكم على الشعب الفلسطيني فقط، بل وعلى مجمل بلدان المشرق العربي من ناحية تخطيط وتصميم مستقبلها بحيث يخضع لمتطلبات قيام الدولة اليهودية وطموحات المنظمة الصهيونية التي تتجاوز حدود فلسطين، وتتجاوز التوسع في السيطرة على الأرض والمياه إلى الهيمنة على منطقة المشرق العربي ككل. وكان ذكر هذه الطموحات يتردد خلال المفاوضات واللقاءات مع كل تعابير ووعود التعاطف والتأييد المستقبلي، كما تدل الوثائق الرسمية.

وقد وضعت لندن على رأس هذه الإدارة الإنتدابية موظفا بريطانيا حمل لقب "المندوب السامي High Commissioner" وأختارت للمنصب أول مرة مندوبا ساميا يهوديا بريطانيا متحمسا لتنفيذ أهداف الانتداب، وسياسة وعد بلفور، وأهداف المنظمة الصهيونية العالمية. وقد استغرق تنفيذ هذا البرنامج ما يقرب من ثلاثين سنة، منذ بدء الاحتلال سنة ١٩١٨ وحتانتهائه وإعلان قيام دولة إسرائيل ١٤ أيار (مايو) سنة ١٩٤٨. وقد شهدت هذه السنوات الثلاثون كثيرا من الإجراءات الإدارية والسياسية والعسكرية التي صاغتها ونفذتها حكومة الانتداب البريطانية، كما شهدت أقدارا من التفاعل وردود الفعل من جانب الأطراف ذات العلاقة، بما في ذلك الثورات والصدامات والعنف والضحايا البشرية والخسائر المادية والسياسية، دون أن يمنع ذلك بريطانيا من متابعة تنفيذ برنامج الانتداب بشكل متواصل، بغض النظر عن بعض التكتيكات السياسية المتعرجة التي استخدمتها خداعيا، حيث لم يكن في نيتها أن تحيد عن البرنامج الذي تبنته الدول الثلاث في مؤتمر الصلح سنة ١٩١٩، والذي كان هدفه النهائي إقامة "وطن قومي لليهود" في فلسطين.

وفي سنوات الانتداب تزايدت أعداد اليهود وأنشئت المستوطنات للقادمين الجدد، وكان عرب فلسطين يسمونها "المستعمرات"، جمع "مستعمرة." فعند بداية الاحتلال سنة ١٩١٨ كانت نسبة الأقلية اليهودية إلى مجموع السكان (٨%) ثمانية في المئة تقريبا ، كما أشرنا؛ وبعد أربع سنوات (١٩١٨-١٩٢٢) أجرت حكومة فلسطين البريطانية أول إحصاء رسمي حديث للسكان، فظهر أن نسبة اليهود ارتفعت إلى إحدى عشرة في المئة (١١%) حيث قسم الإحصاء العرب على أساس طائفي ديني، بين مسلمين ومسيحيين. وكانت نسبة المسلمين ٧٨%، والمسيحيين ٩و٦ % عند نهاية السنوات الأربع الأولى[1]، وذلك بفعل تدفق

---

[1] - إاظر الإحصائية الرسمية التي أعدتها حكومة فلسطين البريطانية:
Government of Palestine, *A Survey of Palestine*..., vol. I, pp. ١-١٢, ١٤٠-١.

الهجرة اليهودية بعد الاحتلال مباشرة. وفي سنوات الحرب العالمية الثانية وأثناء الاضطهاد النازي زاد التدفق ليصل أحيانا إلى مئة ألف يهودي في الدفعة الواحدة، بل جرى الحديث عن تهجير مليون يهودي دفعة واحدة. وعندما أصدرت هيئة الأمم المتحدة قرار التقسيم سنة ١٩٤٧ كان عدد اليهود في فلسطين قد بلغ حوالي ستمئة ألف، أي ثلاثة وثلاثين في المئة من مجموع السكان تقريبا، بينما كان عدد العرب مليونا ومائتي ألف نسمة. وقد تملك اليهود أقل من (٧%) سبعة في المئة من مجموع أراضي فلسطين البالغة ٢٧ ألف كيلو متر مربع؛ وبجانب ذلك منحتهم حكومة فلسطين البريطانية مساحات واسعة من الأراضي العامة التي تعود ملكيتها – في أي دولة - للشعب بإجماله. ورغم هذه النسبة الضئيلة من الملكية القانونية فقد خصص لهم قرار التقسيم ستة وخمسين في المئة (٥٦%) من مساحة فلسطين، ضمت أجود الأراضي وأخصبها، وهي أراض فيها مدن وقرى عربية وكان سكانها العرب يعيشون على ظهرها قرونا طويلة حتى ذلك الوقت. ومما تجدر الإشارة إليه والتذكير به أن الهجرة اليهودية كانت ضد رغبة سكان فلسطين العرب، وتحت حماية الجيش البريطاني والسلاح البريطاني؛ وقد قام الفلسطيون بثورات متكررة لمقاومة توطين المهاجرين الذين جاءوا - أو جاء أكثرهم - بنية الاستيلاءعلى البلاد بالقوة، مثل مناحم بيغن الذي هاجر من بولندا سنة ١٩٤٢ وبمجرد وصوله انخرط في عصابة سرية مسلحة تعمل من أجل تسريع السيطرة على فلسطين. وفي سنة ١٩٤٦ قام بيغن ومنظمته المسلحة بأعمال إرهابية كبيرة كان أشهرها نسف فندق الملك داود في القدس [3].

حملات التوسع الإسرائيلي بعد التقسيم:

الحملة الأولى:

أصدرت الجمعية العامة للأمم المتحدة قرار تقسيم فلسطين في ٢٩ نوفمبر ١٩٤٧؛ وقد قضى القرار بإقامة دولتين فلسطينية ويهودية، وأن تكون القدس خاضعة للإشراف الدولي. وقد كان القرار مخالفا للقانون الدولي، بل ولميثاق

---

٢ - لم يدخل البدو الرحل - وهم مسلمون – ضمن الإحصاء السكاني إلا سنة ١٩٣١ حيث قدر عددهم بـ ٦٦٥٥٣ نسمة.

٣- Menachem Begin, *The Revolt*, Los Angeles: Nash Publishing, ١٩٧٢, pp. ٢٢-٢٣, ٢١٢-٢٢٧, ٣٤٨ - ٤٧١.

Begin wrote about his journey immigrating to Palestine, pp. ٢٣-٢٣٣ ,about attacking King David Hotel pp. ٢١٢ – ٢٢٧, and about the Conquest of Jaffa, pp. ٣٤٨ – ٣٧١.

وقد وصف بيغن رحلة هجرته إلى فلسطين، كما وصف عملية نسف فندق الملك داود بتفاصيلها الدقيقة، وفصلا آخر وصف فيه الاستيلاء على مدينة يافا ومساهمة جماعته في ذلك.

الأمم المتحدة نفسه. ولاستصدار القرار مارست القوى الصهيونية ضغوطا شديدة على البيت الأبيض في واشنطن كي يضغط على الدول الأخرى لتؤيد قرار التقسيم، كما أشار الرئيس هاري ترومان في مذكراته، وقد أصدر ترومان أمرا إلى وزارة الخارجية بتأييد التقسيم [1].

وبين صدور قرار التقسيم وموعد جلاء القوات البريطانية من البلاد (١٥ أيار ١٩٤٨) كانت المدة ستة أشهر ونصف الشهر؛ وفي هذه الفترة بدأت المنظمات الصهيونية المسلحة تسابق الزمن لتستولي على أكبر مساحة من الأرض زيادة عما خصص لها قرار التقسيم وتفرض ذلك أمرا واقعا. وقد شاركت المنظمات العسكرية الصهيونية، خاصة منظمة الهاجانا، ومنظمة إرغون تسفاي ليومي؛ ومنظمة شتيرن في حملة التوسع المبكرة هذه في الشهور التي سبقت إعلان قيام دولة إسرائيل. ونقرأ فيما كتبه مناحم بيغن وصفا مفصلا - من وجهة نظر إسرائيلية طبعا - عن كيفية الاستيلاء على مدينة يافا، وذلك في فصل من كتابه خصصه لهذا الغرض، حيث خضعت يافا لحصار طويل بعد قطع الطريق الذي يصلها بالرملة والقدس، كما يصلها بجنوب فلسطين؛ وصاحب الحصار قصف بالمدفعية وبكل أنواع الأسلحة، مع هجمات متكررة من مختلف الاتجاهات حتى تم الاستيلاء على المدينة. وفي هذه الفترة أيضا استولت القوات الصهيونية على بعض أحياء القدس العربية التي كانت خارج سور البلدة القديمة، كما استولت على مدينة حيفا العربية التي كان قد أحاط بها الاستيطان اليهودي في فترة الانتداب.

وبعد انتهاء الوجود البريطاني في ١٥ أيار ١٩٤٨ دخلت إلى فلسطين بعض القوات العربية لنجدة أهلها، لكنها كانت قوات ضعيفة تدريبا وتسليحا، لا تقف ندا للقوات الإسرائيلية التي كان من ضمنها عدد كبير من الجنود والضباط الذين شاركوا في الحرب العالمية الثانية ضمن جيوش الحلفاء قبل أن يهاجروا إلى فلسطين، كما كانوا أفضل تسليحا. وبجانب ذلك كانت القيادات السياسية في الدول العربية المعنية تفتقر إلى الإرادة السياسية، وإلى الرؤية السياسية الصحيحة. وينبغي ألا ننسى أن أكبر الدول العربية، وهي مصر، كانت تعاني من الاحتلال البريطاني حيث كانت فيها أكبر قاعدة عسكرية بريطانية تتمركز على قناة السويس وظلت هناك حتى سنة ١٩٥٦. وبين سنتي ١٩٤٦و ١٩٤٧ كانت هناك قوات بريطانية تتمركز في القاهرة والاسكندرية، وكانت مصر مقيدة بمعاهدة سنة ١٩٣٦ بينها وبين بريطانيا. أما سوريا ولبنان فقد كانت استقلت عن فرنسا لتوها، بينما حصلت الأردن على وضع الدولة المستقلة سنة ١٩٤٦. وفي ظل هذه

[1] كما ذكر الرئيس ترومان نفسه في مذكراته.

الظروف عجزت الدول العربية عن حماية الفلسطينيين لضعف الوعي وضعف الإرادة وقلة الإمكانات المادية.

أما في الجانب الإسرائيلي فكانت الأمور على عكس ذلك تماما، بجانب ما حظي به الصهاينة من التأييد الدولي. فالدول الغربية الكبرى الثلاث تبنت المشروع الصهيوني أثناء الحرب العالمية الأولى وبعدها في مؤتمر الصلح. وحتى السوفييت والدول التابعة لهم كانوا متعاطفين مع الدولة الصهيونية ومن أوائل من اعترف بها، ولم يضنوا عليها بالمساعدات العسكرية والمتطوعين؛ ولم تتغير هذه العلاقة إلا بعد سنة ١٩٥٥. وهكذا استمرت حملة التوسع الصهيوني بعد إعلان قيام الدولة الإسرائيلية، وكان الصهاينة يستغلون الهدنات التي كان يفرضها مجلس الأمن، فإذا فرضت الهدنة، وارتخت القيادات السياسية والعسكرية العربية شنت القوات الإسرائيلية هجوما مباغتا لتقطع خطوط المواصلات ولتحاصر قطعا من القوات العربية ، حتى تمكنت من الاستيلاء على ثمانين في المائة (٨٠%) من أرض فلسطين بكاملها، وهجرت مئات الآلاف من سكانها إلى الدول المجاورة، وفرضت ذلك أمرا واقعا. وعندما حلت سنة ١٩٥٠ لم يبق في إسرائيل والمناطق التي استولت عليها سوى ١٥٠ ألفا من العرب، أقلية صغيرة. ورفضت إسرائيل تنفيذ قرار الأمم المتحدة رقم ١٩٤ الذي ألزمها بالسماح للذين اجبروا على ترك ديارهم بالعودة إليها، ولم ينفذ القرار حتى الآن، بعد نصف قرن، وما زال اللاجئون يعيش قسم كبير منهم في المخيمات. وهكذا ذهب مع الريح ما تضمنه وعد بلفور، وما تضمنه نظام الانتداب اللذان أشارا إلى "عدم الإضرار بمصالح السكان غير اليهود في فلسطين بسبب إقامة الوطن القومي."

حملة التوسع الثانية:

وفي شهر تشرين الثاني (نوفمبر) ١٩٥٦ هاجم الجيش الإسرائيلي الأراضي المصرية واستولى على شبه جزيرة سيناء بكاملها حتى قناة السويس، في خطوة توسعية أخرى لتحقيق برنامج الحركة الصهيونية؛ وبذلك أضيفت مساحة سيناء البالغة واحدا وستين ألف كيلو متر مربع - أي أكثر من ضعف مساحة فلسطين كاملة - إلى ما استولت عليه إسرائيل من قبل. والأهم من ذلك أن الأراضي التي سيطرت عليها امتدت إلى "نهر مصر". ومما تجدر ملاحظته أن هذه الحملة لم تأت ضمن حرب بين مصر وإسرائيل، بل إن إسرائيل انتهزت ظروف اعتزام بريطانيا وفرنسا مهاجمة مصر للاستيلاء على منطقة قناة السويس فتفاوضت معهما سرا لتكون شريكة في العدوان، وفي الغنائم. لكن الرئيس الأميركي أيزنهاور أجبر بريطانيا وفرنسا، وبالتالي إسرائيل على الانسحاب. وقد كان الاتحاد السوفياتي في أوج قوته آنذاك وتدخل في النزاع بضجة عالية، كما أن

أميركا كانت تعمل على أن ترث ما كان لبريطانيا وفرنسا من نفوذ سياسي في المنطقة العربية. وقد تم الانسحاب أوائل سنة ١٩٥٧. أما المكسب الذي حققته إسرائيل مكافأة على عدوانها ولدورها في هذه الحملة فقد تمثل في إجبار مصر على إعطائها حق المرور في خليج العقبة وقناة السويس، رغم أن حالة الحرب كانت قائمة بين الدولتين، وأن إسرائيل امتنعت بإصرار عن تنفيذ أي من قرارات الأمم المتحدة الخاصة بفلسطين.

حملة التوسع الثالثة:

أما حملة التوسع الثالثة فقد كانت حربا خاطفة بدأتها إسرائيل عندما شنت هجوما "مباغتا" صباح يوم الخامس من حزيران (يونيو) ١٩٦٧ فاستولت على سيناء ثانية، كما استولت على قطاع غزة والضفة الغربية وهضبة الجولان السورية فيما سمته إسرائيل حرب الأيام الستة. والحقيقة أن إسرائيل استغلت حالة التوتر التي سادت العلاقات بين دول المنطقة، العلاقات العربية العربية والعلاقات العربية الإسرائيلية، واستغلت المهاترات بين الأنظمة العربية، والتصرفات والتصريحات الخاطئة من جانب بعض القيادات العربية للقيام بهذه الهجمة المذهلة. فبالنسبة للواقع العربي لم تكن مصر – أكبر قوة عربية - في حالة تسمح لها بالدخول في حرب مع إسرائيل، لا من حيث قدرة جيشها وجاهزيته، ولا من حيث حالتها الاقتصادية أو علاقاتها العربية، ولم تكن تفكر في الحرب إذ كانت تدرك عجزها عن تحقيق النصر لكنها توهمت أنها قد تستطيع أن تسترجع ما حصلت عليه إسرائيل من المكسب مكافأة على مشاركتها في العدوان سنة ١٩٥٦؛ وبناء على هذا الوهم أعلنت إغلاق خليج العقبة كما كان قبل ١٩٥٦. أما سوريا فقد كانت تعاني من الانقلابات العسكرية والصراعات بين أجنحة حزب البعث الحاكم. وكانت إسرائيل ترصد كل ذلك، فاستغلت الفرصة السانحة وحققت نصرا سهلا بحسن إدارتها للصراع، وعجز القيادات في مصر وسوريا وسوء إدراكها لحقائق الموقف آنذاك. والمهم أن إسرائيل أضافت مساحة ضخمة من الأرض العربية مقدارها ٦٨٤١٣ كيلو مترا مربعا مقابل ٢٠٧٠٠ كم مربع كانت في حيازتها قبل سنة ١٩٦٧؛ كما أن قواتها عادت لتتمركز على أطراف "نهر مصر". وفي هذه الحملة احتلت إسرائيل أراضي ثلاث دول عربية: سيناء المصرية، الضفة الغربية التي كانت تشكل جزءا من المملكة الأردنية الهاشمية[١]، وظلت كذلك من الناحية القانونية حتى سنة ١٩٨٨ عند قرار فك الإرتباط، كما احتلت إسرائيل أيضا هضبة الجولان السورية. وقد أصدرت إسرائيل قرارات وقوانين بإلحاق وضم القدس والجولان، إلى أراضيها، أي أن هذه المناطق صارت - حسب القوانين الإسرائيلية

---

١ وكانت الضفة الغربية قد اتحدت مع الأردن، وصارت جزءا من المملكة الأردنية الهاشمية سنة ١٩٤٩.

- جزءا من الدولة الصهيونية. أما سيناء فقد عادت إلى مصر بعد أن دفعت ثمنا باهظا لاستعادتها.

حملة التوسع الرابعة:

أما الحملة الرابعة فقد انطلقت سنة ١٩٨٢ أثناء الحرب الأهلية اللبنانية التي لم تكن أصابع الموساد بعيدة عنها؛ فقد أجتاحت إسرائيل قسما كبيرا من لبنان، بما في ذلك العاصمة بيروت والقصر الجمهوري، ثم تراجعت لأنها أدركت صعوبة وخطورة البقاء في كل ما احتلته من أرض هذا البلد، واحتفظت بشريط داخل الأراضي اللبنانية، ورفضت تنفيذ قرارات مجلس الأمن التي الزمتها بالانسحاب، وظلت مصرة على موقفها حتى أجبرتها المقاومة اللبنانية المسلحة على الانسحاب بعد ربع قرن من الإصرار والمكابرة. وقد كانت مصادر المياه اللبنانية جزءا مهما تركزت عليه المطامع الإسرائيلية، حيث أنشأت المشاريع المائية لجر المياه اللبنانية عبر حدودها. وقد كانت المياه العربية هدفا مهما في سياسة إسرائيل منذ نشأتها، بل وقبل نشأتها، مما لا يتسع المجال لمتابعته هنا.

الهيمنة العسكرية والسياسية والإقتصادية:

ولقد كانت الهيمنة السياسية والعسكرية والاقتصادية هدفا مهما وحاضرا باستمرار، مواز ومكملا، لهدف التوسع الصهيوني، تبنته الحركة الصهيونية والدولة الصهيونية منذ البداية، كما أيده أنصار الدولة والحركة الصهيونية في "عالم الغرب".

لمحة عن الأضرار التي لحقت بالدول والشعوب العربية:

درج كثيرون من الكتاب والمحللين في عالم الغرب على وصف الصراع المحتدم في العالم العربي منذ ما يزيد على قرن بأنه نزاع بين الإسرائيليين والفلسطين، وأن العرب من غير الفلسطينيين يتدخلون ليزيدوا هذا النزاع اشتعالا، وليقللوا من إمكانات وفرص السلام. ولا مراء في أن هذا التوصيف عمل مضلل، بغض النظر عما كان بعض من يقومون به يفعلون ذلك عن وعي وقصد، أو عن عدم معرفة، أو بسبب السهو عن أخذ بعض الحقائق بعين الاعتبار. وعندما توصف مشكلة بأنها "نزاع بين فريقين" فإن هذا الوصف يضع الفريقين في موقفين متساووين. وعندما يوصف أحد الفريقين بأنه يريد السلام والفريق الآخر

يعارض ذلك فإن هذا ينطوي على إصدار حكم بالتجريم على هذا الفريق "المتعنت والرافض للسلام" ؛ وهكذا تصبح الضحية هي المدانة والمجرمة؛ وهكذا تكون المحصلة النهائية لهذا التوصيف أن الجانب العربي لا يريد السلام، بل يريد الاستمرار في الصراع، وأن الجانب الإسرائيلي هو الذي يريد السلام، بجانب كونه ديمقراطيا، وشريكا لعالم الغرب في التراث الديني والحضاري. وهنا يضع "عالم الغرب" نفسه في الخندق المعادي للعرب والمسلمين، مهما حاول أن يعطي نفسه صفة الحياد أحيانا.

خلاصة سريعة: الحقيقة مركزة في نقاط :

أ - في سنة ١٩١٨م كان العرب هم أهل فلسطين، وتعيش بينهم أقلية يهودية صغيرة نسبتها ٨% من مجموع السكان.

ب - ضمن تنفيذ وعد بلفور، واتفاق دول عالم الغرب الثلاث في مؤتمر الصلح، وبموجب صك الانتداب الذي وضعته عصبة الأمم، التي شكلتها دول الغرب الثلاث (بريطانيا وفرنسا وأميركا) وممارسة بريطانيا لعملية حكم الانتداب انتهى شعب فلسطين، أو انتهت أغلبيته الساحقة، مطرودة من أرضها، حيث استولى الغزاة القادمون برعاية وحماية ودعم "عالم الغرب" على البلاد والممتلكات، واعتبر كل ذلك عودة للإسرائيليين إلى أرضهم بعد ألفي سنة من مفارقتها. أما أصحابها الذين سكنوها القرون الطويلة، من أحفاد الكنعانيين وأحفاد الفلسطينيين الإيجيين، وهولاء هم أهل فلسطين قبل غزوها وفتحها من قبل العبرانيين، بجانب أحفاد الإسرائيليين القدماء الذين تحولوا إلى اعتناق المسيحية وتحول كثيرون منهم إلى اعتناق الإسلام، واستمروا على ذلك حتى منتصف القرن العشرين الميلادي، أصحابها هؤلاء لا يحق لهم العودة، ولا يحق لهم استرجاع ممتلكاتهم والعودة إليها أو حتى تلقي التعويض عنها إن طالبوا بالتعويض.

ت - لقد تحملت الدول العربية أعباء سياسية وعسكرية واقتصادية واجتماعية ضخمه، خاصة دول الجوار القريب، الأردن وسوريا ولبنان. وقد تمثلت هذه الأعباء في استقبال هذه الدول لأعداد ضخمة من المهاجرين الفلسطينيين الذين دفعوا عبر الحدود بعد أن أجبروا على ترك كل ممتكاتهم، بما فيها البيوت والمزارع والمصانع والمتاجر، وغير ذلك. وقد أثر ذلك تأثيرا سلبيا كبيرا على الحياة الإقتصادية والاجتماعية والسياسية، وعلى القدرات المالية لهذه الدولة، وأوجد فيها كثيرا من التوترات الاجتماعية والسياسية المعروفة.

ث - ولقد اضطرت الدول العربية الأخرى القريبة لإنفاق كثير من المال والجهد لحماية نفسها من مخططات الهيمنة الإسرائيلية، وللمساعدة في صد الموجات التوسعية، فضلا عن القلق العام الذي لم يشغل الحكومات وحدها، بل شغل عامة الناس في كل هذه الدول.

ج - أما المغتصب الذي أحدث كل هذه الكوارث فإنه "يريد السلام" على أن تظل بيده كل المنهوبات والغنائم التي تمكن - بمعاونة عالم الغرب - أن يستولي عليها، بما في ذلك الجولان والقدس التي أعلنت إسرائيل ضمهما، بالإضافة إلى ابتلاع الضفة الغربية، التي كانت يوم وقعت تحت الاحتلال جزءا من المملكة الأردنية الهاشمية. ويراد من الضحايا أن يستسلموا لقدرهم، وأن ينسوا كل ما فقدوه ثمنا للسلام، لأن ذلك أصبح تاريخا قديما بعد مرور ما يزيد على نصف قرن، بينما أقيم المشروع الصهيون بالاستيلاء على فلسطين على أساس "حقهم في العودة" بعد ألفي سنة!

خيبة آمال الشعوب:

ونتيجة لهذه السياسات والممارسات خابت آمال الشعوب، خاصة شعوب مناطق ودول "عالم الإسلام" التي استهدفها الغرب "بحرب ذكية" لا يستخدم فيها السلاح إلا عند الضرورة، لقد استهدفت أكثر من غيرها، وعانت وخسرت كثيرا من مقومات حاضرها ومستقبل أجيالها، خاصة من حيث تمزيق وحدتها، وتفتيتها، وإعادة تشكيلها وزرع المشاكل فيما بينها، وصولا إلى إضعافها، عن وعي وقصد وتخطيط مسبق، كما حدث بعد الحرب العالمية الأولى. وعندما تتكرر خيبات الأمل وتتراكم تأثيراتها، سواء في حياة الأفراد والمجتمعات الصغيرة، أو في حياة الدول وعلاقاتها الثنائية، أو في إطار المجتمع الدولي والهيئات التي تجسد مثله وطموحاته، عندها يبدأ العقلاء الأخيار الذين يجدون أنفسهم في هذا الموقف في إعادة التفكير وإعادة حساباتهم من جديد، في السعي لتحديد مسار جديد يوصلهم إلى حل مشاكلهم وتحقيق آمالهم. أما غير العقلاء الأخيار فتتوزع ردود فعلهم في مسارات متعددة ومختلفة، قد تؤدي ببعضهم إلى الاستسلام للواقع، والانغماس في طلب النجاة الشخصية، وقد يصاحب ذلك الانسلاخ من المثل السلوكية الاجتماعية بدرجات متفاوتة؛ وقد يتوجه آخرون إلى السلوك العاطفي أو العنفي في ميدان العمل الوطني. ومن هذا الفريق الأخير يخرج الغاضبون، بعد أن تستولي عليهم سورة الغضب وتفقدهم قدرا كبيرا من الوعي، ومن آلية السيطرة العاقلة على الذات، فيرتكبون أعمالا حمقاء لا يرضاها الله، ولا يرضاها المسلمون ، مثل ما حدث في نيويورك ١٩٩٣، وفي ١١ أيلول ٢٠٠١م، وفي مدريد ولندن، وما

حدث قبلها في نيروبي ودار السلام، ومثل ما جرى في الجزائر من ظهور جماعات ومجموعات نسبت نفسها للإسلام وارتكبت أبشع الجرائم تحت هذا الإسم، ثم ظهرت شهادات تشير إلى أن بعض هذه الجماعات مجهول الأصل، نبت من سفاح، ولا صلة له بالإسلام، ولا بالوطنية أو هموم الوطن، وإنما كان أداة غريبة لتحقيق أهداف معادية خطط لها الأعداء. كما تدخل في هذه الأعمال الطائشة أيضا الحوادث التي قامت بها جماعات لم تنسب نفسها للإسلام والإسلاميين، مثل حادثة ميونخ، وجميع حوادث خطف الطائرات وحادثات أخرى غيرها. أما آخر هذه الأمثلة الضالة، والمحزنة فهو ما شهدته عمان من التفجيرات التي تعرضت لها الفنادق في التاسع من تشرين الثاني ٢٠٠٥، وكان أكثر الضحايا فيها من حفل عرس شارك فيه عدد كبير من المدعوين وأهل العريسين بما فيهم نسبة كبرى من النساء والأطفال. إن تحليل الحدث من ناحية دوافع المنفذين والمخططين قد لا يستعصي على الفهم، بيد أنه يثير عددا كبيرا من الأسئلة بشأن ما وراء هؤلاء وأولئك؛ إنه يضع شعار "الاستشهاد والجهاد" في - هذه الحالة - أمام تساؤل كبير، وشكوك أكبر. وعندما نسأل عن سبب هذا الانزلاق إلى العنف نجد الجواب فيما قاله عمدة لندن، وفيما كتبته جريدة هاآرتس الإسرائيلية، وما ذكرته عضوة البرلمان البريطاني اليهودية أونو كنغ، وزميلتها جني تونج المنتمية إلى حزب الوطنيين الأحرار وعضوة مجلس العموم البريطاني أيضا، وما قاله الحاخام اليهودي البريطاني الدكتور دايفد غولدبيرغ، وغيرهم كثيرون جدا، ممن يصعب حصر أسمائهم، ويتعذر حشد أقوالهم وشهاداتهم هنا. ومع وجود الدوافع المؤلمة والمثيرة، التي وصفها هؤلاء الشهود فإن التصرفات المجنونة بالغضب تظل مرفوضة ومستنكرة وغير مبررة دينيا أو أخلاقيا، ولا هي مبررة حتى بميزان المصلحة.

كل ذلك وما يماثله مما لم نذكر، كان أعمالا طائشة قامت بها فئات فاقدة الوعي، مجنونة بالغضب، ليست لها أية درجة من العذر سوى جرائم أولئك الذين استغلوا ظروفها النفسية والمادية، ودفعوها إلى جرائم لا يرتكبها إلا من فقد كل الموازين. ومما لا مراء فيه أن هذه الأعمال الحمقاء أحيانا، والمشبوهة الأهداف أحيانا أخرى، ألحقت ضررا كبيرا بالمسلمين في مختلف بقاع الأرض، وعلى مختلف المستويات، إذ وسعت دائرة العداء لهم، حيث رأت الشعوب التي وقعت هذه الأحداث في أرضها أن أمنها قد تعرض للعدوان، وسيادتها وشرفها الوطني قد تعرض للإنتهاك، كما تعرض عدد من مواطنيها، ومن ممتلكاتهم للأذى والضرر. ومن المضحك والمبكي في تفكير بعض قيادات المتطرفين المنتسبين إلى الإسلام، أن سذاجتهم صورت لهم أن بإمكانهم أن يخادعوا "العدو" ويدخلوا معه في عملية مشتركة يكون الكسب الأكبر فيها من نصيبهم، بينما ينال العدو

النصيب الأصغر. وقد اعتقدوا أن "شطارتهم" في مخادعة العدو وتحقيقهم المكسب الأكبر يضفي على مغامرتهم صفة الشرعية، ويجعلها عملا يرضاه الله ورسوله، كما روى أحد الذين كانوا من محازبيهم، وتركوهم في وقت مبكر. وقد وضعوا مثل هذه المغامرات تحت عنوان: "العمل من خلال خطة العدو"[1]. إن العمل من خلال هذا التصور له نتائج محددة، وحتمية في نفس الوقت، وهي:

أولا: إن الشريكين عدوين يعي كل منهما هذه العداوة.

ثانيا: أن الدافع للدخول في المشاركة هو الرغبة في استخدام الشريك أداة لتحقيق الأهداف الخاصة لا المشتركة، إن كانت هناك أهداف مشتركة.

ثالثا: أن الطرف الأقوى بموارده البشرية، والمالية، واللوجستية (النقل والاتصال)، والقتالية والمعرفية، هو الذي يستطيع أن يستغل الطرف الأضعف، ويسخره لخدمة أهدافه الاستراتيجية (الشاملة والبعيدة المدى)، ومواصلة زرع الأوهام في نفسه، وإغراقه في الحيرة والتخبط والعمى. والغضب المسرف المنفلت مستنكر في ثقافة المسلمين؛ وهذا مبدأ بينه وأكده النبي محمد (عليه السلام) عندما ساله أحد الصحابة عن طريقة ووسيلة يتجنب بها الانزلاق إلى مهاوي الخطيئة. وقد أجابه الرسول إجابة قصيرة واضحة صارمة: "لا تغضب." وكرر الرجل السؤال مرارا، وكرر الرسول الإجابة نفسها: "لا تغضب[2]". والمقصود بالحديث النبوي، بطبيعة الحال، أن لا يسمح الإنسان لنفسه أن يقع أسيرا فاقد الوعي لسورة غضب، إذ تحت تأثير هذه الدرجة من الغضب قد يضرب ضربات عمياء طائشة. وفي حديث نبوي آخر نقرأ قول رسول الله: " ليس الشديد بالصُّرَعَة، إنما الشديد من يملك نفسه عند الغضب[3]". وقد امتدح القرآن أولئك الذين يتحكمون في ثورة الغضب ويمنعونها من أن تطير بهم وتحملهم على ارتكاب أعمال طائشة؛ وذلك في قول الله تعالى في مدح من يسيطرون على سورة الغضب: (وَالْكَاظِمِينَ الْغَيْظَ وَالْعَافِينَ عَنِ النَّاسِ وَاللَّهُ يُحِبُّ الْمُحْسِنِينَ)[القرآن الكريم: آل عمران/ ١٣٤].

وهكذا يتبين أن العداء الذي يحمله كثيرون في "عالم الإسلام" تجاه "عالم الغرب" لم يكن بسبب اختلاف الدين أو العرق أو اللون أو ممارسة الغرب للعلمانية

[1] انظر عبدالرحمن أبو الخير، ذكرياتي مع جماعة المسلمين (التكفير والهجرة) (الكويت: دار البحوث العلمية، ١٩٨٠)، ص.٥٢ - ٦٤ و ٨٦ -- ٩٠.

[2] صحيح البخاري، كتاب الأدب، باب الحذر من الغضب، الكتب الستة، حديث رقم ٦١١٦، ص. ٥١٦.

[3] المصدر نفسه، حديث رقم ٦١١٤، وفي الصفحة نفسها.

والحرية الجنسية، ولا بدافع الحسد لثروة الغرب وتقدمه وقوته، كما أنه لم يكن بسبب تبني "عالم الغرب" للديمقراطية والحرية، ولا بسبب وجود اليهود في فلسطين كما كانوا قرونا طويلة في جو من التسامح الذي لم تعرفه أوروبا، ولم يعرفه اليهود في أوروبا قبل العصر الحديث، سوى ما كان في إسبانيا الإسلامية. لم يكن العداء ناتجا عن أي من هذه الأسباب التي يرددها المنظرون الغربيون لصراع الحضارات، بل إنه ظهر بسبب ما بيناه من سياسات وممارسات وعداوات "عالم الغرب"، تلك السياسات التي أنزلت بالمسلمين شتى صنوف الضرر والأذى، وبنسب متفاوتة من بلد إلى آخر، وما زالت مستمرة.

ومن المفارقات المحزنة أن "عالم الغرب" عندما أراد أن يكفر عن سيئاته وما ارتكبه بحق اليهود عبر العصور عمد إلى تحميل العرب والمسلمين دفع تلك الغرامة الباهظة رغم أنهم كانوا الأكثر تسامحا مع اليهود.

الذي يطلبه الغرب اليوم من "عالم الإسلام":

وعلى الرغم من كل ما لحق بعالم الإسلام من ظلم وخسائر وتمزيق وإذلال، وسلب أوطان فإنه ما زال عليهم أن ينفذوا عددا من المطالب، قولا وعملا، مع أدلة إثباتية تؤكد الصدق والاستمرار:

١- نسيان الماضي وكل متعلقاته، بما في ذلك أرض الجولان، والقدس، وحق العودة، والقانون الدولي الذي لا يطبق في حالة العرب والمسلمين، وكذلك الحديث عن حقوق الإنسان.

٢- رفع الرايات البيضاء وإعلان الاستسلام.

٣- إسكات أولئك الذي يصرخون لفقد إبن أو أخ أو زوج أو حبيب أو ممتلكات إنهاء للإزعاج.

٤- قبول ما يمكن أن يتفضل به الغرب عليهم أو تتفضل به إسرائيل.

٥- القبول بما يمكن أن يراه الغرب من إعادة تشكيل الخريطة السياسية للمنطقة، أو لأراضي ومناطق دولة واحدة.

٦- القبول بالتغيير الثقافي الشامل كما يراه ويستحسنه عالم الغرب.

٧- الموافقة على أن يكون لعالم الغرب حق التحكم في الإقتصاد والثروات،

وإلا فأنتم تشكلون خطرا على العالم المتحضر - عالم الغرب - وتستحقون التدمير والإبادة.

موقف عالم الإسلام بعد كل هذه التطورات:

ولعل من المفيد، بل من اللازم هنا أن أبين أن المسلمين، بما فيهم العرب، لم يتخلوا عن المبادئ التي زودهم بها الإسلام فيما يتعلق بالتعامل مع الآخر، رغم كل ما لحق بهم؛ ونعود لنذكر بأهمها وبأسسها:

إن عقيدة الإسلام قد وجهت المسلمين وأمرتهم بالاعتراف بالتعددية، واحترام حق الآخر في الاختلاف، بجانب الأمر بالتحدث مع المخالف في العقيدة باحترام، والنهي عن إهانته أو إهانة مقدساته. وقد أوردنا النصوص القرآنية المؤكدة لذلك في غير هذا المكان، ولا ضير من تكرار بعضها هنا، مع التأكيد أنها لم تكن نصوصا نظرية أو ميتة، بل كانت تمارس في الحياة العادية بدرجة معقولة ومقبولة في معظم الأحيان.

في المساواة الإنسانية:

(يَا أَيُّهَا النَّاسُ إِنَّا خَلَقْنَاكُمْ مِنْ ذَكَرٍ وَأُنْثَى وَجَعَلْنَاكُمْ شُعُوبًا وَقَبَائِلَ لِتَعَارَفُوا إِنَّ أَكْرَمَكُمْ عِنْدَ اللَّهِ أَتْقَاكُمْ إِنَّ اللَّهَ عَلِيمٌ خَبِيرٌ)(القرآن الكريم: سورة الحجرات، آية رقم ١٣)

في مسألة الاختلاف والإيمان بوجوده وقبوله واحترام الآخر:

(وَلَوْ شَاءَ رَبُّكَ لَجَعَلَ النَّاسَ أُمَّةً وَاحِدَةً وَلَا يَزَالُونَ مُخْتَلِفِينَ (١١٨) إِلَّا مَنْ رَحِمَ رَبُّكَ وَلِذَلِكَ خَلَقَهُمْ)(القرآن الكريم: سورة هود، آية ١١٨)

(لَا إِكْرَاهَ فِي الدِّينِ قَدْ تَبَيَّنَ الرُّشْدُ مِنَ الْغَيِّ)(القرآن الكريم: البقرة، آية رقم: ٢٥٦)

....

﴿وَلَوْ شَاءَ رَبُّكَ لَآمَنَ مَنْ فِي الْأَرْضِ كُلُّهُمْ جَمِيعًا أَفَأَنْتَ تُكْرِهُ النَّاسَ حَتَّى يَكُونُوا مُؤْمِنِينَ﴾ (القرآن الكريم: سورة يونس، آية ٩٩).

﴿وَقُولُوا لِلنَّاسِ حُسْنًا وَأَقِيمُوا الصَّلَاةَ وَآتُوا الزَّكَاةَ﴾ (القرآن الكريم: سورة البقرة، آية ٨٣)

ويلاحظ هنا أن النص قرن أسلوب الخطاب الحسن بأهم العبادات: الصلاة والزكاة، بل وذكره قبل أن يذكر الصلاة والزكاة.

﴿قُولُوا آمَنَّا بِاللَّهِ وَمَا أُنْزِلَ إِلَيْنَا وَمَا أُنْزِلَ إِلَى إِبْرَاهِيمَ وَإِسْمَاعِيلَ وَإِسْحَاقَ وَيَعْقُوبَ وَالْأَسْبَاطِ وَمَا أُوتِيَ مُوسَى وَعِيسَى وَمَا أُوتِيَ النَّبِيُّونَ مِنْ رَبِّهِمْ لَا نُفَرِّقُ بَيْنَ أَحَدٍ مِنْهُمْ وَنَحْنُ لَهُ مُسْلِمُونَ﴾ (القرآن الكريم: سورة البقرة، آية ١٣٦).

والمسلمون حريصون على أن يتعاملوا مع "عالم الغرب" خاصة، ومع كل الأمم والشعوب من خلال هذه المبادئ، لا من منظور الحقد والحسد والصراع.

الخلل الداخلي في دول "عالم الإسلام":

ونحن لا نريد أن نلقي بمسئولية كل مصاعبنا ومشاكلنا وكوارثنا وخيبات آمالنا على الآخرين، على أميركا وغيرها من دول "عالم الغرب". إن العقلاء الأخيار منا يدركون أننا نتحمل قدرا كبيرا من هذه المسئولية، يتحمله جيلنا الحاضر وأجيالنا السابقة على السواء. وينبثق من هذا الإدراك نشاط صاخب لتصحيح الأخطاء وخلع العقبات المحلية المولد والنشأة وإزاحتها من الطريق؛ وطبيعي أن هذا النشاط الإصلاحي التصحيحي نفسه تشوبه أخطاء ليست بالقليلة، وهذه هي طبيعة البشر. لكن هذا الإحساس والإدراك للمسئولية الذاتية لا يجعلنا نغفل عما يأتينا من عوامل التخريب والتدمير الخارجية؛ بل إن وعينا وإدراكنا للعوامل الخارجية هو جزء من محصلة سعينا لاكتشاف وتجلية كل العوامل التي تطيل بقاءنا في مستنقع المعاناة.

ونود أن نؤكد أن المبادئ التي تقوم عليها الممارسات السياسية والآليات المستخدمة في العمل السياسي في معظم دول "عالم الإسلام" يشوبها الكثير من الخلل، والكثير من الأخطاء والكثير من الانحرافات التي تؤدي إلى الفشل، وإلى استمرار الخلل، واستمرار التخلف. وهذا الواقع ليس جديدا ولا طارئا، بل هو واقع تجذر واستمر قرونا طويلة. ومسئولية هذا الواقع تتحمله الأجيال التي تتابعت عبر القرون، كما تتحمل استمراره أجيال العصر الحديث والجيل الحاضر. ورغم ذلك فإن الدول التي استعمرت بلدان "عالم الإسلام" في العصر الحديث، والدول التي مارست وتمارس التدخل لتحقيق استمرار الهيمنة، وتحقيق المصالح غير المشروعة، تتحمل أيضا، قسطا من المسئولية عن استمرار هذا الوضع غير المرضي، لأسباب معروفة في معظمها، لا يتسع المجال للحديث عنها. ومع ذلك، فإننا نتحمل النصيب الأكبر من المسئولية.

غياب الديمقراطية ... فقدانها .. أو رفضها:

يتحدث الناطقون الرسميون باسم "عالم الغرب"، ويتحدث من يدعون لأنفسهم هذه الصفة من غير وضع رسمي، صراحة أو ضمنا، يتحدثون عن ديمقراطية الغرب، التي اخترعها الغرب نفسه ومارسها ويمارسها، ويفخرون بذلك؛ ثم يعيبون على "عالم الإسلام" أنه لا يمارس الديمقراطية، ولا يتبناها، بل يعافها ويستبعدها، لأنها تناقض ثقافته. ثم يؤسسون على هذه الفرضية أن عالم الإسلام متخلف ولا يمتلك آلية الارتفاع إلى مستوى الغرب لكي يحاوره ويفتح الطريق للتعاون معه من منطلق المساواة والندية، وأنه بحاجة إلى أن تفرض عليه الديمقراطية قسرا.

هذا الطرح، وهذا الفهم، فيهما كثير من التبسيط والتعميم المفرط، بجانب ما فيهما من تسرع وصولا إلى إعلاء الذات على حساب الآخر.

مقولة أن معظم أنظمة الحكم في أغلبية دول "عالم الإسلام" ليست ديمقراطية مقولة صحيحة تماما، ولا خلاف عليها؛ بيد أن هذا الوضع الخاطئ ليس من اختيار الشعوب العربية التي تعارضه تماما. أما مقولة أن "عالم الإسلام" ضد الديمقراطية ومعاد لها عداوة مبدئية فليست صحيحة. لكن أن يقال إن في عالم الإسلام قوى وفئات معادية للديمقراطية فهذا قول لا ننكره. وأهم هذه القوى والفئات المعادية للديمقراطية من حيث المبدأ ومن حيث الممارسة في معظم دول "عالم الإسلام" هي التي اغتصبت الحكم بالقوة، وتلك التي قفزت إلى كراسي الحكم من ظهور الدبابات، ومن ورائها فرق المنافقين والانتهازيين الذين لا يخلو منهم أي مجتمع؛ هؤلاء هم الذين يطلقون تصريحات عن الخصوصية الثقافية باعتبار

أنها لا تسمح بقيام أنظمة ديمقراطية في بلدان "عالم الإسلام" وكأن حكم الاستبداد والطغيان جزء من عقيدة المسلمين وثقافتهم. وإذا تجاوزنا الصياغة الشكلية لهذه المقولة المضللة بحثا عن المضمون نجدهم يقولون – بأسلوب التضمين - أن الثقافة الإسلامية، ثقافة مجتمعاتهم، لا تقبل الديمقراطية وتقف منها موقفا عدائيا؛ وهم حريصون على ممارسة الحكم حسب ثقافة مجتمعهم بمكوناتها الخاصة، إحتراما لخصوصيته الثقافية، أي أنهم يزعمون أن الدكتاتورية هي خيار مجتمعهم. وفي إطار مراوغاتهم نجدهم يقدمون – أحيانا - طرحا آخر ينطوي ضمنيا على الزعم بأنهم يقرون بأفضلية الديمقراطية، غير أنهم مضطرون لمراعاة ثقافة مجتمعهم التي لا تسمح بالتغير السريع في التحول نحو الديمقراطية، وأنه لا بد من أن يكون الانتقال متدرجا بطيئا حتى يمكن بلع الدواء المر؛ وبعبارة أخرى، حتى يمكن التحايل على هذه الثقافة وهذه الشعوب ليكون في الإمكان إدخال الحكم الديمقراطي.

إذا كانت الديمقراطية الحديثة – كما أفهمها – تقوم على مبدئي الحرية المسئولة، والمساواة المبدئية بين البشر، وما يترتب عليهما من تداول السلطة سلميا، فإن هذين المبدأين أصل من أصول الإسلام، مؤكدين وموثقين بشكل واضح وقوي في أصول الإسلام العليا من نصوص القرآن، والأحاديث الصحيحة للرسول محمد (عليه السلام)، ثم في أقوال وممارسات عدد من كبار صحابة رسول الله. ولذا، فإن أي ادعاء بأن الإسلام معاد للديمقراطية معاداة مبدئية إنما هو ادعاء غير صحيح. وهذ الأصل غطاه ركام من غبار الإنحرافات عبر التاريخ، وعلى المفكرين المسلمين أن ينحوا هذا الركام، وينظفوا التراث الفكري لأمتهم من هذا الغبار حتى يتمكنوا من صياغة وترسيخ قواعد وأنظمة وقوانين تقوم على أساس ميراثنا من المبادئ الأصيلة. إن معظم الأنظمة السياسية التي قامت في عدد من دول عالم الإسلام منذ النصف الأول من القرن العشرين تحت مسمى الديمقراطية، أو في إطار شكل ديمقراطي، قدمت لشعوب المنطقة صورة مشوهة وفاسدة، أنتجت فسادا وزادت مساوئ التخلف، وهذا هو الذي جعل بعض الناس يعلنون عدم رضاهم عن الديمقراطية.

الديمقراطية الأثينية كانت ديمقراطية عنصرية وطبقية، حتى في تلك الدائرة المكانية والبشرية الصغيرة. أما الديمقراطية في عالمنا المعاصر فتقوم على فكر وفلسفة، ونوع من العقيدة يجعلها تستند على أساسين مترابطين، وهما: المساواة، والحرية؛ وينبثق من ذلك مبدأ تداول السلطة. والمساواة ليست مطلقة، كما أن الحرية ليست بغير حدود أو ضوابط. فإذا كان الأمر كذلك، وهو كذلك بالفعل، فإن كل شعوب "عالم الإسلام" تريد هذه الديمقراطية وتعشقها وتتمنى تحققها وقيامها على أرضها، بغض النظر عن الإسم الذي يطلق عليها، ما دمنا

نؤمن بجوهرها وأركانها الأساسية: المساواة المبدئية، الحرية المسئولة، تداول السلطة؛ ومع ذلك فإن شعوبنا ترفض أية ديمقراطية مدعاة تأتيها محمولة على ظهر دبابة أجنبية. هذا مع ملاحظة أن الديمقراطية في بعض دول "عالم الغرب" قد اعتراها الخلل ففرغها في الواقع - لا في الشكل - من قدر كبير من محتواها. وقد ترسخ هذا التطور بقوة الإعلام، وقوة الشركات الكبرى، وبقوة صناعة الترفيه، واستخدام الرياضة والإعلام لإلهاء أدوات الوعي عن وظائفها، وبتحالفات القوى المالية التي تسيطر على كل ذلك، واستهدافها تغييب الوعي عند أغلبية عامة الناس، وهم الأكثرية الأقل وعيا، وجعلهم يوافقون على سياسات مضادة لمصالحهم، وللمبادئ المعلنة في ثقافتهم. وعندما تصلنا هذه الصورة قادمة من "عالم الغرب" فإنها تترك أثرا سلبيا على نظرة كثيرين منا إلى الديمقراطية الغربية.

والشعوب في دول "عالم الإسلام" تفتش في أصولها لتستخرج منها أدلة تؤكد أن عقيدتها وتراثها أعطيا مكانة كبيرة للمساواة بين الناس ولاحترام حرياتهم وكراماتهم، وتستند إلى كثير من الأوامر والتوجيهات والنصوص المتعددة التي وردت في القرآن، وفي حديث رسول الإسلام؛ من ذلك قول القرآن الكريم: ﴿ إِنَّ أَكْرَمَكُمْ عِندَ اللَّهِ أَتْقَاكُمْ﴾ (سورة الحجرات، آية رقم ١٣) ﴿ فَذَكِّرْ إِنَّمَا أَنتَ مُذَكِّرٌ (٢١) لَّسْتَ عَلَيْهِم بِمُسَيْطِرٍ ﴾ (الغاشية: آية ٢١- ٢٢)، ﴿لَا إِكْرَاهَ فِي الدِّينِ قَد تَّبَيَّنَ الرُّشْدُ مِنَ الْغَيِّ ﴾ (البقرة: آية ٢٥٦)،

﴿ وَلَوْ شَاءَ رَبُّكَ لَآمَنَ مَن فِي الْأَرْضِ كُلُّهُمْ جَمِيعًا أَفَأَنتَ تُكْرِهُ النَّاسَ حَتَّى يَكُونُوا مُؤْمِنِينَ﴾ (يونس: آية ٩٩)، ﴿وَلَوْ شَاءَ رَبُّكَ لَجَعَلَ النَّاسَ أُمَّةً وَاحِدَةً وَلَا يَزَالُونَ مُخْتَلِفِينَ (١١٨) إِلَّا مَن رَّحِمَ رَبُّكَ وَلِذَٰلِكَ خَلَقَهُمْ...﴾ (سورة هود: آية ١١٨- ١١٩)، ومن أقوال محمد رسول الله: "لا فضل لعربي على أعجمي إلا بالتقوى"، أي أن الأفضلية تأتي من طريق واحد فقط هو العمل الصالح والطيب؛ وقوله: "... إن دماءكم وأموالكم ...

وأعراضكم عليكم حرام كحرمة يومكم هذا[1]... " وكلمة عرضه تعني كل ما يتصل بكرامته وشرفه. هذا بجانب أحداث وأقوال وأفعال تستدعى من عصر الرسول وصحابته المباشرين لدعم وتأكيد مفهوم "المساواة المبدئية بين الناس". ومن أمثلة ذلك ما تنقله لنا كتب السيرة النبوية حيث تذكر أنه بينما كان محمد رسول الـلـه يصف المسلمين لمواجهة أعدائهم الذين جاءوا من مكة مهاجمين، فقد دفع برفق، بعصا في يده، بطن رجل لتصحيح استقامة الصف، فقال له الرجل: "لقد أوجعتني يا رسول الـلـه!" فما كان من الرسول إلا أن رفع ثوبه وكشف عن بطنه ودعاه للاقتصاص منه؛ فلم يتوان الرجل إذ تقدم وقبل بطن الرسول [2]. وقد نقلت لنا كتب التاريخ أن الخليفة الأول، أبا بكر الصديق، قال في أول خطبة له بعد مبايعة المسلمين له وتوليه الحكم : "أيها الناس، وليت أمركم ولست بخيركم، ولكن نزل القرآن، وسن النبي صلى الـلـه عليه وسلم السنن فعلمنا [بتشديد اللام وفتحها وفتح الميم] فعلمنا [بكسر اللام وتسكين الميم] ... إعلموا أن أقواكم عندي الضعيف حتى آخذ له بحقه، وإن أضعفكم عندي القوي حتى آخذ الحق منه ... أيها الناس، إنما أنا متبع ولست بمبتدع، فإن أحسنت فأعينوني، وإن زغت فقوموني [3]..." ومعنى هذا الكلام بلغة حديثة ومعاصرة، أن الخليفة الأول قال للمسلمين في خطاب افتتاح تسلمه المنصب: إنني وليت الحكم وأنا واحد منكم، ولست بأفضلكم؛ فإن التزمت بالقانون والدستور فأطيعوني؛ أما إن خالفت الدستور والقانون، فلستم ملزمين بطاعتي، بل عليكم أن تقوموا اعوجاج سلوكي. وكان الأفراد العاديون يعترضون على عمر بن الخطاب – الخليفة الثاني بينما يخطب الجمعة في المسجد - اعتراضات خشنة على مسمع من جمهور المؤمنين، فلا يغضبه ذلك، بل كان يجيب على الاعتراضات أمام الناس، ثم يدعو لصاحب الاعتراض بقوله: "رحم الـلـه امرءا أهدى إلي عيوبي." ثم يوجه حديثه إلى الجمهور عامة: "لا خير فيكم إن لم تقولوها - أي الاعتراضات والانتقادات - ولا خير فينا إن لم نستمع إليها"؛ كما روي عنه قوله: "أحب الناس إلي من رفع إلي عيوبي [4] ." أما المقولة الشهيرة التي رويت عن عمر بن الخطاب فهي قوله لأحد الولاة: "متى استعبدتم الناس وقد ولدتهم أمهاتهم أحرارا؟" وذلك على أثر شكوى قدمها مواطن مصري مسيحي، ضد والي مصر لأن ابن الوالي اعتدى بالضرب على ابن المصري بسبب فوزه عليه في سباق. وقد استدعى الخليفة والي مصر وابنه وأمر الخليفة الشاب المسيحي المصري صاحب الدعوى بأن يضرب إبن الوالي اقتصاصا منه، ثم أمره

[1] صحيح البخاري، كتاب الأضاحي، باب من قال إن الأضحى يوم النحر الكتب الســتة، ص ٤٧٧.

[2] أبو جعفر محمد بن جرير الطبري، تاريخ الرسل والملوك المعروف بتاتريخ الطبري (القاهرة: دار المعارف، ط ٢ ، د.ت.)، مجلد ٢ ، ص ٤٤٦ . وقد توفي الطبري سنة ٣١٠هـ/ ٩٢١م.

[3] محمد بن ســـعـد، الطبقات الكبرى (بيروت : دار بيروت ودار صادر، ١٩٥٧)، مجلد ٣ ، ص ١٨٢- ١٨٣ ، وقد توفي محمد ابن سعد سنة ٢٣٠هـ/ ٨٤٤م.

[4] محمد بن سعد، الطبقات الكبرى، مجلد ٣ ، ص ٢٩٣,

أن يضرب أباه، الوالي نفسه، على صلعته؛ غير أن الشاب اكتفى بالاقتصاص ممن ضربه. وبعدئذ قال الخليفة قولته المشهورة للوالي: "مذ كم تعبدتم الناس وقد ولدتهم أمهاتهم أحرارا[١] !". وقد حفظ لنا التاريخ أن عمر كتب إلى أمراء الأجناد، أي ولاة الأقاليم آمرا وموجها: "لا تضربوا المسلمين فتذلوهم، ولا تحرموهم فتكفروهم، ولا تجمروهم فتفتنوهم، ولا تنزلوهم الغياض فتضيعوهم[٢]." أما عمن يتولى الحكم ثم ينكشف ويتأكد ضعفه أو انحرافه فقد قال عمر بن الخطاب: " أما و اللـه لقد وددت أني وإياكم في سفينة في لجة البحر تذهب بنا شرقا وغربا، فلن يعجز الناس أن يولوا رجلا منهم [القيادة]، فإن استقام اتبعوه، وإن جنف [انحرف وحاد عن الصواب] قتلوه. فقال طلحة [ابن عبيدالله، وهو من كبار صحابة رسول اللـه]: وما عليك لو قلت: إن تعوج عزلوه؟ فقال: لا, القتل أنكل لمن بعده[٣]..."

ومن هذه الأمثلة نجد أن مثال الحرية يعني حرية الفرد من تجاوزات أصحاب السلطة والقوة، وفي انتقاد الخطأ وتصويبه. أما حرية اختيار الحاكم فقد كان المسلمون في عصرهم الأول ينتخبون الخليفة بشكل مباشر عن طريق البيعة؛ وكانت الموافقة تعلن بالمصافحة، وهناك أمثلة لحالات امتنع فيها بعض الأفراد عن المصافحة إبداء لمعارضتهم. وكان ذلك يتم في مجتمع صغير في المدينة المنورة، في الثلاثين سنة الأولى. وهناك الكثير من مثل هذه النصوص، والروايات عن تصرفات بعض الحكام الأتقياء، مثل عمر بن عبدالعزيز، وغيره، وعن مواقف بعض العلماء والبارزين من الرموز الدينية، ليس في العصر الإسلامي الأول فقط، بل وفي الفترات اللاحقة، بل والمتأخرة، مما لا يتسع المجال لاستدعاء الكثير منه.

بيد أننا نعرف أن كثيرين من المستشرقين، ومن العلمانيين في "عالم الإسلام" يهونون من شأن هذه النصوص، والأمثلة والروايات التي أوردناها، ولا يترددون في وصفها بأنها مجرد حكايات وأساطير شعبية مختلقة، بغرض إعلاء شأن شخصيات ورموز تاريخية معينة. وهنا أود أن أنبه أصحاب هذه المقولة وتابعيهم إلى أن القرآن لا يمكن أن يدخل في دائرة تعريفهم؛ ليس لأن المسلمين يعتبرونه كلام اللـه، إذ أن هذا الاعتبار يخص المسلمين وحدهم، بل لأن هناك إجماعا واتفاقا عاما بين جميع المؤرخين، مسلمين وغير مسلمين، على أن القرآن

---

١ وخبر هذه الحادثة سجل في كتاب عبدالرحمن بن عبد الحكم، فتوح مصر وأخبارها، تحقيق : Charles C. Torrey أستاذ اللغات السامية في جامعة ييل الأمريكية، New Haven: Yale University Press, ١٩٢٢, pp.١٦٧-٨ ومؤلف الكتاب عبدالرحمن بن عبدالله بن عبدالحكم توفي سنة ٢٥٧هـ/ آخر سنة ٨٧٠م.

٢ محمد بن سعد ، الطبقات الكبرى، مجلد ٣ ، ص ٢٨١؛ ومعنى "لا تجمروهم" أي لا ترسلوهم إلى الجبهات البعيدة وتبقوهم مددا طويلة بعيدين عن عائلاتهم : والفياض يقصد بها الغابات.

٣ محمد بن جرير الطبري، تاريخ الطبري ، مجلد ٤ ، ص. ٢١٣؛ وعندما تتوافر الآليات والمؤسسات الحديثة فإن العزل سيكون الطريقة المناسبة؛ أما في عصر عمر، فلم تكن هناك آليات او خبرات سياسية.

قد نزل (أو أعلن) منذ سنة ٦١٠م، واستمر نزول الوحي، أو تتابع الإعلان لأجزائه، حتى سنة ٦٣٢م؛ أي من بداية إعلان الرسالة إلى وقت وفاة رسول الله، صلى الله عليه وسلم. أما الحديث النبوي فقد بدأ تدوينه على نطاق ضيق في القرن الأول الهجري، السابع للميلاد ثم اتسعت وتيرة الكتابة في القرن الثاني الهجري وما تبعه [١]. أما الروايات التاريخية عن الخلفاء فهي تعود إلى مؤلفين كتبوها في القرن الثاني للهجرة (الثامن الميلادي) وما بعده. ولو أننا سلمنا بأن بعض الروايات التاريخية كان مختلقا، لمجرد إعلاء شأن الشخصيات المنسوبة إليها – وهذا أمر محتمل - فإن تدوينها منذ تلك القرون المبكرة، ثم توارثها عبر الأجيال، والنظر إليها باعتبار أنها تمثل النموذج والمقياس الأعلى، كل ذلك يجعلها معبرة عن تطلعات المسلمين وآمالهم في عالمنا المعاصر، وفي كل العصور السابقة. يضاف إلى ذلك أن سعي "الإصلاحيين الإسلاميين المعتدلين" للحفر في أعماق التاريخ لاستخراج وبعث هذه النصوص وتسليط الضوء عليها ورفعها إلى مكان القداسة الحقيقي أو المرغوب، لكي تكون أساسا وأركانا لديمقراطية إسلامية حديثة، تؤمن بالمساواة، وبالحرية المسئولة، ويتولد منها مبدأ تداول السلطة، كل ذلك يبين حرص المجتمعات الإسلامية في كل عصورها على تأكيد دور جوهر الديمقراطية، المساواة والحرية المسئولة في حياة المجتمعات الإسلامية. وعندما ننظر في الحديث النبوي الذي يعلن على لسان رسول الإسلام: "الخلافة بعدي ثلاثون سنة، وبعد ذلك ملك عضوض" نجد أن تدوين هذا النص ضمن موسوعات الحديث في القرن التاسع الميلادي، واستمرار حضوره وتوارثه وترديد عبارته بين أجيال المسلمين المتتابعة مدة تزيد على ألف ومئتي سنة، كل ذلك يعني تقدير المسلمين واحترامهم للطريقة التي كانت متبعة في اختيار الخليفة – رأس الدولة – في الثلاثين سنة الأولى من عهد الخلافة، حيث اعتبروها – في جوهرها وليس في شكلها - المثل الأعلى، بينما نظروا إلى ما جاء بعدها من عهود الأمويين والعباسيين والفاطميين والأيوبيين والعثمانيين بعدم الرضا، باعتبارها شيئا ممقوتا، وأدنى من "المثال" بدرجات كبيرة. ذلك أنه بعد الثلاثين سنة الأولى عدا الأمويون ثم العباسيون، واغتصبوا الحكم والسلطة، وورثوهما

---

[١] انظر الدكتور محمد مصطفى الأعظمي،
STUDIES IN EARLY HADITH LITERATURE WITH A CRITICAL EDITION OF SOME EARLY TEXTS (Beirut, ١٩٦٨), pp. ١٨-٤٣
وأصل هذا الكتاب أطروحة جامعية حصل بها الدكتور الأعظمي على الدكتوراه من جامعة كامبردج البريطانية ولقيت أعظم الثناء بالنسبة لمستواها العلمي في البحث؛ والتزامها بأعلى المعايير الأكاديمية.

لأولادهم وأحفادهم؛ وكذلك فعل مغتصبوا الحكم في الولايات والمقاطعات الإسلامية الأخرى [1].

ولا مراء في أن نقص الخبرة السياسية وغياب الآليات الصحيحة في القرون الماضية من حياة "عالم الإسلام" مثل العقبة الرئيسية التي حالت دون استئناف تطبيق هذه المبادئ التي تجسد فحوى الديمقراطية وجوهرها. ونحن لا نتحدث عن هذه الممارسات هنا للتفاخر، أو لمجرد الحنين إلى ماض قديم؛ بل إن ما نريد قوله: إن مجتمعات "عالم الإسلام" تفتش في أعماق ماضيها عن الشواهد والأدلة التي تؤكد أصالة "الديمقراطية" - في مفهومها الإسلامي - "المساواة المبدئية، والحرية المسئولة، وتداول السلطة"، في تراثنا العقيدي؛ ولذا فإن مجتمعاتنا تتوق إلى أن تبعث هذه "الديمقراطية" وتعيد تأسيسها وتثبيتها وتوظيفها في حياتها المعاصرة، مع كل الآليات الحديثة اللازمة لتسييرها، ومع الاستفادة من كل التجارب الحديثة والمعاصرة التي اكتسبتها الأمم الأخرى في هذا الميدان. وهي تستمع اليوم إلى ذكر تلك المبادئ الإسلامية الأولى بالاحترام والتقدير كلما تحدث عنها المرشدون الدينيون في خطب الجمعة وفي الدروس الدينية، كما كانت تستمع إلى الحديث عنها طوال القرون الماضية. إنها مثل يتحسر الناس ويتألمون لغيابها من آفاق حياتهم، ولعدم اتباعها وتطبيقها، ويتطلعون إلى عودة تجسيد المبادئ التي قامت عليها.

ويعرف "الإسلاميون الإصلاحيون المعتدلون[2] " في عصرنا أن استعادة ذلك الشكل من الحكم، وتلك الآليات التي عرفها عهد الخلافة الراشدة (١١هـ إلى ٤٠هـ) أمر غير ممكن ولا مطلوب في العصر الحديث؛ فالذي تتطلع إليه شعوب "عالم الإسلام" المعاصر هو"جوهر ذلك النوع من الحكم" الذي يقوم على رضا أغلبية الناس وتأييدهم وتعاونهم، شريطة أن يتقيد بدستور حديث، وقوانين وآليات حديثة تستند إلى مبادئ الحق والعدل التي أعلنها القرآن وشدد على تطبيقها، ومارسها الجيل الأول من المسلمين، حكاما ومحكومين. إن شعوب عالم الإسلام تتطلع إلى حكم وطني دستوري يحترم مبادئ المساواة والحرية المسئولة، وإمكان تغيير الحكومة سلميا، وفق آلية دستورية متفق عليها، ومعتمدة

---

[1] كنت قد نشرت بضع مقالات تتعلق "بالديمقرطية"، تحت عنوان "الشورى .. أم الاستبداد" في مجلة المجتمع الكويتية في الأعداد ٣٨، ٤١، ٤٣ لسنة ١٩٧٠م، يمكن مراجعتها؛ وقد استدعت تلك المقالات ردودا بعضها مؤيد وبعضها معارض صاخب. كما نشرت قبل ذلك بضع مقالات انتقادية لتوجه بعض القيادات للاستبداد، والانفراد بالرأي وذلك في جريدة الشهاب البيروتية سنة ١٩٦٨، بتوقيع : "أبو زيد."

[2] هذا الإصطلاح: "الإسلاميون الإصلاحيون" لا يقصد به تنظيم معين، أو كتلة أو جماعة معينة؛ إنه يشير إلى "تيار عام غير مترابط تنظيميا. وكل ما يجمعه هو توجهه للإصلاح، كل بأسلوبه وطريقته، لكنه إصلاح عقلاني موضوعي يستبعد الصراخ العاطفي؛ وقد تدخل فيه بعض المجموعات أو الجماعات، مع شئ من التحفظ المتعلق بآفاق ما تعتنقه من أفكار، وتظل المسألة نسبية في من تنطبق عليهم هذه التسمية.

من قبل المجالس التمثيلية (مجلس النواب، مجلس الأمة، مجلس الشعب، البرلمان)، أو غير ذلك من التسميات ، وأن تنبثق من هذا الدستور قوانين حديثة تلبي احتياجات المجتمع التي صاغها، وأن تكون هذه القوانين، بل والدستور، قابلة للتعديل دون انقطاع عن مرجعيتها القرآنية بمبادئها العامة التي قدمنا ومضات منها. ومن المعروف في تاريخ الفقه الإسلامي أن االإمام محمد بن إدريس الشافعي كان له وهو في العراق فقه واختيارات، فلما سافر إلى مصر ورأى اختلاف الأحوال صار له فقه آخر؛ وذلك موقف وتطور مشهور في سيرته.

وفي العصر الحديث استفادت مجتمعات كثيرة في "عالم الإسلام" من الخبرات والتجارب التي ظهرت في "عالم الغرب" وحاولت تطبيقها، أو تطبيق أشكالها وقوالبها على الأقل، لكن هذه المحاولات جاءت في مرحلة هزيمة، وفي فترة تخلف، وفي فترة نفوذ أجنبي مصحوب باحتلال عسكري؛ ولذا فقد برزت في طريق التجربة عقبات كثيرة عطلت اكتمالها وقصفت عودها وهو غض طري، ونزعت عنها الثقة التي كان من الممكن أن تعطيها القبول والشرعية. وكل ذلك معروف لا نحتاج إلى الإطالة بشرحه أو ذكره. ومن المعروف كذلك أن أي شعب يتبنى الديمقراطية والحرية في حياته لن يقبل أن يتدخل أحد في شئونه أو يملي عليه مواقف أو نماذج سلوكية لا يختارها هو بنفسه.

لمحة عن الخلافات الدينية العقيدية حاليا:

تبين لنا في الفصول السابقة أن العقائد الدينية في "عالم الغرب" ظلت تتغير من عصر لآخر؛ وهذه حقيقة لاحظها وأشار إليها عدد ليس بالقليل من مؤرخي الديانة المسيحية ومن اللاهوتيين[١]. أما في عالم الإسلام فقد ظلت العقائد الدينية الأساسية ثابتة لم يعترها أي تغيير، وذلك لأن القرآن، حددها ببساطة ووضوح؛ وقد جرى تركيزها في سبع كلمات فقط : (الإيمان بالله وملائكته وكتبه ورسله وباليوم الآخر). ونعني بكلمة الأساسية هنا "التي تجعل المسلم مسلما، أو تخرجه - إن غابت - من دائرة الإسلام." ولذا، فإننا عندما نتحدث عن الخلافات الدينية العقائدية في عصرنا الراهن، في هذا الفصل الخامس، فإننا سنجد مشهدا مختلفا تماما في الميدان العقائدي عما كان سائدا في عالم الغرب؛ أعني أنه مختلف

---

١ Shirley Jackson Case, *Evolution of Early Christianity, A Genetic Study of First-century Christianity in Relation to its Religious Envivonment* (Chicago: University of Chicago Press, ١٩١٤), pp. ٢-٣١.
Maurice Wiles, *The Remaking of Christian Doctrine* (London: SCM Press Ltd., ١٩٩٤), pp. ٢-١٧, ١٠٣-١٠٧; John Hick (ed.), *The Myth of God Incarnate* (London: SCM Press Ltd., ١٩٧٧), pp. ix-xi.

عما ساد في الحقبة الأولى (٣٥٠ - ١٥٠٠م)، وعما ساد في الحقبة الثانية التي غطينا تحولاتها في الفصلين الثاني والثالث، وعن المشهد الذي مررنا به في الفصل الرابع. في أوروبا تحول الناس إلى العلمانية، وحدث تخل وابتعاد عن الدين على نطاق واسع، أشار إليه قداسة البابا الراحل، يوحنا بولس الثاني[١]، كما أشار إليه الأستاذ هنتغتن[٢] والسيد دن كبت وآخرون. بينما جرى الأمر في الولايات المتحدة على نحو مختلف قليلا؛ فقد برزت ظاهرة التخلي عن الدين والتراجع عن ممارسته في قطاع كبير من المجتمع، كما برزت في قطاع آخر، كبير أيضا, ظاهرة انتعاش في النشاط الديني والوعظي، وتأكيد قطاعات من المجتمع على الالتزام بالدين واستلهام المبادئ والمثل الدينية. وقد أصاب التغير كذلك الجمعية التوحيدية في الولايات المتحدة، وهي التي كانت الأقرب إلى المسلمين من الناحية العقائدية الصرفة، وإن كانت المجموعات التي تفرعت من (الأنابتستس) ما زالت قريبة في عقائدها من عقائد المسلمين إلى درجة كبيرة. في ضوء ذلك تبدو مهمة البحث في مسألة مدى التشابه والتوافق والاختلاف العقائدي في الحقبة الراهنة أكثر تعقيدا، وأكثر تشعبا وصعوبة؛ فبجانب الانصراف عن الدين ظهرت تيارات ورؤى متعددة:

(١) لقد ظهر في "عالم الغرب" تيار يسمي نفسه "مسيحيا" لا يؤمن بوجود إله متمثل في ذات أو شخص ذي فعل وإرادة، كما أنه لا يؤمن بالمسيح ولا بالأناجيل. والمنتسبون إلى هذا التيار يعلنون أن الإله عندهم فكرة صنعها ويصنعها المجتمع. ويرى هؤلاء أن القيم وموجهات السلوك لا تأتي من عالم الغيب، ولا من وراء الطبيعة، ولا من نصوص "الكتاب المقدس"، بل يولدها ويشكلها ويطورها المجتمع[٣]. وقد اخترنا هنا، ممن يمثلون هذا التيار في كتاباتهم شخصيتين، اولهما دن كبت Don Cuppit ، أما الثاني فهو أنتوني فريمن[٤] Anthony Freeman. وقد تعرفنا على السيد دن كبت وعقيدته باختصار في الفصل الثالث، باعتباره واحدا من الذين تأثروا بفردرك نيتشه.

وهنا نلقي مزيدا من الضوء على أفكار البروفسور دن كبت Don Cupit عميد كلية إمانويل وأستاذ الإلهيات في جامعة كامبردج البريطانية، دون إطالة أيضا.

---

١ H.H. John Paul II, .*Crossing the Threshold of Hope*, p. ٩٣

٢ Huntington, .*Who Are We ?*, p. ٢١٥

٣ .Don Cupitt, *New Christian Ethics*, pp. ٣،٦،٩،٤١،٥١ ، والسيد كبت محاضر في علم الإلهيات، وعميد لكلية إمانويل في جامعة كامبردج البريطانية. وهذه المعلومات تشير إلى وضعه سنة ١٩٧٧ عندما شارك في كتاب *The Myth of the God Incarnate*, ١٩٧٧.

٤ .Anthony Freeman, *God in Us*, ٣-٤, ٦،٩،٤١, ٥١

فهو يقول لنا، مثلا: "إن السياق التاريخي الذي نطرح فيه أسئلتنا الحالية بشأن الأخلاق هو - بطبيعة الحال - ذلك السياق الذي كان أنبياؤه دستويفسكي و نيتشه. لقد زرع دستويفسكي البذور من خلال شعار: إذا كان "الإله" قد مات عندئذ يصبح كل شئ جائزا ومسموحا به. ثم يأتي نيتشه ويعلن أن "الإله" قد مات حقا، وأنه ليس هناك نظام أخلاقي شامل، ولذلك فإن الأخلاق يجب أن يعاد اختراعها بطريقة مفهومة. ...فالأخلاق كانت ترتكز على استعارات مجازية مزيفة، وعلى أسس كاذبة، وكانت معادية للحياة. يجب أن تبدأ صناعة أخلاق جديدة[١]." وقد تحدث السيد دن كبت منطلقا من أن عقائد وأخلاقا قديمة انتهت ولم تعد قائمة؛ ومن هذه العقائد نوع إدراك الناس وتصورهم للإله بأنه الكائن الروحاني القوي المستقل بوجوده عن البشر، والسيد عليهم جميعا. وما دام هذا قد صار جزءا من الماضي فإن هذا التطور جعل من الممكن ، بل ومن الضروري "لنا أن ننشئ أخلاقا مسيحية كما لو أن ذلك يتم لأول مرة".[٢] وسيكون هذا ممكنا فقط عندما ننسى تماما مسيحية ما قبل عصر التنوير.[٣]

السيد انتوني فريمن. يختلف عن كبت بأنه (فريمن) يعتبر نفسه ضمن التيار اللاهوتي الذي يسميه لبراليا؛ وهو يشترك مع دن كبت بالانتماء إلى تيار "الإيمان من غير اعتقاد بوجود إله خارج الطبيعة Faith without a supernatural God . ويبدو لي أن دن كبت أكثر قربا من نيتشه على الرغم من اشتراكه مع أنتوني فريمن في مسألة اختراع وصياغة الدين والأخلاق من جديد، وقبل ذلك إيمانه بفكرة اختراع إله خاص مناسب لتصوراته. نيتشة استبعد الدين إسما ومضمونا تماما، أما Don Cuppit و Anthony Freeman فقد تخليا عن الدين الذي ورثاه عن الأجيال السابقة واحتفظا بالدين بالمفهوم اللبرالي الجديد الذي عبرا عنه. وهناك من يختار أن يصنف هذا التيار ضمن الإتجاه المنتسب إلى الإلحاد Atheism ، لكننا فضلنا تقديمهم كما يقدمون أنفسهم. وقد كان فريمن قسيسا قبل أن يعلن عدم إيمانه بالله وبالدين، فلما أعلن ذلك عمد رئيسه الأسقف إلى فصله من وظيفته الكنسية؛ وقد تعصب له ١٥٣ من القساوسة الذين شاركوه الرأي واحتجوا على إنهاء خدماته. وأيام وقوع هذه الحادثة كنت في أكسفورد مشاركا في ندوة في الجامعة، وبمحض الصدفة شاهدت برنامجا تلفازيا حول الموضوع، وشاهدت مقدمة البرنامج تسأل الأسقف عن سبب فصله للسيد فريمن من وظيفته الكنسية. وقد رد الأسقف بقوله: كانت وظيفة السيد فريمن التي كلف بها تقتضي أن يعلم الناس الدين

١ Don Cupitt, *New Christian Ethics*, pp. ١٥٢-١٥٣.
٢ المصدر نفسه، ص. ٩ *Ibid.*, p.
٣ المصدر نفسه، ص. ٤١ *Ibid.*, p.

ويقودهم إلى الإيمان؛ فلما أعلن عدم إيمانه بوجود اللـه أعلن أيضا، وبشكل ضمني، أنه لن يعلم الإيمان والدين للناس كما تعرفه جمهرة المؤمنين[١]. ويتركز موقف فريمن ورؤيته في ثلاث نقاط:

أولها: أنه لا يؤمن بوجود اللـه حسب العقيدة المسيحية التقليدية التي تلقنها وقبلها منذ طفولته، وهي أن اللـه شخص موجود خارج الطبيعة، فوق - طبيعي، خارج المكان والزمان، العليم القوي الطيب الخالق الرزاق المعين المعبود. وقد أخبرنا أنه تحول بإيمانه إلى إيمان مسيحي خاص به منذ أن وجد في نفسه الشجاعة ليقول : إنه "لا يؤمن بالله [٢]."

وثانيها: أن السيد فريمن "يؤمن بالله إيمانا خاصا"، وهو يؤكد لنا أنه لم يستطع أن يقول: "أنا أومن بالله" بكل قلبي، وبكل جوارحي، إلا بعدما ودع وترك الإله التقليدي السابق الذي آمن به منذ الصغر. وهنا يبدو فريمن وكأنه يحاول أن ينفي عن نفسه تهمة الإلحاد باستخدام عبارة أنه "يؤمن إيمانا خاصا ،صاغه بنفسه، من خلال تفكيره ؛ والإلاهـه هنا غير موجود إلا في عقله وعقول من يوافقونه الرأي [٣].

وثالثها: تتعلق بكيفية وصول السيد فريمن إلى "إيمانه الخاص" بصورته الأخيرة. لقد بين تشككه في الأدلة المؤدية إلى اعتقاده القديم التقليدي، وكان شكه - كما استعرض تطوره - منبثق من شعوره واقتناعه بعدم توفر المعرفة، وعدم توفر العلم اليقيني بوجود "إله العقيدة المسيحية التقليدي"، أي أن دليل "إيمانه الجديد" هو الجهل؛ ولتوضيح ذلك بلغة فريمن رأيت أن أعرض بعض عباراته:

"If God made everything who made God? To which we have to answer,"

"No one made God; He is just there." ، وقد وجد فريمن أن هذا غير مقنع[٤]. ثم يتناول ما يعتبره الآخرون البرهان الثاني على وجود اللـه، وهو "التصميم الذكي ذو الهدف في خلق الكون؛" - وهنا يقول لنا: "إن هذا البرهان يحتكم إلى البديهيات الفطرية التي يسلم بها جميع الناس، وهو يبدو حاسما، [لكنه] لا يثبت أي شئ! هب أننا سلمنا بأن "العالم له نظام نمطي مطرد، وله هدف، فما

---

١ وقد كان ذلك في صيف ١٩٩٤م ؛ وهذا ما حملني على البحث لمدة طويلة عن كتاب السيد فريمن حتى وجدته سنة ١٩٩٨ وقد تأكدت المعلومة من خلال الكتاب نفسه، ص. ٨٩ - ٩٢.

٢ Anthony Freeman, *God in Us*, (London: SCM Press Ltd., Seventh Impression, ١٩٩٥), p. ١٥.

٣ المصدر نفســـــه ٩٠ .*Ibid*., p .

٤ المصدر نفسه، ص. ١٦ *Ibid*., p.

الذي يمكننا أن نستنتجه من هذا؟ أقصى ما يمكن هو أن نقتنع بأن العالم له مصمم. وماذا يمكن أن نتعلم من هذه المعلومة؟ ما يمكن أن نعلمه هو فقط "أن العالم له تصميم بنموذج مطرد وأن له هدفا. هذا كل ما يمكن أن نحصل عليه." ويمضي فريمان مضيفا: إن هذه النتيجة لا تخبرنا ما إذا كان هذا التصميم جيدا أو رديئا، وما إذا كان "كوننا our universe" هو الكون الوحيد فقط أو أن هناك أكوانا أخرى، وما إذا كان تخطيط وتصميم الكون قد تم على يد مصمم واحد أو على أيدي فرقة من المصممين؛ والأهم من ذلك أنه، أي البرهان، لا يبين لنا أساسا للإدعاء بأن مصمم الكون هو نفس الشخص الذي خلقه ... ولا يقدم لنا سببا لأن ننسب إلى مصمم الكون تلك الصفات الإلهية التي ضمناها في القائمة التي وضعناها في بداية هذا الفصل. Most significantly it gives no grounds for claiming that the designer of the universe is the same person as the maker of it ... It gives us no reason to apply to the designer of the universe the divine attributes listed at the beginning of this chapter ;[1]

ي أن اللـه ذات شخص موجود خارج الطبيعة (فوق - طبيعي)، وأنه خارج المكان، لا تحيط به الأمكنة، وخارج الوقت، أي لا يحيط به الزمان، وأنه العليم الطيب الخلاق الرزاق المعين والمعبود، حسب المفهوم المسيحي التقليدي القديم[2].

وهكذا يتبين لنا أن موقف السيد أنتوني فريمن وبراهينه التي قدمها لنا انبنت كلها على عدم المعرفة، على أنه لا يعرف، ولا يعلم، وأنه غير متأكد من أن "اللـه موجود". ولم يقدم فريمن لنا دليلا واحدا يمكن أن يوصف بأنه إيجابي. أما الدليل الإيجابي الذي قدمه له الطرف الآخر، المقابل، فقد أقر فريمن أنه يحتكم إلى الفطرة السليمة، إلى البديهيات كما يعرفها الناس جميعا، وتبدو أنها مقنعة وحاسمة. وهنا انهار بناؤه المنطقي. وبالرغم من ذلك فقد تمسك بالتخلي عن إيمانه السابق ليحل محله الإيمان بإله من صنعه هو. لقد قذف فريمن نفسه منحازا إلى الإلحاد على الرغم من أنه كان يمكن أن يصف نفسه بالشكاك، او اللاأدرية. ومهما يكن من أمر فقد قدمناه كما قدم نفسه.

ومن المؤكد أننا، نحن المسلمين، نخالف السيد فريمن فيما اعتقده ويعتقده، مع احترامنا له كإنسان، واحترامنا لحقه في الاختلاف، وفي أن تكون له استنتاجاته وعقيدته ورؤيته الخاصة. إننا نبني إيماننا بالله على ما نشاهده من

---

١ المصدر نفسه، ٢٠ - ١٧ *Ibid.*, pp.

٢ والحقيقة أن هذا المفهوم للذات الإلهية هو نفسه المفهوم الإسلامي للألوهية كما يصفه ويبينه ويؤكد لنا القرآن الكريم..

صنع الله في الكون الواسع الذي يبدو لا محدودا، وفي عالمنا كرة الأرض؛ كما أننا نبني إيماننا على ما يلفت القرآن نظرنا إليه في عشرات من الآيات، فيجتمع فعل العقل وتأثير الآيات القرآنية والمساعدة الإلهية والتوجيه الإلهي معا. ومن أمثلة هذا التنوع الهائل الذي نلاحظه في الكون عندما نتأمل ونتفكر، ما نمر عليه أو به دون أن نلاحظه لفرط انشغالنا بهموم الحياة، وبالمطالب الضرورية والمعقولة، أو بالمطالب المسرفة التي يفرزها ويدفعها الطمع والجشع، أو بالأحلام والأوهام. وفيما يلي بعض الأمثلة من التوجيه القرآني.

﴿ إِنَّ فِي خَلْقِ السَّمَاوَاتِ وَالْأَرْضِ وَاخْتِلَافِ اللَّيْلِ وَالنَّهَارِ وَالْفُلْكِ الَّتِي تَجْرِي فِي الْبَحْرِ بِمَا يَنفَعُ النَّاسَ وَمَا أَنزَلَ اللَّهُ مِنَ السَّمَاءِ مِن مَّاءٍ فَأَحْيَا بِهِ الْأَرْضَ بَعْدَ مَوْتِهَا وَبَثَّ فِيهَا مِن كُلِّ دَابَّةٍ وَتَصْرِيفِ الرِّيَاحِ وَالسَّحَابِ الْمُسَخَّرِ بَيْنَ السَّمَاءِ وَالْأَرْضِ لَآيَاتٍ لِّقَوْمٍ يَعْقِلُونَ ﴾ [القرآن: سورة البقرة /١٦٤]

﴿ أَلَمْ تَرَ أَنَّ اللَّهَ أَنزَلَ مِنَ السَّمَاءِ مَاءً فَأَخْرَجْنَا بِهِ ثَمَرَاتٍ مُّخْتَلِفًا أَلْوَانُهَا وَمِنَ الْجِبَالِ جُدَدٌ بِيضٌ وَحُمْرٌ مُّخْتَلِفٌ أَلْوَانُهَا وَغَرَابِيبُ سُودٌ (٣٧) وَمِنَ النَّاسِ وَالدَّوَابِّ وَالْأَنْعَامِ مُخْتَلِفٌ أَلْوَانُهُ كَذَٰلِكَ إِنَّمَا يَخْشَى اللَّهَ مِنْ عِبَادِهِ الْعُلَمَاءُ إِنَّ اللَّهَ عَزِيزٌ غَفُورٌ ﴾ [القرآن: سورة فاطر/٢٧-٢٨]

﴿ وَإِن تَعْجَبْ فَعَجَبٌ قَوْلُهُمْ أَإِذَا كُنَّا تُرَابًا أَإِنَّا لَفِي خَلْقٍ جَدِيدٍ أُولَٰئِكَ الَّذِينَ كَفَرُوا بِرَبِّهِمْ وَأُولَٰئِكَ الْأَغْلَالُ فِي أَعْنَاقِهِمْ وَأُولَٰئِكَ أَصْحَابُ النَّارِ هُمْ فِيهَا خَالِدُونَ ﴾ [القرآن: سورة الرعد/٤].

وقد لفتت الآية الأخيرة بصفة خاصة نظر هذا المؤلف إلى حقيقة أمر بها، وأجدها تحت قدمي أحيانا، قطعة من الأرض لا تزيد مساحتها عن مترين، وأقل من ذلك أو أكثر أحيانا، أشاهد فيها عددا من النباتات المختلفة الأشكال والألوان والثمار والمذاق، وهي في أرض واحدة – متر من الأرض - تربته بنفس التركيب، وترتوي بالماء نفسه، تختلف النباتات فيه بشكل أوراق كل منها، ولون تلك الأوراق، ولون الزهور، والطعم والرائحة بين الحلو والحامض والمر واللاذع، وهذه ذات شوك وأخرى بغير شوك؛ وفي حالة النباتات البرية تكون متشابكة ملتفة بعضها ببعض لا يفصل بين الواحدة والأخرى (سنتمتران) ومع ذلك نجد بينها هذا التنوع والاختلاف الهائل ! كيف حدث هذا؟ لكل منها بذرة مختلفة. إذن، السر- يكمن في هذه البذرة التي يقل حجمها – أحيانا - عن (ملمتر) واحد، بل نصف ذلك أو أقل. وهذه البذرة البرية الشديدة الصغر لا يعتني بها أحد، ولم يزرعها أحد، تحملها الرياح وتلفحها الشمس، وتدوسها الدواب ويدوسها الناس، ومع ذلك فأن هذه البذرة تتطور في مراحل دقيقة جدا فتخرج منها نبتة بارتفاع نسبي محدد، ولها ورق بشكل محدد، وحتى درجات لون الورقة تكون هي نفسها دائما، ولون الزهرة، وطعم الثمرة، إن كانت ذات ثمر، وغير ذلك من التفاصيل. كيف تعلمت هذه البذرة الصغيرة أن تفعل ذلك بنفسها، وأن تفعل ذلك بلايين البذور من نفس نوعها؟ هل علمها أحد؟ وهب أن أحد علمها، هل يعقل أن هذه البلايين من البذور لا تخطئ في أداء هذا الدرس بدقة، وبدرجة متماثلة، وفي كل أجيالها ودورات حياتها المتتابعة؟ إذن .. هذا فعل برنامج أوسع وأعقد من أي برنامج (كمبيوتر) اختزنته هذه البذرة الشديدة الصغر، وهذا البرنامج هو نفسه في ملايين وبلايين وترليونات البذور من نفس نوع هذه البذر تنتشر في كرة الأرض، وكانت وظلت تنتشر مئات القرون وآلاف السنين، والبرنامج لا يعتريه خلل، ولا تفكك (fragmentation) ولا فايرس virus). ومنذ كم سنة عرف الإنسان الحاسوب (الكمبيوتر) وبرامجه ؟ والكمبيوتر جهاز اخترعه الإنسان وطوره عبر سنين طويلة، وشاركت في ذلك عقول كثيرة، وكل ذلك استند إلى توليد وتجميع ومراكمة المعلومات التي توصل إليها الإنسان عبر آلاف السنين.

ومن هذا التنوع والخصائص المميزة لكل صنف من الكائنات الحية، او حتى لكل فرد من البشر- بصمة أصابع الإنسان، وكونها لا تتكرر، ويعتمد عليها عالمنا المعاصر في تحقيق الشخصية وتتبع الجرائم والمجرمين، وغير ذلك من صنوف التنوع من الحمض النووي (DNA)، إلى ما يقال عن "بصمة العين"، وبصمة الصوت؛ هذا التنوع الهائل والدقيق كيف صار، ومن صنعه؟ وأين منه مجادلات الملحدين! ومع هذا التنوع الهائل والدقيق بمفرداته نجد أنه لا ينحصر

في ميدان البذور، بل نجده كذلك في الخلايا والبراعم. فتطعيم الشجر، عندما نأخذ قطعة من قشرة ساق شجرة بحجم سنتيمترين وندخلها - وبها برعم- تحت قشرة ساق شجرة أخرى، تتحول الشجرة المنقول إليها، أو يتحول فرع منها لمواصفات الشجرة المنقول منها؛ وباستخدام هذه الطريقة يمكن أن نجد شجرة حمضيات لها جذع يثمر ليمونا حامضا، وجزء آخر يثمر برتقالا حلوا، وجذعا ثالثا يثمر (كلمنتينا)، والجذوع الثلاثة تتفرع من ساق واحدة، وترتوي من نفس الجذور. إن دور الإنسان هنا محدود في قص قطعة من قشرة غصن، بها برعم، وشق قشرة ساق شجرة أخرى فتية، أو شق قشرة أحد فروعها، وإدخال القطعة المأخوذة من الشجرة الأولى تحت قشرة الشجرة المنقول إليها. ليس في الأمر خلق، ولا هندسة وراثية. وهذه العملية يمكن أن يقوم بها إنسان أمي لا يعرف أن يقرأ أو يكتب حرفا واحدا. وقد قمت بذلك أنا نفسي عندما كنت في سن الثالثة عشرة. هنا يكون برنامج النمو للنوع الجديد مختزنا في برعم قشرة الشجرة المنقول منها، وليس في البذرة. أما في عالم الحيوان فالأمر أغرب من ذلك، بيد أن الطريقة أصعب وأعقد؛ فمنذ سنوات سمعنا وقرأنا عن " الإستنساخ cloning " وهي عملية يقوم بها ويتابعها علماء متخصصون في الأحياء، وعنصرها الأساس أخذ خلية من حيوان ووضعها في ظروف حفظ وحماية معينة فيتطور منها فرد مشابه للفرد الذي أخذت منه الخلية، نعجة، أو عجلا أو قردا أو كلبا أو غير ذلك. ونظرا لما تحتاجه هذه العملية من خبرة العلماء وتدريبهم فإن ركنها الأساسي الذي تتم به، ولا يمكن أن تتم بغيره، هو الخلية المأخوذة من حيوان ولد ونشأ طبيعيا. إذن كل خلية في كل حيوان تحمل برنامجا كالذي تحمله البذرة البرية الصغيرة، وتتطور بموجبه النباتات والأشجار، وهنا يتطور الحيوان. أما الحيوان الطبيعي - بما في ذلك الإنسان - فيتطور من حيوان النطفة التي تلقح بيضة في حالة الاتصال بين ذكر وأنثى. إذن.. الأصل في البذرة، وفي البرعم، وفي النطفة الحيوانية، وفي الخلية الحيوانية. وكل عنصر من هذه العناصر يختزن برنامجا يتضاءل أمامه أعظم برامج الكمبيوتر.

وعندما ندرك عظمة الله، وعظمة خلقه وصنعه لا نتمالك إلا أن نهوي بوجوهنا وجباهنا وانوفنا على الأرض مسبحين ساجدين ممجدين لله مقرين بعظمته. وهذا الإحساس، وما يصاحبه من إسلام النفس لله والتعبد له ليس خاصا بالمسلمين وحدهم؛ فالتوراة والإناجيل تخبرنا أن موسى كان ينكب على وجهه ساجدا لله، وعيسى كان يخر على وجهه ساجدا لله. وكان غيرهم من الأنبياء والمؤمنون في كل عصر وفي كل أمة يفعلون ذلك.

إننا ندعو إخواننا من غير المسلمين في "عالم الغرب"، المؤمنين منهم وغير المؤمنين، أن يفتش كل منهم فيما لدى مجتمعه من التراث الديني، وسيجد فيه شيئا من الدرر، ربما تكون مطمورة في طبقة من التراب؛ فالإديان السماوية الثلاثة من أصل واحد: الدين الذي بلغه إبراهيم، والذي بلغه موسى، ثم بلغه عيسى، ثم بلغه محمد، عليهم السلام أجمعين؛ هذا ما يؤمن به المسلمون، وينص عليه كتابهم المقدس. أما عيسى عليه السلام فقد قال لأتباعه: "لا تظنوا أني جئت لأنقض الناموس أو الأنبياء، بل جئت لأكمل." [إنجيل متى: الإصحاح الخامس / ١٧] أما في القرآن الكريم فيخاطب الله محمدا : ﴿ اللَّهُ لَا إِلَٰهَ إِلَّا هُوَ الْحَيُّ الْقَيُّومُ (٢) نَزَّلَ عَلَيْكَ الْكِتَابَ بِالْحَقِّ مُصَدِّقًا لِمَا بَيْنَ يَدَيْهِ أي مصدقا للرسالات السابقة. [القرآن: سورة آل عمران/٢ - ٣] ونقرأ في آية أخرى: "وأنزلنا إليك الكتاب بالحق مصدقا لما بين يديه من الكتاب ومهيمنا عليه فاحكم بينهم بما أنزل الله ولا تتبع أهواءهم عما جاءك من الحق..." [القرآن: سورة المائدة / ٤٨]؛ ونقرأ في نص آخر: ﴿ شَرَعَ لَكُمْ مِنَ الدِّينِ مَا وَصَّىٰ بِهِ نُوحًا وَالَّذِي أَوْحَيْنَا إِلَيْكَ وَمَا وَصَّيْنَا بِهِ إِبْرَاهِيمَ وَمُوسَىٰ وَعِيسَىٰ أَنْ أَقِيمُوا الدِّينَ وَلَا تَتَفَرَّقُوا فِيهِ كَبُرَ عَلَى الْمُشْرِكِينَ مَا تَدْعُوهُمْ إِلَيْهِ اللَّهُ يَجْتَبِي إِلَيْهِ مَنْ يَشَاءُ وَيَهْدِي إِلَيْهِ مَنْ يُنِيبُ ﴾ [القرآن: سورة الشورى/ ١٣]

(٢) أما التيار التوحيدي في الولايات المتحدة الأميركية الذي بدا أقرب ما يكون إلى عقائد المسلمين من خلال كتابات جوزف بريستلي، ووليام إللري تشاننغ، وإلى حد ما فيما خلفه توماس جفرسون من كتابته المتعلقة بالدين – وهذه أمثلة فقط - فقد تغيرت رؤية جماعة منه في العصر الحالي، وهم الجمعية التوحيدية الأميركية. لقد تركز خطاب هذه الجمعية ومنتسبيها على الحرية (اللبرالية) في السلوك الشخصي والاجتماعي، بينما توارت مسألة العقيدة خلف ستار كثيف من الصمت والإغفال. وفي خضم هذا التوجه تبنى منتسبو هذه الجمعية قضية الدفاع عن "حقوق ممارسي زواج المثل" كما ظهر في بيان الرئيس الأعلى للجمعية

الأميركية التوحيدية السيد الكاهن وليام سنكفورد بتاريخ ١٢آب ٢٠٠٤م. وهو منشور على موقع الجمعية على شبكة الإنترنت. ولا مراء في أن هذا التطور قد وسع الشقة ومساحة التباعد بين المنتمين لهذه الجمعية وبين عقائد المسلمين، بيد أنه لن يؤدى إلى القطيعة، بل أعتقد أنه سيؤدي إلى الحوار لإبراز القيم والاعتقادات المشتركة. وقد يفتح المجال للحوار والمناقشة حول موضوعات الخلاف.

(٣) ولو أننا اقتنعنا بمقولة الأستاذ بروس شلي "أن كثيرا من معتقدات المنونايتس صارت الآن مقبولة لدى بقية المسيحيين[١]"، ثم استحضرنا قائمة هذه المعتقدات من (ص ١٣٥- ١٣٦) من الفصل الثاني فإننا سنصل إلى اقتناع بإن المسيحيين، من المينونايتس وغيرهم، يتفقون الآن مع المسلمين في معظم مكونات عقائدهم، وأن معتقدات ورؤى مشتركة كثيرة تجمع بين الجانبين من غير أن يعلموا، أو أن يقصدوا ذلك. بيد أننا لا نستطيع أن نأخذ هذه المقولة على إطلاقها بهذه البساطة. ومن غير إغراق في محاولات تحليل الوضع المسيحي في أميركا نقول إننا لو نظرنا إلى الخريطة الدينية في إطارها المسيحي فإننا سنجد نسبة غير قليلة من الليبراليين الذين يؤمن بعضهم بوجود الله الواحد، بينما يؤمن آخرون بالله كفكرة صنعها الإنسان، ويؤمنون كذلك بقيم سلوكية في الإطار نفسه. وهنا ينحصر الاتفاق بينهم وبين المسلمين في نطاق أضيق مما يتصور. وكذلك الحال لو نظرنا إلى الفرق الأخرى المتدينة فإن عناصر الاتفاق تظل ضمن دائرة محدودة وقليلة الفاعلية. أما إذا حصرنا المقارنة بين المسلمين والمنونايتس فإن دائرة الاتفاق قد تتسع كثيرا، ولكنها لا تصل إلى درجة الاكتمال. ومن المؤكد أن هناك قطاعا من الأميركيين يؤمن بالقيم المسيحية عامة، وكثير منها قيم [أو فضائل] مشتركة بين المسيحية والإسلام، وقطاعا آخر يؤمن بالقيم الإنسانية المشتركة، بيد أن أكثر هؤلاء يتعرضون للتأثر بما يضخه الإعلام الذي يعمل على تشكيل الرأي العام للمجتمع، وتشكيل القيم والتوجهات في الاتجاهات التي تتفق مع سياسات الإدارة، وسياسات الشركات الكبرى ومراكز القوى في المجتمع. وحتى العناصر المتطرفة دينيا تحمل عناصر من القيم المسيحية [الفضائل] التي يتبناها المسلمون، باعتبار أن العقيدة في المسيحية والإسلام جاءت من أصل واحد، وجزءا من مسيرة مستمرة قبل اليهودية والمسيحية والإسلام بآماد طويلة، ثم اختلفت بفعل مؤثرات خارجة عنها. وهذه المسيرة انطلقت على هدي عقيدة سماها القرآن "الإسلام" بلغة العرب. وهي تعني أن الفرد المؤمن يسلم نفسه لله، ويخضع لله خضوعا كاملا. والنتيجة التي تتولد من هذا – في اعتقاد المسلمين

---

١ Shelley, p. ٢٤٨.

- أن كل مؤمن يسلم نفسه لله وحده فهو مسلم بالمعنى والمضمون وليس بكلمة "مسلم" العربية. وعندما يتسمى بلفظ آخر من لغته الوطنية، أعني لفظا غير عربي، يعبر عن المضمون الذي تعنيه كلمة "مسلم" العربية فإنه يكون مسلما في مفهوم المسلمين. هذا مع ملاحظة أن الانتساب الديني عند المسلمين لا يرتبط باسم نبي الإسلام "محمد"، وإن كان بعض الكتاب من غير المسلمين يطلقون على منتسبي الإسلام اسم "محمديين"Muhammadans". وهذه تسمية ليست صحيحة. المسلمون ينتسبون إلى العقيدة بمضمونها الرئيسي، وهو "إسلام النفس لله، والخضوع له خضوعا كليا"، ولم يشتقوا اسمهم العقيدي من اسم الرسول محمد (عليه السلام).

(٤) هناك مسيحيون في عالم الغرب ما زالوا يعلنون إيمانيهم بعقيدة الآلهة التثليثية، كما وردت في عقيدة نيقية، وكما تبناها مارتن لوثر فيما بعد، كما يؤمنون بعقيدة الخلاص والمسيح المخلص، ليس على أساس أنه يدعو إلى الهدى ويأخذ بيد الناس إلى الإيمان فقط، بل على أساس أنه يخلص الناس من وزر الخطيئة الأصلية عن طريق "صلبه وآلامه". والموقف منهم – بالنسبة لعالم الإسلام - هونفس ما ذكرناه عن المؤمنين بعقيدة نيقية، الاختلاف معهم، واحترام حقهم في االاختلاف، مع استحضار توجيهات القرآن الكريم: ﴿ وَلَوْ شَاءَ رَبُّكَ لَآمَنَ مَنْ فِي الْأَرْضِ كُلُّهُمْ جَمِيعًا أَفَأَنْتَ تُكْرِهُ النَّاسَ حَتَّى يَكُونُوا مُؤْمِنِينَ﴾ [القرآن: سورة يونس/٩٩] ، وقوله: إِلَّا﴿ مَنْ رَحِمَ رَبُّكَ وَلِذَلِكَ خَلَقَهُمْ وَتَمَّتْ كَلِمَةُ رَبِّكَ لَأَمْلَأَنَّ جَهَنَّمَ مِنَ الْجِنَّةِ وَالنَّاسِ أَجْمَعِينَ﴾ [القرآن: سورة هود: ١١٩]، وقوله: ﴿ إِنَّمَا يَنْهَاكُمُ اللَّهُ عَنِ الَّذِينَ قَاتَلُوكُمْ فِي الدِّينِ وَأَخْرَجُوكُمْ مِنْ دِيَارِكُمْ وَظَاهَرُوا عَلَى إِخْرَاجِكُمْ أَنْ تَوَلَّوْهُمْ وَمَنْ يَتَوَلَّهُمْ فَأُولَئِكَ هُمُ الظَّالِمُونَ ﴾ [القرآن: سورة الممتحنة/٩].

لمحة عن الخلافات السلوكية:

كنا قد تعرضنا في الفصل الأول لموضوع الفضائل والقواعد السلوكية عند الجانبين في الفترة التي غطاها ذلك الفصل؛ وقد ذكرنا ما كان موضع اتفاق، وما كان موضع اختلاف. وعودتنا لنفس الموضوع في نهاية الفصل الخامس والأخير جاءت للتعامل مع الأنماط السلوكية الجديدة التي صارت تمارس في "عالم الغرب" في نطاق القوانين والأعراف والتوجهات العامة الجديدة في حياة الناس؛ أي أن العودة للموضوع ليست تكرارا لما سبق.

الحياة الجنسية في عالم الغرب:

لقد ظهرت في مجتمعات "عالم الغرب" في النصف الثاني من القرن العشرين توجهات وممارسات لم تكن مألوفة من قبل، بهذا الحجم الذي تظهر فيه الآن، مع أنها كانت موجودة على نطاق أضيق في الحقب السابقة. وكانت فلسفة اللذة التي طرحها توماس هوبز دافعا ومشجعا لتوسيع نطاقها، خارج العرف، وخارج القانون؛ والمقصود هنا هو الرغبات الجنسية بشكل محدد. ثم جاءت فلسفات فردريك نيتشه, وفيودور دستويفسكي، وزغموند فرويد، وتلاميذهم والمعجبين بهم، لتزيد من اندفاعة هذا التيار. وبعد الحرب العالمية الثانية التي أودت بحياة خمسين مليونا من البشر- خرجت المجتمعات الأوربية محطمة في كثير من جوانب حياتها. وبعد فترة نقاهة استردت تلك المجتمعات توازنها، ثم انطلقت في حركة نمو اقتصادي أوجدت شعورا بالرخاء والثقة بالحاضر والمستقبل, كما تصورته آنذاك. وفي هذا الجو اندلعت ثورة جامحة، ثورة أسماها بعضهم "ثورة ثقافية" وبعض آخر "ثورة جنسية"، دفعت الشباب خاصة، ثم تبعهم كثيرون غيرهم، نحو التغيير الإنقلابي في أشكال المتعة والبحث عن "السعادة"، مع احتقار كل الضوابط والحواجز المعنوية التي قد تكون معوقة [١]. وكان من جراء ذلك أن انتشرت العلاقات خارج إطار الزواج، وبالنسبة للمتزوجين شاعت علاقات الأزواج مع غير زوجاتهم، وعلاقات الزوجات مع غير أزواجهن، وعد ذلك نمط من الحرية الشخصية والتحرر والتسامح، أو عد من قبيل التساوي في حرية الممارسة والسلوك بالنسبة للزوجين. وبما أن كل شئ صار مباحا وفرصه وفيرة فقد أصبح هذا النوع من الحياة الجنسية - بعد حين - ممجوجا يبعث على الملل أو القرف؛ ولذا

---

[١] عن موضوع الثورة الثقافية (١٩٥٨- ١٩٧٤) انظر:
Arthur Marwick, *The Sixties Cultural Revolution in Britain, France, Italy, and the United States c.* ١٩٥٨ – c. ١٩٧٤ , Oxford New York: Oxford University Press, ١٩٩٨, pp. ٨٠٢ – ٨٠٦; Jefferson F. Poland and Valerie Alison, *The Records of the San Francisco Sexual Freedom League* (New York: The Olympia Press Inc., ١٩٧١), pp. ٢١, ٧٩-٨٠.

فقد اتجه الباحثون عن المتع الجديدة - من الرجال والنساء - إلى الاستمتاع بمعاشرة أمثالهم من نفس الجنس. وبعد مضي سنوات من الممارسة "الحرة" ، وإذ توافرت هذه المتعة بلا حدود، وصارت سهلة يسيرة، فقد ساد الملل منها ثانية، فاتجه كثيرون إلى نوع جديد من المتعة. لقد تحولوا إلى الاستمتاع بالأطفال، ذكورا وإناثا، وعلى نطاق واسع. أما الأصناف المفضلة فتقع ضمن الفئة العمرية (٨ إلى ١٢ سنة)، وقد دخل ذلك في مجال أنواع التجارات المحرمة قانونا، دون أن يقلل ذلك التحريم من انتشارها. ولم تنحصر هذه التجارة في حدود البلد الواحد، بل غدت دولية. ومن جانب آخر صار الأطفال لا يأمنون حتى في بيوتهم، حيث يغشاهم الخطر من آبائهم وإخوتهم وأقاربهم، وتحت التهديد أحيانا. وحتى المؤسسات الإجتماعية المقامة لرعاية الأطفال المحتاجين لرعاية خارجية ، وحتى المدارس الداخلية، بل والمؤسسات الدينية التي يرعاها "رجال الدين" لم تعد موئل أمان للأطفال. وفي أكبر وأغنى المدن وأكثرها تقدما ومالا ترسل بعض المدارس تنبيهات إلى الأسرة أن لا يترك الأطفال وحدهم في حديقة المنزل لألا يتعرضوا للخطف [١].

أما في ميدان المخدرات المتنوعة فقد انتشرت بين الصغار والكبار بشكل وبائي، حتى صار المراهقون يقدمون على الانتحار تحت تأثيرها، في أغنى مدن العالم وأرقاها. ومن خلال هذه الغابة التي أفرزتها ممارسات "مجتمعات الحرية

---

١ المصادر والمراجع لهذه التوجهات والممارسات كثيرة، تعد بالمئات، وسأكتفي بقليل منها:

Catharine A. Mackinnon, *Sexual Harassment of Working Women* (New Haven and London: Yale University Press, ١٩٧٩);

Frank Bruni et. al., A 'Book' of Shame, Children Sexual Abuse and the ..., New York: Perennial edition, ٢٠٠٢.

وقد تجنبت ذكر عنوان الكتاب بدقة حتى لا أوذي مشاعر أحد؛ ويمكن استخراجه من مدخل إسم المؤلف. ويرتبط بموضوع هذا الكتاب تقارير نشرتها وتابعتها جريدة *Boston Globe'* الأميركية طوال ما يزيد على سنتين (٢٠٠٠ -- ٢٠٠٣م). وأخص بالذكر هنا العدد الصادر يوم الجمعة الخامس والعشرين من يوليو ٢٠٠٣، حيث العنوان مقتبس من تصريح للنائب العام مع صورة النائب العام نفسه منشورة في الصفحة الأولى:

"Abuse Scandal far deeper than disclosed; report says... Victims ...may exceed ١،٠٠٠ Attorney General estimes.

ويمكن الاطلاع على هذا الموضوع بتفاصيل أكبر من خلال الإنترنت، ومن موقع الجريدة :

http://www.bostonglobe.com وهناك مادة ومعلومات كثيرة في الصحف البريطانية والكندية وصحف أميركية أخرى، با لإضافة إلى كتب أخرى كثيرة ؛ أنظر على سبيل المثال جريدة الأوبزيرفر البريطانية بتاريخ ٢٠٠٣/٧/٢٠ تحت عنوان:

"God wants you to love me"., The Observer, Sunday July ٢٠, ٢٠٠٣,

http://observer.guardian.co.uk/uk_news/story/٠،٦٩٠٣،١٠٠١٦٦٤،٠٠.html

المطلقة، أو المسرفة" ولدت الأمراض التي لم تكن معروفة، خاصة مرض نقص المناعة المكتسبة، الإيدز [١].

ويبدو لي أن هذا التطور جاء نتيجة طبيعية لتغير رؤية ومواقف قطاعات متزايدة في مجتمعات عالم الغرب، خاصة عندما نستدعي بعض النصوص المعبرة عن هذا الاتجاه والداعية له. ولعلنا لم ننس مقولة دستويفسكي: "إذا كان الإله قد مات فإن كل شئ يصبح مباحا." ويرى البعض أن عقيدة التبرئة بالإيمان لدى اللوثريين (الإفانجليكانز) ربما تكون قد ساهمت في انغماس الناس في المخالفات والذنوب، اعتمادا على أن الإيمان وحده كاف لإعفائهم من العقوبة، خاصة مع تأكيد مارتن لوثر على عدم ربط الخلاص بالعمل [٢]. وهذا البروفسور دن كبت - وهو من المعجبين بنيتشه، ودستويفسكي، وفرويد - يبرز قاعدة في التفكير ومنطلقا للسلوك أمام هذه القطاعات؛ فهو يقول: ما الذي يستمتع به الحيوان أكثر من أي متعة أخرى؟ ويجيب على ذلك: إنها الحرية، الحواس المتحفزة، المطاردة والطرد، القتل، الطعام، اللقاء في جماعات، المغازلة، الصحبة، بناء الأعشاش، تربية الصغار، والنوم بارتخاء في زمن الوفرة. والآن تصوروا - والحديث ما زال للسيد كبت - تصوروا طريقا للحياة يجري فيه قمع كل واحدة من عناصر السعادة الأساسية هذه التي يتمتع بها الحيوان، أو قطعها نهائيا؛ ما طريقة الحياة التي ستنتج عن ذلك؟ إنها ستكون حياة محكومة بحلف يمين الطاعة، وإماتة الأحاسيس، والحجر على الحركة، والعزل، والصوم، وحياة العزوبية، والصلوات، وغير ذلك[٣]. ما الذي دعا ويدعو إليه الدكتور كبت في هذه المقولة التي اقتبسنا معناها؟ إنه يدعو إلى تبني أسلوب حياة الحيوان ويعلي من شأنها ويحض عليها؛ وحياة الحيوان السائب لا تحدها إلا غرائزه، ولا شئ غيرها، يستمتع بإشباعها دون أن تعيق استمتاعه أية حواجز أو اعتبارات معنوية أو دينية، عدا الكوابح الخلقية التي خلق بها. ومن الحريات التي ذكرها مما يمارسه الحيوان "القتل the Kill" فهل من ضمن هذه الحريات التي يريد السيد كبت توفيرها للإنسان المتحضر- "حرية القتل" مثل ما يفعل الحيوان ؟

---

١ See Gertrude Himmelfarb, *The Demoralization of Society, From Victorian Virtues to Modern Values* (New York: Vantage Books, ١٩٩٦), pp. ٤, ١٠-١١, ٢٢٣-٢٤٤.

٢ Michael Mullett, Martin Luther's Ninety-nine theses: Michael Mullett Defines the Role of the ٩٥ theses in the Lutheran Reformation," *History Review*, Issue No. (٤٦), ٢٠٠٣, pp. ٤٦ +; see also Michael Mullett, Martin *Luther, Selections from His Writings*..., pp. ٤٨٩-٤٩٨.

٣ Don Cupitt, *The New Christian Ethics*, p. ٥٤.

ونحن المسلمين نختلف - بالتأكيد - مع مقولة البروفسور دن كبت، إذ الإنسان عندنا أفضل مخلوقات الله في هذا الكوكب، بل هو أفضل من الملائكة أنفسهم حسب ما يخبرنا القرآن الكريم. والإسلام يحض على التمتع بطيبات الحياة من الطعام والشراب والجنس وغيره؛ وقد تساءل النص القرآني باستنكار عن تصرف الذين يسرفون في التقشف والابتعاد عن الاستمتاع بالحياة : ﴿ قُلْ مَنْ حَرَّمَ زِينَةَ اللَّهِ الَّتِي أَخْرَجَ لِعِبَادِهِ وَالطَّيِّبَاتِ مِنَ الرِّزْقِ قُلْ هِيَ لِلَّذِينَ آمَنُوا فِي الْحَيَاةِ الدُّنْيَا خَالِصَةً يَوْمَ الْقِيَامَةِ﴾ [الأعراف: ٣٢] ويوجه القرآن المؤمن إلى التمتع بالجنس، والتمتع بالحرية، والاستمتاع بإشباع حاجاته الحسية، ولكن دون إسراف؛ وضمن قواعد تميز الإنسان والجماعات الإنسانية عن الحيوان وقطعان الحيوان والوحوش. رسول الإسلام أكد لأتباعه أن الله يكافئ المسلم عندما يستمتع وزوجته بالجنس. أما الرهبانية فليست هناك رهبانية في الإسلام، وهي مخالفة لسنة رسول الله. وكان إعلان وتبني الرهبانية عند إخواننا المسيحيين اجتهادا اعتبروه الأصلح والأعون على حياة تتسم بالكمال؛ لقد كانت الخطوة تطوعية، وبنية حسنة؛ ففي وقت مبكر ظهر الميل للعزوبية نتيجة الاعتقاد بأن نهاية العالم قريبة، فبعض أتباع عيسى عليه السلام تخلوا عن الحياة العائلية ليتفرغوا لحياتهم الدينية. وقد امتدح القديس بولس العزوبية، بيد أنه اعتبر الزواج حقا لمن أراد أن يتزوج. وفي أواخر القرن الأول الميلادي وخلال القرن الثاني تبنى بعضهم الموقف المتطرف ضد الزواج، كما ظهر معتدلون اتخذوا موقفا وسطيا[١]. وقد تحدث القرآن عن الرهبانية في نص موجز في سياق مدح فيه المسيحيين، إذ قال: ﴿ وَجَعَلْنَا فِي قُلُوبِ الَّذِينَ اتَّبَعُوهُ رَأْفَةً وَرَحْمَةً وَرَهْبَانِيَّةً ابْتَدَعُوهَا مَا كَتَبْنَاهَا عَلَيْهِمْ إِلَّا ابْتِغَاءَ رِضْوَانِ اللَّهِ فَمَا رَعَوْهَا حَقَّ رِعَايَتِهَا فَآتَيْنَا الَّذِينَ آمَنُوا مِنْهُمْ أَجْرَهُمْ ﴾ [الحديد، ٢٧]. أما عيسى (عليه السلام) فقد أباح الزواج، كما أخبرنا كتاب "العهد الجديد." وعندما انطلقت حركة الإصلاح الديني اللوثرية ترك أصحاب لوثر الرهبانية وتزوجوا بموافقته وتأييده. ثم أقدم مارتن لوثر نفسه على الزواج من الراهبة

[١] Encyclopedia Britanica, CD Standard ed'n, ٢٠٠١, art. Celibacy, "Celibacy in the Religins of the West."

كاترين بورا، كما هو معروف ومشهور. وتخبرنا الموسوعة البريطانية أن موضوع العزوبية كان قد عاد إلى الظهور في مجلس الفاتكان الثاني (١٩٦٢-١٩٦٥)، وفي جو اتسم بشئ من التوتر؛ وقد أباح المجلس المذكور زواج الشمامسة، وهم في الدرجة الدنيا بالنسبة لمراتب رجال الدين في السلك الكنسي؛ بيد أن البابا بولس السادس أصدر قرارا سنة ١٩٦٧ أعاد الوضع إلى ما كان عليه في السابق، حيث منع الزواج على رجال الدين جميعا [١].

ولقد تجنبت الإطالة في الحديث عن الممارسات الجنسية المتجددة في مختلف بلدان عالم الغرب، بمختلف أشكالها [٢]، لأن الحديث عنها يطول، ويمكن أن يملأ عدة مجلدات. والباحثون في الشئون الاجتماعية والأنماط السلوكية في دول "عالم الغرب" لا يفتأون يقدمون نتائج دراساتهم وتحذيراتهم مما حدث وما سيحدث من تفكك الأسرة، وانهيارها في قطاعات اجتماعية واسعة، وانتشار ظاهرة Single Parents على نطاق واسع، وتناقص عدد السكان بسبب العزوف عن الإنجاب، وعن الالتزام بمتطلبات الحياة الأسرية، بجانب ظاهرة الاعتداء على الأطفال، والتجارة بهم، والقائمة طويلة. ورغم هذه الحريات شبه المطلقة يرى الإنسان في بلاد عالم الغرب بعض المظاهر التي تدل على استمرار الجوع الجنسي؛ ففي سنة ١٩٨٢ كنت في زيارة عمل قصيرة في مدينة هامبورغ الألمانية للمشاركة في ندوة عقدت في جامعتها. وكان من ضمن البرنامج جولة لمشاهدة معالم المدينة، خاصة ميناؤها الضخم. أما المشهد المثير للدهشة في تلك الجولة، والمعلم الذي أخذنا مضيفونا إليه فقد كان مشهد شابات عاريات تماما، يقفن فيما يشبه الصناديق الزجاجية – الشفافة جدا بطبيعة الحال - ليشاهدهن الجمهو والسياح. وقد شعر أحد مضيفينا المرافق لنا – وهو استاذ جامعي مشهور - بشئ من الحرج فاعتذر عن وجود مثل هذا المعلم في بلاده وفي مدينته.

هذه الممارسات كلها توضع تحت عنوان قانوني، أو دستوري واحد، هو" الحرية الشخصية". والحرية الشخصية هنا تتعلق بواحدة من الغرائز أو الدوافع الفطرية البيولوجية. فالإنسان – رجلا وامرأة - يشتهي الأكل بأنواعه، ويشتهي الشراب من الماء إلى العصير، وهناك من يصلون إلى الشمبانيا وغيرها، ويشتهي العلاقة الجنسية، ويحب المال، ويحب الشهرة والسلطة والمنصب والأضواء، ويشتهي أشياء كثيرة منها المفيد ومنها غير المفيد؛ ومنها ما ينفع إذا أخذ باعتدال

---

٢ المصدر نفسه.

٢ انظر مثلا:

Jefferson F. Poland et al., *The Records of the San Francisco Sexual Freedom League* pp. ٣، ١٦-١٨; Mathew Engel, "Sex Abuse Cover-up," *The Guardian*, Saturday, February ٢٣، ٢٠٠٢. Internet,

ويضر في حالات الإسراف. وكل ما ذكرناه حقائق بديهية، يعرفها كل الناس ويعترفون بها. وفي معظم هذه المطالب والرغبات والشهوات ليست هناك حرية مطلقة – شاء الإنسان أم أبى - إذ لا بد أن يواجه الإنسان موانع وعقبات تحول دون تحقيق بعض هذه الرغبات، حيلولة مطلقة دائمة أو مؤقتة. ومن هذه الرغبات التي لا تتحقق فيها الحرية بشكل مطلق الرغبات الجنسية. أنت وأنا نحب المال، لكن تحقيق هذه الرغبة يجب أن يتم بالطريق المشروع، والذين يدفعهم حب المال لتجاوز هذه الحدود، عن طريق السرقة، أو النهب المسلح، أو الاختلاس، أو غير ذلك، قد يتعرضون للعقوبة الشديدة. ولذا فإن أكثر الناس يتجنبون الإنزلاق إلى هذا المصير، لأسباب وموانع دينية أو أخلاقية، أو للخوف من العقوبة والفضيحة. ومن يسرف في تناول الطعام الدسم، أو الحلو، يصاب بالأمراض المعروفة؛ ومن ينزلق إلى الإسراف في الخمر يقع في الإدمان ولواحقه، وحوادث السير، والاندفاع إلى العدوان والجرائم. أما الرغبات الجنسية، فرغم مقولات الحرية المطلقة فإن هناك حدودا: هذا شاب، أو كهل أو عجوز، وهذه شابة ....، أعجب بامرأة، أو أعجبت برجل، لكن الشخص المثير للإعجاب لا يبادل الطرف الآخر الحب والإعجاب، وربما استقبحه أو استثقله وردعه بفظاظة وقوة، أو استعان بالسلطة لردعه. وربما كان المحبوب امرأة متزوجة، أو مرتبطة بشريك لا ترضى به بديلا. هنا يندفع كثيرون لاستخدام وسائل غير قانونية، أو خارج العرف المقبول لتحقيق رغباتهم، بالمال، بالإغراء، بالضغط، بالاغتصاب، أو الاختطاف، أو غير ذلك. إذن، لا بد من وضع حدود لهذا النوع من الحرية، ولا خيار في ذلك. أما في مجال الأكل والشراب فكل أنسان حارس نفسه، وكثيرون هم الذين يعجزون عن استخدام قدر من الكبح الذاتي الجزئي ليحافظوا على صحتهم وحياتهم. وما دام التقييد والتحديد – بالنسبة لكل الرغبات البشرية- يعتبر ضروريا من الناحية العملية – حتى لو نحينا الأخلاق جانبا - فإن مسألة الحدود المعقولة تظل نسبية، مع مجال للإختلاف بين الأفراد والمجتمعات ومختلف الثقافات. أما ما ضربه لنا الدكتور دن كبت بحرية الحيوانات والبهائم والطيور، ودعانا لاتخاذه نموذجا يحتذى فإن الأمر ليس كما قال. الأنسان متميز عن الحيوان بالعقل والعقائد والتفكير واختزان التجارب، ووضع القوالب السلوكية من خلال التجارب، مع احتمال الخطأ والصواب، والاعتدال والإسراف. أما الحيوان فليس له شئ من ذلك. ومع هذا فإنه – أي الحيوان وأضرابه – غير منفلت أو حر تماما. لقد ولدت – المؤلف الحالي – ونشأت في قرية اسمها يبنا، كان أهلها فلاحون، كان لهم جمال وبغال وحمير وخيول, وبقر وغنم وأرانب، ودجاج وحمام وبط وأوز، وقطط وكلاب، وغير ذلك، يربونها ويستخدمونها في حياتهم؛ وفي هذا الجو عشت سنوات الطفولة وشطرا من مرحلة المراهقة؛ حيث تكون الحيوانات

موضع ألفة ومحبة وملاحظة ومتابعة أكبر، وما زلت أحن إلى اصواتها وإلى مشاهدتها؛ وقد رأيت معظم أصناف هذه الحيوانات والطيور، وكان مما لاحظته سلوكها الجنسي. خذ القطط مثلا: القطة لها موسم إخصاب، تقبل فيه على العلاقات الجنسية مع الذكور في هذا الموسم فقط؛ فإذا انتهى توقفت عن ممارسة الجنس ليس بكابح ذاتي إرادي أو أخلاقي، ولكن بكابح فطري، خلقي (بتسكين اللام)؛ فهي لا تشعر بالرغبة ولا تجد الدافع ولا تسمح لذكر بأن يمسها. أنثى الحمير لا تسمح لذكر بأن يمسها في غير فترة الإخصاب. أما إذا كان أحد الذكور متهورا فإنها لا تتردد بضربه بشدة بحوافر رجليها الخلفيتين فتجبره على الهرب. ونحن المؤمنين بالله نعتقد أن الله هو الذي وضع في الحيوانات هذه الكوابح غير الإرادية. أما الإنسان فقد زوده بالقدرة على الكبح المؤقت أو المرحلي، عند الحاجه، وأعطاه الموازين لتبيان الصواب من الخطأ، ثم ترك له حرية القرار؛ وهذه إحدى أهم مميزات الإنسان عن الحيوان. ومن المستحيل أن يحاول فرد من الحيوان أو الطيور أن يمارس الجنس مع مثيله في الجنس، ذكرا أو أنثى.

أما العلاقة الجنسية بين الأفراد المثيلي الجنس من البشر فإن التفكير المنطقي البسيط بشأنها يقنع الإنسان العاقل بخطئها الواضح، وأن السير في هذا الخطأ لا ينبغي أن يوضع تحت عنوان الحرية. والدليل الواضح في ذلك دليل مادي تشريحي وظيفي علمي. في عرف المؤمنين: الله خلق لكل من الذكر والأنثى أعضاء وأجهزة للإخصاب، لإعادة انتاج الأجيال حسب إرادة الله. وحتى لا ينصرف الناس عن استخدام هذه الأعضاء لأداء وظيفتها، لما يترتب علي الاستخدام من تكاليف، فقد جعلها مصحوبة بواحد من أقوى الدوافع الحياتية (البيولوجية) ، أي الرغبة واللذة الشديدتين. وهذه الأعضاء والأجهزة مختلفة عند الرجل عنها عند المرأة؛ وتلك حقيقة واضحة ولا جدال فيها. وعندما يعمد شخص (أنثى أو ذكر) لاستخدام هذه الأعضاء بشكل مخالف لتصميمها التشريحي ولهدفها الوظيفي فإنه يناقض حكمة الخلق، بالمفهوم الإسلامي الإيماني، وهو يناقض حكمة "إله الطبيعة" عند من لا يؤمنون بالله، إله الأديان السماوية الثلاثة. في العصر الحديث استمرت أجيال من المفكرين والمصلحين والتجديديين تتحدث عن "دين الطبيعة"، بيد أن "إله الطبيعة" غاب أو أسقط بعيدا عند من أرادوا أن يعطوا حرية الممارسة الجنسية غير الطبيعية نوعا من "القداسة" الأسطورية.

إنني أعتقد أن هذا النوع من الممارسة الجنسية لا يعدو أن يكون نوعا من المرض، نشأ في ظل شعار "الحرية اللامحدودة"؛ أو بعيدا عن الرعاية والمتابعة والمراقبة بالنسبة للأطفال في سن المراهقة؛ وهو ليس من الحرية في شئ. الحرية عمل إرادي عاقل، مختلف عن الشهوة، ليس هو بالشهوة، وعندما تضعف الإرادة وتتوقف عن أداء دورها وينزلق الشخص الذي فقدها إلى حالة الضعف أمام

الشهوة القوية، عند ذلك تكون حريته قد غابت تماما، لأنه (أو لأنها) خضع لضغط الشهوة أو الرغبة ففقد الإرادة العاقلة القادرة، خاصة عندما تكون الضحية طفلا أو طفلة، أو امرأة تغتصب، أو تغوى بالمال وغيره، أو حتى بأساليب التحرش الجنسي المثير وهي زوجة وأم. ولا مراء في أن الفاعل القوي - في مثل هذه الحالة - يكون قد فقد الحرية عندما سقط في أسر الشهوة العارمة. وهذا السقوط وقع فيه أشخاص ذوو مناصب كبيرة في الدول المتقدمة، وزراء، وحكام ولايات، ورؤساء دول، ورجال دين مشهورين، وغير ذلك؛ وأقدم مثل أذكره هو ما وقع فيه وزير الدولة البريطاني لشئون الدفاع ، جون بروفيومو، الذي سقط فريسة لإغواء فتاة كانت عشيقة للملحق العسكري في السفارة السوفياتية في لندن في الوقت نفسه؛ وقد غرق الوزير في فضيحة عندما انكشف أمره واضطر إلى الاستقالة من منصبه في حزيران ١٩٦٣، وانتهى حاضره ومستقبله السياسي. وقد تمثلت خطورة الفضيحة ودرجة الإثارة التي صاحبتها في احتمال انتقال الأسرار الدفاعية لبريطانيا، ولحلف الأطلسي إلى الإتحاد السوفييتي عن طريق العشيق الأصلي لتلك الفتاة. أما الأمثلة القريبة من هذه الانزلاقات اللاإرادية التي توضع زورا تحت عنوان "الحرية الجنسية" فلا حصر لها لكثرتها[١]. أعرف أساتذة كبارا في جامعات ذات شهرة عالمية وقعوا فريسة الإدمان؛ وأعرف أطباء ما زالوا يمارسون التدخين رغم ولوجهم مرحلة الشيخوخة؛ وأعرف أفرادا بلغوا أرفع الدرجات العلمية، لكنهم يصرون على الإسراف في أكل الحلوى ويتحملون ألم حقن الأنسولين التي يطعنون أجسادهم بها بأنفسهم كل يوم. وأولئك وهؤلاء لم يمنعهم علمهم ومعرفتهم من السقوط ضعفا أمام الشهوة. إنها خضوع وعبودية مؤقتة لدافع الشهوة؛ هي حالة ربما تتكرر مرات في أوقات متباعدة، وقد يتبعها ندم مؤقت على الاستسلام والخضوع لضغط الشهوة، وهو ندم لا يلبث أن ينسى- أو ينزاح جانبا عندما تتجدد الإغراءات، خاصة في حالات المنفلتين جنسيا، الذين لا يستطيعون حمل أنفسهم على استعمال (الكوندم) على الرغم من معرفتهم بخطر الأيدز، ومن يستعبدهم الإدمان على المخدرات.

---

[١] ومن أمثلتها ما وقع فيه حاكم ولاية نيوجيرسي الأميركية الذي اضطر للإستقالة سنة ٢٠٠٤م (عشيقه رجل مثله، إسرائيلي الجنسية ، وكان الحاكم قد سلمه مسئولية الأمن في الولاية). وبمناسبة الفضيحة الجنسية التي وقع فيها الرئيس الأمريكي كلنتون ، نشرت جريدة الواشنطون بوست تقريرا عن الفضائح التي وقع فيها اعضاء الكونغرس منذ عام ١٩٧٤ تحت عنوان : Congrissional Sex Scandals in History, (١١/٠١/١٩٩٨) أوردت فيه أسماء النواب وخلاصات قصص فضائحهم ، وكان آخرها إدانة أحدهم في ١٩ أغسطس ١٩٩٤م. والعنوان الإلكتروني للملف في الجريدة هو : file: A: \ Congriss.htm

إضطهاد المرأة .. حرية المرأة:

وفي عالم الغرب حديث يتكرر عن اضطهاد المرأة، ووضع المرأة في عالم الإسلام. وكثيرا ما يخرج الحديث عن حدود كل ما هو ممكن التصديق والقبول. لا مراء في أن وضع المرأة في عالم الإسلام اليوم ليس في حالة مثالية، بيد أنه في الغرب ليس كذلك أيضا؛ وعوامل الخلل تختلف في هذه الجهة عن تلك؛ وربما كان هناك اختلاف أيضا في المقدار. مجتمعاتنا في "عالم الإسلام" متخلفة في أغلب الأحوال؛ إنها متخلفة عن النموذج الإسلامي، كما أنها متخلفة عن النموذج الغربي في بعض الجوانب الإيجابية، وربما تفضله في بعض جوانب إيجابية أخرى، أو باستبعاد عناصر سلبية موجودة في عالم الغرب وليست موجودة عندنا. لست أريد أن أقول: "نحن وأنتم سواء". والمقابلة والموازنة صعبة التحقيق من غير التوسع في البحث وجمع عناصر الواقع المعاش بالنسبة للمرأة في كل من المجتمعين وتحليلها واستخلاص الأحكام. لسنا في مجال استهلاك جهودنا من أجل المفاخرة؛ كما أننا استبعدنا - منذ البداية - الانزلاق إلى المناظرة؛ وإنما نحن في مجال التداعي لتركيز الجهد المشترك من أجل الوصول إلى فهم أفضل، وتعاون أفضل، واستفادة كل جانب من محاسن الجانب الآخر. وإذا كان هذا محرما، أو مقيدا تقييدا شديدا في الجوانب التقنية العلمية والصناعية من جانب عالم الغرب، لأسباب مفهومة، وربما تكون معقولة بنسبة ما، فإننا نعتقد أنه ليس ثمة ما يحول بيننا وبين تحقيق ذلك في الجوانب الاجتماعية والإنسانية، إن حسنت النيات، وتطابقت الأفعال والممارسات مع الأقوال والشعارات.

وحيث أشرنا إلى النموذج الإسلامي فإنه يلزمنا أن نستدعي أهم عناصره ومنطلقاته الأساسية دون إطالة أو توسع، وربما لا يسلم حديثنا من بعض التكرار.

أولا: المرأة في الإسلام ليست في موضع اتهام مبدئي أو عقيدي؛ وهي مبرأة من تهمة إغواء آدم (عليه السلام)، وذلك بنص القرآن الكريم. وقد بين القرآن أن فعل الإغواء جاء من "الشيطان" ووقع على آدم وحواء معا: ﴿ فَأَزَلَّهُمَا الشَّيْطَانُ عَنْهَا فَأَخْرَجَهُمَا مِمَّا كَانَا فِيهِ وَقُلْنَا اهْبِطُوا بَعْضُكُمْ لِبَعْضٍ عَدُوٌّ وَلَكُمْ فِي الْأَرْضِ مُسْتَقَرٌّ وَمَتَاعٌ إِلَى حِينٍ ﴾ (البقرة:٣٦).

ثانيا: والمرأة في القرآن بجانب الرجل، تتحدث عنها النصوص في سياق يظهر المساواة بشكل واضح؛ والشواهد في هذا كثيرة ومتعددة، سوف نكتفي بقليل منها، ومن شاء فليبحث عن غيرها في القرآن، في أصله العربي أو في الترجمات

المعتمدة؛ ويمكن كذلك أن يبحث في الحديث الصحيح. وهذان هما المصدران المعتمدان.

﴿ وَالْمُؤْمِنُونَ وَالْمُؤْمِنَاتُ بَعْضُهُمْ أَوْلِيَاءُ بَعْضٍ يَأْمُرُونَ بِالْمَعْرُوفِ وَيَنْهَوْنَ عَنِ الْمُنْكَرِ وَيُقِيمُونَ الصَّلَاةَ وَيُؤْتُونَ الزَّكَاةَ وَيُطِيعُونَ اللَّهَ وَرَسُولَهُ أُولَئِكَ سَيَرْحَمُهُمُ اللَّهُ إِنَّ اللَّهَ عَزِيزٌ حَكِيمٌ ﴾ (التوبة: ٧١) ومثل آخر من المساواة: في حال اتهام رجل لامرأته بالخيانة يذكر القرآن من أدوات الإثبات والنفي ما يلي: ﴿ وَالَّذِينَ يَرْمُونَ أَزْوَاجَهُمْ وَلَمْ يَكُنْ لَهُمْ شُهَدَاءُ إِلَّا أَنْفُسُهُمْ فَشَهَادَةُ أَحَدِهِمْ أَرْبَعُ شَهَادَاتٍ بِاللَّهِ إِنَّهُ لَمِنَ الصَّادِقِينَ (٦) وَالْخَامِسَةُ أَنَّ لَعْنَةَ اللَّهِ عَلَيْهِ إِنْ كَانَ مِنَ الْكَاذِبِينَ (٧) وَيَدْرَأُ عَنْهَا الْعَذَابَ أَنْ تَشْهَدَ أَرْبَعَ شَهَادَاتٍ بِاللَّهِ إِنَّهُ لَمِنَ الْكَاذِبِينَ (٨) وَالْخَامِسَةَ أَنَّ غَضَبَ اللَّهِ عَلَيْهَا إِنْ كَانَ مِنَ الصَّادِقِينَ (النور: ٦ - ٩). وهنا نرى أن أدوات الإثبات التي تستخدمها المرأة هي نفس الأدوات التي يستخدمها الرجل، ومساوية لها في الأثر والفاعلية. ومثل ثالث: يقول القرآن عن النساء: ﴿ وَلَهُنَّ مِثْلُ الَّذِي عَلَيْهِنَّ بِالْمَعْرُوفِ وَلِلرِّجَالِ عَلَيْهِنَّ دَرَجَةٌ وَاللَّهُ عَزِيزٌ حَكِيمٌ ﴾ (القرآن:سورة البقرة٢٢٨). والدرجة المتحدث عنها هنا وظيفية وليست مبدئية. فالشركة لا بد لها من رئيس، في كل مناحي الحياة. ولما كان الرجل هو المكلف بالسعي والكسب والإنفاق فإن من المنطقي أن تكون له الرئاسة، ليس للسبب الاقتصادي فقط، ولكن للقدرات المتفوقة في كثير من الحالات، خاصة في

المجتمعات التقليدية. ومع ذلك فإن هناك حالات وأمثلة يستحيل حصرها وتقدير عددها ونسبتها، في كل عصر من العصور، عن وجود زوجات قويات قادرات متفوقات على أزواجهن يتحكمن في شئون الأسرة والمال، ويوجهن الزوج الأضعف شخصية فيستمع لهن وينفذ توجيهاتهن. وهذا موجود في كل الشعوب والثقافات والأمم.

ثالثا: والمرأة لها حق اكتساب وامتلاك المال والثروة، والاستقلال التام والتصرف بهما، ليس الآن فقط، ولكن منذ أن نزل القرآن على محمد رسول الـلـه قبل ما يقرب من ألف وخمسمئة سنة. ويأتي المال والثروة عن طريق الميراث، والهبة، أو عن طريق العمل الشريف النظيف. والمرأة غير مكلفة أصلا بالعمل خارج البيت لأن الأب والأخ والزوج والعم ملزمون بتوفير احتياجاتها في حدود قدرة كل منهم؛ فإذا غاب هذا المصدر العائلي القرابي واضطرت للحاجة لم تجد حرجا أو مانعا يمنعها العمل. ومع ذلك فقد كانت هناك نساء يشاركن في الأعمال التجارية من غير وجود ضغط الحاجة؛ وهذه بعض الأمثلة: ﴿ لِلرِّجَالِ نَصِيبٌ مِمَّا تَرَكَ الْوَالِدَانِ وَالْأَقْرَبُونَ وَلِلنِّسَاءِ نَصِيبٌ مِمَّا تَرَكَ الْوَالِدَانِ وَالْأَقْرَبُونَ مِمَّا قَلَّ مِنْهُ أَوْ كَثُرَ نَصِيبًا مَفْرُوضًا﴾ (القرآن: سورة النساء/٧)

﴿ لِلرِّجَالِ نَصِيبٌ مِمَّا اكْتَسَبُوا وَلِلنِّسَاءِ نَصِيبٌ مِمَّا (القرآن: سورة النساء/ ٣٢).

ومن الناحية التاريخية والعملية مارست النساء كثيرا من الأعمال التجارية والمهنية وامتلكت كسبها من العمل. ومع ذلك فقد كانت هناك أعمال تقوم بها المرأة ضمن أسرتها، تشاركها العمل ويكون الناتج للأسرة معا دون تمييز، إلا أن تميز الأم والأب أبناءهما عن نفسيهما. وثمة شواهد على عمل المرأة من أجل أن تكسب وتتصدق بكسبها أو جزء منه: فقد كانت زينب بنت جحش، زوجة رسول الـلـه، تعمل بيدها وتتصدق؛ كما قيل عنها إنها كانت تصنع بيدها، فتدبغ الجلود وتخرزها، وتتصدق بنتاج ذلك رجاء ثواب الـلـه. وقد كانت بعض نساء الصحابة تنفق من عمل يدها على أيتام ترعاهم، كما كانت تنفق على زوجها لظروف خاصة [1].

---

[1] صحيح مسلم، كتاب فضائل الصحابة، باب من فضائل زينب أم المؤمنين؛ مسلم، كتاب النكاح، باب من رأى امرأة . . .؛ صحيح البخاري، كتاب الزكاة باب الزكاة على الزوج والأيتام في الحجر. وانظر كتاب فتح الباري في

رابعا: وكانت للمرأة حرية اختيار الزوج، بالقبول أو الرفض؛ ولها أن تطلق نفسها إن رأت أنها لا تستطيع الاستمرار في الحياة الزوجية. كما كان لها أن تبادر بأن تعرض نفسها على إنسان صالح ليتزوجها [1].

خامسا: وكانت المرأة تشارك في العمل والنشاط السياسي في ممارسة الدعوة إلى الإسلام، والدفاع عنه قولا وعملا، وتشارك في خدمة الجهد الحربي عند وقوع القتال، كما تتعرض للإضطهاد، والهجرة القسرية، وكانت تشارك في الاجتماعات العامة. ومن أمثلة ذلك مشاركتها في عملية المبايعة في أوقات الشدة والمحنة، مبايعة الرسول قائد الأمة الناشئة؛ والمبايعة تحمل معنى إعلان الولاء والطاعة وتقديم الجهد لرفع شأن المجتمع وشأن مبادئه وأمنه وسلامته؛ ومن شواهد ذلك ما جاء في سورة الممتحنة: ﴿يَا أَيُّهَا النَّبِيُّ إِذَا جَاءَكَ الْمُؤْمِنَاتُ يُبَايِعْنَكَ عَلَى أَنْ لَا يُشْرِكْنَ بِاللَّهِ شَيْئًا وَلَا يَسْرِقْنَ وَلَا يَزْنِينَ وَلَا يَقْتُلْنَ أَوْلَادَهُنَّ وَلَا يَأْتِينَ بِبُهْتَانٍ يَفْتَرِينَهُ بَيْنَ أَيْدِيهِنَّ وَأَرْجُلِهِنَّ وَلَا يَعْصِينَكَ فِي مَعْرُوفٍ فَبَايِعْهُنَّ وَاسْتَغْفِرْ لَهُنَّ اللَّهَ إِنَّ اللَّهَ غَفُورٌ رَحِيمٌ﴾ (القرآن: سورة الممتحنة/ ١٢) ومن أمثلة ذلك أيضا استجابة المرأة للنداء دعوة لاجتماع عام يعقد في المسجد؛ فقد سمعت أم سلمة، زوج النبي، سمعت النداء يخرج من المسجد: "أيها الناس،" وكانت عندها ماشطة [كوافيرة] تمشط لها شعرها، فطلبت من الماشطة أن تتركها حتى تلبي النداء. فقالت الماشطة إنه يدعو الرجال؛ فأجابتها: ألم تسمعي عبارة أيها الناس؟ وأنا من الناس، وهكذا خرجت إلى المسجد للمشاركة في هذا اللقاء العام[2]. وكان المسجد في عصر الرسول هو المركز الرئيسي للنشاط العام في حياة ذلك المجتمع الصغير، بجانب كونه مكانا للعبادة.

سادسا: وأخيرا، وهو الأهم: لم تكن مؤسسة الأسرة وليست الآن، قائمة على الشراكة المادية بشكل رئيسي بل كان أساسها المودة والرحمة والسكن والأمان؛

شرح صحيح البخاري، ج ٤، ص ٢٩- ٣٠؛ وانظر كذلك: عبدالحليم أبو شـقـة، تحرير المرأة في عصر الرسالة، مجلد ١، ص ١٧٥- ٦.

[1] صحيح البخاري، كتاب النكاح، رقم ٤١، كتاب الإكراه، رقم ١٢، كتاب الحيل، رقم ١١ ؛ وانظر صحيح مسلم، كتاب النكاح، ص ٦٤، ٦٦- ٦٨؛ وانظر عبدالله أبو عـزة، الإسلام، رسالته .. حضارته .. مستقبله، ط١، ص١٢٦ - ١٢٨.

[2] صحيح مسلم، كتاب الفضائل، رقم ٢٩؛ وانظر عبدالحليم أبو شـقـة، مجلد ٢، ص ٤٢٥ - ٤٥٦ ، حيث حشد كثيرا من النصوص التي استخرجها من المصادر الأصلية تغطية لهذا الموضوع.

وذلك هو ما نوه به القرآن الكريم: ﴿ وَمِنْ آَيَاتِهِ أَنْ خَلَقَ لَكُمْ مِنْ أَنْفُسِكُمْ أَزْوَاجًا لِتَسْكُنُوا إِلَيْهَا وَجَعَلَ بَيْنَكُمْ مَوَدَّةً وَرَحْمَةً إِنَّ فِي ذَلِكَ لَآَيَاتٍ لِقَوْمٍ يَتَفَكَّرُونَ ﴾ [القرآن: سورة الروم/ ٢١].

بين المثال وواقع الحال:

ونحن لم نذكر هذه النماذج الإسلامية التي عرفها المجتمع الإسلامي الأول من باب التفاخر، فقد أشرنا - مع ذلك - إلى أن وضع المرأة في مجتمعات عالم الإسلام اليوم ليس مثاليا، ولم يكن كذلك عبر قرون طويلة من عصور التخلف. لكنه ليس بالصورة السيئة التي تنشرها بعض الجهات المعادية للإسلام والمسلمين في عالم الغرب. إن أكثر الأسر في "عالم الإسلام" تقوم حياتها على الحب والتعاون والتكافل بين الزوجين لمواجهة متطلبات الحياة، خاصة تربية وتعليم الأطفال، وتلقى المرأة فيها احترام الزوجة الحبيبة والرفيقة والشريكة والمعينة. ومع اتساع رقعة التعليم، وانتشار الوعي من خلال ما تنشره وسائل الإعلام تزداد نسبة النساء اللاتي يلقين ما يفرضه الإسلام من احترام المرأة زوجة وأما وأختا وعمة وخالة وجدة، ووضعها في مكانتها اللائقة؛ وفي نفس الوقت تقل نسبة الإهمال أو الاضطهاد أو سوء المعاملة؛ هذا في الحياة الأسرية. أما في النطاق الاجتماعي العام فإننا نجد في معظم مجتمعات "عالم الإسلام"، في أيامنا، نجد المرأة وزيرة، ووكيلة وزارة، استاذة في الجامعة، طبيبة، ضابطة في الشرطة وشرطية، ومربية مدرسة في مختلف مراحل التعليم، نجدها مهندسة، ومرشدة اجتماعية، كما نجدها سيدة أعمال، وفي غير ذلك من المهن. وفي الوظائف الرسمية يكون راتب المرأة هو نفس راتب الرجل حين يتماثل المؤهل ويتماثل نوع العمل والدرجة. بيد أن هناك بعض الممارسات السيئة التي يستنكرها المسلمون الواعون في "عالم الإسلام" قبل أن تستنكر في عالم الغرب؛ ومثل هذه الممارسات نتجت وتنتج عن الجهل والتخلف, وقيم مجتمعات الجهل والتخلف. ويحرص "الإسلاميون الإصلاحيون" على محاربتها وتوعية الناس بفسادها. وكثير منها يتراجع ويتلاشى بكل تأكيد. ومع ذلك فإننا نشعر بأن أنماطا جديدة من الفساد لم تكن مألوفة نبتت في مجتمعات عالم الإسلام بالعدوى الواردة من مصادر خارجية.

وماذا عن الغـد؟

أما الغد، وما أود قوله عن غدنا المشترك، فهو التذكير بأننا - عالم الإسلام وعالم الغرب - نعيش في "بيت زجاجي"، هذا الكوكب الصغير الذي يسمى بـ كرة الأرض، والذي لم يعد يتحمل أي عبث. إن الاستناد إلى القوة والقهر في التعامل بين الشعوب لن يؤدي إلا إلى خراب ودمار يصيب جميع السكان، وإن الشعوب التي تتعرض للظلم وتغلب على أمرها تقوم - عندما تواتيها الفرصة - لتستعيد حقها، وربما تسلك سبيل الانتقام، في مسار يوسع دائرة الشر.

لقد تسبب عالم الغرب في حربين عالميتين أودت الأولى بحياة ثمانية ملايين من البشر، بينما أودت الثانية بحياة خمسين مليونا. وإذا كان بعض الساسة الغربيين يفتخرون بأن الديمقراطية الغربية جلبت إلى العالم فترة سلام استمرت ستين سنة فإن هذا الإدعاء يجانب الصواب، وينسب إلى ديمقراطية عالم الغرب إنجازا ليس من إنتاجها، إذ السلام الذي ساد منذ سنة ١٩٤٥م إنما توفر بحماية قوة الردع النووي المتوازنة. والآن زال ذلك التوازن باختلالات بنيوية في كيان أحد جانبيه، ومن غير المستبعد أن يستبد الغرور أو العناد ببعض القوى فيتم تدمير البيت الزجاجي؛ ولا تخلو الأجواء من إرهاصات بذلك.

إذا كان الرادع النووي قد زال أو ضعف أثره، فلا بد أن يحل محله رادع آخر هو الوفاق الإنساني المحكوم بالمواثيق والقوانين الدولية، ومبادئ المساواة والديمقراطية الحقيقية - وليس المتآكلة - بين البشر، وبين الدول كما هي بين الجماعات والأفراد. وهذا ما فعله المجتمع الدولي في فترة كان يحس فيها بالآلام التي تركتها الحرب العالمية الأولى ثم الثانية؛ فبعد الحرب الأولى أنشأ عصبة الأمم؛ وبعد الحرب الثانية حاول تجنب الخلل الذي حدث في بناء العصبة، وترك ثغرات انطلقت منها الحرب ثانية سنة ١٩٣٩. بيد أن السبب ليس الثغرات، بل لأن قوى "عالم الغرب" نسيت آلام الحرب الأولى، وتوهمت أنها امتلكت قوى جديدة تمكنها من الحسم السريع في معركة الانفراد بالسيطرة على العالم. إن أي استخفاف بالمنظمات والقوانين والأنظمة الممثلة للمجتمع الدولي يفتح بابا إلى الإصطدام. وإذا كان التوازن قد انتهى فإن من المحتمل أن يعود توازن مبني على أركان أخرى، أي على وجود قوى جديدة؛ وإن أي إصرار على الانفراد بالقوة الطاغية ومنع ظهور أي قوى أخرى تحدث التوازن سيعرض البيت الزجاجي للخطر. إننا نرى دولا متعددة في عالمنا المعاصر يئست من سيادة المثل

والقـوانين الإنسـانية والدوليـة، وباتـت تتـوجس مـن خطـر الهيمنـة والطغيـان الإسـتعماري والإمـلاءات الإستعمارية؛ ومن هنا نجدها تسـعى للحصـول عـلى أسـلحة الـردع التـي يمكـن أن تمنحهـا بعـض الأمـان. ومسئولية هذا التحول تقع على عاتق الدول الكبرى من "عالم الغرب" التي تسعى إلى احتكـار القـوة، وفي نفس الوقت تمارس السلوك المغرق في الأنانية، وتمارس بجانبه الطغيان والقهر وسلب حقوق الآخرين بكـل غطرسة وطيش. القرية العالمية ملك للجميع، ضـمن مـا تعـارف عليـه العـالم مـن القـوانين والمواثيـق الدولية العامة. وأية قوة تتجاوز ذلك وتستهين به سوف تكسب عداوة جميع الشعوب، وربما لن تقوى على الصمود لكل هذا العداء عندما يتراكم ويشتد.

وكل هذا الذي قلناه بديهي ومعروف، ليس فيه اكتشاف، ولا اختراع، ولا ابتكار. إنما نذكر بـه أناسا يعرفونه، لعل في التذكير نفـع وتحريـك للضـمائر النائمـة وتحفيـز لإعـادة النظـر في الـرؤى الخاطئـة، والخيارات الخاطئة والمواقف المسرفة في الخطأ.

ونختم رحلتنا الحوارية بقول اللـه تعالى:

﴿ يَا أَيُّهَا النَّاسُ إِنَّا خَلَقْنَاكُمْ مِنْ ذَكَرٍ وَأُنْثَى وَجَعَلْنَاكُمْ شُعُوبًا وَقَبَائِلَ لِتَعَارَفُوا إِنَّ أَكْرَمَكُمْ عِنْدَ اللَّهِ أَتْقَاكُمْ إِنَّ اللَّهَ عَلِيمٌ خَبِيرٌ ﴾ (القرآن الكريم، سورة الحجرات: ١٣)

﴿ قُلْ مَنْ يَرْزُقُكُمْ مِنَ السَّمَاوَاتِ وَالْأَرْضِ قُلِ اللَّهُ وَإِنَّا أَوْ إِيَّاكُمْ لَعَلَى هُدًى أَوْ فِي ضَلَالٍ مُبِينٍ (٢٤) قُلْ لَا تُسْأَلُونَ عَمَّا أَجْرَمْنَا وَلَا نُسْأَلُ عَمَّا تَعْمَلُونَ (٢٥) قُلْ يَجْمَعُ بَيْنَنَا رَبُّنَا ثُمَّ يَفْتَحُ بَيْنَنَا بِالْحَقِّ وَهُوَ الْفَتَّاحُ الْعَلِيمُ ﴾ (القرآن الكريم، سورة سبأ، ٢٤ - ٢٦)

مصادر ومراجع مختارة

أولا العربية:

١. القرآن الكريم.

٢. مختصر تفسير الطبري.

٣. موسوعة الحديث الشريف، الكتب الستة، البخاري، مسلم، سنن أبي داود.

٤. جامع الترمذي سنن النسائي، سنن ابن ماجة ، دمشق: دار الفيحاء للطباعة والنشر، ١٤٢٠هـ/١٩٩٩م.

٥. ابن الأثير، عزالدين علي، الكامل في التاريخ، بيروت: دار صادر ودار بيروت، ١٩٦٥ - ١٩٦٦، ثلاثة عشر مجلد.

٦. البلاذري، أحمد بن يحيى بن جابر، فتوح البلدان، بعناية رضوان محمد رضوان، القاهرة: المكتبة التجارية الكبرى، ١٩٥٩.

٧. ابن الجوزي، عبدالرحمن أبو الفرج، المنتظم في تاريخ الملوك والأمم، الأجزاء ٥- ١٠، حيدرأباد: دائرة المعارف العثمانية، د.ت.

٨. ابن سعد، محمد، الطبقات الكبرى، ٩ مجلدات، بيروت: دار صادر ودار بيروت، ١٣٨٠هـ/١٩٦٠م

٩. السيوطي عبدالرحمن بن أبي بكر، تاريخ الخلفاء، تحقيق محمد محيي الدين عبدالحميد. القاهرة: مطبعة السعادة، ١٩٥٢/١٣٧١.

١٠. الطبري، أبو جعفر محمد بن جرير، تاريخ الرسل والملوك المعروف بتاريخ الطبري، عشرة مجلدات، القاهرة: دار المعارف، ١٩٦٦ .

١١. ابن عبدالحكم، عبدالرحمن بن عبدالله، فتوح مصر وأخبارها، بعناية وتحقيق تشارلز سي. توري، نيو هافن: مطبعة جامعة يايل، ١٩٢٢ ، طبعة معادة: مكتبة المثنى، بغداد.

١٢. أبو الفدا الحافظ ابن كثير، البداية والنهاية، الأجزاء ١١- ١٤، بيروت – الرياض: مكتبة المعارف، مكتبة النصر، ١٩٦٦.

١٣. مؤلف مجهول (القرن الثالث الهجري)، أخبار الدولة العباسية، وفيه أخبار العباس وولده، تحقيق الدكتور عبدالعزيز الدوري وزميله، بيروت: دار الطليعة للطباعة والنشر، ١٩٧١.

١٤. النوبختي، الحسن بن موسى (القرن الثالث الهجري)، فرق الشيعة، بيروت: دار الأضواء، الطبعة الثانية، ١٩٨٤.

١٥. ابن هشام، سيرة رسول الله ، بعناية مصطفى السقا وزميله، القاهرة، مجلدان.

١٦. الأنصاري، عبدالحميد إسماعيل، الشورى وأثرها في الديمقراطية، دراسة مقارنة، الطبعة الثانية، صيدا - بيروت: المكتبة العصرية للطباعة والنشر.

١٧. سعيد ، إدوارد. الإستشراق، المعرفة - السلطة - الإنشاء، ترجمة كمال أبو ديب ، بيروت: مؤسسة الأبحاث العربية، ١٩٨١ .

١٨. الصابوني، محمد علي، صفوة التفاسير ، ثلاث مجلدات، بيروت - جدة: دار القلم، مكتبة جدة، ١٩٨٠/١٣٩٩م.

١٩. أبو عـزة، عبدالله، الخليج العربي في العصر الإسلامي، دراسة تاريخية وحضارية، الكويت - دبي: مكتبة الفلاح، ٢٠٠١.

٢٠. أبوعزة ، عبدالله، الحضارة العربية في المشرق في عهد السلاجقة ، ٤٤٧ - ٥٦٧هـ (١٠٥٥-١١٧١م)، رسالة ماجستير غير منشورة قدمت إلى الجامعة الأميركية في بيروت، حزيران ١٩٦٩م.

٢١. غارودي، روجيه. حوار الحضارات، ترجمة الدكتور عادل العوا. بيروت - باريس: منشورات عويدات، ١٩٨٦.

Select Bibliography

Sources and References:

١. *Explanatory Translation of the Quran*, by M.M. Pickthall, Revised and Edited in Modern Sandard English by Arafat K. El-Ashi

٢. *The Holy Quran, English Translation of the Meanings and Commentary*, Published Al-Madina Al-Munawarah.

٣. *The Qur'an, A Modern English Version*, Translated by Majid Fakhry.

٤. *The Holy Bible*, Revised Standard Version.

٥. *New World Translation of the Holy Scriptures.*

٦. *The Complete Gospels*, ed. Robert J. Miller, Annotated Scholars Version.

٧. The Rev. Alexander Roberts, D.D. and James Donaldson, L.L. D., (Editors) *The Ante-Nicene Fathers*, Translation of the Writings of the Fathers Down to a.d. ٣٢٥, including the following books

٨. Justin Martyr, *The First Apology of Justin*

٩. Justin Martyr, *The Second Apology of Justin.*

١٠. *Dialogue of Justin Philosopher and Martyr, with Tripho, a Jew.*

١١. *Justin on Sole Government of God.*

١٢. *Fragments of the Lost Work of Justin on the Ressurrection.*

١٣. *Other Fragments from the Lost Writings of Justin.*

١٤. *Irenaeus Against Heresies* - Book I.

١٥. *Irenaeus Against Heresies*, Book III.

١٦. *Tertullian, Saint.* Book I.

١٧. Aquinas, Saint Thomas. *Basic Writings of Saint Thomas Aquinas* edited by Anton C. Pegis. Indianapolis: Hackett Publishing, ١٩٩٧, vol. I.

١٨. Luther, Martin. *Selections from His Writings.* Edited by John Dellenberger, Garden City, N.Y.:Doubleday Publishers, ١٩٦١.

Modern References

١٩. Akenberger, John & Weldon, John, *Knowing Truth about The Trinity*, the Defenders Series, Eugene, Oregon: Harvest House Publishers, ١٩٩٦.

٢٠. Allen, Joseph Henry, *Our Liberal Movement in Theology*, Boston, ١٨٨٢.

٢١. ________________ *Sequel to our Liberal Movement*, Boston, ١٨٩٧.

٢٢. Anderson, M.S. (ed.), *The Great Powers and the Near East*, ١٧٧٤-١٩٢٣, London: Edward Arnold Publishers Ltd., ١٩٧٠.

٢٣. Antonius, George, *The Arab Awakening*, New York: Capricorn Books, ١٩٦٥.

٢٥. Armstrong, Karen. *A History of God*, Vantage, ١٩٩٩.

٢٦. ____________ *The First Christian, Saint Paul's Impact on Christianity*, Pan Books Ltd., London, ١٩٨٣.

٢٧. Aruri, Naseer H., *Dishonest Broker, The U.S. Role in Israel and Palestine*. Cambridge, MA: South End Press, ٢٠٠٣.

٢٨. Backman, Cliford R.*The Worlds of Medieval Europe*, New York: Oxford University Press, ٢٠٠٣.

٢٩. Bainton, Roland H. *Hunted Heretic, The Life and Death of Michael Servetus*, Boston: The Beacon Press, ١٩٦٠.

٣٠. Bates, Ernest Sutherland. *Biography of the Bible*. New York: Simon and Schuster, ١٩٣٧.

٣١. Beaumont, Peter et al., *The Middle East: A Geographical Study*. London: John Wiley and Sons, ١٩٧٦.

٣٢. Begin, Menachem. *The Revolt, Story of the Irgun*, translated by Samuel Karts, Tel-Aviv, Hadar ١ Publishing Co.١٩٦٤.

٣٣. Beit- Hallahmi, Benjamin. *The Israeli Connection, Who Israel Arms and Why*, New York: Pantheon Books, ١٩٨٧.

٣٤. Bernal, J.D. *Science in History*, Pelican, ٤ vols, ١٩٦٩.

٣٥. Binder, Leonard, *Islamic Liberalism, a Critique of Development Ideologies*, Chicago: University of Chicago Press, ١٩٨٨.

٣٦. Brett, G.S. "Newton's Place in the History of Religious Thought," History of Science Society, *Sir Isaac Newton ١٧٢٧ - ١٩١٧: A Bientenary Evaluation of His Work*. Baltimore, MD: The Williams and Wilkins Co., ١٩٢٨.

٣٧. Brezezinski, Zbigniew. *The Grand Chessboard, American Primacy and its Geostrategic Imperatives.* New York: Basic Books, ١٩٩٧.

٣٨. Bruni, Frank & Burkett, Elinor, *A [Gose] of Shame...Children, Sexual Abuse*.., New York: Perrenial, ٢٠٠٢.

٣٩. Burke, Peter, ed. *The New Cambridge Modern History*, XIII, Companion Volume, Cambridge University Press, ١٩٧٩

٤٠. Burn, A. R., *The Pelican History of Greece*. Penguin, ١٩٧٤.

٤١. Carcopino, Jerome. *Daily Life in Ancient Rome*. New Haven and London, Yale University Press, ١٩٦٨.

٤٢. Carter, Stephen L., *The Culture of Disbelief, How American Law and Politics Trivialize Religious Devotion*. New York: BasicBooks, ١٩٩٣.

٤٣. Case, Shirley Jackson. *The Evolution of Early Christianity: A Genetic Study of First-century Christianity. in Relation to its Religious Environment*. Chicago: University of Chicago Press, ١٩١٤.

٤٤. Cattan, Henry. *Palestine and International Law: The Legal Aspects of the Arab-Israeli Conflict*. London: Longman, ١٩٧٤.

٤٥. Chadwick, John White. *Old and New Unitarian Belief*, Boston, ١٨٩٤.

٤٦. Channing, William Ellery. ***Unitarianism: Its Origin and History, A Course of Sixteen Lectures.*** Boston, ١٨٩٥.

٤٨. [Channing, William Ellery], ***The Works of William E. Channing***, D.D. Boston: American Unitarian Association, ١٨٧٧.

٤٩. Charles, H.R.H. The Prince of Wales, ***Islam and the West***: A Lecture Given in The Sheldonian Theatre, Oxford. Oxford: Oxford Centre for Islamic Studies, ١٩٩٣.

٥٠. Chomsky, Noam, ***Media Control: The Spectacular Achievements of Propaganda***, New York: Seven Stories Press, ١٩٩٧.

٥١. Cooke, George Willis. ***Unitarianism in America, A History of its Origin and Development***, Boston, ١٩٠٢.

٥٢. Cook, M.A. (editor), ***Studies in the Economic History of the Middle East from the Rise of Islam to the Present day***. London: Oxford University Press, ١٩٧٠.

٥٣. Couston, C.A., ***Science and Christian Belief***, Chapel Hill, NC: University of North Carolina Press, ١٩٥٥.

٥٤. Cropsey, Joseph, et al., (editors), ***History of Political Philosophy***. Chicago: Rand MacNally, ١٩٦٣.

٥٥. Cupitt, Don. ***The New Christian Ethics***, London: Xpress Reprints SCM Bookroom, ١٩٩٣.

٥٦. ---------------- ***Radicals and the Futuer of the Church***, London: Xpress Reprints,SCM Press Ltd., ١٩٩٦.

٥٧. Dampier, William Cecil, ***A History of Science and Its Relations with Philosophy and Religion***. Cambridge University Press, ١٩٤٩.

٥٨. Dannemann, F. & A. Wolf, ***A History of Science, Technology and Philosophy In The ١٦th & ١٧th Centuries***. London: George Allen & Unwin, ١٩٣٥.

٥٩. Diefendorf, Barbara B. ***Beneath the Cross: Catholic and Huguenot in Sixteenth Century Paris***. New York: Oxford University Press, ١٩٩١.

٦٠. Dodd, C.H., ***History and the Gospels***, London: Hodder and Stoughton, ١٩٦٤.

٦١. Duffy, Eamon. ***Saints & Sinners: A History of the Popes***, Yale University Press, ١٩٩٧.

٦٢. Duling, Dennis C., ***The New Testament, an Introduction: Proclamation, Parenesis, Myth and History***. New York: Harcourt Brace Jovanovich, ١٩٨٢.

٦٣. Eckhardt, Carl Conrad. ***The Papacy and World Affairs as Reflected in the Secularization of Politics***. Chicago: The University of Chicago Press, ١٩٣٧.

٦٤. Bates, Earnest Sutherland. ***Biography of the Bible, A Brief Account of Its Character, Authorship, Text, Translation and Influence on the Evolution of mankind***. New York: Simon and Schuster, ١٩٣٧.

٦٥. Esposito, John. ***Islam, The Strait Path***. New York, Oxford: Oxford University Press,١٩٩٨.

٦٦. ________________ ***The Islamic Threat, Myth or Reality***, New York: Oxford University Press, ١٩٩٩.

٦٧. Ferm, Vergilius, (editor). "Unitarianism" ***An Encyclopedia of Religion***.

٦٨. Ferry, Luc et al *Why We are not Nietzscheans.* Trans. By Rober De Loaiza, Chicago: The University of Chicago Press, ١٩٧٧.

٦٩. Fichtenau, Heinrich. *The Carolingian Empire.* Translated by Peter Muntz New York: Barnes and Noble, ١٩٦٣.

٧٠. Fritchman, Stephen Hole. *Men of Liberty: Ten Unitarian Pioneers,* The American Unitarian Association, reissued by Kennikat Press Inc., ١٩٦٨.

٧١. Forward, Susan & Buck, Craig, *Betrayal of Innocence: Incest and its Devastation.* New York: Penguin Books, ١٩٨٨.

٧٢. Gilmore, George William, et al. *The New Schaff-Herzog Encyclopedia of Religious Knowledg: "Embracing Biblical, Historical, Doctrinal, and Practical Theology, and Biblical, and Ecclesiastical Biography from the Earliest Times to the Present Day*", New York: Funk and Wagnalis Company, ١٩٠٨.

٧٣. Goldstone, Lawrence and Nancy, *Out of the Flame, The Remarkable Story of a Fearless Scholar, a Fatal Heresy, and one of the Rarest Books in the World.* New York: Broadway Books.

٧٤. Gonzalez, Justo L., *A History of Christian Thought,* ٣ vols., Nashville: Abingdon Press, ١٩٨٧.

٧٥. ______________ *Church History, An Essential Guide,* Nashville: Abengdon Press, ١٩٩٦.

٧٦. Government of Palestine, *A Survey of Palestine.* Prepared in December ١٩٤٥ and January ١٩٤٦ for the Information of the Anglo American Committee of Inquiry, Vol. I.

٧٧. Greenslade, S.L. (editor), *The Cambridge History of the Bible: The West from the Reformation to the Present Day,* Cambridge: At the University Press, ١٩٦٣-١٩٦٩.

٧٨. Gunton, Colin E., ed. *The Cambridge Companion to Christian Doctrine,* Cambridge University Press, ١٩٩٧

٧٩. Halliday, Fred. *Islam and the Myth of Confrontation. Religion and Politics In the Middle East,* London, New York: I.B. Tauris Publishers, ١٩٩٦

٨٠. Herman, Edward & Chomsky, Noam, *Manufacturing Consent, The Political Economy of the Mass Media.* New York: Pantheon Books, ١٩٨٨.

٨١. Himmelfarb, Gertrude, *The De-Moralization of Society, From Victorian Virtues to Modern Values.* New York: Vantage Books, ١٩٩٦.

٨٢. Hitti, Philip K., *History of Syria Including Lebanon and Palestine.* New York: Macmillan Company, ١٩٥١.

٨٣. Hourani, Albert, *Arabic Thought in the Liberal Age* ١٧٩٨ - ١٩٣٩, Oxford University Press, ١٩٦٧.

٨٤. ____________, *A History of the Arab Peoples.* London: Faber and Faber, ١٩٩٢.

٨٥. Huntington, Samuel P. *The Clash of Civilizations and the Remaking of World Order,* Simon and Schuster,

New York, ١٩٩٦.

٨٦. ______________ , ***Who Are We? The Challenges to America's National Identity***, New York: Simon and Schuster, ٢٠٠٤.

٨٧. Hooper, Finley. ***Roman Realities***. Wayne State University Press, Detroit, ١٩٧٩.

٨٨. Jackson, A.V. Williams, ***Zoroaster, The Prophet of Ancient Iran***. New York: AMS Press Inc., ١٩٦٥.

٨٩. Kenyon, Frederic. ***Our Bible and the Ancient Manuscripts***, Revised by A.W. Adams. New York: Harper and Brothers Publishers, ١٩٥٨.

٩٠. Kaplan, Robert D. "The Hard Edge of American Values," (Interview), The ***Atlantic Monthly*** (online edition), June ١٨, ٢٠٠٣.

٩١. Kerr, Malcolm, ***The Arab Cold War*** ١٩٥٨ - ١٩٦٤, ***A Study of Ideology in Politics***. London: Oxford University Press, ١٩٦٥.

٩٢. Klieman, Aaron S., ***Soviet Russia and the Middle East***, Baltimore: The John Hopkins Press,١٩٧٠.

٩٣. Koenigsberger, H.G. et al, ***A General History of Europe in the Sixteenth Century***, London: Longman Group Ltd., ١٩٧٣

٩٤. Koestler, Arthur. ***The Thirteenth Tribe,The Khazar Empire and its Heritage***, London: Hutchinson and Co. (Publishers) Ltd., ١٩٧٦.

٩٥. Kohn, Hans. ***Nationalism***. Princeton: Van Nostrand, ١٩٥٥.

٩٦. Lea, Henry Charles, ***A History of the Inquisition of Spain***, New York: AMS Press Inc., ١٩٦٦.

٩٧. Leathes, Stanley et al. ***The Cambridge Modern History***, Vol. II, Cambridge University Press, ١٩٠٣.

٩٨. Lecler, Joseph S. ***Toleration and the Reformation***, vol. I, translated from the Frensh by T.L. Westow, New York London: Association Press Longmans, ١٩٦٠.

٩٩. Lewis, Frank Grant. ***How the Bible Grew***, Chicago: The University Press of Chicago, ١٩٣٦.

١٠٠. Littell, Franklin H. (editor). ***Reformation Studies: Essys in Honor of Roland H. Bainton***, Richmond: John Knox Press, ١٩٦٢.

١٠١. Longrigg, , Stephen Hemsley. ***Iraq, ١٩٠٠ to ١٩٥٠, A Political, Social, and Economic History***, Issued under the Auspices of the Royal Institute of International Affairs. Oxford University Press. Reprint of Lebanon Bookshop, Beirut, Lebanon, ١٩٦٨.

١٠٢. MacGregor, Geddes, ***The Bible in the Making***, London: John Murry, ١٩٦١.

١٠٣. MacKinnon, Catharine A. ***Sexual Harrassment of Working Women***, Yale University Press, ٢nd printing, ١٩٧٩.

١٠٤. Marwick, Arthur, ***The Sixties, Cultural Revolution In Britain, France, Italy, and the United States, c.***١٩٥٨-***c.***١٩٧٤. Oxford: Oxford University Press, ١٩٩٨.

١٠٥. Metzger, Bruce M. ***The Text of the New Testament: Its Transmission, Corruption, and Restoration***, New York: Oxford University Press, ١٩٩٢.

١٠٦. Morris, Benny, *The Birth of the Palestinian Refugee Problem*, ١٩٤٧— ١٩٤٩. Cambridge: Cambridge University Press, ١٩٩٨.

١٠٨. Mullet, Michael. "Martin Luther's Ninety-five Theses: Michael Mullet Defines the Role of the ٩٥ theses in the Lutheran Reformation," ***History Review***, issue No.(٤٦), ٢٠٠٣.

١٠٩. Nietzsche, Friedrich Wilhelm. ***Thus Spake Zarathustra***, (unabridged), Translated by Thomas Common, Mineola, New York: Dover Publications Inc.,١٩٩٩.

١١٠. ----------------------, ***The Will to Power***, Translated by Walter Kaufmann and R.J. Hollingdale, edited by Walter Kaufmann, New York: Vantage Books, ١٩٦٨.

١١١. Noble, Graham."The Development of Protestantism in the ١٦th Century France: Graham Noble investigates the Causes of the Rise and Fall of French Protestantism," ***History Review***, No. ٢٠٢, p. ٣٠+

١١٢. O'Collins, Gerald, Christology: ***A Biblical, Historical, and Systematic Study of Jesus.*** Oxford: Oxford University Press, ١٩٩٥.

١١٣. Peachey, Paul et al, editors. ***Abrahamic Faiths, Ethnicity and Ethnic Conflicts, A Semposiom***, Catholic University of America, Washington, D.C., June ١٩٥٥.

١١٤. Poland, Jefferson F. et al. ***The Records of the San Francisco Sexual Freedom League***. New York: The Olympia Press Inc., ١٩٧١.

١١٥. Polk, William R. ***The United States and the Arab World***. Cambridge, Massachusetts: Harvard University Press, ١٩٦٥.

١١٦. Popkin, R.H. ***The History of Scepticism from Erasmus to Descartes***, Assen, Second Edition, ١٩٦٤.

١١٧. Priestley, Joseph. ***Selections from His Writings.*** Edited by Ira V Brown University Park: The Pennsylvania State University Press, ١٩٦٢.

١١٨. Rietbergen, Peter. ***Europe, A Cultural History***, Routledge, Oxford and New York: ١٩٩٨.

١١٩. Sahas, Daniel J., ***John of Damascus on Islam, The "Heresy of the Ishmaelites"***, Leiden: E.J. Brill, ١٩٧٢ (with ٣ appendices by John of Damascus.

١٢٠. Said, Edward E. ***Covering Islam, How the Media and the Experts Determine How we see the Rest of the World***. Vantage Books, New York, ١٩٩٧.

١٢١. Roche, O.I.A. (editor), ***The Jefferson Bible, With the Annotated Commentaries on Religion of Thomas Jefferson.*** New York: Clarkson N. Potter, inc. ١٩٦٤.

١٢٢. Ropes, James H. and Lake, Kirsopp (editors for the Faculty of Theology in Harvard University. The two Treatises of Servetus on the Trinity: ***On the Errors of the Trinity, seven books.*** A.D. MDXXXI [١٥٣١], and ***Dialogues on the Trinity, two books on the Righteousness of Christ's Kingdom, four chapters***, A.D. MDXXXII [١٥٣٢] by Michael, Serveto alias Reves, a Spaniard of Aragon, translated into English by Earl Morse Wilbur, D.D., Cambridge: Harvard University Press, ١٩٣٢, Kraus Reprint Co., New York, ١٩٦٩.

١٢٣. Shelley, Bruce L. ***Church History in Plain Language***, Nashville, Thomas Nelson Publishers, ٢nd edition, ١٩٩٥.

١٢٤. Simms, Brendan, ***Unfinest Hour: Britain and the Destruction of Bosnia***, Allen Lane, ٢٠٠١.

١٢٥. Shotwell, James T. ***The History of Medieval Europe***,

Boston : Houghton Miffin, ١٩١٧.

١٢٦. Snydar, Louis L. ***The Age of Reason***, Princeton, New Jersy, ١٩٥٥.

١٢٧. Starr, Chester G. ***The Ancient Greeks***, New York, Oxford University Press, ١٩٧١.

١٢٨. Stone, Norman. ***Europe Transformed,*** ١٨٧٨---١٩١٩. Oxford: Blackwell, ١٩٩٩.

١٢٩. Teixeira, Pedro, ***The Travels of Pedro Teixeira***, translated, edited, and annotated by William F. Sinclair and Donald Ferguson, Nendeln/Liechtenstein: Kraus Reprints Ltd., ١٩٩١.

١٣٠. Theodoret of Cyrrhus. "The Rise of Arianism," text selected from Theodoret's ***Ecclesiastical History***, edited by Edward Peters, ***Heresy and Authority in Medieval Europe, Documents in translation***. Philadelphia: University of Pennsylvania Press,١٩٨٠.

١٣١. Thomson, James Westfall & Johnson, Edgar Nathaniel, ***An Introduction to Medieval Europe***٣٠٠ - ١٥٠٠, New York: W.W. Norton & Company Inc., ١٩٣٧.

١٣٢. Toynbee, Arnold. ***A Study of History***, Abridged in one vol. by D.C. Somervell, Oxford: Oxford University Press, ١٩٧٠.

١٣٣. ------------------ ***Experiences***, London: Oxford University Press, ١٩٦٩.

١٣٤. Weaver, Paul H, ***News and the Culture of Lying***, New York: The Free Press, A Division of Macmillan, Inc.

١٣٥. Vidal, Gore. ***Dreaming War***, New York: Thunders Mouth Press/National Books, ٢٠٠٢.

١٣٦. Wiles, Maurice. ***The Remaking of Christian Doctrine***. London: Xpress Reprints, SCM Bookroom, ١٩٩٤.

١٣٧. Williams, Barry, ***Modern Japan***.London: ١٩٧٤.

١٣٨. Wilson, Jeremy. ***The Authorized Biography of T.E. Lawrence***, London: Heinamann, ١٩٨٩.

١٣٩. Wood, Iyan. ***The Merovingian Kindgdoms*** ٤٥٠-٧٥١. London: Longman, ١٩٩٤.

١٤٠. Young, Frances, ***The Making of the Creeds***, London: SCM Press, ٢٠٠٢.

صدر عن دار المأمون

- **ربنا وتقبل دعاء**
  - خولة بشير عابدين
  - ٢٠٠٥/١٤٢٦
- **الموت وأحكامه/أحكام الجنائز والعدة**
  - خولة بشير عابدين
  - ٢٠٠٥/١٤٢٦
- **تفسير سورة الكهف**
  - خولة بشير عابدين
  - ٢٠٠٥/١٤٢٦
- **تفسير سورة الفاتحة**
  - خولة بشير عابدين
  - ٢٠٠٥/١٤٢٦
- **معجم ابن بطوطة في رحلته**
  - د. مأمون فريز جرار
  - ٢٠٠٥/١٤٢٦
- **محجبات ولكن**
  - د. مأمون فريز جرار
  - ٢٠٠٦/١٤٢٧
- السياسة الاقتصادية والمالية للخليفة الراشد عمر بن عبد العزيز
  - بشير كمال عابدين
  - ٢٠٠٦/١٤٢٧
- اللغة العربية ١٠١

- أ.د. سعود عبد الجابر وآخرون

- ١٤٢٧ / ٢٠٠٦

- فن الكتابة والتعبير

- أ. د. سعود عبد الجابر وآخرون

- ١٤٢٧ / ٢٠٠٦

- مدخل إلى علم المكتبات

- أ. د. سعود عبد الجابر وآخرون

- ١٤٢٧ / ٢٠٠٦

- المختار من السور والأذكار

- د. مأمون فريز جرار

- ١٤٢٧ / ٢٠٠٦

كتب وأبحاث للمؤلف

الكتب المنشورة:

☒ مع الحركة الإسلامية في الدول العربية، دار القلم، الكويت، ١٩٨٦، وقد أعيدت طباعته سنة ١٩٩٤ دون علم المؤلف.

☒ الإسلام . رسالته، حضارته ، مستقبله دار العلم للملايين، بيروت، ١٩٨٨ وقد صدرت له في اليابان طبعة مترجمة إلى اللغة اليابانية سنة ٢٠٠٤م.

☒ الخليج العربي في العصر الإسلامي، دراسة تاريخية وحضارية مكتبة الفلاح، الكويت، ٢٠٠١م.

☒ حوار الإسلام والغرب، عمان، الأردن، ٢٠٠٦م.

كتب غير منشورة:

☒ الحضارة العربية في المشرق في عهد السلاجقة أطروحة ماجستير، الجامعة الأميركية في بيروت، حزيران، ١٩٦٩م.

☒ *The Syrian Thughur*, أطروحة دكتوراه، جامعة أكستر (بريطانيا)، أيار ١٩٨٠م.

*** وللمؤلف أكثر من خمسة وعشرين بحثا منشورة، قدمت في ندوات جامعية، وفي مؤتمرات، بينما نشر بعضها ضمن أعمال مشتركة .

هذا الكتاب

يتناول هذا الكتاب موضوع الحوار بين الإسلام والغرب في إطار التركيز على محور رئيسي واحد فحواه أن بين عالم الإسلام وعالم الغرب كثيرا من عناصر الاتفاق والتشابه، ويخلص إلى القول أن المتفق عليه أكبر بكثير من العناصر المفرقة، فضلا عن أنه أشمل وأعمق أثرا. ولجلاء ذلك يتتبع عناصر الاتفاق هذه عبر ألفي سنة من التاريخ ليكتشفها في المسيحية قبل ظهور الإسلام بستة قرون، مستمرة بعد انبثاق عالم الإسلام. ومن غير ابتعاد عن المحور الأساسي، تجده يتناول الأحوال والتيارات العقيدية والفكرية في الغرب متتبعا التغيرات المهمة في منظور الحركات الكبيرة والصغيرة بدءا من انقسامات وصراعات القرن الرابع الميلادي، ومرورا بحقبة سيطرة روما وبابويتها، وعصر الإصلاح الديني البرتستنتي، وانبعاث الفكر التوحيدي، وتأسيس العلمانية السياسية ثم الاجتماعية، وظهور التيارات المناوئة للكنيسة والدين كله، ويتتبع تيار البحث العلمي الذي عاد ينشد الحقيقة في الأصول الأولى في عصر الرسل، ثم في عصر الآباء الأوائل؛ وتستمر مسيرة البحث لتصل إلى الألفية الثالثة. ولا ينسى المؤلف أن يقف عند طروحات المنظرين لصراع الحضارات من برنارد لويس إلى سمويل هنتنغتن وأضرابهما، ليصل إلى أن المواجهة الراهنة افتعلتها العناصرة المتطرفة في عالم الغرب، وأن عالم الإسلام هو الضحية، وأن ما يصدر منه من "إزعاج" ليس أكثر من صرخات الألم.

وفي هذا البحث سيمر القارئ بأهم المعالم الرئيسية لتطور التاريخ السياسي، والديني والفكري لعالم الغرب، ويقف في مواجهة رؤى واجتهادات توصل إليها المؤلف من خلال رحلته بحثية طويلة استغرقت أكثر من ثلاث سنوات من الجهد الدؤب، وغطت ألفي عام، ومساحة مكانية واسعة من عالمنا الأرضي. إنه كتاب لا بد أن يقرأ.

الناشر

Printed in the United States
By Bookmasters